山西民间文献粹编·第一辑　郝平 主编

沁河中游地区传统堡寨村落碑刻辑释

刘伟国 辑释

商务印书馆
创于1897　The Commercial Press

2023年国家社科基金冷门绝学研究专项学术团队项目"太行山传统村落文献的抢救性保护与数字化整理研究"（批准号23VJXTO20）

晋城市文化和旅游局委托项目"世界遗产视野中的太行古堡遗产价值研究"（01020220120172）

山西民间文献粹编
总　序

　　历史是特定群体对过往岁月的集体记忆，型塑了当下现实中的自我认知，引领了未来理想中的自我预期。传统史学是史官之学，王朝政治遂成为中国人自我认知和自我认同的主要方式，上下五千年被浓缩在一首朗朗上口的朝代歌之中。普通老百姓在历史上是失语的，他们既没有话语权，也没有代言人。现代新史学诞生以来，史学研究越来越重视将民间社会历史纳入史学的整体叙事之中。然而，研究思路的转变并不是一朝一夕的事情，也不会立竿见影地体现在研究实践之中，两千多年的史学研究传统积累了深厚的基本观念、基本方法和基础史料，要想突破并非易事。仅从史料角度来说，新史学的诞生和新史料的发现密切相关，20世纪以来，甲骨文、简牍文献、敦煌文书、明清档案等的发现大大推动了新史学的发展，产生了一系列标志性成果。这些新史料要么是考古发现的石木载体刻写记录，要么是宗教徒封藏的写本文献，要么是近世官方档案文献。它们虽然也都反映了丰富的民间社会情况，但并非以民间社会为主体创造的史料。宋代以来，人口增长、商业繁荣、印刷术流行、识字率提高、民间文化兴起，这些因素都促使以民间社会为主体创制、传播、使用和收藏的民间文献日益增多。晚明以后，这种情况更加普遍，尤其是清中叶以后的民间文献目前仍大量存世。总的来说，除了徽州文书等少数区域性个案之外，现存民间文献尚未引起史学界的普遍重视。

　　山西历史悠久，文化传统深厚。由于地处山区，又毗邻唐宋以来历朝国都，凡中原有战乱灾荒发生，山西就成了民众重要的避风港，也成了历史文化的保留地。特别是北宋南渡之后，北方迭遭兵燹，朝代反复更替，华北平原人口凋零，唯山西稍显安定。宋代以来山西的这种区位特征决定了山西保留了较为丰富的民间文献。现存山西民间文献主要包括两大类：石刻文献和纸质文献。石刻文献主要是碑刻，主体是村落社会，大部分散落在村落祠庙；纸质文献主要是文书，主体是山西商人，大部分流散在文物市场。碑刻体现了村落社会宋代以来的长时段演变，晚宋时期社会经济的高度发展，国家治理转向间接的经纪型统治，以佛教为代表的建制性宗教走向衰落，村落社会经济和文化进入前所未有的兴盛时期。在经历了金元至明前期的曲折发展之后，文化传统得以延续，在晚明社会变迁的背景下，村落社会迎来了一个新的繁荣时期。村落社会实现了很大程度的自我管理，各种民间习惯法走向成熟，形成了独特的集体经济模式，以戏曲为代表的民间文化繁荣发展。文书有大量土地房产等不动产契约，也有不少民间借贷契约，但最具特色和学术价值的还是山西商人原始经营文书。单件类文书大多是商人票单契据，是商业经营的原始单据和凭证，是商业经营活动正常开展的重要文书基础，其中的民间金融票贴还涉及清中叶以来货币金融领域的重大理论问题。书信介于单件和簿册文书之间，反映了山西商人独特的书信经营模式，是明清时期专业化商人从事跨区域长途贸易过程中解决异地管理问题的制度性方案。簿册类文书多为商业账簿，反映了山西商人合伙制、会计体系、利润结构、商号管理等多方面微观经济的重大问题。商人规程、著述、课本和广告等文书大多是簿册类文书中的独特类型，属于间接经营文书，涉及学徒教育、经验积累、标准制定、商业宣传等方面，为商号直接经营活动服务。村落社会碑刻与商人经营文书这两类文献密切相关，村落社会是山西商人兴起的社会文化基础，山西商人是村落社会发展到一定阶段的转型和升级，将这两类民间文献研究结合起来能够展示一幅山西民间社会整体发展比较完整的历史面貌，也是宋代以来中国民间社会历史演变的一个典型缩影。

　　山西大学民间文献整理与研究中心是民间文献整理研究的专门机构，是山西大学历史学科长期发展的结果，也是适应学术新趋势和时代新使命的结果。山西大学历史学科历来就有关注民间社会的学术传统，从改革开放以前农民战争研究范式下的捻军研究、义和团和辛亥革命研究，到改革开放之初近代社会史研究方向的探索，再到近 20 年来水利社会史、集体化时期基层档案、传统村落与土地契约等研究领域的开拓，形成了"走向田野与社会"的学术传统。改革开放以来，史学研究进入新一轮的新史料挖掘、新方法引入和新领域开拓的阶段，特别是进入新世纪以来，文化遗产保护利用日益受到国家和全社会的重视，山西商人研究也促进了晋商文化收藏的热度，大量传统村落和山西商人民间文献井喷式地涌现出来。山西民间文献的学术价值和现实价值越来越受到相关研究者和有识之士的重视。在此基础上，历史文化学院于 2013 年成立民间文献整理与研究中心，立足山西、扩展华北、面向全国，专门开展民间文献的搜集、整理和研究工作。几年来，中心成员在民间文献的田野调查、文献整理和学术研究方面做出了很多探索工作。

民间文献要么散落于村落，要么流散在文物市场，田野调查是发现、搜集和理解民间文献不可或缺的重要研究方法。中心师生先后在 10 余个省，数千个村落或会馆开展常态化田野作业，确立了基本的民间文献田野作业方法论体系，包括"史料之搜集、整体之认识和同情之理解"的调查宗旨，"以村落会馆为单位，以建筑遗存为单元，以民间文献为重点"的调查目标，"选点式探查、区域性普查和专题性调查"的调查类型等。

民间文献整理目前缺少学术规范，也缺少标志性和范例式学术成果，这是制约这一领域发展的主要障碍。民间文献有一套不同于士大夫传统的俗文字和民间书法体系，还有一些地方性或专业性的语言文字惯例，这方面的研究基础都非常薄弱。民间文献在版本、装帧和制作等方面均有不规范之处，保存状况和市场流散等原因进一步增加了其整理难度。民间文献整理是这一研究领域的基础工作，涉及金石学、建筑学、文物学、文化遗产学、文书学、档案学、文献学等很多学科。几年来，民间文献整理与研究中心已经整理各类民间文献达数百万字，这方面研究工作仍处于探索阶段，目标是建立完整系统的民间文献学。山西民间文献在时段上主要集中于宋代至民国，区域上以华北为中心辐射全国乃至整个东亚，群体上主要是村落社会和商人，学科领域上主要是明清社会经济史，主题上主要涉及基层社会治理、村落社会惯例与经济、民间文化、生态环境演变、工商业字号利润及其制度基础、商品与市场结构、货币金融体系、商业惯例与文化、政治与民间社会关系、民间社会经济与文化互动等。几年来，中心围绕上述领域成功申请到 2 项国家级重大课题、2 项国家级重点课题、多项国家级和省部级一般课题，出版著作 10 余部，发表论文近 200 篇，初步奠定了山西民间文献整理研究的学术基础。

在山西大学即将迎来双甲子华诞之际，民间文献整理与研究中心特推出《山西民间文献粹编》丛书的第一辑，作为中心献给母校的一份特别的生日礼物。这套丛书是对中心几年来所做文献整理和研究工作的阶段性总结，共包括 6 册，其中石刻文献 4 册，纸质文献 2 册，均由中心老师承担编著任务，是中心集体成果的一次彰显。

郝平辑录的《黎城县碑文辑录》是在县域田野作业基础之上完成的，2018 年暑假期间，中心组织师生在长治市黎城县展开县域民间文献普查，这种研究能够揭示县域范围之内民间文献存量情况。截至目前，中心已经在山西高平、武乡、太谷和河北蔚县等地开展了县域民间文献普查工作，今后将拓展到其他市县。此书是这一类型民间文献搜集整理和研究工作的典型代表。刘伟国辑释的《沁河中游地区传统堡寨村落碑刻辑释》以村落为中心展开民间文献的整理研究，此书选取了晋东南沁河中游地区堡寨这一独特类型的村落为基本单位，立足于村落社会整体对碑刻文献进行系统搜集整理。几年来，中心已经完成的村落民间文献调查达几千处，积累了丰富的个案，目前急需开展类型化、谱系化的研究，这是推进民间文献整理研究最重要的方法。闫爱萍辑选的《山西关帝庙碑刻辑选》以祠庙为中心展开民间文献的整理研究，是作者长期开展关公文化研究的成果积累，体现了关公文化研究与民间文献研究的结合，表现出民间信仰研究从神灵中心转向祠庙中心的研究趋势。现存碑刻绝大部分位于各类祠庙之中，历史时期的祠庙承担了远超当代庙宇的复杂功能，祠庙是村落社会开展各类政治、社会、经济和文化活动的公共空间。与祠庙和民间信仰研究的结合是民间文献研究走向深入的重要途径。杨波辑考的《山西村社碑刻辑考》利用碑刻材料试图从整体上把握山西村社发展的长时段历史演变和综合研究的分析框架，地理空间、社会经济和文化都被整合在村社宋代以来的长时段发展历程之中。晏雪莲、周超宇辑释的《山西布商文书辑释》从山西布商这一行当角度出发综合搜集整理了各种类型的相关文书，包括规程、信稿、运单和契约，其主体是规程和信稿等簿册类文书。山西商人原始经营文书的研究首先要重视对各种形态文书的分类整理研究，更重要的是围绕特定问题综合运用各种类型文书来深化相关主题研究，此书就是这方面的一个很好的尝试。周亚辑释的《山西票号书信辑释》搜集整理了五件反映山西票号经营活动的"号信"信稿。山西票号是从事异地白银货币汇兑业务的金融机构，书信经营制度是解决票号异地经营管理、白银货币跨区域平衡调度、分号之间业务协作、商业信息沟通等重要问题的重要工具。山西票号书信是山西商人书信类文书最典型、最成熟的案例。

以上4部与碑刻有关的民间文献著作分别从县域、村落、祠庙、专题和整体四个不同角度展开，2部与文书有关的民间文献著作分别从书信、文书两个不同角度展开，这些角度大体上代表了目前山西民间文献整理研究的主要视角。

由于出版时间紧张，民间文献整理又异常复杂易错，计划中的几部书稿未能在这一辑中一起出版，收入这一辑的书稿也有部分内容不得不舍弃，这些遗憾只能留待以后弥补。民间文献整理研究尚处于起步阶段，问题不够聚焦，规范不够完备，方法尚在探索，各种问题在所难免，本套丛书的推出也意在抛砖引玉，希望学界同仁多多关注民间文献，共同推动这一研究领域不断向前发展。

郝　平

2023年12月

目　录

前　言 ··· 1

凡　例 ··· 37

一、郭峪村

（一）村庄简介 ··· 1

（二）海会寺 ·· 2

　　1. 大周泽州阳城县龙泉禅院记 ·· 2

（三）汤帝庙 ·· 5

　　1. 重修汤帝庙舞楼记 ··· 6

　　2. 郭谷镇重建大庙记 ··· 7

　　3. 汤帝庙公约墙碑 ·· 8

　　4. 城窑公约 ·· 10

　　5. 高禖祠修壁碑 ·· 12

　　6. 邑侯大梁都老爷利民惠政碑 ··· 13

　　7. 邑侯杨老爷剔弊安民示 ·· 16

　　8. 补修三门北门水门城根三处收出布施碑记 ·· 17

9. 补修西北角殿碑记························22
10. 补修城垣碑记·························23
11. 补修高禖殿并祀神使费碑记·················25
12. 补修东北城记·························26
13. 重修东看楼屋坡并改修东官厅南间碑记···········28
14. 保护豫楼议约碑························29
15. 重修钟楼碑记·························30
16. 重修上院石栏记························31
17. 补葺西城墙垣记························32
18. 补修西北城垣碑记·······················32
19. 重修石闸碑记·························33

（四）白云观····························37

1. 创建灵官殿碑记························37
2. 重修闫王殿碑记························40
3. 创修白云观石磴碑记·····················42
4. 郭谷镇修券造像碑······················43
5. 创修钟鼓两楼补修西廊房碑记················45
6. 崇祯十六年补修城垣捐资碑·················45
7. 重修河东庵记·························47
8. 合镇众家布施碑记······················48
9. 增修石山庙并池亭记·····················50
10. 补修城垣捐工碑记······················53
11. 西山庙记····························54
12. 重修西山庙记·························55
13. 重修东庵三教堂观音堂泰山祠记···············57
14. 重修三教堂碑记························59

15. 土地尊神会祀碑记 …… 60
16. 里馆故墟建孔子庙碑 …… 62
17. 武当山会记 …… 67
18. 补修两殿并城垣中院序 …… 68
19. 县主衷老爷体恤里民行户永免一应杂派德政碑 …… 69
20. 清故处士明轩柴君墓志铭 …… 72
21. 恒山上人行实识 …… 74
22. 补修白云观记 …… 75
23. 寨坡路碑记 …… 76
24. 封窑碑记 …… 77
25. 重修寨坡路记 …… 79
26. 补修玉皇阁后正殿腰庭钟鼓两楼东西山门记 …… 81
27. 重修西门外石坡碑记 …… 82
28. 文社财产及保护碑 …… 83
29. 关夫子觉世真经 …… 84

（五）文昌阁 …… 85
1. 明故南平处士张君墓碣铭 …… 85
2. 明故南峰居士张君墓碑 …… 87
3. 明故曾祖王公之墓 …… 88
4. 明敕封承务郎近泉卢公配望凤乡君合葬墓志铭 …… 89
5. 清故大中丞都察院右金都御史雨苍张公墓志铭 …… 91
6. 清诰封通奉大夫刑部右侍郎加一级条山张公墓志铭 …… 94
7. 皇清诰封夫人张太母李氏墓志铭 …… 96
8. 皇清诰封夫人张母孙氏祔葬墓志铭 …… 98
9. 捐资碑 …… 100
10. 陈公鸿志墓碑 …… 101

11. 皇清敕授文林郎河南开封府郑州粮河州判东岩张公暨配
  李孺人墓志铭…………………………………………………… 102
12. 皇清敕授修职郎福建建宁府浦城县县丞加一级静斋（秦）
  氏公墓志铭…………………………………………………… 104
13. 重修奎阁城垣河堤碑……………………………………… 106

（六）豫楼………………………………………………………… 107
　1. 焕宇变中自记………………………………………………… 108
　2. 焕宇王翁豫楼记……………………………………………… 113
　3. 碧山主人王重新自叙………………………………………… 114
　4. 清故太学生碧山王公暨元配曹孺人合葬墓志铭…………… 115
　5. 清故太学生碧山王公暨配曹孺人萧孺人迁葬墓志铭……… 118

（七）门额………………………………………………………… 119
　1. 郭峪村古城东门门额………………………………………… 119
　2. 郭峪村古城北门门额………………………………………… 120
　3. 郭峪村古城西城门门额……………………………………… 120
　4. 郭峪村古城西城门瓮城内门额……………………………… 120
　5. 郭峪村古城下水门门额……………………………………… 121
　6. 郭峪村"豫楼"匾…………………………………………… 121
　7. 郭峪村树德堂门额…………………………………………… 121
　8. 郭峪村陈氏宅院门额………………………………………… 122
　9. 郭峪村"西都世泽"院门额………………………………… 122
　10. 郭峪村王维时宅院门额…………………………………… 123
　11. 郭峪村"小狮院"门额…………………………………… 123
　12. 郭峪村张家大院二门门额………………………………… 124

（八）《古村郭峪碑文集》所见郭峪碑刻……………………… 124
　1. 明待赠处士张公暨配孺人逯氏合葬墓志铭………………… 124

2. 山东兖州府通判前陕西同州知州张文兹公墓志铭··············126
3. 诰赠张鹏云父母碑··············127
4. 明贤处士陈公讳林配郭孺人墓表··············128
5. 明贤处士南泉陈公配张孺人墓表··············129
6. 郭谷修城碑记··············130
7. 抄录奉旨叙劳疏··············131
8. 陈公讳三知号仰吾暨配曹氏贾氏合葬墓表··············133
9. 阳城额设商税银碑··············134
10. 明故显考复吾卫公配曹李氏之墓··············134
11. 清故儒士海山张公暨配窦氏成氏合葬墓志铭··············135
12. 清故叔考翼吾张公墓··············137
13. 郭峪镇仕宦题石记··············137
14. 西园先生墓志铭··············138
15. 修路碑··············140
16. 义冢碑铭··············141
17. 重修三官殿碑记··············142
18. 遵母命施地西山庙碑记··············143
19. 皇清显考处士养和崔公暨配魏原孺人合葬之墓··············143
20. 清故处士钟氏本支始祖讳镛字洪声公祔配刘孺人之墓··············144
21. 重修成汤庙舞楼碑记··············145
22. 补修大成庙碑记光绪··············146
23. 创修奎星阁碑记··············147
24. 朱子家训··············147
25. 故北直隶任县知县卢府君墓表··············148
26. 故永从令张君行谷墓志铭··············149
27. 前清郡增生清溪翟子云妻曹氏寿域铭··············152

二、润城村

- （一）村庄简介 ………………………………………………………… 153
- （二）东岳庙 …………………………………………………………… 154
    - 1. 重建东岳庙记 ………………………………………………… 154
    - 2. 重修东岳庙记 ………………………………………………… 157
    - 3. 本镇张世德施银碑 …………………………………………… 159
    - 4. 重修东岳庙记 ………………………………………………… 160
    - 5. 三圣坊等六坊捐资碑 ………………………………………… 161
    - 6. 铸佛坊等六坊捐资碑 ………………………………………… 169
    - 7. 乙亥宰社碑记 ………………………………………………… 175
    - 8. 戊子宰社碑记 ………………………………………………… 176
    - 9. 润城镇重修孔子庙碑记 ……………………………………… 177
    - 10. 庚申宰社碑记 ………………………………………………… 179
    - 11. 补修东岳庙施财姓名碑 ……………………………………… 180
    - 12. 润城社新制神伞仪仗记 ……………………………………… 183
    - 13.《润城社新制神伞仪仗记》续捐资碑 ……………………… 187
    - 14. 创修东岳庙后宫碑记 ………………………………………… 193
    - 15. 创修后宫砥泪城与十二坊施银碑 …………………………… 195
    - 16. 创修后宫各省府县乡镇施财碑记 …………………………… 203
    - 17. 创修后宫各省府县乡镇施财碑记（续碑） ………………… 208
    - 18. 东岳庙捐社本碑记 …………………………………………… 216
    - 19. 重修东岳庙三门鼓楼僧寮并文庙奎星阁东西两奏乐庑碑记 …… 217
- （三）文公祠（土地庙） ……………………………………………… 218
    - 1. 土地庙碑记 …………………………………………………… 218
    - 2. 金妆文公祠神像壁记 ………………………………………… 220

（四）三圣院 ··· 221
    1. 创制土碾记 ·· 221
    2. 修建三圣院庙宇捐资碑 ·· 223
    3. 施地记 ·· 229
    4. 施地碑记 ··· 229
    5. 施房碑记 ··· 230
    6. 重修砥洎城三圣庙记 ·· 231
    7. 重修城门楼收使列后 ·· 233
    8. 补修西城并两瓮城东西围墙壁记 ····································· 234
    9. 不二门 ·· 235

（五）黑龙庙 ··· 235
    1. 重修黑龙庙碑记 ·· 235
    2. 补修黑龙庙壁记 ·· 238
    3. 补修黑龙庙并采霞宫碑记 ··· 239

（六）文昌阁 ··· 240
    1. "山城一览"图 ··· 240

（七）关帝庙 ··· 241
    1. 创修后瓮城并水门楼碑记 ··· 241
    2. 修寨劾劳执事姓名碑 ·· 243
    3. 补修西北城墙碑记 ··· 245

（八）东坪庙 ··· 247
    1. 重修饰神像创建月台记 ·· 247
    2. 重修神路墁院碑记 ··· 250
    3. 重修元武庙碑记 ·· 253
    4. 重修元武庙碑续捐资碑 ·· 255

       5. 新塑关圣奎星并制暖阁桌帐记 ………………………………… 259
       6. 创建东坪庙照壁记 …………………………………………… 260
       7. 补修东坪庙记 ………………………………………………… 261
       8. 重修东坪元帝庙碑 …………………………………………… 264
       9. 润镇东大社关帝会起水扮故事碑记 ………………………… 265
       10. 补修东坪庙正殿奎阁并门外花墙石梯碑记 ……………… 266

（九）玉贞观 ……………………………………………………………… 268
       1. 重修药王祠碑记 ……………………………………………… 268
       2. 补修文林亭碑记 ……………………………………………… 269

（十）街巷 ………………………………………………………………… 270
       1. 补修观音堂壁记 ……………………………………………… 270

（十一）其他资料所获 …………………………………………………… 271
       1. 无题名墓碑 …………………………………………………… 271
       2. 题石氏佳城记 ………………………………………………… 272
       3. "施财芳名"碑（关帝庙）………………………………… 273
       4. 创建关帝庙貌记（关帝庙）………………………………… 274
       5. 关帝庙铸铁狮碑记（关帝庙）……………………………… 276
       6. 明故承德郎大兴县知县贲闻杨公及元配赠安人王氏合葬墓志…… 277
       7. 清故福建都转盐运使司运使心盘王公墓志铭 …………… 280
       8. 润城里六甲张氏祖茔世系碑记 …………………………… 281
       9. 河头茔本支（润城里六甲张氏）世系碑引 ……………… 282
       10. 润城夫子庙碑 ……………………………………………… 284
       11. 张瑃覃恩诰封碑 …………………………………………… 285
       12. 补修东西三处城墙并□城门 ……………………………… 286
       13. 巡抚陕西兵部右侍郎兼都察院右副都御史伯珩张公墓志铭…… 286

14. 清福建盐运使松石王公墓表 ·· 291
15. 郭氏穿井壁记（城西井屋） ·· 293
16. 重修润城镇东岳庙记 ·· 293
17. 重修润城东岳庙碑记 ·· 295

三、大箕村

（一）村庄简介 ·· 296
（二）玉皇庙 ·· 297
  1. 补修西楼□戏楼记 ·· 297
  2. 大箕东西两社公议严禁行窑碑 ···································· 299
  3. 妆绘土地尊神并改路记 ·· 299
  4. 金妆五瘟神像记 ·· 300
  5. 大箕大庙五瘟殿东庑记 ·· 301
  6. 本庙关帝殿重换亮槅记 ·· 302
  7. 关圣帝君祀典记 ·· 302
  8. 妆绘泰山神像并墁前院志 ·· 304
  9. 重修大箕村玉皇碑记 ·· 305
  10. 补修玉皇殿并金妆神像记 ··· 307
  11. 补修□□□□□□□□高禖三清菩萨□□□□□□土地
     三仙□□□□玉各殿及两廊房改换高禖殿□碑记 ················ 308
  12. 施地记 ··· 310
  13. 施业记 ··· 311
  14. 捐资碑记 ··· 312
  15. 戏台前西石柱（右柱）柱头 ······································· 315
  16. 戏台前东石柱（左柱）柱头 ······································· 316

（三）迎旭桥 ··· 317
    1. 卫公创建迎旭桥记 ··· 317
    2. 修桥记事 ·· 318

（四）村西摩崖石刻 ·· 319
    1. 大箕摩崖石刻 ··· 319

（五）墓志铭和祠堂碑记 ·· 320
    1. 明故文林郎四川道监察御史述文王公墓志铭 ············ 320
    2. 大箕王公墓碑 ··· 324

四、上庄村

（一）村庄简介 ·· 325

（二）永宁闸 ··· 326
    1. 捐资碑记 ·· 326
    2. 补修永宁闸记 ··· 332
    3. 捐资碑记 ·· 333
    4. 捐资碑记 ·· 335
    5. 捐资碑记 ·· 337

（三）炉峰院 ··· 340
    1. 重修三教堂记 ··· 340
    2. 合社会议 ·· 341
    3. 白衣菩萨会碑记 ··· 342
    4. 新修关圣贤庙序 ··· 343
    5. 续修庙前舞楼记 ··· 344
    6. 重修南庵碑记 ··· 345
    7. 补修高禖祠施财碑记 ··· 348

8. 重修炉峰庵拜殿舞楼以及墙垣施财碑记 …… 349
9. 重修关帝殿施财碑记 …… 352
10. 补修炉峰庵碑记 …… 354
11. 无题名 …… 356
12. 无题名 …… 356
13. 重修关帝庙 …… 357
14. 无题名 …… 359
15. 创建高禖神祠记 …… 360
16. 上庄登科及第名录 …… 361
17. 修建关帝庙捐资碑记 …… 363

（四）北庵庙 365
 1. 金妆太清诸神圣像暨修补诸二卧碑记 …… 365
 2. 补修关帝殿捐资碑 …… 368

（五）墓志铭 369
 1. 芥长志铭 …… 369
 2. 清故力汝王公暨杨孺人合葬墓志铭 …… 371
 3. 清故庠生芥长王公暨杨孺人合葬墓志铭 …… 372

（六）村民家中 374
 1. 重修三皇庙碑记 …… 374

五、皇城村

（一）村庄简介 …… 377

（二）皇城相府 …… 378
 1. 河山楼记 …… 378
 2. 斗筑居记 …… 380

3. 斗筑居铭垂训后人 …… 382

4. 顺治年陈氏牌坊 …… 382

5. 冢宰总宪牌坊 …… 383

6. 康熙帝御书匾联 …… 384

7. 槐云世荫记 …… 385

(三) 紫芸阡 …… 386

1. 大明处士陈公孺人张氏合葬之墓 …… 387

2. 明故柏山陈公暨配李孺人合葬墓表 …… 387

3. 陈氏上世祖茔碑记 …… 390

4. 陈三乐墓碑 …… 391

5. 陈廷敬墓碑 …… 391

6. 陈壮履墓碑 …… 392

7. 陈名俭墓碑 …… 393

8. 紫芸阡记（残碑） …… 393

9. 紫芸阡跋 …… 394

10. 紫芸阡 …… 394

11. 紫芸阡禁伐树木碑记 …… 395

12. 康熙御制陈廷敬挽诗碑 …… 395

13. 康熙御制赠陈廷敬诗碑 …… 396

14. 康熙帝御制祭文碑（一） …… 397

15. 康熙帝御制祭文碑（二） …… 397

16. "恩赐闵器"碑 …… 398

17. "特赐帑金"碑 …… 399

18. "叠遣近臣存问"碑 …… 399

19. "钦命亲王临奠"碑 …… 401

20. "遣官护丧归葬"碑 …… 402

21. 康熙圣旨碑（一） …… 402

22. 康熙圣旨碑（二）……404
23. 康熙圣旨碑（三）……405

（四）西山院……406
 1. 地藏殿补葺记……407
 2. 金顶会朝山记……408
 3. 金顶会碑记……410
 4. 金顶会碑记……411
 5. 西山院……412
 6. 玄武圣会碑记……413
 7. 施舍地亩房屋地基碑记……414
 8. 金顶会修醮碑记……415

（五）《皇城石刻文编》所录碑刻……417
 1. 故曾叔祖处士忠斋公墓碑……417
 2. 皇清敕赠征仕郎行人司司副孝章陈公暨配郭、张、万孺人之墓……418
 3. 皇清例封修职郎灵石县教谕盟洲陈公祔王孺人合葬墓……420
 4. 陈秉照暨妻郭氏合葬之墓……420
 5. 陈公暨祖妣张太君、窦太君合葬墓……421
 6. 买到施业碑记……421
 7. 创修汤帝庙碑记……422
 8. 清故显祖考郭公海林暨配杨太孺人之墓……424
 9. 民国故显考郭公辅臣德配原孺人之墓……425

六、湘峪村

（一）村庄简介……426

（二）东岳庙……426
 1. 金妆圣像并彩画舞楼碑记……427

2. 补修东岳庙捐资碑记 …… 428
3. 明故孙公暨配韩氏合葬墓 …… 429
4. 薰宸 …… 430
5. 来爽 …… 431
6. 迎晖 …… 431
7. 恩荣四世 …… 431
8. 明故孙公暨配李氏合葬墓志铭 …… 432
9. 明茂才私谥孝懿孙梦得季君墓志铭 …… 433
10. 明茂才私谥孝懿孙梦得暨张太孺人合葬墓志铭 …… 436
11. 补修上佛堂山神庙大庙坡路碑记 …… 438

后　记 …… 440

前　言

一、碑刻集的编撰体例

碑刻资料的出现、收集与整理历来已久，从目前碑刻资料集中收集的碑刻刊刻时间来看，最早的在秦朝，最晚的可以到当下。目前，出版的碑刻资料集数量已经非常可观，据不完全统计，目前已经出版的碑刻资料集在1000种以上。山西大学中国社会史研究中心编辑出版的《社会史研究》第12辑刊发了仝建平整理的《山西碑刻书目简编》，文章中提道："此份简目专收公开出版的山西碑刻书籍，立足于收录碑文方便研究利用而言，书法碑原则不收，内容依次分为古籍（专指1949年之前成书）重印整理、新编（1950年至今）书目、《三晋石刻总目》（分市卷）、《三晋石刻大全》（分县区及专题卷）四部分，按照出版年份先后排列，同年出版者大致依照地域从北往南编排。"[①] 古籍重印整理有27部/套，新编书目123部，《三晋石刻总目》有9地市（暂缺忻州市和吕梁市），《三晋石刻大全》共计出版了76个县、市、区的碑刻集。其中有不少重复，即同一部碑刻书目由不同出版社在不同年份出版。

对上述碑刻集稍加整理，我们可以看到，碑刻集的内容涉及碑刻的题名、碑刻收集的区域、碑刻的编排体例、收录碑刻的数量、收录碑刻的时代断限、碑刻的规格（包括尺寸及材质）、碑刻的保存方式（壁碑还是立碑）、碑刻的保存质量、碑刻的来源（原碑或拓片或其他出版物）、碑刻的简介、碑刻收藏地及其简介、碑文内容的注释等，不一而足。当然，并不是每一部碑刻集都会涉及上述全部内容。

---

① 仝建平：《山西碑刻书目简编》，《社会史研究》第12辑，商务印书馆2021年。

在上述内容中，已出版的碑刻集中，差别比较大的是碑刻集的题名、碑刻收集的区域和碑刻编排的体例。从碑刻集题名的构成要素来看，其要素最多可以是地域＋民族＋时代＋碑刻性质＋整理方式，如《黔西南布依族清代乡规民约碑文选》①可以拆解为黔东南＋布依族＋清代＋乡规民约＋选，共计5个要素；《明清以来北京工商会馆碑刻选编》②可以拆解为北京＋明清以来＋工商会馆碑刻＋选编，共计4个要素；《明清以来苏州社会史碑刻集》③可以拆解为苏州＋明清以来＋社会史碑刻，共计3个要素；《清代河南、山东等省商人会馆碑刻资料选辑》④可以拆解为河南、山东等省＋清代＋商人会馆碑刻资料＋选辑，共计4个要素；《浦东碑刻资料选辑》⑤可以拆解为浦东＋碑刻资料＋选辑，共计3个要素；《泽州碑刻大全》⑥可以拆解为泽州＋碑刻＋大全，共计3个要素；《四川历代碑刻》⑦可以拆解为四川＋历代＋碑刻，共计3个要素；《宋代石刻文献全编》⑧可以拆解为宋代＋石刻文献＋全编，共计3个要素；《陕西碑石精华》⑨可以拆解为陕西＋碑石＋精华，共计3个要素；《西北民族碑文》⑩可以拆解为西北＋民族碑文，共计2个要素；《云南林业文化碑刻》⑪可以拆解为云南＋林业文化碑刻，共计2个要素；《苏州碑

---

① 黔西南布依族苗族自治州史志办公室编：《黔西南布依族清代乡规民约碑文选》，册亨县印刷厂承印，无印制时间。
② 李华编：《明清以来北京工商会馆碑刻选编》，文物出版社1980年版。
③ 王国平、唐力行主编：《明清以来苏州社会史碑刻集》，苏州大学出版社1998年版。
④ 许檀编：《清代河南、山东等省商人会馆碑刻资料选辑》，天津古籍出版社2013年版。
⑤ 浦东新区档案馆、浦东新区党史地方志办公室编：《浦东碑刻资料选辑》，上海古籍出版社2015年版。
⑥ 樊秋宝主编：《泽州碑刻大全》，中华书局2013年版。
⑦ 高文、高成刚编：《四川历代碑刻》，四川大学出版社1990年版。
⑧ 国家图书馆善本金石组编：《宋代石刻文献全编》，北京图书馆出版社2003年版。
⑨ 余华青、张廷皓主编：《陕西碑石精华》，三秦出版社2006年版。
⑩ 吴景山：《西北民族碑文》，甘肃人民出版社2001年版。
⑪ 李荣高等编：《云南林业文化碑刻》，德宏民族出版社2005年版。

刻》①可以拆解为苏州+碑刻，共计2个要素；《潭柘寺碑记》②可以拆解为潭柘寺+碑记，共计2个要素；《元代白话碑》③可以拆解为元代+白话碑，共计2个要素；等等。可见，命名的方式多种多样，反映了碑刻的地域性、碑刻内容的多样性、碑刻的时代性、碑刻整理方式的独特性等特征。

从碑刻收集区域来看，大到全中国的地域范围，再到省级（如广东、北京、广西、河北、山西、陕西、四川等），地级（如桂林、郑州、咸阳、温州、苏州、绍兴、曲阜、泉州等），县级（如苍南、扶沟、怀柔、嘉定、南澳、南靖、迁西、蓬莱、南安等），小到一个乡镇（如桐庐县分水镇）、一个村庄（如阳城县北留镇郭峪村等）。从行政区域（如上述各级的行政区域）到自然地理区域（如黄河流域、姚江流域、乌江流域、武当山、五台山、响堂山、雁荡山、药王山、崆峒山等），从古代区域（如长安、西域、陇右、上京、广州府等）到现代区域（如上述各级的行政区域），从大行政区（如西北）到省内地域（如滇南、粤西、闽中、陇西），还包括城市（如桂林、宁波等④）、寺院（如潭柘寺等），等等，都可以成为碑刻收集的区域。

碑刻编排的体例也是多种多样的。碑文的注释和文字整理的体例基本上是一致的，这里主要说的是编排的体例。编排体例大致可以分为三种，一是按行政区划为序，如《广东碑刻集》⑤以市、县分编，再按年代顺序排列，钟鼎铭文附于碑文之后。《广西少数民族地区石刻碑文集》⑥以县、市为单位，分别按照年份先后排列，没有或难以确定年代的碑刻，附在所属县、市后面。《广州府道教庙宇碑刻集释》⑦以广州府属以及各县为单元（以阮元

---

① 张晓旭：《苏州碑刻》，苏州大学出版社2000年版。
② 张云涛：《潭柘寺碑记》，中国文史出版社2010年版。
③ 冯承钧：《元代白话碑》，山西人民出版社2014年版。
④ 这里所说的城市，仅包括城市市辖区范围，并不包括城市所辖的县和代管的县级市，与上述的地级行政区不同。地级行政区包括市辖区、县和代管的县级市。
⑤ 谭棣华、曹腾骈、冼剑民编：《广东碑刻集》，广东高等教育出版社2001年版。
⑥ 广西民族研究所编：《广西少数民族地区石刻碑文集》，广西人民出版社1982年版。
⑦ 黎志添、李静编著：《广州府道教庙宇碑刻集释》，中华书局2013年版。

主修道光《广东通志》中的州府县的次序为准），按年代先后作为次序，以庙带碑，每一个庙自成一个单元，庙宇所属的碑文就是一个个子单元。《东莞历代碑刻选集》[①]以所在或所藏镇（街）为单位进行编排，同一镇（街）者，以碑文所署立石时间为序，时间相同者，随机编排，时间不详者，统编于后，同一文物建筑物或构筑物有多通碑刻者，则按立石时间为序链接编排。二是按碑刻刊刻年代为序，如《桂林石刻总集辑校》[②]按刊刻时代、刊刻年份排列，无具体年份者，就近入序，重刊碑刻按重刊年份排序。《巴蜀佛教碑文集成》[③]碑文编次，主要以年代为准，其时序或依撰年，或依立石之年，碑石不能确指为某年，然经考证可约略确定者，则次于相当年代区间之内，如碑石年代不能确定而其朝代可确定者，则次于相当朝代之末。三是按照内容为序，如《北京道教石刻》[④]按石刻内容分为七个部分：御制碑和敕建碑、兴建碑、重修碑、人物碑、香会碑、诸事碑、墓志志文，每一类下按时间顺序编排。《广州碑刻集》[⑤]将碑刻分为府署学宫类（下面按照政区，再下面碑刻按时间顺序编排），寺观庙宇类（下面是寺庙，寺庙下面是碑刻按时间编排），墓志铭类（历代人墓志、外国人墓志、近代烈士墓志，再下按碑刻时间排序），宗祠社学类（各姓宗祠、贤祠、社学，再下按碑刻时间排序），书院会馆类（广雅书院、其他书院、锦纶会馆、其他会馆），楼台园林类（药洲、镇海楼、云泉山馆、其他），公共工程类（时间排序），禁示规约类（官衙文告、乡规民约），摩崖石刻类，其他类碑刻，中山大学碑刻。《鞍山碑志》[⑥]按内容分为五大类，即五章（庙宇祠堂碑、塔铭、墓志铭、墓碑墓表、记事碑），如果内容较多，每章按县、市、区分节，节下还会再细分，

---

① 东莞市文化广电新闻出版局编：《东莞历代碑刻选集》，上海古籍出版社2014年版。
② 杜海军辑校：《桂林石刻总集辑校》，中华书局2013年版。
③ 龙显昭主编：《巴蜀佛教碑文集成》，巴蜀书社2004年版。
④ 孙勐、罗飞编著：《北京道教石刻》，宗教文化出版社2011年版。
⑤ 冼剑民、陈鸿钧编：《广州碑刻集》，广东高等教育出版社2006年版。
⑥ 路世辉、富品莹编著：《鞍山碑志》，沈阳出版社2008年版。

如第一章《庙宇祠堂碑》，按县、市、区分节，节下又分为寺院碑、观庵宫碑，再之下是庙观，庙观下是按碑刻刊刻时间排序。

二、碑刻集存在的问题

目前出版的碑刻资料集虽然数量已经非常可观，其中不乏质量上乘者，然而，总体来看，仍然存在一些共性的问题，总结如下。

第一，所收碑刻数量有限，同一区域的不同版本的碑刻集所收碑刻数量不同，严重影响碑刻资料的保护和使用。从省域范围来看，一个省内的碑刻数量应该非常庞大，可是目前已出版的以省域为收集范围的碑刻集所收碑刻数量是很有限的，如《河北府县乡土碑刻辑录》[①]仅收录65通，《广西少数民族地区石刻碑文集》[②]仅收录151通，《广东碑刻集》[③]仅收录965通，等等，而有的以地、市或县、市为收集范围的碑刻集所收碑刻有很多是超过省域范围的，如《广州碑刻集》[④]共收录1165通，比《广东碑刻集》多出200通，又如《桂林石刻》[⑤]《桂林石刻总集辑校》[⑥]都是以桂林市辖区为收录范围，两部书所收碑刻数量就不同，《桂林石刻》收录1569通，《桂林石刻总集辑校》收录1732通。再以笔者所在的山西省为例，《山右石刻丛编》[⑦]仅收录720通，《山西通志·金石志》（单行本称《山右金石志》）[⑧]收录多一些，

[①] 戴建兵、孙文阁辑注：《河北府县乡土碑刻辑录》，天津古籍出版社2016年版。
[②] 广西民族研究所编：《广西少数民族地区石刻碑文集》，广西人民出版社1982年版。
[③] 谭棣华、曹腾騑、冼剑民编：《广东碑刻集》，广东高等教育出版社2001年版。
[④] 冼剑民、陈鸿钧编：《广州碑刻集》，广东高等教育出版社2006年版。
[⑤] 桂林市桂海碑林选编：《桂林石刻》，内部资料，1979年。
[⑥] 杜海军辑校：《桂林石刻总集辑校》，中华书局2013年版。
[⑦] ［清］胡聘之修，［清］胡延纂：《山右石刻丛编》（影印本），三晋出版社2018年版。
[⑧] ［清］杨笃撰：《山右金石记》（影印本），三晋出版社2018年版。

也只有1550通。就本碑刻集所关注的6个村落所在的沁水县、阳城县和泽州县而言，《沁水碑刻蒐编》①收录271通，《皇城石刻文编》②收录46通，《古村郭峪碑文集》③收录81通，《海会寺碑碣诗文选》④收录107通，《三晋石刻大全·晋城市沁水县卷》⑤收录522通，《三晋石刻大全·晋城市阳城县卷》⑥收录734通，《三晋石刻大全·晋城市泽州县卷》⑦收录1335通。《三晋石刻大全》还包括大量1950年后的现代碑刻。《泽州碑刻大全》⑧共收录2756通，其中现存碑刻2525通，从各种文献资料中搜集的碑刻231通；从形制上看，收录碑碣2365通、墓志铭210通、摩崖石刻37通、石阙与牌坊4件、经幢与石柱120件、造像题记与画像题记20件。《泽州碑刻大全》所收录的碑刻已经远远超出《三晋石刻大全·晋城市泽州县卷》，但仍有不少遗漏，我们在大箕镇大箕村玉皇庙中与迎旭桥旁共收集碑刻25通（包括漫漶碑刻），其中玉皇庙22通、迎旭桥2通、村西摩崖石刻1通。《泽州碑刻大全》收录了14通，其中玉皇庙9通、迎旭桥1通、村西摩崖石刻1通、墓志铭2通、祠堂碑记1通。两者比较就会发现，我们的调查缺少4通，包括玉皇庙的《重修玉皇庙碑》和祠堂碑记（两者都见于《泽州府志》），2通墓志铭是我们未考察到的。《泽州碑刻大全》则缺少了玉皇庙的14通、迎旭桥的1通。

　　同一区域的不同碑刻集所收碑刻数量不同，其原因是多方面的，如《桂林石刻》和《桂林石刻总集辑校》，两者收录标准是一样的，《桂林石刻》收录的是"摩崖碑碣"，"其形式，有题名、题记、诗词、曲赋、铭文、佛经、

---

① 贾志军主编：《沁水碑刻蒐编》，山西人民出版社2008年版。
② 栗守田编注：《皇城石刻文编》，内部资料，1998年。
③ 王小圣、卢家俭主编：《古村郭峪碑文集》，中华书局2005年版。
④ 王小圣编注：《海会寺碑碣诗文选》，山西人民出版社2002年版。
⑤ 车国梁主编：《三晋石刻大全·晋城市沁水县卷》，三晋出版社2012年版。
⑥ 卫伟林主编：《三晋石刻大全·晋城市阳城县卷》，三晋出版社2012年版。
⑦ 王丽主编：《三晋石刻大全·晋城市泽州县卷》，三晋出版社2012年版。
⑧ 樊秋宝主编：《泽州碑刻大全》，中华书局2013年版。

诰封、告示、禁约、墓志、地券、对联、榜书以及捐资列名等",年代是六朝到清。①《桂林石刻总集辑校》的"收录范围包括有史以来至 1949 年前所有发生在今桂林市区范围内的石刻文字,从形制上说包括摩崖、碑、碣、墓铭、牌坊等"②。但收录时代和出版年代不同,《桂林石刻》是六朝至清,《桂林石刻总集辑校》是南朝至民国,两书的出版时间前后相差 35 年,有新发现的碑刻或原有碑刻因为各种原因而消失或被毁,导致两书所录碑刻数量不同。

第二,所收碑刻中对碑阴重视不够,大部分碑刻并没有收录碑阴。碑阴中所记录的基本上都是捐资内容,包括捐资人、捐资商号、捐资村落以及其他类型的组织等,如果是在碑阳中有捐资内容,部分碑刻集会收录,部分碑刻集会收录一部分,大部分会省略捐资内容。《扶沟石刻》:"碑阴为捐资人姓名,竖 26 节,每节 30 人,当时有名望者:雍正癸丑进士青薄县智者县万方极,康熙丁酉巨人郁文炬,康熙戊子武举衢州参将李华高,康熙壬子武举郁荃,康熙甲午武举张柄,乾隆乙丑武进士李永和,拔贡高方煜、卢振、栾启寔。"③《泽州碑刻大全·大箕卷·补修玉皇殿并金妆神殿记》:"史宁静钱二千文 王成烈钱三百四十文 陈宁钱一千文(后略)。"④甚至很多碑刻的碑阳与碑阴都是捐资内容,这样的碑刻本身就是捐资碑,如本碑刻集中润城村的《六坊捐资碑》(2 通)、《创修后宫各省府县乡镇施财碑记》(2 通)等,整个碑文全都是捐资内容。而这类碑刻在绝大多数的碑刻集中都没有收录。不得不说,这是当前碑刻集中的一大缺憾,严重降低了碑刻的学术价值、使用价值。因为捐资内容是进行社会史、经济史等研究的重要资料,如许檀所开展的明清经济史研究,基本上就是碑刻资料,特别是碑刻碑阴中的商号资

---

① 桂林市桂海碑林选编:《桂林石刻·编辑说明》,内部资料,1979 年,第 1、3 页。
② 杜海军辑校:《桂林石刻总集辑校·凡例》(上册),中华书局 2013 年版,第 1 页。
③ 郝万章:《扶沟石刻》,中国广播电视出版社 2011 年版,第 43—44 页。
④ 樊秋宝主编:《泽州碑刻大全》(第 1 册),中华书局 2013 年版,第 632 页。

料。① 许檀也编辑出版了《清代河南、山东等省商人会馆碑刻资料选辑》，碑刻的碑阴全部收录。还有其他的明清社会经济史研究也是使用碑刻资料完成的②，但是，此类研究目前仍不多见。

第三，碑刻是选择性的收录。交通方便的村落及其庙宇，碑刻收录会比较齐全，但是交通不便的村落及其庙宇，碑刻收录情况则不容乐观；艺术性高的、保存完整的碑刻收录多，艺术性低的、残缺不全的碑刻收录少，等等，这些都严重影响了碑刻文献对乡村聚落（传统村落）的研究价值。"凡严重剥蚀不清而又未见前人搜录者，概不编入；有关捐资、寄名碑，只选录重要和有代表性者，其他酌情剔除。"③ "鉴于种种原因，我们只能对所收集的1200余篇碑碣铭文予以取舍。有些珍贵的铭文失传难觅，有些碑碣已铺路盖房、粉碎冶炼，有些碑碣磨损严重、字迹难辨，有些草书铭文恐辨识有误，还有些因抄录多误等原因未能辑录。"④ 如果现在仍然不以收全为目的，还是有选择性地收录，这会严重影响碑刻文献的保存和保护。如我们在阳城县望川村调查时，据村民介绍，望川村开明寺原来有80多通碑刻，但是现在保存下来的不到20通。可以说，几十年来，这种碑刻大量减少的现象在其他村落和庙宇中是普遍存在的。即便是在遗产保护自觉意识逐渐变强的今天，碑刻的消失或损坏现象仍然存在。不少地方在整理本地区的碑刻时，会有很多碑刻拓

---

① 许檀：《清代河南赊旗镇的商业——基于山陕会馆碑刻资料的考察》，《历史研究》，2004年第2期。许檀、吴志远：《明清时期豫北的商业重镇清化——以碑刻资料为中心的考察》，《史学月刊》，2014年第6期。许檀：《清代中叶聊城商业规模的估算——以山陕会馆碑刻资料为中心的考察》，《清华大学学报》（哲学社会科学版），2015年第2期。许檀、张林峰：《清代中叶晋商在济南的经营特色——以山陕会馆碑刻资料为中心的考察》，《中国社会经济史研究》，2019年第1期。
② 孟伟、廖声丰：《明清以来的高平商人研究——针对高平市康营村庙宇碑刻的考察》，《盐城工学院学报》（社会科学版），2016年第1期。廖声丰、孟伟：《明清以来山西村落的庙宇与商业发展——基于对高平市寺庄村现存庙宇碑刻的考察》，《中国社会经济史研究》，2015年第2期。
③ 桂林文物管理委员会：《桂林石刻·编辑说明》，内部资料，1977年，第3页。
④ 贾志军主编：《沁水碑刻蒐编》，山西人民出版社2008年版，第489页。

片，但这些拓片并没有得到整理出版，大部分人是看不到的，不利于碑刻的使用。

第四，对碑刻本身的简介不多。碑刻本身的简介应该包括尺寸、材质、收藏地等。"和传统文献不同，碑刻文献往往原本是以碑碣这种文物的形式存在的，它需要研究者的整理才能转化为可供学术研究使用的文献资料。文献整理的过程实际上是一个提取有价值的信息并转换载体的过程。在这个过程中，一部分信息会有损失。这些信息的损失既是不可避免的又是可以通过采取一些措施尽量弥补的。"碑刻所携带的信息可以包括物理信息（碑刻的材质、形制、尺寸等），图案和格式信息，环境信息（碑刻原保存的地点及其周边的自然和人文环境），历史信息（碑刻保存地点发生了变化，原来保存的地点、发现的经过、保存的过程就可以认为是历史信息），归户信息（碑刻产生或保存的地点或机构，如庙宇、家庭、字号、个人等），文字信息等方面①，碑刻本身的简介至少应该包括物理信息、环境信息，这些特定的信息对我们理解碑刻至关重要，如果缺少了这些信息，我们对其内容的解读很有可能会出现偏差，比如碑刻位置的移动而脱离原来的环境，或碑刻进博物馆之后，我们可能就不能确定其所在庙宇和村落，这在一定程度上就会降低碑刻的文献价值。

三、碑刻文献的学术价值

碑刻是一种广泛存在于乡村社会中的珍贵文献。其记载的内容可以上自官方大政方针，下至民间风土民情，包括自然的、人文的，官方的、民间的，现

---

① 杨波：《山西民间文献整理研究：高平诉讼碑刻辑考》，河北大学出版社2019年版，第17—19页。

实的、虚无的，等等。概括地说，可以分为政治军事、行政管理、农工商业、教育科举、宗教祭祀、水利科技、城乡建设、环境人口、交通桥梁、文学艺术、名贤人物、名胜古迹、社会习俗、灾祸祥瑞等，无所不包，无所不有，可以说涉及国家与社会的方方面面，或者说，与人们的生产与生活相关的任何事项，都可以在碑刻中找到记载。不过，碑刻文献的丰富性还有待于学术界的进一步挖掘。以历史学为例，碑刻资料的使用多集中在社会史[1]、灾害史[2]、经济史[3]、民间信仰[4]等领域，这些研究不同程度上都会涉及村落，或者说很多研究实际上可以认为就是村落研究，只是不属于村落实体研究。本碑刻集对碑刻文献的学术价值的讨论则侧重于历史乡村聚落地理和传统村落研究，这两个研究领域、学科还不重视碑刻文献资料的使用，或者说这两个领域、学科的相关研究中，运用碑刻文献资料的研究成果不多。此外，本书还从文化遗产的角

---

[1] 唐霞:《明清以来豫西北地区"社"与"会"之异同——以碑刻资料为中心》，《中国社会经济史研究》，2021年第1期。郝平:《清代太行山乡村庙宇变迁与村庄中心的转移——以山西高平王庄为例》，《贵州社会科学》，2020年第12期。姚春敏、杨康:《清代乡村社庙认定与社神选择——以清代泽州府为中心》，《求是学刊》，2020年第5期。胡英泽:《水井与北方乡村社会——基于山西、陕西、河南省部分地区乡村水井的田野考察》，《近代史研究》，2006年第1期。胡英泽:《水井碑刻里的近代山西乡村社会》，《山西大学学报》(哲学社会科学版)，2004年第2期。

[2] 白豆、郝平:《清代一个山西商镇的民间灾赈史——以灵石县静升村为例》，《安徽史学》，2021年第6期。郝平、白豆:《也谈灾荒史研究中的山西民间文献利用问题》，《福建论坛》(人文社会科学版)，2019年第9期。郝平、董海鹏:《碑刻所见1695年临汾大地震》，《晋阳学刊》，2011年第2期。

[3] 黄柏权、平英志:《清代地方政府对"万里茶道"茶源地茶业的经营管理——以安化茶业碑刻资料为中心》，《中南民族大学学报》(人文社会科学版)，2022年第1期。许檀:《清代的祁州药市与药材商帮——以碑刻资料为中心的考察》，《中国经济史研究》，2019年第2期。廖声丰、孟伟:《明清以来山西村落的庙宇与商业发展——基于对高平市寺庄村现存庙宇碑刻的考察》，《中国社会经济史研究》，2015年第2期。

[4] 李海龙:《清代佳县白云山朝山进香民俗与香会组织考论——基于碑刻资料的考察》，《宗教学研究》，2021年第1期。周嘉:《地方神庙、信仰空间与社会文化变迁——以临清碧霞元君庙碑刻为中心》，《民俗研究》，2019年第6期。唐霞:《论清代怀庆府地区的真武信仰与朝顶进香——以碑刻资料为中心》，《宗教学研究》，2019年第3期。

度讨论碑刻的文化遗产价值。

我国历史乡村聚落地理研究的起步较晚,在历史地理研究领域中发展也比较慢,其很大程度上是由于资料的局限。一直以来,学界所利用的资料大致分为以下几种类型:一是正史文献,正史文献的记载比较零散,但是也可以进行长时段的粗略的梳理村落的历史发展过程;[①] 二是地方志书,地方志详细记载某一区域的历史沿革、舆图(有的县志中存有村图)、村庄、人口、地理、建制、庙宇、水利、战争灾荒等,是复原历史乡村聚落的概貌和村落形成、发展过程[②]、人口规模[③]、交易与市场[④]的宝贵资料;三是独特的地图资料,这是进行村落研究的重要的直观资料;[⑤] 四是考古资料、档案资料、地名志和地名资料[⑥]、清末民国时期的调查资料、清末民国时期西方的考察报告和

---

① 孙冬虎:《白洋淀周围聚落发展及其定名的历史地理环境》,《河北师范大学学报》(社会科学版),1989年第3期。鲁西奇:《汉宋间长江中游地区的乡村聚落形态及其演变》,《历史地理》第23辑,上海人民出版社2008年版,第128—151页。

② 陈桥驿:《历史时期绍兴地区聚落的形成与发展》,《地理学报》,1980年第1期。黄忠怀:《从聚落到村落:明清华北新兴村落的生长过程》,《河北学刊》,2005年第1期。黄忠怀:《明清华北平原村落的裂变分化与密集化过程》,《清史研究》,2005年第2期。鲁西奇、韩轲轲:《散村的形成及其演变——以江汉平原腹地的乡村聚落形态及其演变为中心》,《中国历史地理论丛》,2011年第4期。王庆成:《晚清华北村落》,《近代史研究》,2002年第3期。刘灵坪:《16—20世纪滇池流域的乡村聚落与人地关系——以柴河三角洲为例》,《中国历史地理论丛》,2012年第1期。孙冬虎:《明清以来文安洼的水灾与聚落发展》,《中国历史地理论丛》,1996年第3期。

③ 王庆成:《晚清华北乡村:历史与规模》,《历史研究》,2007年第2期;王庆成:《晚清华北村镇人口》,《历史研究》,2002年第6期。

④ 王庆成:《晚清华北的集市和集市圈》,《近代史研究》,2004年第4期。韩茂莉:《十里八村——近代山西乡村社会地理研究》,生活·读书·新知三联书店2017年版。

⑤ 郑微微:《地貌与村落扩展:1753—1982年河北南部村落研究》,《中国历史地理论丛》,2010年第3期。黄忠怀:《明清华北平原村落的裂变分化与密集化过程》,《清史研究》,2005年第2期。

⑥ 鲁西奇:《新石器时代汉水流域聚落地理的初步考察》,《中国历史地理论丛》,1999年第1期。鲁西奇、韩轲轲:《散村的形成及其演变——以江汉平原腹地的乡村聚落形态及其演变为中心》,《中国历史地理论丛》,2011年第4期。

游记^①等，这些是进行村落研究的重要的补充资料；五是民间文献资料，民间文献资料包括碑刻、族谱、契约文书、书信、日记、日用杂书、口述资料等，涵盖民间社会生活的方方面面，实际上是进行村落研究的重要资料，但目前利用非常有限。不多见的研究有叶涛对民间文献在村落历史研究中的重要意义的讨论[②]、刘伟国等利用碑刻资料对南太行山传统堡寨村落形成与发展的研究[③]、韩茂莉利用碑刻资料对近代山西婚姻和祭祀圈的研究[④]、姚佳昌等利用碑刻资料对山西历史村落规划思想的分析[⑤]等。总的来看，几十年来历史乡村聚落地理的研究并没有太大的突破，比如对村落的研究仍然是将村落视为"点"的研究，对村落内部空间结构的研究非常有限，对村落规模的研究仍然集中在人口规模的讨论，等等。

要想进一步推动历史乡村聚落地理研究向前发展，必须重视以碑刻为代表的民间文献资料的收集和整理。一般而言，碑刻资料保存在庙宇之中，碑刻资料和庙宇建筑结合起来就可以讨论村落历史、传统格局。

关于村落历史。很多村落都将自己的历史追溯得非常久远，甚至到了春秋战国时期。这样的历史没有确切的文献资料或者考古资料支撑，其实并不可靠。如沁河中游地区的屯城村，相传是战国时期秦将白起屯兵之处，故名屯城。但是，今天的屯城村与战国时期的屯城有没有历史上的延续性呢？无论从文献资料还是考古资料上看，都不能提供足够的支撑。从屯城村东岳庙的建筑构件上看，可以追溯到金代。在东岳庙正殿最左侧的石柱上有"承安

---

① 王庆成：《晚清华北村落》，《近代史研究》，2002年第3期。
② 叶涛：《民间文献与村落历史的建构——山东青州井塘村村史钩沉》，《民间文化论坛》，2012年第3期。
③ 刘伟国、郝平：《南太行山地区堡寨村落的形成和特点——以沁河流域的窦庄村和郭峪村为例》，《山西大学学报》（哲学社会科学版），2019年第1期。
④ 韩茂莉：《十里八村——近代山西乡村社会地理研究》，生活·读书·新知三联书店2017年版。
⑤ 姚佳昌、蒲娇：《古代村落规划思想的解读——以明清山西碑刻资料为线索》，《古建园林技术》，2019年第1期。

四年"、左侧配殿最左侧的石柱上有"大安二年"的时间记载,说明屯城东岳庙的修建时间至少可以确定在金承安四年,即1199年。以此也可以推测,今天屯城村的建村时间至少可以追溯到1199年。又如位于屯城村南不远的润城村,根据目前已有史料,润城村的历史最早可以追溯到唐代。《阳城县金谷乡土门里小城村王宾夫妇墓志铭并序》中"维大唐泽州阳城金谷乡土门里小城村,因大和八年岁次丙寅,十一月乙未,朔八日甲寅,太原郡王,祖讳宾,婆讳郭氏,父讳铨,母讳旁氏,本贯晋州岳阳县遥城乡尺壁里上义坊人也,顷逢时乱失邑,移乡泽州阳城数十年矣。"①小城即今之润城,明万历二十一年(1593)小城更名为润城,"旧名小城邑,侯西宁春谷张公易今名,以沁环三面而地没润焉"②。大和八年(834),太原郡王移至阳城金谷乡土门里小城村,可见,在大和八年以前,小城村已经存在。鉴于太原郡王移居此地,可以推测小城村当时的村落条件相对其他村落而言比较完备。"礼制以毕,伏维降宣,乃谓词曰:西占沁漾水,东阜近高岗,北倚大神庙,南观道路傍。"③从丧葬之礼结束后的感慨之言中,可以明确得知润城西边为沁河,不过,限于史料的有限性,"高岗""大神庙"难以确定,南边的道路也未知,所以无法得知唐代润城的具体边界。但是,唐代大和年间润城已有"大神庙",可见润城村在唐中后期的规模应当不小。④再如位于润城村东不远的郭峪村,据保存于海会寺的《大周泽州阳城县龙泉禅院记》⑤的记载,郭峪村于唐代就已建村。此碑的时间是"大周开基之二载,岁直壬子

---

① 2021年4月28日笔者田野调查所获墓志铭,名为《阳城县金谷乡土门里小城村王宾夫妇墓志铭并序》,润城村张家庆家存有拓片。
② 2020年11月笔者田野调查所获碑刻,刊立于明万历二十一年(1593)五月的《重修东岳庙记》,存于润城村东岳庙内。
③ 同上。
④ 闫怡:《明清时期润城村社运行研究——以碑刻资料为中心》,山西大学2022年硕士学位论文。
⑤ 《古村郭峪碑文集》编辑委员会编:《古村郭峪碑文集》,中华书局2005年版,第3—5页。碑现存海会寺。

三月辛亥朔二十二日壬申记",即后周太祖广顺二年（952）。龙泉禅院即今海会寺（全国重点文物保护单位），碑文中有明确的赐名"龙泉禅院"的时间，"时郡牧陇西公果俞，革故之谋，俾建即新之号，因飞笺奏，遂降敕文，额为'龙泉禅院'矣，时唐乾宁元年十月二十五日也"。即894年。龙泉禅院"东临郭社之陌，前据金谷之垠，既名额以未标，称郭谷而斯久"。也就是说，在894年赐名"龙泉禅院"之前的很长的一段时间内，郭峪村就已经形成了村落（郭社之陌），当时名为"郭谷"。据此可以推测，郭峪村在唐代时就已建村，且在894年前已成规模。

关于村落传统格局。传统格局是指历史形成的由街巷、建筑物、构筑物本身特征结合自然景观构成的布局形态。主要构成要素包括轴线、道路、水系、山丘等，不仅能体现村落选址布局的基本思想，也记录和反映了城镇、村庄格局的历史变迁[①]。庙宇是村落中最为关键和节点性的建筑，利用庙宇的位置，再结合传统民居、水井、祠堂、街道、山川、古树等，就可以考察村落的传统格局。庙宇在村内及四周都有分布，有一定的规律可循，或沿村内道路，或分布于村落的制高点。庙宇不仅是村落空间布局中的重要节点、村落的标志性建筑、村落景观的重要组成部分，还在村民集体心理的形成中起了举足轻重的作用，是村民生活中不可缺少的精神空间。以阳城县润城镇上伏村为例，庙宇沿村落的主干道（三里龙街）分布于道路两侧，部分坐落于道路的节点，村落的外围也有较为明显的规律性，且在三里龙街的两头仍然存留着跨街路券，形成了明显的两个节点，表现出村落的格局是以三里龙街为轴线的特点。这一特点应当具有普遍性，民国《徐沟县志·民俗志·宗教》："而村之构成式，街巷之端必有庙，视建庙之纪年，可觇其成街之时代。在发达之村则新庙多，因在人口繁盛时必增新街，街端必增新庙。明时与清初所建为壮，雍乾以下纵有发展之街，则所建为小。……晚清则虽

---

① 国务院法制办农业资源环保法规司、住房和城乡建设部法规司、城乡规划司编：《〈历史文化名城名镇名村保护条例〉释义》，知识产权出版社2009年版，第25、69页。

新街而亦无庙，或则以照壁代之，今则绝无。"① 上伏村的庙宇形成连续的民间信仰景观，成为村落景观的重要组成部分。在所有的庙宇中，位于上伏村几何中心的成汤庙是最为重要的。成汤庙又称大庙，也即社庙，是上伏村最为重要的一座庙宇。今天的成汤庙原来是孔庙，"方言谓里社为大庙，所以别群庙也。吾里大庙其中室画孔子像，其始莫详。其栋题元至正二十三年癸卯重修"②。成汤庙原来在村西沁河东岸河畔上的古寨中，乾隆壬子夏天，庙圮于沁河水患，"遂迁成汤像于村庙"，村庙即孔庙。嘉庆丙子年，"因念成汤之位置难轻，圣人之宫墙未立……购邻庙之地创建文庙，移至圣木主于其中。而奎星亦于其间另阁以奉之，所遗正殿五楹，则奉成汤像于其中三楹……"③ 至此，孔子失去了村庙主神的位置，孔庙易为成汤庙。

上文所举村落历史和传统格局的例子虽然只是粗线条的分析，还是可以看到碑刻资料对乡村聚落历史地理研究的重要价值。

从历史走进现实，就是从历史乡村聚落地理研究到传统村落研究。传统村落从历史中走来，本质上是村民长期生产、生活的共同体，是一种特殊的乡村聚落。"麻雀虽小，五脏俱全"，这一特质决定了传统村落研究的多学科性特征。从当前研究现状来看，地理学、城乡规划、风景园林、建筑学、遗产保护、人类学、历史学、体育学、民俗学、博物馆学、心理学等，各个学科都已经进入传统村落研究。不过，各个学科都是从学科本身出发研究传统村落，学科之间的交叉研究还显不足④，中国本土的传统村落话语体系尚未建立起来。其中很重要的原因就是历史学暨历史地理学在传统村落研究中贡献不足，我们并没有把传统村落的历史演变过程研究清楚，或者说在没有研究

---

① 民国《徐沟县志》，山西人民出版社1992年版，第276页。
② 2020年11月笔者田野调查所获碑刻，清康熙五年（1666）的《上佛里大庙兴造记》，存于上伏村成汤庙白龙殿门外东墙根。
③ 2020年11月笔者田野调查所获碑刻，清道光二年（1822）的《上佛村重修大庙创建文庙碑记》，存于上伏村成汤庙大殿门外西侧。
④ 齐慧君、刘伟国：《中国传统村落研究回顾与展望》，《黄河文明与可持续发展》第18辑，河南大学出版社2021年版，第148—167页。

清楚传统村落是什么的前提下，其他学科的传统村落研究在一定程度上就是无源之水、无本之木。

传统村落的研究本质上是历史学暨历史地理学的问题，传统村落的历史学暨历史地理学研究就是历史乡村聚落地理研究，或者说历史乡村聚落地理研究也就是传统村落研究。理论上讲，其一，遗产是其本体（即物质遗产）或载体（即非物质遗产）的历史地理演变过程的结果，遗产见证的是其本体或载体的历史地理过程，遗产价值是对其本体或载体的历史地理演变过程和结果的总结和升华。遗产的形成过程有其独特的历史（时间）和地理（空间）过程，而历史地理天然地重视历史（时间）和地理（空间）过程，二者在这里无缝衔接。其二，历时性、共时性是动态的学术过程，其方法论贯彻和遵循"实证归纳"思想。历时性有利于更好地认识共时性，共时性可以在当下层面反映其历时性，历时性是过程，共时性是结果，两者相互补充和完善，而历史地理学最基本的思想就是历时性与共时性的结合。因此，在历史地理学的视野下，可以从历时性和共时性视角讨论传统村落，历时性即讨论传统村落的形成过程（历史地理过程），共时性即讨论传统村落的现代性（遗产研究、城乡规划、风景园林、建筑学研究等），历时性与共时性的结合能够更为深刻、清晰地认识中国传统村落。其三，自然界的遗存与人类的文化创造，都包含了过去世代累积的信息和发展的可能性，很多我们今天看似不起眼的东西，在以后可能非常重要，甚至会影响到人类未来的发展。所以，我们尤其需要相对宽容和较为开阔的胸怀，将传统村落的范围尽可能扩大，将更多村落的"历史""过去"的东西作为"遗产"来看待和保护。[①] 也就是说，我们不仅要关注已经列入传统村落名录的那些传统村落，还要关注尚未列入名录的但具有重要遗产价值的村落。其四，每个传统村落都不是一座孤岛，它们位于区域环境之中，村落生命发展早已与周遭万物产生千丝万缕的

---

① 范今朝、范文君：《遗产概念的发展与当代世界和中国的遗产保护体系》，《经济地理》，2008年第3期。

联系，只有在群体中才能理解个体。因此，研究传统村落时，要将其放在区域村落群中看待，既要关注区域内列入名录的传统村落，又要关注尚未列入名录但具有保护价值的村落，同时，还要关注那些不可能成为传统村落的村落，三者组成的区域村落群体在历史发展过程中命运与共、休戚相关，从"群"出发研究传统村落可能会突破目前对传统村落的研究认知。①其五，传统村落与其所在区域是图与底的关系，传统村落的形成和发展受自然地理环境和人文地理环境的影响，二者缺一不可；传统村落的形成、发展和特点离不开区域历史、地理和文化的影响。

总之，中国传统村落从历史中走来，是历史发展过程中形成的物质文化遗产与非物质文化遗产面临现代性的工业化、城镇化、现代化的过程中形成的。换言之，传统村落的形成和发展是历史演变的结果，是历史问题和现代性问题的结合点。不过，从目前传统村落的学术研究来看，传统村落的现代性研究占据绝大多数，历史地理学在传统村落研究中的贡献还非常不足。其中非常重要的原因就是文献资料不足，而碑刻资料等民间文献的挖掘和使用，可以在很大程度上解决资料不足的问题。

碑刻本身还是一种特殊的文化遗产，是作为一种文化遗产的传统村落的重要组成部分，是庙宇等文物保护单位的重要组成部分，也可以是独立的文物古迹，有其独特的文化遗产价值，其价值应该是多元的。但其目前在文化遗产保护体系中受到的重视不够，其文化遗产价值也未得到应有的挖掘。目前仅看到一篇文献从商业文化遗产的角度对碑刻进行了一些探讨。②《中国文物古迹保护准则（2015）》："文物古迹的价值包括历史价值、艺术价值、科学价值以及社会价值和文化价值。"③

---

① 齐慧君、刘伟国：《中国传统村落研究回顾与展望》，《黄河文明与可持续发展》第18辑，河南大学出版社2021年版，第148—167页。
② 杨波、张继焦：《商业文化遗产价值及其保护研究——以晋商会馆碑刻为中心》，《贵州民族研究》，2020年第12期。
③ 中国古迹遗址保护协会，http://www.icomoschina.org.cn/publication/，2022/2/13。

历史价值是指文物古迹作为历史见证的价值。碑刻的历史价值就是村落历史见证的价值，村落的历史即村民的生产与生活的历史，这些历史就记载在以碑刻为核心的民间文献中。村落历史应该包括但不限于村落形成与发展、政治军事、行政管理、农工商业、教育科举、宗教祭祀、水利科技、村落建设、环境人口、交通桥梁、文学艺术、名贤人物、名胜古迹、社会习俗、灾祸祥瑞等，这些内容都可以在碑刻中找到相应的记载。碑刻文献虽然不能记录完整的村落历史，但相比正史文献、地方志文献等官方文献而言，其详细程度是官方文献远远不可相比的。

艺术价值是指文物古迹作为人类艺术创作、审美趣味、特定时代的典型风格的实物见证的价值。目前的讨论集中在碑刻的书法艺术，碑刻文字的书体可以是楷书、行书、隶书、草书、篆书等，不拘一格，承载着书写者和镌刻者孜孜以求的艺术梦想。[①] 但是，并不是每一通碑刻的书体都能达到书法艺术的层次。此外，碑刻上的图案与花纹也具有较高的艺术价值。

科学价值是指文物古迹作为人类的创造性和科学技术成果本身或创造过程的实物见证的价值。碑刻中有很多中国古人的创造性和传统科技成果的记载，如河南商丘《开归陈汝四郡河图碑》绘有清乾隆二十二年（1757）开封府、归德府、陈州府、汝宁府河流、管道、城镇分布图，这是清代少见的黄河河道形势地图。清乾隆三十七年（1772）河南偃师《伊洛大涨碑》刻立在当年伊洛河水位所及之处[②]，这是珍贵的水文资料，对于今天的黄河治理具有非常大的价值。又如刻于明万历二十五年（1597）的位于山西运城盐池的《河东盐池之图》[③]，是迄今为止发现的第一份十分完整的盐池地图，有关盐池

---

① 胡传海：《平城碑刻的历史性存在——谈前龙门时期大同碑刻的艺术价值》，《中国书法》，2019 年第 8 期。何林英：《汉代碑刻隶书笔形特点的动态考察》，《中国书法》，2018 年第 12 期。李也：《〈大金喇嘛法师宝记碑〉在清代书法史上的价值》，《中国书法》，2017 年第 2 期。张玲：《镇江六朝碑刻书法略谈》，《中国书法》，2015 年第 18 期。王小兰：《论五代金石碑刻的文献及艺术价值》，《杭州师范大学学报》（社会科学版），2017 年第 6 期。
② 王兴亚：《清代河南碑刻的学术文化价值》，《中原文物》，2012 年第 1 期。
③ 张培莲主编：《三晋石刻大全·运城市盐湖区卷》，三晋出版社 2010 年版，第 154—155 页。

的地理位置、地理环境、建筑群落、盐正设施等都绘入图中,其中最为精彩的是生动地刻绘了明代万历年间盐池北岸的生产场面:"众多的盐丁,手持各色工具,或戽水,或揭花,或捞采,或扫集,或担挑,或对坐小息,神态各异,呈现一派紧张繁忙的景象。散布在盐畦上的料台(盐堆)便是他们辛勤劳动的成果。"① 刻于明嘉靖十四年(1535)的《河东运司重修盐池神庙记》:"宋人以三月垦畦,四月沃种,至八月而止,是谓种盐,亦曰经盐。池盐则摅取而已,且种且摅,所获滋多。元人惟盐池,不复畦种。今三场因之。"② 说明宋代同时运用直接捞采与治畦浇晒两种方式,元代仅用直接捞采,明朝解池三场则延续了元代以来直接捞采的生产方式。③

社会价值是指文物古迹在知识的记录和传播、文化精神的传承、社会凝聚力的产生等方面所具有的社会效益和价值。如前文所引刻于明嘉靖十四年的《河东运司重修盐池神庙记》中对宋、元、明三朝池盐不同生产方式的记载,就是池盐生产方式知识的记录和传播。在文化精神的传承、社会凝聚力方面,可以举英烈碑为例。英烈碑承载着先烈为国家和民族独立而流血牺牲的红色记忆,这些记忆能够彰显精神、传承历史、教育世人,培养后人自觉缅怀革命先烈,传承红色基因,弘扬爱国传统美德。如位于晋城市阳城县的太岳烈士陵园中,陈列着几十通英烈碑,详细记载了革命先烈的英雄事迹,其中有很多先烈牺牲时只有17岁,原本是坐在教室里学习的青春年华,却奉献给了动荡的历史。通过这些英烈碑,今天的人们可以了解革命先烈抛头颅洒热血的英雄事迹,感受他们不屈不挠的爱国热忱和拳拳赤子之心,以及誓死捍卫国家尊严和主权的博大的家国情怀。

文化价值包含三层含义:一是指文物古迹因其体现民族文化、地区文化、宗教文化的多样性特征所具有的价值。民间信仰的载体是庙宇、神祇、

---

① 柴继光:《明代〈河东盐池之图〉析》,《盐业史研究》,1990年第4期。
② 张培莲主编:《三晋石刻大全·运城市盐湖区卷》,三晋出版社2010年版,第97—98页。
③ 黄壮钊:《明清山西解盐生产技术的演变》,《中国经济史研究》,2016年第3期。

碑刻，其中碑刻记载了民间信仰的历史演变，是民间信仰的核心。民间信仰是宋代以来汉民族的民族文化，具有区域特征，城隍庙、土地庙、关帝庙、文昌祠、龙王庙、娘娘庙、三官庙、八蜡庙、马神庙、火神庙等在山西各区域普遍存在；晋南地区普遍存在崔府君崇拜，尤以晋东南为甚；晋中为狐突崇拜；晋北则为鄂国公崇拜；吕梁山区区域性特征的祠庙、信仰则不多见。① 民间信仰不等同于宗教信仰，但有宗教的作用和意义，相较于宗教信仰，更具有多样性特征。山西的"民间信仰成三教合一的特色……各路神就成了一专多能的多面手，各种神祇的神通就不再为他身前的职业所限，而成了能够应付各个社会阶层，各种类型的信仰者及各式各样愿望和要求"②。在山西，一个村落中可以有几十座庙宇，同一座庙宇可以供奉多个神祇，这都是多样性的表现。如阳城县润城镇上伏村，民国及以前的庙宇有（自西向东）双龙寺、双龙寺山神龛、寨上关帝殿、井家沟山神龛、水泉头龙王龛、河神龛、龙王庙、西庙、五瘟阁、西券、文昌帝君庙、阎王堂、土地庙、菩萨殿（2处）、宫后佛殿、南券底、成汤庙、二郎庙、大王庙、山神龛、玄帝阁、红庙底、佛堂庙、东院胡同菩萨阁、东庙里券、东庙南院、东庙北院、东庙外券、山神坡山神龛、佛坡山神龛、佛坡庙、老君龛、魁星阁，共计34处。其中汤帝庙有汤帝、老君、白龙、三官（天官、地官、水官）、文昌、三元、三清（玉清元始天尊、上清太上道君、太清太上老君）、孔夫子、吕祖、五瘟、药王、武庙关圣、二郎神、财神、真武、高禖、黑虎、魁星等22位神祇。二是指文物古迹的自然、景观、环境等要素因被赋予了文化内涵所具有的价值。"陉"是指两山中断之处的自然道路，《尔雅》曰："连山中断为陉。""太行八陉"就是太行山上沟通山西与河南、河北的交通道路，明清山西商人在太行八陉的交通节点处修建商人会馆。据杨波的调查，

---

① 张俊峰、董春燕：《明清时期山西民间信仰的地域分布与差异性分析》，《中国地方志》，2006年第7期。

② 乔润令：《山西民俗与山西人》，中国城市出版社1995年版，第198页。

目前六陉（太行陉、白陉、滏口陉、井陉、京西古道、军都陉）中可考会馆有 11 座，太行八陉成为明清山西商人跨区域贸易的商路，太行八陉上的商人会馆及其碑刻成为太行八陉商路上的典型代表，特别是会馆建筑不存的情况下，碑刻成为完整反映太行八陉商路历史的物证。① 三是指与文物古迹相关的非物质文化遗产所具有的价值。联合国教科文组织《保护非物质文化遗产公约》将非物质文化遗产分为口头传统和表现形式（包括作为非物质文化遗产媒介的语言）、表演艺术、社会实践、仪式、节庆活动、有关自然界和宇宙的知识和实践、传统手工艺。② 碑刻当中有非常多的相关记载，如河北正定山西会馆刊刻于清顺治二年（1645）的《晋宁庵白衣堂置买香火田地碑记》："白衣菩萨原南海观音一化，余闻佛告无尽意菩萨言观世音菩萨有如是等大威神力，多所饶益……余闻诸商人稽颡投诚，受持圣号有祈必应，受命如响。某某以困厄而称白衣名，七难悉脱也。某某以嗣胤而称白衣名，二求并效也……诸商人福田广种，瓜瓞蒂新，白衣菩萨锡福普荫，振振绵绵，得聪明男作宰官身，余知慈悲灵感必有加被者焉。"白衣大士的信仰浓缩了商人日常生活中的所思所求③。

碑刻作为一种文献，还可以是一种记忆遗产。世界记忆工程（Memory of the World，MoW）是联合国教科文组织于 1992 年发起的，将具有世界意义的文献遗产列入《世界记忆遗产名录》（Memory of the World Register），其目标是采用最适当的手段促进世界文献遗产的保护工作，促进文献遗产的平等利用，提高全世界对文献遗产及其重要性的认识。除《世界记忆遗产名录》以外，世界记忆工程还鼓励建立地区和国家名录，《中国档案文献遗

---

① 杨波、张继焦：《商业文化遗产价值及其保护研究——以晋商会馆碑刻为中心》，《贵州民族研究》，2020 年第 12 期。
② 联合国公约与宣言检索系统，https://www.un.org/zh/documents/treaty/convention.shtml，2022/2/17。
③ 杨波、张继焦：《商业文化遗产价值及其保护研究——以晋商会馆碑刻为中心》，《贵州民族研究》，2020 年第 12 期。

名录》就是中国的国家级名录。中国的一些碑刻文献是具有世界意义的，如关帝碑刻。关帝信仰被华人带到了世界各地，关圣文化建筑群在 2012 年也列入了中国的《世界遗产预备名录》，只可惜 2017 年被删除。不管怎样，至少可以说，关圣文化建筑群是具有世界意义的，关帝信仰的文献载体关帝碑刻，是具有世界意义的不能忽视的记忆遗产。用发展的眼光来看，还有很多就目前来看即使不具有世界意义，至少在中国还是具有重要意义的碑刻，如戏曲碑刻，已经得到了比较多的重视和研究，山西师范大学有戏曲文物研究中心①，出版了多部戏曲碑刻集②。目前还缺乏从世界遗产、世界记忆遗产等角度和层面的研究。这一点应当得到重视。

碑刻作为一种文献，记载着乡村的历史，在历史乡村聚落地理研究和传统村落研究中具有重要的学术价值，是历史乡村聚落地理研究和传统村落研究的核心文献，可以在很大程度上推动二者的研究向纵深发展。碑刻作为一种文化遗产，有其独特的文化遗产价值，目前在文化遗产保护体系中受到的重视不够，其文化遗产价值也未得到应有的挖掘。碑刻作为一种文化遗产，是传统村落的重要组成部分，传统村落的文化遗产价值很大程度上就来自于碑刻的历史记载。碑刻的文化遗产价值丰富了传统村落的文化遗产价值。传统村落从历史中走来，传统村落物质文化遗产和非物质文化遗产都是在历史上形成的，传统村落的历史就存在于村落中的碑刻之中，从村落历史到传统村落文化遗产，碑刻始终是核心。历史乡村聚落地理研究与传统村落研究二者之间关系密切，碑刻具有文献和文化遗产的双重性质，这一双重性质架起了从历史乡村聚落地理研究到传统村落研究的桥梁。当然，碑刻的学术价值不限于此，还需要进行更深更广的挖掘。

---

① 山西师范大学戏曲文物研究中心，https://ysxy.sxnu.edu.cn/info/1024/1049.htm，2022/2/17。
② 冯俊杰编著：《山西戏曲碑刻辑考》，中华书局 2002 年版；车文明、姚春敏主编：《戏曲碑刻（一）》，商务印书馆 2020 年版。

四、碑刻文献的田野调查

"每一种民间文献可能都和特定的人群和特定的生活方式有关。如果不把民间文献放在具体的社会环境中,不了解各种民间文献的作者和使用范围,也不能真正理解民间文献的历史意义。要做到这一点,就必须做田野。"[①]"田野调查补充和丰富了文献的语境,使文献的信息趋于完整,研究者由此可以达致对文献更妥帖的理解。"[②] 前文已述,碑刻本身携带着一些非常重要的信息,而在历史的演变中,碑刻的这些信息会受到不同程度的破坏而损失。做田野调查,就是要寻找、记录、整理这些信息。同时,也要搜集村落建筑、口述、传说故事、民歌民谚、地方俗语、家谱等大量的其他类型的民间文献,并探求碑刻与其他民间文献之间的关系。山西大学民间文献整理与研究中心在多年的田野调查实践中,提炼出一些田野调查的思想,总结出了比较可行的田野调查方法。

第一,多种方式相结合的田野调查。多年来,我们已经跑遍了太行山、吕梁山,坚持并发展着山西大学"走向田野与社会"的学术思想和学术路径,形成了探路式调查、重点(专题)调查和区域"地毯式"普查相结合的田野调查模式,制作了相应的田野调查表格,包括"村庄概况登记表""庙宇情况登记表(含碑刻)""传统民居情况登记表""非物质文化遗产情况登记表""民间文献情况登记表""村庄历史文献集成""村庄人居环境现状情况登记表",并在实践中广为运用,取得了非常好的效果。调查内容包括民

[①] 刘平等整理:《区域研究·地方文献·学术路径:"地方文献与历史人类学研究论坛"纪要》,《中国社会历史评论》,2009年第10卷。

[②] 温春来、黄国信主编:《历史学田野实践教学的理论、方法与案例·导言》,广西师范大学出版社2017年版,第6页。

间文献（碑刻、家谱、契约文书、日记等），物质文化遗产（庙宇、传统民居、古树、古井等），村庄格局，非物质文化遗产，家族，村庄微地貌，口述访谈等与村民生产和生活相关的方方面面，坚持从调查中发现、提炼问题，在调查中解决问题。我们的田野调查已经远远超出"进村找庙、进庙找碑"的调查方式。

第二，"单元化"的村落调查。在田野调查的实践中，我们发现，上述调查内容其实都是分布在村落之中，每一个村落就像是一本书，走进村落中就像是打开了一本书。基于这一思考，我们逐渐将相对独立存在的村落进行"单元化"，即以村落为单元进行碑刻等民间文献的调查与整理，同时，将更为具体的文献扩展到"村落为单元"或"区域化的村落族群"，真正实现"历史的文献"与"文化遗产"在单元化的村落里有机地对接，建立一条谱系化的链条：

单件的具体的文书、文本——可移动文物——不可移动文物——历史遗迹和遗存——单元化的村落——区域性的村落族群——区域性历史文化的集中（普遍性）

在这个链条中，"单元化"的村落成为田野调查的核心，以"单元化"的村落为核心进行田野调查，具有最大的、科学的操作性。

第三，碑刻的调研。"庙宇情况登记表"不仅仅记录庙宇的情况，还包括庙宇中的核心内容——碑刻。"庙宇情况登记表"中碑刻的信息有"碑额""碑名""刊立时间""庙中位置""保存状态""碑首""碑座""碑阴""长宽厚""材质""收录情况""备注"等，这些内容是我们在实践中逐渐总结出来的，因为早期的一些调研并没有完全包含这些内容，这不能不说是一种遗憾。"庙宇情况登记表"中有"庙宇平面图（测量数据）"，但现实中我们还无法进行测量，只能绘制草图。草图中不仅标示庙宇的格局、殿堂的位置，还要标明每一通碑刻的具体位置、保存状态等。如此，碑刻的信息就是完整的，也就实现了"田野调查补充和丰富了文献的语境，使文献的信息量趋于完整，研究者由此可以达致对文献更妥帖的理解"的目的。

第四,"归户"的思想。太行山上的各类历史文化及其遗存都与村落及其主人的生产、生活、社会交往、情感世界等紧密相关,同属一个主体(村落),彼此之间也相互关联,由之构成了一个连续性的整体,体现出一种内在的归属性。这种"归属性"可以称为"归户",即可以将碑刻、文献、历史故事、遗址、遗迹等"归户"到原来的历史场域——太行山村落中,将零散分布的文物文献与其所在村落直接对应,让文物文献回归历史真实或者原始的历史背景中,才能实现对文物文献客观的、科学的认识。就碑刻而言,是将碑刻先归户到庙宇、家族、家庭、商号、个人等,再将庙宇、家族、家庭、商号、个人归户到村落,村落归户到区域。这里需要强调的一点是,碑刻归户不仅仅是归户到村庄、庙宇等,还要归户到具体位置,也就是把碑刻置于其具体原始环境中。碑刻的具体位置犹如图书的页码。遗憾的是,现在已经有很多的碑刻被乱堆乱放,庙宇遭到拆除或者破坏,很多碑刻已经无法确定其原来的具体位置,甚至无法确定其归属于哪一座庙宇。很多碑刻被收集到博物馆中收藏,这有利于碑刻的保护和保存,但在一定程度上降低了碑刻的文献价值。这些现状和遗憾凸显了碑刻田野调查的重要性和急迫性。

综上,我们形成了以碑刻为史料重点,以庙宇为基本单元,以"单元化"的村落为调研单位,将碑刻等民间文献归户到对应的庙宇、家族、家庭、商号、个人之中,将庙宇、家族、家庭、商号、个人放到村落环境之中,再将村落放到所调查区域的自然和人文背景之中,形成了"碑刻—庙宇—村落—区域"的碑刻文献调研与研究思维链条。碑刻文献成为庙宇研究、村落研究、区域研究的基础和核心史料。

五、碑刻文献收集整理的空间范围

县域是碑刻收集、整理、研究、使用的较好的空间范围。杨念群在阐述中层理论进入中国史研究时指出:"我们以前没有情境化的,没有空间的感觉,而只有在情境化或空间的状态下,才能获知我们历史的状态是什么样的。这种空间感的出现标志着中层理论引入中国历史研究的过程具有了某种可操作性。通过庙宇、宗族、一个具体的村庄来解剖中国历史上的所有变迁,这是很重要的转折,也为中层理论进入提供更多的可能性。"因此,它努力将时间置换为空间,就能"超越了社会形态的解读方式,它力图把长线的时间段转换成空间单位进行描述。概括讲,一是现象叙事的空间化过程,二是对某个传统空间的挖掘,这是我采用中层理论的着落点"。这样就会避免单一的线性的时间维度的历史研究所带来的不足,"找到另一种方式来表达我们的历史"。[①] 府县是介于国家和社会之间的中间行政机构和行政力量,基于这一思考,借鉴中层理论,戴建兵等基于方法论的视角(寻求国家与社会之间的中间层面的切入点),社会运行机制的视角(聚焦于中间行政机构和行政力量作用于文化活动的具体方式),文化纵向构成和互动路径(把府县文化视为国家主流文化、社会民间文化与边缘支系文化的中间环节和调试力量),地域文化覆盖的特定空间范围(把府县区域作为相对独立的、中等规模的、更易操作的区域文化研究样本)四个方面的考量,提出了中观史学理论视域下的府县历史文化研究,也就是以县域为研究区域开展区域历史文化研究;在国家行政体系的府县层级的中层视角下,具象观察中央和地方互动层面的行政运作时态,可以更深刻地理解历史上国家治理链条上重要的中间环节;可以更清晰地理清中央和地方之间的互动关系,从横向和纵向上重构历史上国家治理的观念、设置和运作过程;可以建立起国家治理和社会维系之间的中间层面的环节,有助于建立起历史文化的整体与局部之间的内在关联;对应于国家治理的社会运行机制,可以有助于探索中间层面行政机构作用于文化、社会活动的具体方式;可以探讨小区域内的经济发展对于社会生活和环境变迁的影响,彰显前近现代经济所独有的国家经济管理理念和管

---

① 杨念群:《当代中国历史学何以引入中层理论》,《社会观察》,2004年第7期。

理模式；可以勾勒出完整的中央和地方治理的历史轨迹。从理论上讲，府县中间层面的历史文化研究可以在一定程度上矫正当前历史文化研究存在的偏颇，甚至为充满变革张力的人文社会科学研究领域开辟出新的学术境界；可以带动新材料和新问题的发展与解决，可以更为准确地阐释区域内历史文化的本质特征，弥补大区域历史文化研究的不足；从现实上讲，有助于地方文化的挖掘，推动地方经济的发展。①

戴建兵等讨论的是区域历史文化的研究，而区域历史文化的载体就是村落和碑刻。我们可以从历史地理的角度，再讨论府县层面（中层区域）的历史文化暨村落和碑刻的调查与研究。

区域可以分为自然地理区域和人文地理区域。历史地理研究中区域的设定要遵循三个原则，即自然性、历史性和完整性。从自然性上看，流域是历史地理研究较好的对象区。②鲁西奇在总结周振鹤等关于方言与交通地理的关系时说，流域作为特殊的自然地理区域，流域内的物质迁移与能量转换相对而言比较封闭，形成相对独立的河流系统；同时，河流与河谷是自然的交通孔道，河谷平原与邻近的低矮丘陵往往具有较好的垦殖条件，所以在一定的历史条件下，流域内的居住人群及其生产、生活方式乃至方言、风俗等文化现象都具有相对一致性，并且往往能够维持相对的独立性。③就流域和村落的关系而言，流域内的村落"群落"与其依存的地域环境之间长期作用形成了相对稳定的、属性近似的、联系密切的文化生态系统。④因此，流域是村落研究较好的区域类型。

人文地理区域有多种类型，如行政区、经济区、文化区等，这些人文地

---

① 戴建兵、孙文阁辑注：《河北府县乡土碑刻辑录·序言》，天津古籍出版社2016年版，第1—10页。
② 鲁西奇：《区域历史地理研究：对象与方法——汉水流域的个案考察》（修订本），社会科学文献出版社2019年版，第26—31页。
③ 同上注，第31页。周振鹤、游汝杰：《方言与中国文化》，上海人民出版社2015年版，第76—82页。
④ 佟玉权、龙花楼：《贵州民族传统村落的空间分异因素》，《经济地理》，2015年第3期。

理区域又有历史时期和现代时期的不同。经济区和文化区的边界较为模糊，以行政区为研究区域便于界定空间范围、获取资料、开展田野调查，但是存在"行政区经济"和割裂区域整体性的不足。但是，历史上政区沿革稳定的独立的流域，是理想的研究对象区域。历史上政区的沿革不仅要具有稳定性，还要与区域经济、社会、文化和自然地理环境耦合，以进行纵观性的透视，从而探讨区域地理变化的规律。①因此，从历史性和完整性上看，流域与政区相吻合的区域是理想的研究区域。还有一种区域选择，不同于上述的流域、行政区等面状区域，而是如长城、历史古道等具有人文意义的线性或带状区域，其沿线的村落也具有一致性。当然，这类区域与自然地理区域有一定的重合性，如很多历史古道就与河流走向重合。

那么，多大的空间尺度是比较合适的研究范围呢？若空间范围太大，操作性较差；若空间范围太小，又缺乏普遍意义。

从现实操作上看，以行政区划为空间范围是较为合适的，而县域应该是比较合适的研究范围，这与古代人们的活动范围相关。中国历史时期政区的数量、等级、幅员等变化繁杂，但是县的数量、等级、幅员基本上是稳定的，即使是到了现代社会，县域的幅员与古代时期也基本上相差不大。"作为基层政区的县，其幅员大小是以行政管理的有效程度来确定的，不管是什么朝代，都要维持正常的农业生产，才能保证王朝的长治久安。而县级政府正是直接'牧民'的基层组织，其劝课农桑和收租征赋的施政范围是不宜朝令夕改频繁变动的，否则将会影响国家职能的正常发挥。"②周振鹤所说的是从上而下的行政管理的方便，反过来，从村民的角度来说，县的幅员是要保证距离县城最远的村民能够一天之内步行往返县城和居住的村落。周振鹤还举了法国大革命后重新划分行政区域时，最高一级行政区划的幅员就

---

① 鲁西奇：《历史地理研究中的"区域"问题》，《武汉大学学报》（哲学社会科学版），1996年第6期。

② 周振鹤：《中国地方行政制度史》，上海人民出版社2005年版，第205页。

是以这个区域之内的居民都能在一天之内往返于区划中心与居住地之间为原则。① 这样的距离不用在外地过夜,其成本最低,效率最高。这样,在行政边界的限定下,经过长时间的发展,县域范围内就会形成基本相同的文化生态系统。

具体到县域内的村落和碑刻,碑刻主要反映村落的历史,而从村落的历史发展与演变来看,村落的形成、发展与自然地理要素关系更为密切,而行政区划的影响较为次要,且政区"犬牙交错"之处割裂了自然地理环境的完整性,以政区为研究范围,无法准确反映区域村落历史发展的过程及特征。因此,为了克服县域范围的局限性,就要寻找县域范围与流域范围相吻合的区域。但在实际操作中,很少有如此理想化的区域,那就需要充分考虑村落形成与发展的历史过程,结合行政、自然要素,同时也需要考虑村落当前面临的自然、经济、社会环境现实需要和特征,综合确定研究区域。在这样的区域内,可以实现对每个村落的"地毯式"普查,对村落内的碑刻进行全面、细致、具体的搜集与整理。同时,充分收集村落的历史发展、类型、农业生产、村民生活、传统建筑、非物质文化遗产等属性信息,并将碑刻、村落属性与其影响因素研究统一起来,可增强对碑刻的理解,进一步推进碑刻、村落、区域的研究深度。

六、沁河中游传统堡寨村落

为什么要选择沁河中游地区作为碑刻收集与村落研究的区域范围呢?这与沁河的流域特征(地理)、区域人文历史发展特征(历史)、目前社会经济环境特征(现实)相关,也就是"充分考虑村落形成与发展的历史过程,结

---

① 周振鹤:《中国地方行政制度史》,上海人民出版社2005年版,第202页。

合行政、自然要素，同时也需要考虑村落当前面临的自然、经济、社会环境现实需要和特征，综合确定研究区域"。

　　沁河中游传统村落大多修有堡寨，这些堡寨大多修建于明末清初，是在明末农民起义的背景下修建的。(康熙)《沁水县志》卷二《建置志·寨堡》记载："崇祯初寇（这里的寇是指明末的李自成农民军）乱，（沁水）县城焚毁。土人筑堡相保，共十余处。"①《明史》卷二九一《忠义三·张铨传》中记载："沁水当贼（也是指农民军）冲，去来无时，道濬（张道濬，明代沁水县窦庄张五典的孙子，张铨的儿子，这些历史人物在《明史》中都有传记）倡乡人筑堡五十四以守。"②（乾隆）《阳城县志》卷四《兵祥》记载，明崇祯五年（1632），"紫金梁等犯（阳城）县之郭谷、白巷、润城诸村，杀掠数千人而去。八月复自沁水县入望川、下佛、王刘诸村，屠杀及焚死者数百人。九月，贼众数万，自沁水武安村入县之屯城、上佛、白巷、郭谷、北留诸村，客将吴先与贼战于北留墩下，败死"③。张鹏云《郭峪修城碑记》详细记载了起义军侵扰的惨烈："吾乡郭谷，夙称巨镇。聚庐而处者千余家，皆敦礼仪，安耕凿，从来未经兵火。崇祯五年七月十六日卯时，突有流寇至，以万余计。乡人抛死拒之，众寡不敌，竟遭蹂躏。杀伤之惨，焚劫之凶，天日昏而山川变。所剩孑遗，大半锋镝残躯，或乘间奔出，与商旅他乡者，寥寥无几。呜呼苦哉！鉴前毖后，余因与乡人议修城垣以自固。"④在此背景下，在地方士绅的带领下修建了防御性的堡寨。这里所提到的窦庄、望川、下佛（今名下伏）、王刘（今名王村）自北而南位于沁河西岸，屯城、上佛（今名上伏）、白巷（今上庄、中庄、下庄）、郭谷（今名郭峪）、北留

---

① （康熙）《沁水县志》卷二《建置志·寨堡》，田同旭、马艳主编：《沁水县志三种》，山西人民出版社2009年版。
② ［清］张廷玉等撰：《明史》卷二九一《忠义三·张铨传》，中华书局1974年版，第7457页。
③ （乾隆）《阳城县志》卷四《兵祥》，《中国地方志集成·山西府县志辑》（第38册），凤凰出版社2005年版，第60页。
④ 卫伟林主编：《三晋石刻大全·晋城市阳城县卷》，三晋出版社2012年版，第84页。

自北而南位于沁河东岸。

堡寨具体修建时间可考的并不多，官方文献中对堡寨的记载很少，只记载了堡寨的名称。关于堡寨的修筑时间，都是保存于碑刻文献中。窦庄堡是在张五典的带领下建于明天启三年（1623）至崇祯二年（1629），历时7年；郭峪村于明崇祯六年（1633）修建侍郎寨，王重新于崇祯八年（1635）主持修建了郭峪村的郭峪堡[①]，崇祯十三年（1640）又修筑了豫楼[②]；陈昌言、陈昌期、陈昌齐兄弟三人于崇祯五年（1632）修建了皇城村河山楼[③]，又于崇祯六年至七年（1633—1634）修建了斗筑居[④]。据湘峪东城门匾额题款记载，湘峪城在孙鼎相的主持下建成于明崇祯七年（1634）。据下伏杆乐寨寨门门匾题款记载，下伏杆乐寨创建于明崇祯五年（1632）。勒石于明崇祯十一年（1638）、保存于润城村砥泊城内文昌阁二楼的《"山城一览"图》是砥泊城的平面规划图，详细标出了砥泊城内的道路、炮台、水井、院落、房屋占地等情况，院落以八卦方位编号，院落占地精确到毛[⑤]，砥泊城当修建于明崇祯十一年，或至晚在这一年修筑完成。还有一些虽然没有确切的修筑时间，但是可以推断都是修筑于明末。刊于明万历四十二年（1614）的王村《补修成汤庙记》记载："越明年（1606）九月望日，复修神马栅栏、两角楼二楹、城门楼三楹，增修门二层。万历戊申岁（1608），又于城门外创修西房、东西拦马墙并大门、城墙等，五道殿东南角楼五楹。"[⑥]文中所提到的角楼、城门、城墙应该是王村堡，可推测王村堡修建于明万历三十六年（1608）前。王重新于明崇祯十三年（1640）撰写的《焕宇变中自记》中记载："独周村保全一城，上佛保全一寨，吾乡

---

① 卫伟林主编：《三晋石刻大全·晋城市阳城县卷》，三晋出版社2012年版，第84页。
② 同上注，第87页。
③ 同上注，第94—95页。
④ 同上注，第96—97页。
⑤ 同上注，第85页。
⑥ 同上注，第65页。

保全陈宅一楼，余皆破损。"① 可推测上伏村寨建于明崇祯十三年前。

沁河中游地区传统堡寨村落是一种特殊的传统村落。堡寨是这一区域的村落在明末清初这样一个独特的历史时期，为防御农民起义军而修建的防御设施，基本上是围村堡或者是村边寨，如窦庄村、湘峪村、郭峪村、润城村，只有少量的家族堡寨，如斗筑居、蟠龙寨等。围村堡是围绕村落而建，村边寨是在村落的旁边建寨，其目的都是保护全村；家族堡寨虽然是为某一家族单独修建，但也会为全村村民提供安全保护，如皇城村《河山楼记》："楼中所避大小男妇，约有八百余人……全活数百人性命，家虽破而心可慰也。"② 也就是说，"堡寨"是一种修饰，是这一区域传统村落中最显著的外在特征，"村落"表达的是村民生产、生活共同体，是这一对象的本质特征。"传统堡寨村落"表达的是一种带有防御设施和功能的，在某一历史时期才具有明确防御意识和设施的，先住后防、以住为主的村落。

沁河干流从源头到山西省沁水县张峰水库坝址处为上游，河道长 224 千米，流域面积 4990 平方千米；自张峰水库至河南省济源市五龙口为中游，河道长 171 千米，流域面积 4255 平方千米；从五龙口至武陟县入黄口为下游，河道长 90 千米，流域面积 1135 平方千米。

本碑刻集所说的沁河中游是指沁水县端氏镇至阳城县北留镇段，是明末农民起义影响最大的地段③，这段河道长约 30 千米，植被良好，河道两侧陡峻，两侧的山高 50 米至 150 米。河谷弯曲窄深，两岸为土山台地。地貌

---

① 卫伟林主编：《三晋石刻大全·晋城市阳城县卷》，三晋出版社 2012 年版，第 89 页。
② 同上注，第 94—95 页。
③ 可参见：（雍正）《泽州府志·关隘》，《中国地方志集成·山西府县志辑》（第 32 册），凤凰出版社 2005 年版，第 61 页。（雍正）《泽州府志·兵燹》，第 78—82 页。（嘉庆）《沁水县志·兵燹》，国家图书馆藏。（乾隆）《阳城县志·兵燹》，《中国地方志集成·山西府县志辑》（第 38 册），凤凰出版社 2005 年版，第 60—61 页。（乾隆）《潞安府志·纪事》，《中国地方志集成·山西府县志辑》（第 30 册），凤凰出版社 2005 年版，第 145 页。（乾隆）《沁州志·灾异》，《中国地方志集成·山西府县志辑》（第 39 册），凤凰出版社（转下页）

属于山丘河谷盆地区，基本上都被黄土覆盖，经长期风化和水流侵蚀，下切强烈，沟底狭窄，多呈 V 形，且被冲刷分割成沟壑交错的狭长梁地。山坡呈阶梯状，整体呈波浪状起伏。沁河这一段的村落都位于河谷台地之上。从行政区划上来看，属于沁水县和阳城县两县交界处，具体涉及阳城县北留镇、润城镇，沁水县端氏镇、嘉峰镇、郑村镇。这五个镇分布在沁河两岸，从地形上看，具有一定的封闭性，南北走向的沁河河谷是主要的交通道路。

根据文献记载和我们的一些实地考察，现在沁河中游地区还有 18 个传统堡寨村落保留着 19 处堡寨或遗址。其中具有代表性的是端氏村、窦庄村、郭壁村、湘峪村、武安村、屯城村、上伏村、上庄村、中庄村、下庄村、郭峪村、润城村、皇城村等。

近年来，山西省晋城市以"太行古堡"为名大力推进沁河中游地区传统堡寨村落的宣传和申报世界遗产工作，申报遗产点为沁水县湘峪村的湘峪堡，阳城县上庄村的天官王府、郭峪村的郭峪堡、润城村的砥洎城、皇城村的皇城相府和泽州县大箕村小寨。据不完全统计，2018 年出台了《晋城市太行古堡群保护条例》，编辑发行中英文版的《太行古堡》内部书籍资料等太行古堡研究图书，召开了首届太行古堡国际论坛，2019 年举办了第一届太行古堡文化艺术周，召开了首届东西方古堡对话论坛，在北京召开了太行古堡研究与发展论坛，与山西大学、太原理工大学签署校地合作协议，成立了太行古堡研究院、山西大学太行古堡研究基地、太原理工大学太行古堡研究基地等科研基地和机构，2020 年太行古堡守护签约首次牵手成功，主推民间力量对太行古堡的保护，邀请中国城市规划设计研究院做了《晋

（接上页）2005 年版，第 273—274 页。（乾隆）《汾州府志·事考》，《中国地方志集成·山西府县志辑》（第 27 册），凤凰出版社 2005 年版，第 386—387 页。（雍正）《辽州志·祥异》（石印本），成文出版社 1976 年版，第 304—307 页。（雍正）《平阳府志·兵氛》，《中国地方志集成·山西府县志辑》（第 44 册），凤凰出版社 2005 年版，第 176—184 页。

城古堡申报世界文化遗产预备名单文本》，2021年山西大学历史文化学院与阳城县签署合作协议，在润城村砥洎城建立山西大学古堡文化研究中心，等等。其动作不可谓不多，也不可谓不大，对太行古堡申遗的前期工作推动不小。

在这个背景下，2020年9月，晋城市文化和旅游局与山西大学历史文化学院签订了"世界遗产视野中的太行古堡遗产价值研究"课题研究合作协议，联合开展太行古堡申报世界文化遗产前期基础工作，即阐释太行古堡的世界文化遗产价值。山西大学历史文化学院组织了以笔者为负责人的"世界遗产视野中的太行古堡遗产价值研究"课题组，开展该项课题研究。本碑刻集就是该课题的成果之一。

综上，如果以县城为研究空间范围，那么将无法完整展示沁河中游传统堡寨村落的形成原因及发展过程，因此，我们所确定的研究区域范围是沁河中游端氏镇到北留镇段，行政区划上属于阳城县北留镇、润城镇，沁水县端氏镇、嘉峰镇、郑村镇管辖。从理论上讲，这五个镇的村落都在我们的研究范围之内。但是根据实际的调查情况来看，碑刻集中在沿沁河两岸的村落之中，距离沁河较远的山区中的村落碑刻保存的量比较少。同时，鉴于调查工作所耗时间和精力比较大，而人手有限，于是我们缩小了调查范围，基本上是以沿河（沁河干流和支流）的村落为主。最终，我们经过大约一年半的田野调查，克服了新冠疫情的影响，调查了该区域范围内的35个行政村，整理出碑刻700余通。

七、本碑刻集的编纂特征与价值

考虑到现实的需求，本碑刻集选择了沁水县的湘峪村，阳城县的上庄村、润城村、郭峪村、皇城村，泽州县的大箕村6村的碑刻，以保存于村落中的碑刻文献为收集、整理对象，共整理了6村庙内、村内散落、其他资料中所见的329通碑刻，其中湘峪村11通、上庄村28通、润城村126通、郭峪村116通、皇城村48通、大箕村29通。碑刻内容涉及村落的政治、经济、社会、文化、思想等方方面面，是全面了解沁河中游地区传统堡寨村落历史发展的基础文献。本碑刻集的编纂特征有两点。

第一，资料收集齐全，这是本书的最大亮点。原则上，我们认为，不管是保存完整的碑刻，还是残碑、漫漶的碑刻；不管是艺术性高的，还是艺术性较差的，都是村落历史的记录和见证，都可以反映村落的历史。因此，只要是村落中发现的碑刻，我们都予以记录，文字不清的，也予以注明。限于篇幅，本碑刻集并没有把6村发现的1949年以后的碑刻收录进来。即便如此，本碑刻集也收录了279通，碑文总字数在26万左右。基本上把村落中发现的碑刻（包括部分残碑）都收录其中，特别是碑阴和捐资碑。当然，也不排除还有遗漏[①]。《三晋石刻大全》阳城县收录734通、沁水县收录522通、泽州县收录1335通。从碑刻收集整理的数量上看，我们已经大大推进了该区域的碑刻收集整理工作。

第二，以村落为单位的碑刻收集与整理。本碑刻集以沁河中游地区独具特色的传统堡寨村落中的碑刻文献作为对象，以村落为单位进行资料收集，以往的碑刻集虽然也会注明碑刻所在村落，但是分散的，一定程度上并不利于对村落的完整了解。一般来说，碑刻离不开庙宇，庙宇离不开村落，村落离不开区域。这样，就建立起碑刻—庙宇—村落—区域的完整链条，对碑刻的收集、整理、研究、保护、利用是大有裨益的。

本碑刻集的价值也总结为两点。

第一，本碑刻集对历史乡村聚落地理、传统村落的研究，对碑刻的保护、研究、利用具有重要学术价值。前文已有详细阐述，此处不赘。

[①] 我们在后续的调查中就有新的发现，但限于篇幅和出版时间，后续发现的碑刻并未收录在本碑刻集中。

第二，本碑刻集对晋城市推动古堡村落申报世界文化遗产具有重要现实意义。晋城市推动古堡村落申报世界文化遗产，首先就是要研究清楚古堡村落的来龙去脉、村落遗产构成、村落文化等。因此，本碑刻集的资料是古堡村落申报世界文化遗产的基础文献资料。

凡 例

一、原则上所有碑刻都应收录，但限于篇幅，新中国成立之后的碑刻未予收录。

二、根据文意，对碑文进行句读，因漫漶缺字不易句读的，则不句读。原碑文不分段的，根据文意进行分段。

三、碑文中的繁体字、异体字、明显错字直接改为规范简化字。

四、碑文漫漶处可以识别字数的添加与字数相同数量的"□"，不能识别字数的加"(缺)"。

五、碑文中多个人物题名排序按照先中间，再依次一右一左的方式排序。根据经验，这种排序方式更符合刻碑者本义。

六、整体结构以村落为纲，村下为庙，庙下列碑，碑刻排列以时间为序。时间相同者，随机编排；时间不详者，统编于后。

七、部分碑刻原无题名，根据文意而加。

一、郭峪村

（一）村庄简介

郭峪村位于山西省晋城市阳城县润城镇东北部，沁河东岸、镇境西北角。与沁河支流樊溪（小东河）毗邻，距县城21千米，北与皇城相府、沟底村相邻，南与大桥村相邻，现有居民2000人，村中姓氏以张氏、陈氏、王氏、范氏居多，杂姓同居。在每年农历六月初六至初八举办庙会。侍郎寨、黑沙坡为郭峪村的自然村，位于樊溪东岸。村落周边有332省道和晋运高速，交通便利。

村中现有庙观共三座，分别为汤帝庙、白云观、文昌阁，收藏着众多记录郭峪点滴史事的碑刻。《古村郭峪碑文集》（以下简称《文集》）由王小圣、卢家俭主编，出版于2005年，共收录碑刻81通。《文集》根据碑刻内容分为10个部分：古村郭峪源流碑、郭峪城创建及历次修葺碑、豫楼修建及保护碑、汤帝庙重修碑碣、白云观（石山庙）碑碣、河东庵与寨坡路碑碣、西山庙碑记、孔庙碑记、德政及其他碑碣、郭峪古人墓表与墓志铭。村中现存碑刻，加之《文集》中所录碑文，包括部分门额，上述共整理出碑刻108通，加上存于海会寺的《大周泽州阳城县龙泉禅院记》，除去2001年《重修玉皇阁碑记》和2002年《维修汤帝庙碑记》，可整理的郭峪村碑刻共有106通。

研究资料的丰富为研究角度的拓展奠定了基础。本书所收与郭峪村历史相关的106通碑刻，内容丰富，从唐代郭峪建村之始、郭峪与海会寺密切之联系，到明清人口多次迁徙、人文蔚起、商业繁荣、灾祸连年、同心御敌、社首更迭、修城护楼、修建庙宇、官宦除弊、商税银额、"社""会"活动、家训良言等，再到晚清、民国时期，商业衰落、艰难护城、补葺庙宇等；类型诸多，可分为记事碑、禁约碑、捐资碑、墓志铭、德政碑、传记碑、经文碑、门额碑等。依次种种，便能探析郭峪作为聚落的发展历程、各历史阶段的特征、建筑种类的增多、信仰中心的转变、宗族谱系结构、大姓宗族的更迭、村落格局的空间演变、郭峪文化的层累发展、沁河流域的聚落特色……于建筑学、历史学、民俗学、文学、社会学、人类学、遗产学等学科中，于灾害史、社会史、经济史、历史地理、遗产保护等多个研究方向中均能找到研究主题，有助于更加全面、系统地复原、探索传统村落、堡寨聚落，挖掘传统文化，助力乡村振兴！

（二）海会寺

海会寺位于阳城县北留镇大桥村西，2006 年被列入第六批全国重点文物保护单位。现保存碑 88 通，时间最早为后周时期，大多集中在明清时期，少量为现代。

海会寺距离郭峪村直线距离 1.5 千米左右，但是海会寺中的《大周泽州阳城县龙泉禅院记》明确记载了郭峪村的历史，让我们可以将郭峪村的建村时间大致确定在唐朝，因此将此碑收录于此。

1. 大周泽州阳城县龙泉禅院记

（1）碑刻简介

后周年间刊立，无碑首、碑阴，有碑座，为记事碑，碑刻规制为 149cm × 76.3cm × 19.4cm，现为立碑，碑身漫漶不清。

（2）碑文

【碑阳】

碑额：敕赐龙泉禅院

碑名：大周泽州阳城县龙泉禅院记

文林郎前守泽州司法参军徐纶撰

镌字人王知谦

详夫域中之制，王者为尊；方外之门，佛则无上。赘二谛而塞诸漏，弘六度而摄群生。觉树开花，定结菩提之果；慈云布润，终消火宅之灾。常存而无去无来，永济而可大可久。信所谓有情慈人，彼岸长梁，神通岂世，智能穷功，行将河沙讵算？乃知绵劫已往。十号称尊之圣，何莫由斯道也。粤自周祯载验，汉梦有征，东流贝叶之文，西仰真如之影。由是，人飡法味，家饮教风，斯固契彼有缘，经远无坠。是乃有落发披缁之士，厌俗奉释之流，严饰精蓝，罗列像设。或岩栖谷处，或要路通津，随便制宜。摄心化物，则有焚修洒扫之敬，则有诵持赞叹之规。或施一财以求因，或持半偈而取证，具陈难悉，起教多途。盖人且识分不同，而善则随机有得。噫！诸佛大权，方便之门，或隐或显，即色即空，浩浩荡荡，遍十方而包大千，迎随莫测，其畔岸称大，不可思议之理者如此。

矧龙泉院者，人天集福之所也。耆旧相传，其来浸远，刊勒无寄，冈究权与。一说云：是院之东十数里，孤峰之上，有黄砂古祠，时有一僧，莫详所自，于彼祠内讽读《金刚般若》之经。一日，有白兔驯扰而来，衔所转经文，厥然而前去，因从而追之。至于是院之东数十步，先有泉，时谓之龙泉，于彼泉后而止。僧异之而感悟焉，因结茆宴坐，誓于其地始建刹焉，亦莫究其年代矣。人烟岂夐，基址常存。同灵鹫以通幽，类给孤而建号。东邻郭社之陌，前据金谷之垠，既名额以未标，称郭谷而斯久。至有唐乾宁初，东蜀惠义精舍禀律沙门讳顺懋，振锡东游，浮杯远逝，偶及是院，遂欲栖心。莫非廊庑凋残，才庇风雨，垣墉顿擗，岂限狐狸？经窗尘没以癣斑，药槛草茇而地古。披荆榛而通过路，掇薇蕨以事晨飧。日往月来，以近及远，归依者如蚁慕，唱和者若蝉联。虽云兴废有时，亦系方圆任器。添栋宇于仍旧，求柱石于他山，绀殿故而复新，云房卑而更起。曲尽其妙以广其居，渐加少而为多，变其质而增丽。凡添修新旧屋宇并正殿等共七十余间。其院东，龙泉后面结庵之所，三纪已前微认故迹，今则堙没矣。且泉之所有，时人无能知者。天其状也，喷涌而出，喻虎眼射人，鲸口煦沫。通注遽盈于沟洫，奔突若骇于风雷，夏寒疑冰，冬温若沸，比镜莹澈，同醴甘香，不独饮酌所须，可以尘垢旋涤矣。憨公运心匠，磨智锋，俾令堰作方塘，涨为澄沼，且嘉鱼成窟，抛生宛转以随人，或秽触沉波，吐沫淋漓而覆水。有斯灵异，甚警凡愚，自迩及遐，惟畏与敬。而又植弱柳，则扶疏而春媚；种修篁，则蓊蔚以冬青。长小松为乔松，接山果为家果。功既崇矣，景亦备矣。

一日，憨公语诸门人曰："是院也，厥初住持所重幽僻，止期课诵以尽年龄，敢望修崇有若斯壮丽者矣！吾闻空寂者，正真之本；名言者，诱化之宗。如来亦假于庄严，氓俗渐归于方便，得不申请院额，增饰教门者耶？"时郡牧陇西公果俞，革故之谋，俾建即新之号，因飞笺奏，遂降敕文，额为"龙泉禅院"矣，时唐乾宁元年十月二十五日也。憨公著名律学，为众推重，住持轨则，依禀宗师，历四十年，终始若一。至唐天祐十九年七月五日，顺寂于本院，建塔于院之右。门人上哲敬臻，爰自具戒，便慕巡游，二十年间，参寻胜事，虽素禀律德，而囗晓禅机，既适道与立或乖，且殊途而同归一致者也。臻公道惟无碍学以了空，弥缄出世之谭，未即当仁之座。爰以此院精专二食，供施十方，遂致五湖四海之流，向风慕义而至，师为山主，于今仅二十年矣。次日敬诠，见住院于本县之南。次曰敬谭，禀气不杂，居尘自高，持百部之花严，酬四恩于法界，而又克荷先师之训，复禀同学之仪，戮力齐心，上行下效，相须若左右手，不违犹水乳和，共弘利益之方，愈有茸修之盛，为院主亦三十年。次日敬谦、敬审等，皆能不辜法乳，永保衣珠，共匡教门，将俟悠久。纶维桑左辅，游宦高都，以臻公、谭公二上人尝沐开怀，许玩佳致，是因误有请托，谓业文辞。且纶壮岁已前，经明登第成事本非于染翰，片文才冀于饰身。遵承则虽馨于磨铅，漏略且宁逃于代囗，将何致远取愧贞珉？时大周开基之二载，岁直壬子三月辛亥朔二十二日壬申记。

院主敬谭，第一座匡憨，维郍怀德，典座怀朗，直岁怀悟，上足小师怀智、怀蕴、怀辩、怀坚、怀谱、怀恩、怀寿、怀海、童子小德、宜哥、六儿。

　　大周皇帝承祧之二祀，震雄风，匡霸业，从谏诤，遂贤良。外则以四夷未王，尚征伐而执戎事；内则以百揆方序，兴礼乐而敷文德。考谋询事，进草泽而纳□尧；纠谬绳愆，退不肖而黜邪佞。皇纲既已大矣，儒风又已亨矣。乃有释教，爰疚宸衷，虑真俗而相参，遂鼎革而垂制，凡曰梵宇，悉去无名。故九州四海之中，设像栖真之所，并扫地矣。是院以有唐乾宁元年所赐敕额，时虽绵远，名仍显著，征其验而斯在，询其由而匪虚，遂免雷同，得安云构。且王言间出，有司无私徇之心。佛法载崇，释子遂幽栖之地。盖存旧制，式叶新规，得非澄汰之合宜乎，隆替之有时乎？亦所谓主首精勤，焚修坚确，土地幽赞，因缘幸会者矣。况是院气压群山，势吞百谷，台殿架日，松桧参云，鄙祇树之虚名，得清凉之胜概。征其始而莫究，考其终而无穷，必冀永焕释门，用为基构。恐窾盛观，载续贞珉，俟传于不朽者耳。时显德三年岁次丙辰九月庚寅朔七日丙申记

　　乡贡进士王献可后序并书

　　讲上生经沙门师诚篆额

（三）汤帝庙

　　汤帝庙现为上下两院，上院地势高于下院，前沿有石栏，中有4级石台阶下至高台，再经东、西各6级石台阶可通至下院。正殿面宽九间、进深六椽，东西殿各三间，角殿各三间。痘神殿前堆放着从村中收集来的多通、多种碑刻，部分因堆置、叠放而无法查看碑文的碑刻并未做登记。堆放于痘神殿前的许多碑刻已难寻原始刊立点。下院东、西两面为两层楼房，上为看楼，下为住房及客房（官厅）。庙内现存19通碑刻，具体如下。

1. 重修汤帝庙舞楼记

（1）碑刻简介

此碑刊立于清顺治九年（1652），为记事碑，无碑首、碑座，无碑阴，现为躺地残碑。其内容为誊抄村中原刊立于明万历九年（1581）的碑刻，保存较完整，原无题名，据文意而加。

（2）碑文

【碑阳】

碑额：（残）

碑名：（残）

承直郎协理□□□□□□□

文林郎河南□□□□□□

儒学廪膳生员□□□□

郭谷镇之西南隅，地势峻而风脉甚劲（缺）火于嘉靖岁之壬寅，庙宇廊庑，一时燎延殆尽，几燔及居民。已而（缺）诣而祝曰：民所崇神将依之矣。庙成，岁时樽俎宴豆，神亦惟大庇癙我民以福（缺）无及舞楼，屈于力之未赡而遂已也。然庙之基址高于路，往来过者扬（缺）迈月征几三十年，未有理者。余往时家居，与一二同志游于斯，喟然曰：（缺）乡人约有弗率于法，可惩者令罚金若干，输之庙，不可乎？不则呈官置（缺）之余，又喜此举也，为惩劝人心之一助云。以所得金未给用，复敛其金（缺）终不可已。古者诸侯设屏以藏内外，顾神之尊可亵侮如此乎？识之。用和子诺，谋诸社，社即□□□□□乡令咸出所有以供用。然人情思奋既久，闻斯举，若渊溃而趋至焉。凡所谓（缺）森然，心怵然，恍若神临其上，而不觉起敬且畏志。夫以一楼成而神益尊，而（缺）儿用和作。众复同余儿用昌维完之。工始于万历六年正月初一日，落成于次年四月二十八日。社属余志之。余睹若废起，慨然以思。夫世之纷庞，孰可继也，夫方庙之始焚也，不有余十年鼓舞之，则此楼几为废址矣。夫神之尊也，其诞百嘉于民，以底天之休也，因不以人之崇替（缺）之福也哉。

然则斯庙也，成而毁于火，毁而复成，益壮观于未火，非数与！非数与！

大明万历九年十月吉日　刘养正、张盛基仝立

大清顺治九年八月初一日重修　本庙旧碑损坏，因□□□

2. 郭谷镇重建大庙记

（1）碑刻简介

此碑刊立于清顺治九年（1652），为记事碑，无碑首，有碑座，无碑阴，碑座规制为94cm×50cm×47cm，碑刻规制为203cm×77cm×20cm，现为立碑，保存完整。

（2）碑文

【碑阳】

碑额：无

碑名：郭谷镇重建大庙记

赐进士出身钦授浙江道加一级监察御史　道庄陈昌言撰

赐进士第奉政大夫詹事府左春坊左谕德兼内翰林秘书院修撰　东山张尔素书

郭谷镇大庙创于元之至正，修于明之正德。后灾于嘉靖，又修于万历，其补葺者亦时有之。迄今日，乃尽撤其旧而重建焉。既落成，不以余不文，俾记之，以告于后。于戏！记以记其事耳，乌用文为？记其制：正殿九间，东西殿各三间，东西角殿各三间，视旧率高五尺，深五尺。殿前石台增以石栏，改其路之旁行者而中之。台下东楼，上下十间，西如之。上以便观会者，下以待宾客及居汛扫之人。其中几凳毕具。旧无正门、无戏楼，肇为三门而戏楼在其上，其旁两楼以藏社物。门外厦五间，其旁两楼以置钟鼓。雕甍绣桷，绚采流丹，神像森严，作礼生悟。记其费金：一千八百两。记其时：起于客岁之十月，竣于今岁之七月。记其分理，则张君济美、张君多学、张君元统、张君金铉、张君元宷、张君弘远、张君进贤、裴君美、马君一正、裴君天锡、张君丕扬、王君笃厚、王君明俊、王君瑞等。记其主是役者，则重新王君。此一千八百两之金，君独出七百两有奇，而又辍其家务，

昧爽而兴，从事于此。庙之成，实君之力！察君之意，犹若有所憾，则以庙之四旁皆限于地，不获拓之使大。然今昔较论，相距固已远矣！君前中书舍人，自兹庙而外，所修建者不胜记，他善行亦然。义声载路，而未尝以此自多，盖慷慨好施出于天性者，此余为君记之意也。

大清顺治九年岁次壬辰菊月之吉，社首：王重新、张济美、陈经正、张多学、卢时用、范绍仲、卢时擢、张元统、卫之瑞、张元寀、张金铉、张进贤、张弘远、马一正、裴美、张弘猷、裴天锡、张万化、王笃实、杨松、张丕扬、张学义、赵鹤、霍瓒、张嘉乐、裴祎、王仲法、王笃厚、王瑞、王明俊、刘养正、张盛基全立。

3. 汤帝庙公约墙碑

（1）碑刻简介

此碑刊立于清顺治十年（1653），为禁约碑，无碑首、碑座，无碑阴，碑刻规制为 108cm×60cm，现为壁碑，保存完整。原无题名，据文意而加。

（2）碑文

【碑阳】

碑额：无

碑名：无

庙宇之设，原以供奉神圣，必住持有人，方焚修有托。考本镇大庙，创修于元季，从未曾设立住持以为焚修，又无地亩以为养赡。因是教读者假为学馆，一时失检，庙被火焚。嗣后，至明季隆庆间，重修之。除本庙殿宇行廊外，又正殿后创修廊房十间，碑记至今虽存，而廊房遂湮没难稽矣。且镇之人，每借口庙为公所，径以污秽之物寄放其中，不惟亵渎神圣，抑且作毁之甚也。至于庙中物件，创始最难，任意借取，每至于失落无存。社事至此，凌替已极。兹新庙告成，安住持以为焚修，置地亩以为养赡。大庙内置地十亩二分，厕坑二所。庙前观音堂置地八亩六分四厘，厕坑一所。庙中从前积弊，照款革去。责令本年社首，不时稽查，如其仍蹈前辙，定照后开条约议罚。如社首推托不查，罚亦如之。阖社公议，刻石永为遵行。谨将地亩四至、应罚条约开列于后，以志不朽。计开：

——大庙内中地一处，坐落石圪节，计地四亩二分。东至水沟，西至道，南至河心，北至大道。施主王重新。

又，中地一处，坐落大墓凹，计地六亩。东至水沟，西至道，南至道，北至张元声。施主王重新。

又，中地一亩二段，坐落赵家坟边。

又，钟楼下厕坑二所。

——观音堂中地一处，坐落庄岭北坡，计地四亩三分五厘。东至水沟，西至水沟，南至水沟，北至张元寀。

又，中地一处，坐落白土脚，计地四亩二分九厘，东至水沟，西至水沟，南至堰下，北至大道。

又，西城大楼后空地二块。

又，照壁墙后厕坑一所。

——庙中地亩止许住持耕种，厕坑止许住持积粪，不许盗卖盗买，违者送官法处。

——庙中寄放棺材者，罚银三两。

——晒烧酒醅者，罚银一两。

——堆放柿叶、桑叶者，罚银一两。

——寄放木头板片者，罚银二两。

——赌博宿娼者，罚银五两，仍送官法处。

——在内开学作践者，罚银三两。

——庙中桌凳并袍、伞、旗、鼓一应物件，每遇社里公事，方许取用。如私借私与者，各罚银三两。

——违犯条约强梁不服者，阖社鸣鼓而攻，罚必加倍。祈神圣监察，降以灭门灾祸。

大清顺治十年四月二十日

社首：王重新、张济美、张多学、张元统、张元宋、张金铉、张弘远、张进贤、裴美、马一正、裴天锡、张丕扬、王笃厚、王明俊、王瑞全立

4. 城窑公约

（1）碑刻简介

此碑刊立于清顺治十二年（1655），为禁约碑，无碑首、碑座，无碑阴，碑刻规制为117cm×50cm，现为壁碑，保存完整。

（2）碑文

【碑阳】

碑额：无

碑名：城窑公约

谛观久安之利，大矣哉，然而非易事也。不明其害，不能安其利；不防其所以害，亦不能久享其利也。本镇之城，由无而有，由卑而高，其图安之计，无不至矣。然一时之利小，万世之安大。何以使有基勿坏乎？非勤为修葺之不可。修葺而尽出于捐输，恐又不能。首事者当筑城时，相其城宜增以窑座，一便于居，一便于守。窑凡三层，共计六百零九眼半。积其所入之租，佐修葺守门等费，可不劳持钵而久安之利，或庶几焉。诚恐人心叵测，事久多变，或抗租不与，或拖欠不完，或霸窑为己物，其有害于城，与守者非浅小也。欲同享久安之利，岂可得哉？因勒款于左，以冀后之人相传勿替云。计开：

——东面大窑共四十八号，计七十七眼半。中窑共三十七号，计五十八眼半。

——西面大窑共四十四号，计六十眼半。中窑共三十七号，计七十四眼，内除上王家自修二眼；小窑共五十五号，计八十五眼，内除上王家自修二眼；俱坐落西城北角。

——南面大窑共四十号，计七十六眼半。中窑共三十三号，计六十七

眼。小窑共一十七号，计三十二眼半。

——北面大窑共三十四号，计四十五眼，内除上王家自修柒眼；中窑共一十五号，计二十三眼，内除上王家自修七眼；俱坐落北城西角。小窑共四号，计十眼。

——租有定额，大窑每眼银五钱，放草加银一钱。中窑每眼银三钱，小窑每眼银一钱。其中，有大者量增，小者量减。

——租银按四季交完，如过季不完者，即令移去。有倚强不去者，罚银二两。

——本人住窑，即写本人赁券，不许替人包揽，收租入己，违者罚银五两。

——窑止许住人、放物，不许喂牲口作践，违者罚银五两。

——窑止许出租赁住，不许霸为己物，违者阖镇鸣鼓而攻。

——遇有空窑，不写赁券而私自住居、放物者，罚银五两。

——各面派收租二人，务要将各面租银定数照四季收完。有短数不完者，除令赔佃外，仍罚银二两。

——派总收四面租银二人，务要照各面银数按季收积，以候社中取用。差遗者，除令赔补外，仍罚银三两。

——派查算四面租银二人，务要按季催督，勿令收租者怠玩，使成积弊；如不催督，罚银二两。

——各面城楼俱设锁钥，付总城长管理。即托附近住窑者照看锁钥、疏通水道，果实勤劳，窑租量减，失误者重罚。

——私开城上门锁者，以贼盗论罪。

——城上晒酒糟者，罚银一两。

——城楼、窝铺，俱有药器，不许在内赌博、放草，恐惹火烛，违者罚银三两。

——违犯条约强梁不服者，阖城鸣之于官，以法惩治。

——西水门内南房二间，付与守门人居住，即作工食，不出租银。其房后楼坑厕一所，即托管窑者卖粪入社，每年得钱若干，即登南面窑租账内。又，坑厕旁空地基一块。

——西水门外，买到段家等房，拆毁入社。遗留地基二处，一坐落段上金住居东傍，其东至段上金，西至段上金，南至道，北东至城根，北西至张府。道南坑厕一所，碾磨、井各一分。

——坐落段上金住居西北，长五丈三尺，阔一丈四尺，东至韩安，西至张府，南至段上金，北至张府。施入大庙，永远为业，诸人不许侵占。

——南城东角水道，派一附近住窑者管理、疏通，准算租银三钱。

——北城西北角，向外展三丈，长十三丈五尺，创修城楼一座，上下十五间，修窑上下相连十四眼。又，西城北角，修下节坑厕窑一眼，二节窑二眼，坑厕窑一眼，三节窑二眼，地基俱系上王家原业，自备砖、瓦、木、石、工价，共使银一千一百三十一两六钱四分三厘。公同议过，城楼上入社，其余自修大小窑座，俱是上王家之业。外有靠城新修楼房一座，与崇祯八年初修城时，于北城门东修靠城三节楼一座，俱系上王家地基，上王家自备费用，与社无干。

顺治十二年十一月吉日阖社公议立石

5. 高禖祠修壁碑

（1）碑刻简介

此碑刊立于清康熙十三年（1674），为记事碑，无碑首、碑座，无碑阴，碑刻规制为67cm×45cm，现为壁碑，保存完整。原无题名，据文意而加。

（2）碑文

【碑阳】

碑额：无

碑名：无

高禖祠后壁倾圮，神不获宁者越数年于兹矣。里人张肇基、张元弼等迫意为重修计。因邢国良等公积会金三两有奇，可助兹费，遂力劝成之。国良等除慨捐会银外，仍各输一工，以竣厥事。壁既修整，又油饰暖阁，费虽小，神以获宁，所关实大也。谨记。

随会姓氏开列于后：

李养新、许荣富、卢允晔、王维元、任守信、常选、邢自才、卢允暾、郑成龙、李德、崔永明、董完良、王九叙、卢自通、吕洪信、李成应、邢国良、王正国、张文起、安有德、裴和、蔡复昌、岳自兴、王天顺、邢国旺、崔洪、李盛才、陈应秀。以上众家，会中共积银三两八钱九分九厘。

使费开后：

砖三千使银一两六钱八分，脚价银五钱一分，木匠工银五钱二分，石匠工银二钱，人工作银一钱四分，犒匠银一钱一分，油暖阁颜料工价共银七钱三分九厘。以上通共使银三两八钱九分九厘，顶明会银。

总理：张丕扬、张丕基、张肇基、张元弼、裴其绣、王玉铉

会首：常选、邢国良、邢自才

木匠：王九叙

石匠：原满重

康熙十三年十月二十五日

6. 邑侯大梁都老爷利民惠政碑

（1）碑刻简介

此碑刊立于清康熙十七年（1678），为德政碑，无碑首，有碑座，无碑阴，碑座规制为95cm×50cm×41cm，碑刻规制为194cm×76cm×23cm，现为立碑，稍有漫漶。

（2）碑文

【碑阳】

碑额：无

碑名：邑侯大梁都老爷利民惠政碑（碑名位于碑刻正中，碑文以碑名为

界分为左右两部分，右边分为上、中、下三部分，左边分为上、下两部分。）

（右上）按县东乡镇名郭峪者，盖因里成镇，镇以里名也。镇成，而凡所托处者，率致富厚，里人实贫，四散他所。人见城垣完固，栋宇壮丽，辄谓富饶甲诸镇，以空名而受实害，不知镇非穷镇，里实穷里。今且镇虽不穷于皮而穷于腹里，里人更甚，私计不赡，国赋难办，茕茕里甲，非死即徙，势且同归于尽也。惟县主都老父师老爷洞见疾苦，有可以利吾里人者，靡不欲拯溺救焚而急焉为之所。于是本里绅衿里甲仰体斯惠，相本里之美利可因者，莫如斗行一事，急行呈请，即蒙锐意举行。方及三月，而鼎镬之徒复欲绞谋由旧，以撼成议于仍。持正论而卒不以私废公，此仁慈出于明断，岂止一时之里甲蒙恩，且令宛从者□而生□□朝廷留亿万载供赋之地，其所开岂，鲜哉！夫铭以口何□镌之石，行使百之下者□蔽苇而心铭之，并以俟后之来继，我，后者以为加者与除之，勒于石，为记。

（右中）阳城县郭谷里其连名呈状绅衿里甲等呈为□□天请命准复旧□以□极穷极苦里甲以□钱粮事窃惟□□莫重于钱粮钱粮□出于里甲今里甲之极穷极苦未□□郭谷里之□老□□□谷四围皆山曰苦磽瘠□□六年日渐死徙钱粮不能□公既恐□□□称不□□成龙并□撵北实非□故爰查旧例本镇一物禖行系本里□□官老役者□□故里甲□呈重□□明□□□□□里人□□□归他手里甲受累□堪遂议花户□贴三十年来奇苦万□前因乡地□□□□□□□戴德□里长□□银粮之重十倍乡地里甲之苦亦十倍□□□□比例□白□□□□□有其等里长□应除办公事余即为里长应役之资花户之□□□□□□里长□一分之□□□□□□□□□□力花户□一分之贴□□一分之正□□□□先□□税□□□□□于□□□□□有□□□为此里□□老父师□□□□□□殊□□给行□□例□石□□□□□生□□□□全□德于□极矣为此激□□□□□□康熙十七年□□□□□□□原批□□□房□□□油坊二行□俱拘□□

（右下）阳城县郭谷里绅衿里甲等□□□□禀为乞赐印照以□永久

□□□□里甲之苦，已经俱呈在案，伏□□老父师老爷洞见利弊□□典除，将本镇白米、杂粮斗行□□大里里长轮□，但恐□积习未改，借端生事□乱□行为其□恳老父师老爷准给印照，敬遵勒石庶□辙可□事端，□□□里里甲生生世世焚顶为此其禀须至禀者。

准照

康熙十七年七月初九日（印章）

（左上）阳城县正堂都为晓谕事：据郭谷里绅衿里甲呈状，为本里白米、杂粮斗行积弊相沿，久被强占，卖贩居民，两受其困。且本里里甲之苦，受多烦多，残不堪命。公诣将本里白米、杂粮斗行统归见年里长轮应，以甦里役之苦。花户之帮贴永行禁绝。本县阅其呈状条陈、甦里甲以办钱粮，在官在民，殊为两便，相状如议准行。但恐既应之后，复蹈前辙□，民交病，有使司市之宜；又恐不法之徒，挨私隐恨，妄生事端，仍行肆害，合行出示晓谕。为此，示即郭谷镇居民人等知悉，嗣后一应籴粜杂粮，因时定价，交易两平。斗严抄勺，无容高下其手；戥析分毫，不得轻重其权。勿多增价值，而病在上□之民；勿巧取牙用，而病在负贩之子。至旧牙膏棍，亦不得借端生事，阻挠官行。如有前项等弊，许该年乡地里甲即行赴里，以凭尽法究处施行，决不姑贷。为此出示须至告示者。

康熙十七年七月初七日

（左下）阖里绅矜里甲　曹王臣、张□□、张□□、曹家炳、张元弼、曹宜绍、范淑圣、张□□、张□□、曹□□、范□□、□□□、□□□、张元祥、曹□□、张弘□、□□□、王笃□、王□美、□□□、□□□、□永□、□□□、□□□、王□□、王□□、王□□、范□□、□昌□、曹□、曹□奇、张一□、张□□、范良□、□□□、裴福□、曹□□、曹□□、王□□、王□美、曹□□、张□杨、张□□、张□昌、张□元、□□□、王□云、王义、王敏、王□□、王连□、刘□□、王□昌、张□□、曹成旺、张士英、张士美、王德明、张万福、刘福缘、王□才、张□成、张星、曹□□、曹成库、曹成名、曹奎、范盛福、张金、王思义、王□、曹自□、张洪、王所保、曹昌弼、李天祥、张士生、曹□、王□昌、范立□、张□□、曹□湛、张升、张养乾、范加兴、范能、曹成友、原□□、范广、张□祥、王鼐、冯自得、张盛增、张尚禄、张士玉、张□体、冯国泰、常加祯、张养和、崔润身、曹楚、张□□、史旺等仝立。

时大清康熙岁次戊午十一月吉日

7. 邑侯杨老爷剔弊安民示

（1）碑刻简介

此碑刊立于清乾隆二十年（1755），为德政碑，无碑首、碑座，无碑阴，碑刻规制为117cm×50cm，现为壁碑，保存完整。

（2）碑文

【碑阳】

碑额：邑侯杨老爷剔弊安民示

碑名：邑侯杨老爷剔弊安民示

阳城县正堂纪录三次，记功三次，杨为积弊难除，乞示永遵，以靖地方、以安良善事。据郭峪镇生员张国模、范均，乡约陈权，地方刘元，禀前。事禀称情：因本镇有土工一行，居民凡有丧葬，皆系此行人作工。因雍正年间加设巡宪与学宪，一时经过，需用□役甚多，然皆现付工价，并未累及里民。历逢各大老爷，仁慈如一也。此辈小人，因有应差之名，又立轿夫一行，凡有居民婚姻之事，用伊抬娶。始行之时，婚葬皆使，不意积久弊生。因本镇户口盈庶，地方寥阔，立有五坊。伊等自立规矩，各据一坊，凡遇有事之家，各坊止许觅各坊土工、轿夫，不许越坊，坏伊规矩。若有丰余之家遇见丧事，开口工银动云三十、五十两不等；即小户之家有事，亦得三千、二千，任其勒索。轿夫即一日之工一千、二千，其勒索亦然也。且此辈之中，半皆亡命凶恶之徒，居民少拂其意，恃其凶恶，围门辱骂。若与见面讲理，多遭殴打。以致人人俯首、个个听命。所以然者，人即犯违律之条，官法尚不能便加，犹可希图宽漏；一触此辈之怒，毒害随至，刻不容缓，是以人之畏惧甚于貔虎，流毒地方已非一日。于前任谢大老爷，访闻此弊，出示严禁，不许借端吓诈，伊等自此敛迹。

今八九年来，前示飘没，旧弊复炽。生等既有地方之责，非不想私为劝止，但前示无存，此辈梗顽之徒，必非情理可化。踌躇再三，惟有恭请钧示，或容其做工觅食，不许分坊，居民如有婚葬，任客投主，此辈不能独霸一坊，恐其转觅别人。工价自可不出情理，勒诈之风亦可渐消矣。自示之后，伊等若敢旧恶不悛，遇事横行，辱骂、殴打良民者，许地方即刻禀报，凭县台大法究处。若地方不即禀报，□经被害之家告发，地方任受循被之罪，此禀。念生等因清理地方、除暴安民起见，伏乞恩准严示外，赐以朱批，生等回乡，仝众立石公所，以便永远凛遵。行见功德全行岳并峙，恩泽与沁川同流矣。今开所存旧告示抄稿一纸，粘验等因。据此，合出示严禁。为此示仰该镇轿夫、抬夫、土工人等知悉：示后，凡遇士庶丧葬、婚姻等事，应用人夫，止许照依公价承揽，听其自便，不得独霸一坊，任意勒索，以致本家碍难转觅他人，贻害地方。如有前项不法棍徒，借称轿夫、抬夫名色，遇事把持承揽，任意勒索工价，并恃强殴骂者，许本家投鸣乡地，协拿送县，以凭讯究。而居民人等，凡有婚丧等事，亦当量公雇觅，慎勿为富不仁，故意短发价值，致滋多事，并予重究。各宜凛遵勿违，特示。

  实贴郭峪镇
  乾隆二十年三月二十六日示
  阖镇士庶公立

8. 补修三门北门水门城根三处收出布施碑记

（1）碑刻简介

此碑刊立于清乾隆四十二年（1777），为捐资碑，有碑首、碑座，有碑阴，碑座规制为 92cm×50cm×45cm，碑刻规制为 160cm×71cm×16cm，现为立碑，保存完整。

（2）碑文

【碑阳】

碑额：补修施主

碑名：补修三门北门水门城根三处收出布施碑记

恒泰号钱二十二千文，丰泰号钱一十八千文，晋兴号钱九百文，双隆号钱一百文，复盛号钱三千六百文，广顺号钱九百文，君盛号钱一千八百文，全顺号钱二千七百文，兴盛号钱二千七百文，谭复旺钱一十八千文，尧沟社钱一千三百五十文，锦川社钱一千六百文，文昌坊钱三千六百文，陈汝杞钱九百文，陈师夔钱一千八百文，杨宗智、赵甫钱二千文，陈观化钱三千文，王云骧钱九千文，张世栋钱二千四百六十四文，王景沂钱二千七百文，王廷墉钱四千五百文，陈绍宗钱三千六百文，乔从钱二千七百文，张国柱钱一千八百文，范大宗钱三千一百五十文，窦栏钱三千六百文，翟□钱九千文，张垍钱七千二百文，周天声钱三千六百文，曹戎钱二千七百文，郑宏禄钱四千七百三十六文，董振钱二千二百五十文，范均钱一千三百五十文，张汝钱二千七百文，张珮钱九百文，霍勃钱二千七百文，卢俞飏钱一千八百文，柴毓岐钱三千七百文，张之愫钱二千八百一十文，王金璋钱四千五百文，徐廷选钱二千四百文，张龄度钱一千三百文，曹端钱三千一百五十文，王好善钱三千五百文，张九乐钱四千五百文，王增镛钱一千五百文，王正乾钱四千五百文，张有为钱一千八百文，卫秉印钱五百文，吴树敏钱三百文，王遇相钱八百文，陈进钱四百五十文，李有财钱四千五百文，陈锡珍钱二千七百文，王作哲钱二千七百文，常春林钱一千八百文，王加祥钱一千八百文，郭金禄钱四千五百文，霍丹钱一千八百文，李继堂钱一千八百文，王奎兴钱一千七百五十文，申玉钱三千六百文，魏浮理钱二千七百文，刘君玉钱二千二百五十文，张广荣钱一千八百文，贾福贵钱一千五百四十七文，张士龙钱一千八百文，张玉麟钱二千七百文，裴思铭钱五百文，吉正佩钱一千文，吉祥钱一千文，李正伦钱一千文，马承宗钱九百文，马承宝钱九百文，裴捷钱八百文，杨龙钱九百文，翟见美钱五百文，裴君柱钱九百文，张永恒钱五百文，柴永儒钱四百文，李成林钱五百文，张濬钱九百文，冯时钱九百文，范尧钱八百八十文，张斌钱九百文，杨世贤钱五百五十文，张景祥钱四百文，王种德钱八百八十文，裴思诚钱二千七百文，卢得义钱九百文，王升钱九百文，樊张钱九百文，张修文钱九百三十五文，范尔炯钱四百五十文，赵正已钱二百文，崔泰钱二百二十五文，王铎钱一百八十文，赵金祥钱一百五十文，王进福钱一百文，赵梦熊钱五百文，王以明钱二百七十文，蔡英俊钱一百八十文，徐泰钱四百五十文，王振钱一百八十文，王悦钱一百八十文，范尔玉钱三百五十文，王天成钱一百六十五文，霍道成钱二百文，范教昌钱四百五十文，柴枝钱一百一十文，徐自久钱二百七十五文，张相清钱二百七十文，裴瑞钱二百三十五文，韩杰钱二百一十文，裴正钱一百八十文，延克承钱二百五十文，张增理钱四百五十文，张湛钱一百九十二文，韩汴钱一百三十文，申旺钱二百七十文，张朵钱二百文，窦希年钱一百文，李协中钱一百文，赵有林钱二百七十五文，曹大仓钱四十文，崔黄钱二百文，吴顺钱三百六十文，张永德钱三百零三文，钟守仁钱一百八十文，韩仲元钱四百五十文，张尚志钱九十文，张世铠钱二百七十文，张世锴钱三百四十八文，柴永茂钱四百九十五文，王有林钱一百九十二文，张壮钱二百七十文，张之全钱二百七十文，蔡魁元钱一百八十文，张潮钱二百文，张学孟钱八百一十二文，段成基钱一百九十二文，吕江钱三百八十五文，张桃钱二百七十文，李世勤钱二百七十五文，李世恩钱七百七十文，李世德钱五百七十五文，李世功钱七百九十文，曹云舟钱三百三十文，邢进广钱四百五十文，芦信飑钱六百四十六文，茹承惠钱二百文，李祥钱一百八十文，韩文奇钱一百文，倪套钱一百五十文，李世效钱一百八十文，李世春钱一百文，张锡钱四百五十文，张仁钱一百文，郭文谷钱一百九十二文，张洎钱四百五十文，李有年钱九十文，李有福钱一百六十五文，韩星钱二百七十文，豆魁元钱一百七十七文，李玉公钱一百文，张永超钱二百文，王随钱二百七十文，张天洽钱四百五十文，张双喜钱九十文，王云美钱九十文，王继曾钱一百八十文，张儒兴钱六百六十七文，卫永清钱九十文，杨恒钱八十文，靳法瑞钱九十文，裴德威钱九十文，裴悦钱一百文，王振业钱四百五十文，原子会钱二百文，裴顺钱三百二十文，邢德贵钱八十文，冯金声钱五百五十二文，原忠信钱二百九十五文，王德复钱二百七十文，陈柱钱一百二十文，马景乾钱□百文，曹国钧钱八十文，石永和钱四百二十文，吴佾钱四百五十文。

施工姓氏开后：

陈祥五工，韩引三工，苏法恒五工，吴建本二工，潘有强、潘有铎五工，杨兴旺二工，芦志理三工，刘学诗六工，赵根二工，段立望二工，裴德祥二工，豆永年四工，韩长生二工半，韩琢四工，赵健二工，范序四工，陈壮十五工，张金三工半，李有福三工，曹直功三工，王玉秀二工，刘荣二工，杨士荣二工，宋文泰二工，张永春三工半，张丑二工，苗有福六工，苗有禄二工，崔年二工，张汉五工，郭有荣二工，赵伟一工，马小户一工，范有才六工，芦□□九工，倪珩四工，宋守印五工半，张宏贵九工半，张广言四工，于淌金九工，霍守仁三工，侯兵禄一工，董成一工，杨守义一工半，冯金商九工，王康宁二工，李创二工半，张贤二工，赵成锡三工，王□□一工半，李士俊二工，郭正金二工，陈育三工，王兴二工，赵存玉二工，郑宝强二工，李世宏三工，李有先二工，贾银九工，王至昌三工，王天□四工，范有源八工，胡自旺二工，王观之四工，陈聚元二工，王鼎二工，郑国太四工，郑宏林二工，王士全十三工，史效亨半工，李濮玉二工，曹双和二工，赵岁一工，梁起五工半，郑宏俊一工，李宣二工，赵如珍二工，冯满仓三工，芦□八工，李响五工，李享福五工，陈二雪三工，曹国锡二工半，武起文二工，霍有兴二工，倪牛四工半，徐小发三工，郑百万二工半，裴如武二工，张演十四工，王国太三工，李廷梁七工半，范有德二工，王随二工，刘广玉三工，郭如伦三工，□如玉四工，吉□易二工，裴大拴三工，武立成四工，郑宏理一工，以上共施三百六十二工。

一应收出变物等项计后：

共收布施钱一百七十八千五百六十文，共变木□得价钱一百一十九千九百一十六文，共变铁□得价钱二千八百六十五文，收四十一年春新钱二千九百五十八文，四十二年五月十七日，上宾曹宅会社钱二千一百文，本年六月清还□利钱一百三十八文。

以上通共钱四百零四千四百三十七文，一处开工攽神使钱一千五百零四文，共买石□二十一□二千三百三十七斤，使钱四十四千五百九十文，共买□使钱四千六百七十文，共买铁器使钱八千四百五十三文，买杨树三株，使钱七千六百五十文，买□□等物使钱四千八百二十六文，买大小□二槐并门板，使钱二千三百文，买铁牛使钱一千六百文，买方砖墩石使钱七百文，押铺柜使钱一千三百文，木匠共工三百五十三工，使钱二十八千四百文，水阁北门二处石匠共工一百一十四工，使钱九千二百四十五文，工头共九百九十八工，使钱五十九千八百八十文，雇工共一千四百九十四工，使钱一百三十六千六百二十文，布施做工共三百九十三工，使钱二十一千六百一十五文，担□并□□□□□□等工共三百工，使钱二十六千五百文，犒劳工匠，使钱一千零五十文。一切社费，使钱六千七百五十六文。砍南□□□林□□□□钱楼□梁□，又用河东山神□前槐树二枝，买□抬碑□言物料等，使钱三千一百零八文，□□□□□，使钱六千七百二十文，□□□□□□□，使钱□千六百八十三文，酬神献祭等，使钱□千五百文，谢阴阳，使钱一千文，谢匠一应费用，使钱五千文，匠工花□小社，使钱一千二百文。

以上共□钱三百□十千零八百七十文，除出中余钱二十三千五百六十七文，买几一张，方桌四张，匠□桌四张，灯□□十二把，板凳四条，□□□一十九千文，又油漆诸物，使钱四千五百六十七文，一共使钱二十三千二百六十七文。

大清乾隆四十二年巧月之吉

总理社首：王云□、陈观化、张世栋、陈□宗、王景沂、王廷□、张国柱、范大宗、乔从、曹戒、宁兰、翟□、张□、张之愫、柴毓岐、郑宏杰、

张汝、霍勃、王金璋、徐廷选、张□□、张九乐、卫秉印、王正乾

本庙住持僧：净□

仝立

9. 补修西北角殿碑记

（1）碑刻简介

此碑刊立于清嘉庆十六年（1811），为记事碑，无碑首、碑座，碑刻规制为 77cm×42cm×15cm，现为躺碑，不知是否有碑阴，保存完整。

（2）碑文

【碑阳】

碑额：无

碑名：补修西北角殿碑记

吾乡山神、土地，合祀于庙之西北角殿。创建多年，补葺无闻。岁辛未，祠中脊檩倾折，理社者目击而心忧焉。爰纠同人，议集三班社众捐资重修，莫不慨然乐施，以成盛举。择吉鸠工庀材，崩坏者易之，残缺者补之，兼绘神像二、侍像四。不日，工程告竣，焕然一新。神享于上，民安于下，虽借众力以毕乃事，实则首领者之善为倡率也。所费小而所全大，不诚美与！谨将捐资姓名、使费多寡，详志于后，以垂久远云。

邑庠生王仲谦撰并书（印章）（印章）

芳名列后：

赵榕、卫秉钧、窦永鉴、邢有德、陈旭东、李震、张汉、韩秉宗、翟芳森、王坦、张嘉行、张宁、谭道治、卢政、张同善、郑国正、于在江、王翠、张天合、王光第、陈长春、郭道恒、张应全、张映奎，右系历年社首，共廿四家，每家捐钱二百文。

邢有玉、李天保、魏士斌、陈克宽、裴思聪、常季玉、卫久敏、王质、于澄江、谭道权、柴永成、申克强，右系本年分理社首，共十二家，每家捐钱二百五十文。

二共捐钱七千八百文。

使费列后：

买木植使钱二千文，钉三斤使钱一百四十四文，木匠工使钱一千四百三十文，小工使钱一千九百文，油匠工使钱一千七百文，石匠工使钱一千六百九十文，一应杂费共使钱五百六十六文。右通共使钱九千四百三十文，除捐资外，□净短钱一千六百卅文。

本年总理社首魏士文捐出钱一千六百三十文。外有使大社存砌砖一百五十个，瓦三百个，小椽七根，灰□三□，均未算钱。

督工：邢有玉、陈克宽、卫久敏、魏士文、谭道权、王质、本庙住持僧玄柱

时大清嘉庆十六年岁次辛未仲夏谷旦阖社仝立

10. 补修城垣碑记

（1）碑刻简介

此碑刊立于清嘉庆十九年（1814），为捐资碑，无碑首，有碑座，有碑阴，碑座规制为95cm×50cm×30cm，碑刻规制为150cm×60cm×18cm，现为立碑，碑阴部分漫漶严重。

（2）碑文

【碑阳】

碑额：补修城垣碑记

碑名：补修城垣碑记

捐施芳名列后：

谭道治银十两，窦承鑑银十两，郑国正银十两，郭道□银八两，张宁钱六千文，张天治钱四千九百文，王光第银五两，柴永成银四两三钱，范廷茂钱三千三百文，韩秉宗银三两，张绪基银三两，张映奎银三两，崔成信银二两五钱，李震钱二千文，陈长庚银二两二钱，魏士文银二两，李天保银二两，赵溶银二两，钟瑞鸣银二两，卢恕银二两，张汉银二两，钟□泰

银二两，于正江银二两，申克强钱一千七百五十，张兴善银一两九钱，常季玉钱一千六百文，魏士斌钱一千五百文，李继孔钱一千五百文，范肇修、张应全、张格明、卢君柱、卫廷镛、张嘉行，以上各捐银一两五钱，陈克宽钱二千三百文，张满君钱一千二百文，裴尚斌、王正乾、范恺、王福有、卢君璧、王栋、张同善、邢有德、赵崇先、张翰、顺字号、曹建业、张永庆、张淮，以上各捐银一两，于在江钱八百文，周官钱八百文，霍树惠钱七百文，张有恒银七钱五分，吴得财、郑国兴、郑国然、郑国士、裴思聪、□□□、王朝瑞、张□□、王相林、韩兴元、郑国珍、王介之、李预，以上各□□□□□卢政、乔伯瑞、范永谶、杨克明，以上各捐银三钱，瑞兴楼、翟芳森、吕正已、霍金柱、赵大观、张家麟、张交泰、烟房、卢君燮、原洽、张树森、曹立昌、窦志诚、许正尧、靳志贤、张遐齿、王绝号、赵兴邦、张维基、王大林、裴耀斗、范于氏、窦永瑞、李廷栋、安文思、张秉印、李宏、曹焕，以上各捐三百文，翟建美钱二百六十文，裴□士钱二百六十文，陈玉柱、崔凤鸣、霍大受、崔凤成、裴广益、张茂简、韩未、李鼎、李廷柱、王经纶、邢广瑞、张有亮、卢志祥、贾秉衡、柴万清、张士奎、原志王介、范希朱、裴锦文，以上各捐钱二百文，范从谦银五钱，王增隆钱一百七十文，贾保钱一百五十文，王遇福、崔凤基、徐尚勤、霍维益、杨位中、蔡九思、司李氏，以上各捐钱一百文，张正钱五十文，苗大喜捐八工，郭贤、吕正文、王思忠、吉大法、段如瑞、申建基、赵丙，以上各捐五工，张永玉、韩锦、于海旺、王朝佑、张荣、冯国存、刘䜣，以上各捐四工，张五福、郑国宝、卫兴旺、裴得全、张崇理、胡全忠、张希孟、贾元、卫如甫、张亮、苗元、王有文、蔡文堂、司永副、王来聘、曹君美、申建顺、申克法、王广照、魏士忠、魏士卿、霍顺才、卢玉、杨茂林、曹吉恒、张载、韩灼，以上各捐三工，郑国良、马彦玉、段舍、申克俭、张问明、马有顺、张进喜、武发财、段小朱、崔凤□、王克宽、于海顺、王解、王焕重、田进祥、王克信、王克敏、王发宝、于志江、李景元、李守太、李思敬、徐明谦、陈荣、王武、张进、郭根柱、赵怀年、柴□玉、李在朝、张□介、李长太、□士□、王来庸、张根道、崔成林、曹□、王永林、申□年、茹公、李顺、王光林、王□、申见□、□兴、张□□、王□□，以上各捐二工，李□、常改□、□有福、张青、王有武、霍近□（缺）

以上共收银一百零二两九钱三分，□合钱九十二千六百三十五文□□钱三十千零四百三十文，右□宗通共收捐钱一百四十三千零八十五文，□使□四万八千五百七十四□钱七十二千八百六十文三十斤，六使□四万七千五百三十斤，钱十三千八百四十文，六□工□三十九工，见小工一百七十三工，□□□□三十工，使钱十四千四百文，使钱十七千三百文，买石头使钱五千九百七十三文，□□□□七千□工使钱十八千□三百八十六，买碑石并抬工，使钱二千文。刻碑工□□七千文。

以上通共使钱一百三十三千九百三十三文，除捐钱一百四十三千零八十五文□长□出钱外有收西沟炭窑稞二百四十千文□年补修城垣并城楼使记止□□□□十五千□□□□作钱二千三百文。

总理：谭道治、郑国玉

督工：陈克宽、魏士文、钟守信、王栋、裴思聪、张天治、邢有德、张同善、卢君柱

窦家□、魏士□、李维孔、裴□□、□□□

司账：柴永成、韩秉宗、窦家善

收银钱：□汉、李天保、张□□（缺）

大清嘉庆十九年岁次甲戌暮春谷旦阖社仝勒石

【碑阴】

漫漶不清

11. 补修高禖殿并祀神使费碑记

（1）碑刻简介

此碑刊立于清道光十二年（1832），为捐资碑，无碑首、碑座，无碑阴，碑刻规制为70cm×40cm，现为壁碑，保存完整。

（2）碑文

【碑阳】

碑额：无

碑名：补修高禖殿并祀神使费

木料，使钱三千一百五十文。砖瓦础，使钱二千三百三十四文。石灰土，使钱二千五百九十七文。钉绳，使钱一千四百文。匠工、小工，使钱十一千九百八十文。犒劳匠工，使钱二百五十文。石井匠工，使钱一千五百六十文。茶水杂用，使钱五百六十二文。演戏，一切使钱四十二千五百四十八文。绢帐四挂，使钱四千四百五十文。以上共使钱七十千零八百三十一文。

捐资姓氏列后：

谭道凝施钱十五千六百文，窦家善、刘成功、常俊、韩应仁、窦家兆、申克廷、王巽申、王茂林、李铭钟、韩灼、郭衍庆、贾可复、张歹官、柴敬业、周复西、卢发，以上各捐钱二千一百文，魏士忠、曹守业、韩永新、王兴周、王成章，以上各捐钱一千五百文，张天佑、李小锁各捐钱一千文，张树文捐钱六百文，王明堂、卢正各捐钱五百文，霍兴、崔建敏、于焕各捐钱四百文，李大顺捐钱二百文，收三坊布施钱九千六百二十四文，以上共收钱七十一千三百二十四文。除使费，下余钱四百九十三文，谢土辞神使讫。

总理：窦积之

督工会首：申克廷、韩灼、李铭钟、贾可复

木工：赵德顺

道光十二年二月十五日勒石

12. 补修东北城记

（1）碑刻简介

此碑刊立于清道光十五年（1835），为捐资碑，无碑首、碑座，无碑阴，碑刻规制为112cm×54.5cm，现为壁碑，保存完整。原无题名，据文意而加。

（2）碑文

【碑阳】

碑额：无

碑名：无

补修东北城捐资芳名列后：

谭道凝钱四千文，郭衍周钱三千五百文，窦家善钱三千文，裴耀斗钱二千文，张格正钱二千文，钟耀华钱二千文，张亦忍堂钱二千文，魏振纪钱一千五百文，贾可复钱一千五百文，张永庆、张映奎、范承谦、申克荣、郑映云堂、卢君辟、张天佑、张秉中、卫廷锦、柴学章、张建中、卢耀南、卢青玉堂、阎时中、赵敏爔、常儒、陈光斗、赵太和、韩应仁、张满库、魏慎典、李式训，以上各钱一千文，裴锦文、徐尚勤、张辅廷、乔岱海、郭衍庆、霍金柱、范阳牧、张应发、王锡麟、裴御、崔凤绍，以上各钱一千文，张力行、贾秉卫、赵永太、张炳仁、常俊、曹守业、于澄江、王汶诠、王经纶、张天金、张顺元、关印堂、张树文、周复西、王茂林、张永存、陈南金、翟星枢、王巽申，以上各钱五百文，以上通共收钱六十四千文。

买石头使钱一十九千八百四十文，石匠工使钱二千四百七十文，买石灰一万一千三百斤使钱四千七百五十文，木匠工使钱二千七百三十文，买乱石甒水使钱一十二千三百九十五文，土工使钱一十五千二百文，买碑石使钱六百五十文，抬工在内，小工使钱七千六百五十文，修理城门使钱一千五百六十文，买钉木料。以上通共使钱六十七千二百四十五文，除收下，短钱三千二百四十五文，社中填出。

总理：谭德峻、张永庆、郑国清、魏振纪、李式钦

督工：张光华、邢学明、卢宗峒、张润

司账：窦家善、范承谦、张标、裴御

收钱：张格正、申克荣、张天佑、韩应仁、魏慎典、张满库

道光十五年四月初八日立

13. 重修东看楼屋坡并改修东官厅南间碑记

（1）碑刻简介

此碑刊立于清道光二十一年（1841），为记事碑，无碑首、碑座，无碑阴，碑刻规制为 92cm×46cm，现为壁碑，保存完整。原无题名，据文意而加。

（2）碑文

【碑阳】

碑额：无

碑名：无

重修本庙东看楼屋坡，并改修东官厅南间。是年宰社赵永泰并执事等，庀材鸠工，兴于本年二月廿二日，告竣于三月廿九日，椽檐整洁，屋宇鲜妍，工虽无多，亦必勒石条陈当时之出入，以明将来之考稽有据。

大峰张景行书丹

买杨树使钱三千五百文，买钉使钱一百一十文，买绳使钱五百二十五文，木匠工并小工使钱二十七千六百二十文，犒劳木匠使钱一千五百五十二文，合龙口使钱二百文，香纸、炮使钱十二文，油匠工使钱五千五百文，犒劳油匠使钱一百文，买草纸使钱二百四十文，碑石一块使钱三百五十文，抬工使钱四十文，石工使钱一千八百文，做碑零使钱八十七文，以上共出钱四十一千六百三十六文。

入社中柳树，钱八百文，入春祈，余钱十九千七百七十一文，入赵永泰捐钱二十一千零六十五文。以上共入钱四十一千六百三十六文。

总理：赵永泰

执事：张格正、王汶涳、裴耀斗、柴学章、魏振纪、赵敏燨、张炳仁、常儒、卢耀南、王茂林、郭衍庆、李式典、李福太、申立标

道光二十一年八月□日仝勒石

14. 保护豫楼议约碑

（1）碑刻简介

此碑刊立于清道光二十二年（1842），为记事碑，无碑首、碑座，无碑阴，碑刻规制为 55cm×30cm，现为壁碑，保存完整。原无题名，据文意而加。

（2）碑文

【碑阳】

碑额：无

碑名：无

郭峪镇豫楼一所，明故太学生王重新为里人"思患豫防"而建也。据碑文，时多寇贼，蹂躏山谷间，倏来倏往，人不能防。里人患之，以是王公既捐众而筑堡，复相地以修楼，保护、瞭望两得之矣。计楼七层，每层五间，上有神阁，下有洞屋。其中井灶俱全，贮粮于兹，可活万人，诚阖镇之巨业也。后因王姓式微，鳏寡可怜。乾隆六十年，里中亲族以常姓买屋楼前，遂商议约质于常姓名下，得银一百二十两，以赡鳏寡。许常姓贮物、修理，不许典卖，且王姓男女永不许过问。道光二十二年七月间，忽有串谋拆毁一事，时阖镇诸人并本年社首同出拦住。同本年乡约验过议约文字，同众议定：永远不许拆毁，后日倘有异言，亦要通知阖镇社首商确妥当，不得擅自专主。所以然者，总为保全先辈王公之美意耳。爰立一石，以垂久远。

议约真草二纸俱存常姓

乡约：崔英

社首：陈笃声、徐尚勤、赵永泰、韩纪元、陈天池、王霁川、张炳仁、崔凤来、柴锡龄、张丛茂、申立业等仝立石

道光二十二年十月初九日

15. 重修钟楼碑记

（1）碑刻简介

此碑刊立于清道光二十八年（1848），为记事碑，无碑首，有碑座，无碑阴，碑座规制为 94cm×48cm×30cm，碑刻规制为 140cm×64cm×14cm，现为立碑，部分漫漶。原无题名，据文意而加。

（2）碑文

【碑阳】

碑额：流芳百世

碑名：无

谭公虎文见庙中钟楼倾圮，慨然捐资一百千文，曰："有董其事者，此为助。"今其事十有余年，得利钱若干。又协五诸公捐钱若干，适豫亭卢公为社总理，捐钱若干，以成其事。告竣之后，买石刻文，以记其费。余因叹："天下事，大抵皆有力者为之。"又叹："天下人未有无力者也。"以财相助谓之力，以心率气亦谓之力，二者均力也，未有不得于此而亦歉于彼也。然有力而既用其力矣，则工事之大小、费用之巨细，不可不明于当时，亦不可不告于后世。是为志。

（缺）

张永庆、赵永泰 （缺） 张若行 （缺） 钟□华、王汝□、张炳仁、王□□ （缺） 梁筠龄、□□□、李式五 （缺） 魏太□、□尚友、李福央、张□仁

（缺）

邑庠生张景行撰

国学生钟耀华书

大清道光二十八年十一月吉日仝立石

16. 重修上院石栏记

（1）碑刻简介

此碑刊立于清咸丰七年（1857），为捐资碑，无碑首、碑座，无碑阴，碑刻规制为64cm×37cm，现为壁碑，保存完整。

（2）碑文

【碑阳】

碑额：无

碑名：重修上院石栏记

常汉文捐钱八千文，申立中捐钱五千一百一十七文，瑞昌隆、张翰宇、徐尚勤、李式训、卫廷铨、魏一善堂、韩纪元、卢宗岩、卢耀南、赵敏爊、贾元兴、李福泰、翟星枢、张有台、申立标、张兴仁、魏天恩、张钟秀、霍德运、张荣、王同升、关承玺、王志彝、郑三余、曹培环、邢学明、卢培功、吴东华、张永庆、张仁，以上各捐钱五百文，窦培桂堂捐钱七百五十文，王宗礼捐钱四百文，钟子英、张建中、马季玉、郭衍庆、徐尚礼、霍毓峰、李松林、卢锦功、王儒、苗金锁，以上各捐钱三百文，张培宗、郑大柱各捐钱二百五十文，魏裕、郭福元、张承志、王同谦、张阳生、许海朝，以上各捐钱二百文，共捐钱三十三千九百六十七文。

石料、石工钱二十千零五百文，抬工、小工钱五千二百一十文，砖、石灰、炭钱一千三百文，石匠、大食钱二千二百卅文，铁器、绳钱六百六十三文，请客钱二千五百六十一文，茶水、社役钱四百文，刻碑钱一千文，祀神、使费钱一百零三文，共费钱三十三千九百六十七文。

咸丰七年十二月吉日立

17. 补葺西城墙垣记

（1）碑刻简介

此碑刊立于清咸丰八年（1858），为捐资碑，无碑首、碑座，无碑阴，碑刻规制为 60cm×40cm，现为壁碑，保存完整。

（2）碑文

【碑阳】

碑额：无

碑名：补葺西城墙垣记

花费列后：

木匠工使钱一十二千文，石灰使钱八百三十文，买砖使钱二千三百五十五文，又小工使钱九百文，石工使钱一千五百文，麦根使钱三百五十文，祀谢土神使钱五十六文，请客花费使钱一千五百零二文，零星花费使钱一百五十文，以上共使钱一十九千六百四十三文。本年总理张永庆共捐出钱一十九千六百四十三文。

本年分理督工：张翰宇、贾元兴、卢宗岩、李福泰、翟星枢、张兴仁、马季玉、徐尚礼、郭衍理、申立中、窦尚礼、王同升

咸丰八年十月吉日大社仝立

18. 补修西北城垣碑记

（1）碑刻简介

此碑为刊立于清咸丰九年（1859），为记事碑，无碑首，有碑座，无碑阴，碑座规制为 95cm×55cm×25cm，碑刻规制为 140cm×60cm×10cm，现为立碑，部分漫漶。

（2）碑文

【碑阳】

碑额：补修西北城垣碑记

碑名：补修西北城垣碑记

郭谷大城刱于明末，不逾年而告竣。自增修后，历年补葺，似易而实难。固时事之丰啬不齐，亦在乎人之有以兴耳。去年夏，西北城垣蛊塌一块，彼时总理张永庆，因时艰一力修补，勒有墙碣。奈墙蛊正微，今年夏，复行塌。张永庆又捐出钱若干，本年总理翟星枢亦捐出钱若干，其余村众捐资，共襄补葺，详勒于石，以冀后之有志观感而兴起焉，庶城垣一切犹如始刱之巍巍仡仡，岂不盛哉！本年总理翟星枢，于春季将庙外砂石栏干全改修，共花钱若干，皆自输囊金，不令铭勒。因附记于此，以备稽考云。

（缺）

督工：张□□、□廷□、□耀华、□□明、□□□、韩纪□、卢昭南、赵□□、翟星枢、□□□、□□五、申志忠、郭沂□、□廷□、李福泰、张兴仁、□中华、王同□、张仁、魏泰峰、贾尚志、许荣先、曹□桓、郑三余（缺）

本年总理翟星枢自输囊金重修庙外□栏干，共使钱□十六钱零二十七文。

咸丰九年十月吉日仝立石

19. 重修石闸碑记

（1）碑刻简介

此碑刊立于民国二十五年（1936），为记事碑，无碑首，有碑座，无碑阴，碑座规制为110cm×45cm×40cm，碑刻规制为180cm×60cm×22cm，现为立碑，部分漫漶。

（2）碑文

【碑阳】

碑额：重修石闸碑记

碑名：重修石闸碑记

城之东南旧有护城石闸。连闸近城之处有大王庙一所。庙虽不大，而望之俨然，实一城之保障也。石闸屡坏屡修，不知凡经几次。民国二十一年夏，淫雨为灾，石闸与大王庙并随水去。河身陷落至一丈数尺之深，城悬高际，势将倾圮。欲修复之，顾需费既多，村人又穷苦无力。时经一载有余，河身陷落愈甚。于是卫君树模、赵君鼎升、郭君建铭等，招集村人之能直接或间接助力以推进工事者二十人。议之凡被招集者，皆作为发起人，先由发起人量力认捐，着手进行。再印捐启，向各界友好募捐，以竟全功。计发起人共认捐洋六十四元五角，又钱十千文，向各界友好募捐洋二百三拾二元六角。村人义务服役者先后共一千二百九十工，社仓作工一千四百八十个，本城花户认捐洋十元零九角。自民国二十三年至民国二十五年，计修复石闸二个，大王庙一所，护城石坝二十丈，补修东城门楼一处。兹将捐款人姓名、捐数开列于后，以彰善举，并劝后人。谨叙其概略如此。

发起人认捐洋列左：

卫树模捐洋十元，范永清捐洋十元，郭□铭捐洋十元，魏正卿捐洋十元，赵鼎升捐洋五元，钟顺理捐洋五元，□□理捐洋五元，范□□捐洋五元，□□□捐洋二元，□□□捐洋二元，□□□捐洋二元，郭□□捐洋一元五角，卫□□捐洋一元，赵鼎丰捐钱五十文，于得河捐钱五十文。

本村花户捐洋列于左：

李兴福捐洋三元，卢志□捐洋三元，卢思敬捐洋二元，□兴发捐洋一元五角，赵志德捐洋一元，赵小正捐洋四角。

本村共捐洋七十五元□角，钱十千□□。

钟善巨募：

阳沁运局捐洋六元，德□□捐洋五元，万顺魁捐洋五元，庆□隆捐洋四元，安邑一□局捐洋四元，垣曲运局捐洋三元，□□运局捐洋三元，□□运局捐洋三元，□□□局捐洋三元，运城□□钱局捐洋三元，敬信公捐洋三元，裕源通捐洋三元，安邑沁水□局捐洋三元，涌泰厂捐洋二元，永泰和敬捐洋二元，□□□捐洋二元，曲沃运局捐洋二元，高平运局捐洋二元，泽城运局捐洋二元，□□同捐洋二元，中和泰捐洋二元，协顺德捐洋二元，协和昌捐洋二元，福顺合捐洋二元，公和店捐洋二元，三□□捐洋二元，三□□捐洋二元，□□□捐洋一元，□□□捐洋一元，□□合捐洋一元，□□店捐洋一元，山成玉捐洋一元，天□店捐洋一元，□□店捐洋一元，以上共洋八十三元，钟善臣先生□□□。

卫叶正募：

樊次凤捐洋□元，张□捐洋二元，张企西捐洋二元，吉庚捐洋二元，周□轩捐洋一元五角，郭景川捐洋一元，王□捐洋一元，梁启□捐洋一元，田圣和捐洋一元，李□□捐洋一元，李发祥捐洋一元，上官□勤捐洋一元，尚宗正捐洋五角，李秉□捐洋五角，李长英捐洋五角，张铸元捐洋五角，张子勤捐洋五角，杨立斋捐洋五角。

王顾□募：

□四中□捐洋三元，王秋捐洋三元，□□□捐洋一元，李□德捐洋一元。

范□□募：

范□□捐洋三元，魏□□捐洋一元，梁□□捐洋一元，张□捐洋五角，张□□捐洋五角，范□□捐洋五角，兰□生捐洋五角，□□□捐洋三角，曹子祥捐洋三角，岳□高捐洋三角，段复德捐洋三角，郭仰山捐洋三角，马汉忠捐洋三角，李子灵捐洋三角，张孝卿捐洋三角，郭亮臣捐洋三角，郭雨符捐洋三角。

苏□之募：

苏□□捐洋一元，苏□之捐洋一元，王□生捐洋一元，卫孝兴捐洋一元，张振□捐洋一元，李□齐捐洋一元，张江□捐洋一元，张泰□捐洋一元，长春堂捐洋一元，田玉□捐洋一元，苏一飞捐洋一元，田子儒捐洋五角，常□齐捐洋五角，张冠五捐洋五角，李□□捐洋五角。

燕尧松募：

尚□村、□进村、□上村、王□村、上芹村、□村、水村、上□□村、平头村、南底村、西城街、十字街、化源街、□□街、□薰街、青阳街、

□□街，以上各捐洋三元。

以上共洋□十五元（缺）

卫□□先生经募：

（缺）

卫易安先生经募：

□□□募：

唐□捐洋四元，吴少□捐洋二元，邓□□捐洋二元，胡佐禹捐洋一元，蒋慰椿捐洋一元，吴□□捐洋一元，陈小龙捐洋一元，徐蔚山捐洋一元，□□□捐洋一元，□□□捐洋一元，□□□捐洋一元，□□□捐洋一元，□□□捐洋一元，李□□捐洋一元，张□□捐洋一元，□□□捐洋一元，□□□捐洋一元，以上共洋二十□元□。

柴□□先生经募：

□□募：

□□□捐洋一元，□□□捐洋一元，□□□捐洋一元，□□□捐洋一元，□□□捐洋一元，□□□捐洋一元，□□□捐洋一元，焦凤仪捐洋一元，赵成英捐洋一元，赵国英捐洋一元，延隆望捐洋一元，闫绥荣捐洋一元，三教会捐洋一元，以上共洋十三元□。

范维垣先生经募：

二十三、二十四、二十五年，支出数：

买石条十三，支洋十□元□□。买石灰□□，支洋□□□□□。二十四年，二万五，支洋□□七□□。二十五年，□万□，□□支洋□□六□□。烧灰二十三年，支洋十九元二毛八分。灰□支洋八十七元五毛五。□□三年□支洋五元六毛四分八厘。石匠工□□支洋六元零八分。雇工郭□□支洋□七元□□□。卫□樊支洋十七元。□□水支洋七元六毛。郭□□支洋四元。三□零支洋□□元□□□。杂费□□支洋七元七毛四。廿四年，支洋一元五分三。廿五年，支洋五元八毛七分七。以上共支洋二百九十九元九毛三分六。

上共收入洋三百零八元，钱十千文。除□，存洋八元零六分四，钱十千文。此款□□□□□于廿六年补修之用。

发起人：卫树模、郭建铭、赵鼎□、范永清、钟顺里、钟循里、□□□、范永明、卫树林、卫树□、范永□、裴建□、赵□□、卫光炳、范维垣、崔毓贵、吴天福、于连科、□廷□、魏正卿、梁禄全、张进魁、郑禄祥。

总理：范月亭

督工：赵象九、郭子警、卫易安

监工：卫绣齐、于□渊、张舜臣、赵铸九、卫少卢

书记：于锡五

本镇卫叶正撰，范鉴塘书，郭忠喜刻石

中华民国二十五年清和月之吉

（四）白云观

现白云观为 2002 年重修，上、中、下三进院，一进院左右两边为碑廊，墙壁上镶嵌、地上堆放着多通、多种从村中收集而来和新刊立的碑刻，二进院中亦放置着多通从村中收集而来的碑刻，其中许多碑刻已难寻原始刊立点。二进院比一进院高约 1.5 米，院落之间有台阶沟通，三进院中有一块天然石山，石山上有一座琉璃小庙，此即为"山上山，庙中庙"。

白云观内现存 33 通碑，其中躺碑 23 通，这些躺碑来自汤帝庙、河东庵、侍郎寨文庙、西山庙、土沟、柴正坤墓地等处。

1. 创建灵官殿碑记

（1）碑刻简介

此碑刊立于明万历二十四年（1596）前，为记事碑，无碑首、碑座，无碑阴，碑刻规制为 136cm×65cm×18cm，现为躺地残碑，部分漫漶。

（2）碑文

【碑阳】

碑额：灵官殿碑记

碑名：创建灵官殿碑记

盖古郭社石山庙也，后□□山发龙形，至苍龙岭，白云山座脉为主，上有玉皇上帝，中有三元大帝。今有上帝显圣威灵，创建灵官殿一所。山环水绕，助一镇之风水。故以社首霍君民、柴世禄、常思库、关朝、张荣、张以蒙、裴登洲、王居振等，共发虔心，普化十方善信男女共□圣事，同结良缘。工完之日，刻石留铭，永为志耳。

助缘张应星，助缘会首王春泽银一钱

（缺）王海一钱，段□□钱，成□二钱，□洗二钱，□湖树□，李开芳三钱，曹国□□□，□国□□□（缺）秦宁一钱（缺）王永安布一疋，霍□长一钱，霍小□一钱，刘国洪盐十斤，王尚义一钱，李驮一钱，李折一钱，王久明一钱，曹希孔一钱，王先春一钱，张以同一钱，王福苗一钱，刘思孝一钱，□□□树一根，□□□一钱，霍启明一钱，张加谟布一疋，□□□一钱，□□□一钱，□□□一钱，□□□一钱，□□□一钱，□□□一钱，□□□一钱，□□□一钱（缺）张济武树一根，王国山、王国祥一钱，张真钱五十文、橡一根，张加福檩二根，王□□一钱，裴从弟一钱，张本固一钱，裴杰一钱，贾汝林一钱，秦孟云一钱，马进川一钱，史济物盐十斤，王□甫一钱，张重美一钱，豆沐兰一钱 张问政树一根，王孟唐五十文，张启荣一钱，□亨布一丈，王进泰一钱 张朝社一钱，□朝□钱一百文，张天叙钱一百文，张以□五十文，王福秀五分，范同五十文，唐增信五十文，谢邦福五十文，王芳五十文，□□常五十文，□□士一钱，司安（缺）赵成元树一根，庞元五分，蔡朝先稍马一条，唐敖五十文，范交月五十文，王龙五十文，王崇松五十文，司勉五十文，段友全五十文，田崇次五十文，王希□五十文，张良甫五十文，曹世甫五十文，靳铠戎帽一顶，王从□五十文，王□□五十文，韩加□五十文，张处贵银一钱，霍尚忠五十文，□国器五十文，张□□□五斤，成□□五十文，茹海盐六斤，刘九阜盐五斤，张白升盐五斤，李世甫五十文，段汝林五十文，裴思友五十文，□继先五十文，□□一钱（缺）刘国青五分，范时茂五十文，张福竜石灰九大，张惠丹二分，牛门王氏五分，裴登艮世卅五文，张伦盐三斤，马祥布七疋，王重良五十文，蔡朝用豆一斗，张志云、柴世祥一百卅文，张以恩五分，王文贵五分，王福祯五分，张重□五分，王门霍氏钱三十文，□□□□，秦安五分，马支仁五分，常月五十文，王三稍马一条，□得□□袜一双，杨满德稍马一条，王小科稍马一条，张思栋稍马一条，张守□稍马一条，李朝贵稍马一条，张□布袋一条，崔□□□钱，张□□一钱，张□□五分，曹□□工四日，成□□五十文，曹进忠五分，张虎四十文，刘国田正檩一根，赵景元五分，张国□五十文，王洗七十文，史山、段汝言五十文，□应甫五十文，□□□五十文，孔□召、刘尚科、张信、耿思□、王朝治妻、栗景、赵□□、马汝□、范汝成、张君山、裴九□、张继仓、马进孝、曹应周、杨朝正、杨□□、张刚、张得江、张自□、范□□、张□□，每人施钱三十文，裴进文、安恩、霍正忠、史守□、王□□、豆世见、□□□、□□，每人钱二十文。

（缺）□□殿□三百□文，金妆钱四百六十七文。

（缺）

本州郭庄社梁□□□施麦九平斗，共收银钱货物作银二十五两五钱三分。共收杂粮食十官石一斗三升，作银五两六分□众人□饭□□□□□木匠徐□□石匠程国义琉璃匠□□□铁匠裴运金妆塑匠乔□珠长工张天锡刻字匠程希海抬□□□□□□等共费工价银三十一两□钱九分，除收过，短银七钱，七家均出。

木匠：徐孟、徐同、徐国先、徐忠

砖匠：张重□

本县丹青：王守一、王争先、陈□

（缺）谨书

本县□□：赵全海，徒（缺）

2. 重修闫王殿碑记

（1）碑刻简介

此碑刊立于明万历二十五年（1597），为记事碑，无碑首、碑座，无碑阴，碑刻规制为110cm×67cm，现为壁碑，稍有漫漶。

（2）碑文

【碑阳】

碑额：无

碑名：重修闫王殿碑记

吾邑郭谷白云山，有闫王之殿，其来旧矣。其神之精英灵爽，昭鉴兹土，甚不可忽也。第历年多而庭宇毁坏，神体尘垢，人睹之有不安者。于是，有本镇会首赵门张氏等，顿发虔心，率众会人等，欲举斯庙而重新之。乃会人亦即欲同心共修焉，而神之赐福也无疆矣，谨此为志云。

计开施主：

敕封太仆寺安人李氏汗巾一方，张门茹氏男多胤银一两、钱五十文，张门郭氏男多□银一两、钱五十文，张门李氏男多闻钱一千文，窦门马氏男选银一两、钱二百文，张门牛氏男凌云银一两二钱、钱二百文，范门陈氏男克敏银五钱，范门张氏夫冕银五钱，张门杨氏男勉银四钱，李门郭氏男九魁钱二百文，张门王氏男以鼎钱一百四十八文，张门栗氏男以休钱二百文，张门王氏男以苍钱二百文，张门延氏男以济钱二百文，张门孙□男元祚平机一疋、米斗四升，牛门王氏男□文钱二百、银二两，卢门常氏钱二百文，卢门司氏钱二百文，卢门□氏钱二百文，卢门刘氏男知言钱二百文，卢门赵氏男知蒙钱二百文，张门邵氏男天冠钱五十，布袋一条，又二百，布袋一条，先□吊□会钱，韩门苗氏男一桂钱一百毡袜□双，孔门张氏孙君召小布一疋、钱二百，裴门张氏男登州钱二百文，白巷张门王氏银一两二钱，王门彭氏银四钱，王门李氏银二钱，王门正氏银二钱，王门裴氏银二钱，王门张氏银二钱，王尧山□一百张，王淑兴□□斤，史山王门□氏钱二百文，王门□氏钱

二百文，王门□氏钱二百文，王门□氏钱二百文，王门范氏钱一百廿文，□门王氏钱一百文，张门卫氏男永咸钱七百文，王门韩氏男弟银二钱，孔门豆氏男君召钱二百文，耿门冯氏夫思德钱二百文，张门曹氏男以和钱二百文，茹门吴氏男重兴钱二百文，曹门吴氏男进忠钱二百文，徐门裴氏夫一忠钱二百文，张门延氏男尧明钱二百文，张门王氏男玉明钱二百文，张门李氏男登云钱二百文，张门曹氏男常军钱二百文，张门李氏夫行云钱二百文，成门李氏夫自安钱二百文，张门霍氏男荣钱二百文，裴门李氏夫尚□钱二百文，段门马氏男友思钱二百文，段门杨氏男友志钱三百六十文，刘门张氏男孟登钱二百文，张门崔氏夫朝兰钱二百文，张门李氏夫全钱二百文，张门李氏男□学钱二百文，刘门李氏夫尚科钱□□□、袜一双，张门曹氏男路安钱二百文，刘门张氏男韩成钱二百文，李大良银二钱，李门杨氏银一钱，杨门邵氏花二斤、钱六十文，李门孙氏银一钱，曹门关氏银一钱，王门侯氏银一钱，李门裴氏银二钱，李安庆银一钱，蔡门陈氏钱二百文，王氏钱二百文，王门张氏银一钱，王门蔡氏钱一百文，张门赵氏男鹏程银二钱，李门张氏夫朝贵（缺）马门王氏男士弘钱五十文（缺）延门韩氏男□□钱二百文（缺）马门张氏男志高平机一疋（缺）刘门马氏夫希春钱一百□、袜一双，芦门裴氏男知达钱一百文，芦门王氏男知足钱一百文，王门杨氏夫居安钱一百、白酒六壶，张门曹氏夫兰钱一百文，刘门王氏男尚兵钱一百文，霍门张氏男正邦钱一百文，赵门张氏夫景洛平机一丈，史门李氏夫孟真钱一百一十文，史门刘氏夫守□钱一百文，张门冯氏男士真布袋一条，吴门裴氏男国兴银一钱，张门李氏夫皇钱八十文，张门刘氏男用作钱二百文，杨门李氏男□春钱六十文，王门张氏男居榜钱六十文，张门延氏夫君锡钱五十文，赵门杨氏男正元钱五十文，段门吴氏夫汝林钱五十文，裴门张氏男启明钱五十文，司门杨氏夫□钱五十文，韩门李氏夫友太钱五十文，王门延氏男春光钱卅十文，张门赵氏男□□钱廿文，芦门于氏男知俭钱廿文，张门卫氏钱十文，张门赵氏男济亨钱六十文，李四知银一钱，李国忠钱四十文，刘氏曲三钱，小秋银一钱，王门樊氏钱五十文，孔宪交银一钱。

修正殿，食俱会内人官。会首张氏侄赵景东正钱二百□□银三两九钱六分。各椽俱央人买，如有差错帐等。

共收银货作银二十四两七钱三分，三项共银二十八两七钱九分。

一项□上盖买□□□瓦灰钉□工匠共使银十一两五钱七分。一项□□塑像、金妆、颜料、谢土，元□立碑，共使银十五两一钱七分。初五会做献供念经四次，费过钱一千七百四十五文，俱二十四两□□数长使银三两九钱六分。

会首：赵门张氏、裴门张氏、李门郭氏、张门王氏仝立

石工：程希山刊

万历二十五年二月初八日

3. 创修白云观石磴碑记

（1）碑刻简介

此碑无刊立时间，因撰碑人张纯卒于明万历三十二年（1604），则此碑最晚刊立于该年，为记事碑，无碑首、碑座，因见于拓片，不知其规制，以及是否有碑阴，拓片存于豫楼5楼，现为残碑。

（2）碑文

【碑阳】

碑额：（残）

碑名：创修白云观石磴碑记

□□□□西安府同州知州　邑人文兹张纯撰

华阳处士　邑人震泉张宗轩篆

阳增广生　邑人宏洲卢三纲书

吾邑郭谷有白云观，观内有天、地、水府三官庙。乃神有灵，从来乡人莫敢慢侮。信奉者□□□随亦更新之，于山巅建灵官庙，嵋中建黑虎庙，庙内各通往来人路。招集三元□□□数，第正路则碎石参差不便，议修石磴不果。邑中信士韩德崇、杨继祖、裴春元、霍君宠等人，素号有为者，众

荐之，以修其磴。于是，德崇等毅然勇为，捐金募义，即鸠工庀材，包上下两截，整饬齐楚，谋俾坚固其磴。上截并月台约高四丈、阔七尺；下截并月台石堰约二百四十五丈一尺许。乃于峡岬下凿池聚水，谓龙得水，则邑多润泽。跨池□□□疾之风，桥连石磴。费用似蕃时诎，难于强举，姑贻基址，有待缮磴者谋，及老□□□□烦，不暇缅思社事，终辞弗克。公余询之，则曰：经始于丙申仲春上旬，落成于□□□□□。若彼信士，必其身劳心洁，度越寻常，亦可谓不负所举矣。然则朝山者自□□□□□树苍茫，近而山形鹄立，阛阓鳞辑。来者往者，贤者愚者，与夫售货角艺者，□□□□□由此观之，三元朝山，万人躬践，自下趋上，则当知阻；自上临下，则当知（缺）错之愆，则亏体陨身，难遣哉！夫石磴也，敬慎者吉，慢易者凶，偶或（缺）诬也。是为记。

社首：韩德崇、杨继祖、裴春元、霍君宠、窦应召、刘国仕、张尚礼仝立

4. 郭谷镇修券造像碑

（1）碑刻简介

此碑刊立于明万历四十六年（1618），为记事碑，无碑首、碑座，无碑阴，碑刻规制为69.5cm×44.5cm×19cm，现为壁碑，字迹部分漫漶。原无题名，据文意而加。

（2）碑文

【碑阳】

碑额：无

碑名：无

盖闻名乡盛地，每出于奇龙异址；英豪萃集，必仰乎地灵人杰。吾镇迩来蜚英济济，文运益昌。岂不曰地之钟灵所载，运脉所临耶？第村之北前□而昂久矣，或识者有言，宜高建台阁，以接来脉毓秀气，乃获一镇之悠久。于是众议修券三间，金白衣圣像一尊，以为一方崇元首，盖广人文之一助

欤！兹并施主芳名镌列于左，以垂不朽，谨志。

王尧山施银三钱五分，窦一元施汉巾一方，范梅施银五分，贾选施银一两六分，□用昌施银一钱六分，陈二锡毛袜二双，陈三极毛袜一双，陈经济施银六钱，范杞毛巾一条、□头一□，王重德施银一钱三分，王重惠施银一两七钱，王应选施银一两，窦一德施地基一块、银一钱三分，窦一清施银二钱三分，杨体元施银五钱，陈二槐施钱三百文，陈三□施钱二百文，窦达银二钱三分、手帕一方，□逢璧施布一疋，王应淮施银四钱，韩文炳施银二钱，陈经纶施手帕一方，王福寿银一钱三分，王友仁施银三钱，张之玺施银一钱，王福让施银四钱，张多□布一疋、手帕一方、帽一顶，王重新银一两三钱六分，王□□施银一钱四分，□国香小布一疋□三□，杨时芳施花□□，窦炳然□帽一方（缺） 马士相施□二□，张以升施银五钱，王□□施银五分，裴福忠银二钱□□□□，窦用锡施银二钱五分，李冲施银四钱二分，范士达银五分，窦如仪银五钱三分、木一□，韩文耀银一钱五分，赵志璧施花三斤，范继仲手巾一条、□机一方，王□曲□块，刘九恭布袜一双，裴登洲银八分，裴登瀛麻四□、布□□、□□□，裴之英小布一丈，张守俭银四钱三分，张□银五分，耿思德银一钱二分，张奉召银五钱二分，王三才布一疋、银一钱，□□施银□钱三分，□□□□□□，□□□□□□□，□□□施银二钱，□□□施银二钱，□□□施银一钱五分，□□□施银一钱三分，□□□施银一钱□分，陈国□施银一钱，王进才施银一钱，陈□□施银一钱□分，窦□朝银一钱□分，窦□□银一钱，张□□银一钱二分，□成□银一钱，卢□□银一钱，窦□银□□，李自成□□□，王三禄银一钱□分，杨□冬钱卅文，谭仲孝银一钱二分，王□良丁十斤，裴□□亮丁三斤，张□□银一钱三分，许□□银一钱三分。

社首：张奉选施银四钱，王敦施钱五十文，张以训施钱二十四百□十三文（缺）

施主张□谅总□正□修券造像□□□□共施银九两一钱六分八厘

万历四十六年孟秋吉旦

5. 创修钟鼓两楼补修西廊房碑记

（1）碑刻简介

此碑刊立于明崇祯九年（1636），为记事碑，无碑首、碑座，无碑阴，碑刻规制为 173cm×79cm×24cm，现为躺地残碑，字迹稍有漫漶。

（2）碑文

【碑阳】

碑额：（残）

碑名：创修钟鼓两楼补修西廊房碑记

（缺）岩岩嵯峨倚空，参矗天际，可称一方之胜。旧有（缺）事（缺）来，风雨飘侵，廊庑颓倾，钟鼓又阙制焉。国学生王讳重新者，富而好施，慨然起而拓之，创□□□两楼并钟鼓两楼，补修西廊房五间，金妆□□，彩画殿宇，共计费一百二十余金。从此，巍然焕然，□其依之乎？夫世岂乏有力之家，惟在善用其财。用以御灾捍患，有益于一乡，则为一乡重；有益于天下，则为天下重。如王翁者，既捐赀修城，树一邑保障，复宗宣圣敬鬼神之旨，庙貌一新，殆可谓有益于一乡，为一乡重者也！余为之记，匪但扬挖是举，俾后之人相与勉，为好义而耻悭吝，或由此也夫！

赐进士出身中宪大夫都御史邑人雨苍张鹏云撰

社首：王重新、韩文炳、张景星、杨时芳、张元统、王明俊仝立

塑匠：乔当济、乔当润

焚修道士：杨和兴，徒：杨德成、杨焕吝

崇祯九年六月初一日

6. 崇祯十六年补修城垣捐资碑

（1）碑刻简介

此碑刊立于明崇祯十六年（1643），为捐资碑，无碑首、碑座，无碑阴，现存碑刻厚为 23cm，现为躺地残碑，保存较好。原无题名，据文意而加。

（2）碑文

【碑阳】

碑额：无

碑名：无

崇祯十六年补修城垣捐银姓名开后：

陕西周来凤银二十两，河南梁启隆银二十两，王重新银六百两，张元声银三百两零二两九钱，王惟时银七百两（修此炮台银在内），曹宜□、曹宜绳银四百两，卢时耀银一百零七两八分，裴铨银八十两，裴启元银八十两，窦学易银八十两，张学海银八十两，马一正银六十两，赵明俊银六十两，卢时扬银六十两，张景星银五十两，张□□五十两（缺）张弘遠、王际昌各三十两，张进贤、王居爱、张晋贤、霍瓒、张弘猷各二十两，张弘达、窦如玺、范继仲、王坤道各十五两，张元寀银十二两七钱七分，张肇基、卢久映、秦继文各一十两，范接□（缺）张胤昌银六两，王应淮、张天知、范步仲、张济美、王尚贵、陈文汉、王健、卢时和、王道久、张元凯、裴养气、张天福、张文芳、张元统、王□□（缺）豆实、张万仞、裴天锡、张万化各四两，张尔朴银三两五钱，杨垂芳银三两二钱，吴景瑗、卢时雍、赵完璧、张登第、豆玉、李宗沆、张上春、王明洪、刘永茂各三两，卢时发银二两（缺）杨时芳银一两九钱，李国正银一两八钱，赵应元银一两六钱，赵守有、张礼、豆宏、蔡自有各一两五钱，王一春一两一钱，豆运、刘养正、董旺发、崔正全、李象新、卢三晋、耿常兴（缺）王尧栋、杨荣、耿思孝、张应征、张旺各一两，裴乾银九钱五分，韩安银九钱，杨环银八钱，王三策银六钱，王月轩、陈养能、毕自显、刘天福、延芳德各五钱，范宗礼银四钱（缺）

崇祯九年造器械捐银姓名开后：

酒兴银一百两，卢知节银五十两，张晋贤、张晋奎、任家麟银五十两，范继仲、范绍仲、范步仲、赵保住、李法旺、张登闱、李天祥、张士俊、李宗沆、赵明俊、王弘道各五两，曹修德、吉有明、王淑启各三两（缺）

使用银数开后：

土工一万七千零七十八工半，使银八百二十五两三钱一分。石匠一百九十四工半，使银十三两三钱六分。木匠二千九百四十工半，使银一百九十两零八钱九分。水土石块并刮砖等，使银七百七十一两九钱九分七厘。买砖瓦、木植并拆房脚价等，使银一千一百二十九两一钱三分。买石灰并脚钱，使银三百四十七两六钱二分。买家伙等物，使银二十五两三钱八分。以上共使银三千三百零三两六钱八分七厘。

崇祯十三年，填窑杂工等费，使银一百零九两三分五厘。崇祯十五年，造火药器械并买焰铅等，使银一百七十五两五钱。经卢廷显手，城守费用并段家房价，使银二百五十八两四钱七分。顺治元年十月，内修观澜楼上一节，使银五两一钱六分五厘。顺治二年正月，内凿南城壕，使银二百五十四两四钱二分二厘。顺治二年三月，内修大店、人工、木植、砖瓦等费，使银三百八十三两（缺）。顺治□年□月，内修补北城、填窑等费，使银□十两零九钱六分。（缺）

7. 重修河东庵记

（1）碑文简介

此碑刊立于清顺治五年（1648），为记事碑，无碑首、碑座，无碑阴，碑刻规制为 133cm×60cm×18cm，现为躺碑，保存较好。

（2）碑文

【碑阳】

碑额：重修河东庵记

碑名：重修河东庵记

河之东地数武，居石山之脉。旧□□□□南杞□□，北祀三教，东祀关圣贤。稽其始，盖万历八年，本镇乡绅张号鸿磐之祖母受封孺人李氏创修焉。迨至天启年间，历久颓敝，几与《黍离》同歌，焕宇王公施金十七两余，同诸檀重修。及至崇祯庚辰岁祲，庵前环居者数十舍，半值流云，半登思录。住持无人，神坛公成戮社，此振古来未之前闻。庙貌钟虡，尚堪问耶？至大清顺治丙戌，时稍平宁，焕宇王公悯此地狼狈荒凉，遂谋诸里檀，为之丹腹而涂塈焉。而众无不乐从乐输，即请鸠工。社首裴美等督率创修石郾，复修西房三楹为崇祀堂，西南殿三楹肖高禖像，小西殿一楹肖太安成周像。一时金碧掩映，俎豆鲜妍，所谓神功人愿合并而至者，此也。语曰："积金、积书，不如积阴德于冥冥之中。"又曰："欲知前世修，今生受者是；欲知来世福，今生修者是。"此□不可绎欤！愿我同事者更勿徒为祀也。登泰岳而拜人宗，教衍千年；过蒲坂而思英烈，丹流万古。其余节取而行之，则受福无量，锡庆有永矣。谨记。

  浙江道御史前督江南学政　陈昌言撰

  赐进士第内翰林秘书院编修　张尔素书

  顺治五年岁次戊子孟春之吉

  社首：王重新、何天吉、张多相、裴美、张孝义、裴可兴、张建国、张邦俊仝立

  计开使用于后：

  木植钱八十二千九百文，石灰钱二十一千八百六十文，抬石头钱三十一千三百文，杂用使钱二十八千文，砖瓦钱五十七千二百六十文，石匠钱六十一千三百八十文，漆匠钱八千文，谢土、开光共钱三十千五百文，铁钉等物钱七千二百文，木匠钱四十一千二百文，画匠钱七千五百文，化匠王养宏金钱十一千七百文，玉工钱一百三十六千四百文，塑匠钱二十二千文。□匠乔常济，油匠崔正全，玉工芦希宠。以上共使过钱五百四十七千二百文。木匠徐一连，侄茂旺、□芳、裴芳，收众□布施，共钱五百四十三千□百五十文。除使讫□□□三□□□五十文（社内□补）。

8. 合镇众家布施碑记

（1）碑刻简介

  此碑刊立于清顺治九年（1652），为捐资碑，无碑首、碑座，无碑阴，

碑刻规制为 210cm×75cm×21cm，现为躺碑，字迹部分漫漶。原无题名，据文意而加。

（2）碑文

【碑阳】

碑额：无

碑名：无

合镇众家布施，共银一千一百一十一两零□钱。王重新布施，银九百零七两六钱三分。士□会王□明，本利共积银二百两零三钱三分。本庙秋木□板并矿，共变银一十八两□钱□分。以上四宗，共银二千二百三十八两一钱□分。

计开使费于后：

买树株橡樽等木料，使银三百八十九两零一分。韦□取木植脚费，使银九两五钱三分。买条砖一万八千八百三十个，使银七十五两七钱一分。买圹砖一万一千三百八十个，使银十两二钱四分。买方砖四千一百五十个，使银十二两四钱五分。买□瓦二万二千一百六十个，使银十九两九钱五分。买通瓦五千一百七十个，使银十三两九钱六分。买杂色瓦共一千二百七十个，使银二两六钱六分。买幔楼砖二千五百一十个，使银三两零一分。驼砖脚价，使银四十二两四钱一分。买石灰二千一百一十驮，使银二十一两一钱。驼石灰脚价，使银三十二两三钱五分。买青石□栏十丈，使银十一两五钱。砂石□栏十二根，使银八两。青石碑璞，使银五两。门□狮子一对，使银四两。买大铁钉七百斤，使银二十九两五钱。买杂色大小铁钉、工铁九钢锁，使银三十□两一钱八分。□□九千，使银一两四钱四分。买大小铁□□十□，使银四两七钱。买□□金□□二千七百张，使银二十一两四钱。买石青十八两六钱，使银十一两一钱。买朱红五十四两，使银十三两五钱。买菱绿一百斤，使银十二两。买皮胶烟煤，使银五两。买官粉并杂颜料，使银三两一钱二分。纸筋使背则纸一万二千六百张，使银十二两□钱□分。买桐油二百五十二斤，使银三十九两七钱二分。买熟漆十斤，使银五两。买菜油十三斤，使银二两三钱。买黄丹二十四斤，使银二两。买黑矾一百六十斤（□□），使银二两二钱。谢阴阳□，使银一两。木匠做工共四千九百工，使工银二百九十□两。石匠做工共三千四百工，使工银二百四十□两。塑匠共做四百六十工，使工银三十八两。造琉璃脊兽二百二十工，使工银二十两。画匠共四百工，使工银三十两二钱五分。油匠共六百零六工，使工银二十六两三钱。描金匠使工银□两六钱。锁匠共九十五工，使工银五两七钱五分。玉工共做七千七百八十工，使工银六百三十二两。刻字匠共做一百工，使工银十两。谢土并谢匠艺酒席戏资使工银□□三十二两赏贺匠艺、土工人等，银花红□□使工银（缺）。又赏□□使工银（缺）杂项零使费，使工银十四两□钱七分。以上通共使工银二千二百八十□两一钱三分。（缺）

查理社首：张济美、张□□

总理社首：王重新

大清顺治九年岁次壬辰□月吉日立石

9. 增修石山庙并池亭记

（1）碑刻简介

此碑刊立于清顺治十二年（1655），为记事碑，无碑首、碑座，无碑阴，碑刻规制为170cm×70cm，现为壁碑，字迹稍有漫漶。

（2）碑文

【碑阳】

碑额：无

碑名：增修石山庙并池亭记

环镇皆山也。其东一峰，云蒸蔚起，气象秀群者，苍龙峰也。上有危岑擎天，下有清流拔地，望之超然崛起者，文昌阁也。接踵而凝承者，则石山庙也。庙有天然石山，故以名也。其中轮奂革飞不悉赘。以先之碣石，备述太学生事也。若夫踵此而增华者，不可以泯泯也。中院更新两楼，则左右方丈也。广基创建而中耸特立者，则前之舞楼也。两列，其行廊也。对启，其角门也。分道而出，其黑虎、灵官祠也。总局一钥，则山门也。凭高俯视，匝以砖墉、围以石栏者，则清流停蓄之池也。临池者，亭也。仰焉睇盼，壁立千仞、摩空直上者，则接引之石磴也。至于层累参差，夹辅拥卫者，则外堤也。或以创出为奇，或以过前为丽。伊谁之功？皆踵事增华之力也。踵事增华者谁？乃太学生焕宇王公讳重新也。爰为歌以赞之。歌曰：云之起兮，往复于峰之巅；风之鸣兮，响振乎林之穿。对清泉可濯兮，赖以洁心田；抟扶摇以升石磴兮，若凭虚而登仙。焕然聿新兮，名与实而俱全；诸废俱兴兮，此犹见其一偏。优焉游焉，偕得与啸傲霞烟而逍遥乎自然！

濩泽庠生贞我孙士毅撰

邑庠生元玉张璇扬书

计开施主姓名于后：

陈昌言银三两，张元初银二两，张多学银一两，张元声银五两，王惟时银二十两，陈经正银一两，卢时擢银三两，张元统银一两，张文芳银五钱，卢时扬银五钱，张我生银五钱，吴学默银三钱，□□□银二两，张丕扬银三两，张进贤银五两五钱，裴铨银二两，杨和兴、盖裕仝银八两，王俊明银四两，曹体芳银二两，刘德爱银三两，马一正、王弘道、秦继武、王明俊、杨松、卫之瑞、卢世英、张俊英、白成、卢希春、崔正全、缑奇才、陈奋庸，以上各银一两，霍正耀、王重法、芦时雍、王三知、李宗沉、王德美、张弘逵、张以旺、王坤道、□进□、殷宪远、芦尧舜、刘天福、申福兴、施一朝、范淑禹、王可俊、庞兴、郭元芳、陈养能、刘养正、张环、王一椿、张交昌、张孝虑、赵自修、王有土、裴继庆、王继椿、张弘猷、陈尧启、王加福、郎果元、张丕基、王笃寔、殷时通、马如蛟、冯加兴、罗惟纯、张玺、□可法、柴正绅、段起龙、盖裕、张仕元、董士相、张重金、李春、韩思召、王荣、冠荣、田有库、豆养浩、苗进才、王际昌、裴乾、杨登科、张耀、徐可化、裴可兴、裴美、裴可知、李天禄，以上各银五钱，唐自正、张登第、韩学斗、芦洺、柏桂青、聂兴、盖希亮、张元祥、桑世旺、范士俊、王交贤、徐泽远、李国臣、张世英、曹得旺、李尚义、张鲲化、牛国正、谭养法、张奇广、康思明、庞自成、张建国、李天叙、张应服、李兰馨、裴贤、张德明、崔弘、王来、赵聪元、王尧栋、杨国才、陈文泽、赵守诚、袁复先、常国旺、□□、曹法旺、裴能、耿成章、张友旺、裴钟、刘时秀、田养明、邢国良、王桂、陈双孝、赵自章、董印、杨善、董旺法、王养臣、徐时义，以上各银三钱，段有兴、李秉用、张多旺、芦时用、田永焕、邢友夏、陈应本、李秉明、李汝法、李成旺、刘兴才、许满库、车福兴、段升□、李大正、茹士吉、焦福民、李保、延奉明、常国兴、王加奉、王春宇、蔡奉兴、裴珍、张然、王新周、卫守礼、陈时太、蔡孟登、李先知、张应全、杨生秀、韩公魏、张奇芳、王玉铉、裴淂才、韩安、杨荣、崔久奇、韩孟秋、杨国太、王加言、赵祯、□□□、王有才、李鑑、芦希美、王三策、□自江、樊名声、杨宣化、张友兴、郭自海、赵之选、裴登金，以上各银二钱，张思明银二钱二分，张礼、李如兰各银一钱五分，刘小黑、张才旺、李桂秀、郭孟申、荣世祯、范国兴、韩国兴、裴旺全、李如升、韩门豆氏，以上各银一钱，陈门李氏银二钱五分，孔小酒、郭楼喜各银一两，宋杭州银五钱，张二成银三钱，裴天锡施银一两，又施故叔启元遗谷四石零七升。耿门陈氏嗣子张自成，施银十五两。以上共施银一百五十九两六钱七分，谷四石零七升，作银十二两二钱一分。

计开使费账于后：

买木植共使银三百九十八两一钱，砖瓦共使银一百五十四两八钱三分，买石灰共使银二十八两，金青颜料桐油等项共使银九十六两一钱二分，木匠工食银二百四十四两五钱七分，石匠工食银三百零四两九钱九分，塑匠工食银六两六钱二分，油画匠工食银五十六两一钱九分，土工并驼砖灰土石共使银四百二十一两，以上共使出银一千七百一十二两零四钱二分，内除众人布施银一百五十九两六钱七分。太学生王重新，仝男廪生熙明、庠生康明，孙庠生仁堂、仁圻、仁远，共施银一千四百四十八两，又施已故家人孟继垒生前经手人身边欠银一百零二两八钱。

施主：王重新

督工社首：张元统、张金铉、张弘远、张孝义、张丕扬、裴天锡、裴钟、王笃厚仝立

住持：杨和兴，徒：德成、德济

玉人：张应乾

顺治乙未十月谷旦

10. 补修城垣捐工碑记

（1）碑刻简介

此碑刊立于清顺治十二年（1655），为捐资碑，无碑首、碑座，无碑阴，碑刻规制为104cm×52cm×24cm，现为躺碑。原无题名，据文意而加。

（2）碑文

【碑阳】

碑额：无

碑名：无

补修城垣捐工姓名开后：

许满库六十工，赵玉名三十五工，陈双孝三十五工，刘登海三十五工，段冠、王全海、段文义、张百言、陈应周、卫二、裴福旺、王奉元、王凤亭、陈宗礼、秦光月、张才旺、吉崇旺、邢国良、邢国旺、邢国法、原世旺、茹维新、王来、王荣、安自兴、谭养法、李如蕙、李心、王仓、马蛟、卢象鼎、王明良、张笃强、卢祥鼎，以上各捐三十工，樊名声、安居、王弘毅、李旺、杨立兴、原象恒、李明全、李才国、武国宝、张兴旺、吕喜旺、张顺兴、宋国秀、焦福明、李满政、曹国臣、张其凤、吉旺、焦明玉、裴国顺、霍守兴、张永兴、张凤鸣、张孝、豆思正、刘兴才、郭成云、吕加旺、陈全、裴登名、杨希栋、王士春，以上各捐二十五工，姚兴明、邢加来、陈起家、郭自然、郭孟升、张景、王鼎、张自成、李财宝、李宝、吉宗素、张近田、胡崇相、吕加交、原中才、张自立、张世安、赵自□、王文升、张来保、王国友、申起英、郭于良、黄自秋、郭自明、陈鸾、陈应孝、安其

儒、梁明强、王天才、裴登云、司明、于得湖、王喜、马景春、王张住、车福兴、李上教、邢交宝、延继光、郭自江、李贵秀、李如兰、王凤鸣、李小丑、赵自余、茹希祥、杨标、邢自才、申玉、秦广良、王得才、马一春、曹自全、田春明、张柱、王自成、武遇楚、杨国才、王鼎臣、牛自立、崔录、王耀、王豆、赵国售、吴自成、刘时秀、王宝、郭自强、任自好、王加祥、芦希宠、段旺、刘光明、段养志，以上各捐二十工，张兴中十五工，张思中十五工，芦三晋、李小年、王克中、胡天知、王汝凤、陈福，以上各捐十工。

以上共一百四十九家通共捐三千四百五十五工，每工作银七分，通共作银二百四十一两八钱五分。又零捐工未像书名与数者，共作银三两五钱。二共银二百四十五两三钱五分。

顺治十二年十一月吉日阖社公议立石

11. 西山庙记

（1）碑刻简介

此碑刊立于清顺治十三年（1656），为记事碑，无碑首、碑座，无碑阴，碑刻规制为 78cm×59cm×20cm，现为躺碑，碑面上有松油覆盖，字迹清晰。原无题名，据文意而加。

（2）碑文

【碑阳】

碑额：无

碑名：无

本镇西山有庙一区，从古相传，皆名为山神坡。然庙中之神像甚多，何独以山神名也？或者当日诸神未修，而独以山神居其始，故以此名乎？粤稽原始，无迹可考。观其梁记，盖重修于大明嘉靖二十五年也。迄今百有余年，风雨飘摇，神几不堪栖止矣。余于诸庙既成后，每睹斯庙，深为恻然。于是与众商议，扩其基址，尽改其旧而更新之，且塑像愈多于前，以一山神之名岂足以概之？乃从而易之曰"西山庙"。非好异也，盖亦就庙之山势统以言之尔。庙工既竣，香火宜勤，又设立住持，以供焚修；置买地亩，以资养赡。俾后年深日久，住持止许耕种，不许私卖。即村中有力之家，不许倚强侵占，亦不许倚强私买。兹将本庙四至、地亩四至，勒之于石，以示久远焉。

计修正殿三间，塑三佛像。东角殿三间，塑药王、虫王、五谷神像。西角殿三间，塑关圣大王、咽喉神像。面前修拜殿三间，以供祭献。又西角殿三间，塑山神、土地像。东正殿三间，塑广禅侯像。西正殿三间，塑高禖神像。东楼六间，上塑五瘟神，下塑蚕神。西楼六间，上祀龙神，下为客舍。南楼上下十八间，上正中为戏楼，两旁为钟鼓楼，下正中为山门，两旁为僧舍。外修门楼一座，坑厕二所。

其庙之四至，各照所修之迹。东至道，西至后檐齐，南至石堰下大道，北至后檐齐。庙中旧有中地三亩八分，坐落后庄子场岭上，东至窦炳然，西、南俱至堰，北至张以修伙中场。又新买庙东中地十一亩八分，内柿树十一株，东至大道，西至瑞卿张相公，南至道，北至水沟。谨此为记。

顺治十三年闰五月吉日碧山主人王重新立石

同事社首：裴美、张孝义、裴可知、王明俊、王际昌、赵登俊、裴钟、杨瑞芳、裴可俊

住持僧：圆江

12. 重修西山庙记

（1）碑刻简介

此碑刊立于清顺治十三年（1656），为记事碑，无碑首、碑座，无碑阴，碑刻规制为186cm×74cm×19cm，现为躺地残碑，字迹部分漫漶。

（2）碑文

【碑阳】

碑额：……山庙记

碑名：重修西山庙记

赐进士第通议大夫通政使司通政使前詹事府左春坊左渝德兼内翰林秘

书院修

撰奉敕纂修明史　邑人东山张尔素撰

古圣人之言鬼神者尽矣，而后人顾弗信，以为无之。然于天地、山川、社稷以及门行中雷之类，卒无以破，又妄解"敬鬼神而远之也"语，以为无感乎鬼神之不可知。夫鬼神匪不可知者，特未易为贤人以下道耳。且既不可知，奚所庸吾敬乎？是未得所谓"远之"之义也。盖敬者又远，不远则不敬。史巫纷若，冀有意外祉，皆非能敬者也。呜呼！凡以鬼神为不可知者，多出于世之大儒，而愚夫愚妇又不能以远为敬，古圣人之教之不明也久矣。吾里太学生焕宇王公，于里中之庙无不重建，其规模亦无不倍蓰于旧址。西山庙盖其一也，岂悍然以鬼神为不可知者哉？然公有言曰："凡予所为，非敢媚神邀福也。"则所谓敬而远之者欤！夫天人之相应，若影响然。公虽不邀福，而福之至，公亦有不能辞焉者。《旱麓》之诗不云乎"求福不回"，庶几似之。庙之正殿一，东西角殿各一，东殿一，西殿一，又西角殿一，西拜殿一，以间计之，凡二十有一。东西楼各一，以间计之，凡十有二。南楼一，以间计之，凡十有八。门垣在外者不与。神像丹垩，钟鼓具焉。庙旧有柏数木，初筑里堡时，从予祖中丞公命，伐之以助其用。是役也，凡费银二千六百四十四两五钱九分九厘。本庙原旧木植，作银五十四两；出于里人者，二百七十四两三钱二分；出于公者，一千二百一十六两一钱七分九厘；出于公之侄庠生王君讳维时者，六百两；赵君讳明俊，为公侄主会计于天津者也，以公亦出银五百两。若夫陈君讳经正、张君讳孝义、裴君讳美、裴君讳可知、王君讳明俊等，皆与有劳者，例得附书。

施银姓名开后：

（缺）关荣、陈三重、李贵和、樊国住、于进才以上各施银三钱，王应聚施□作银六两□钱二分，卫之璃施钱五两，裴启元施银四两，秦国兴施银二钱，□□□施银二钱（缺）

使费银数开后：石像工□□，木匠工价并修□□□，买木植、铁钉等（缺）买石□并脚价□□二百七十二工半，买修殿地基并□地，以上通共使（缺）□□

九十四两,□□一百一十两(缺)。

  总理社首：王重新

  募缘社首：陈昌期、张万化、张斗祥、王维时

  督工社首：张孝义、裴可知、张俊芳、张世基、吴国泰、刘可才、王际昌、裴可进、裴钟、赵登俊、王明俊仝立

  住持僧：圆江，徒：妙静

  玉工：张应干、张□阳

  大清顺治十三年八月望日

13. 重修东庵三教堂观音堂泰山祠记

（1）碑刻简介

此碑刊立于清康熙四年（1665），为记事碑，无碑首、碑座，有碑阴，碑刻规制为134cm×61cm×14cm，现为躺碑，字迹部分漫漶。

（2）碑文

【碑阳】

  碑额：重修东庵记

  碑名：重修东庵三教堂观音堂泰山祠记

  瞿昙、李、孔此三氏，世或主此讥彼，或无所识，而□有低昂。深以为三氏之异，三氏之裔为之，非三氏所自为也。虽三氏洵有不可强同者，然无害其为同悲。尝□□□有贤有□尝，以此论三氏，其异者权，其同者实，焉用分别为哉？昔人同堂以事三教，有以也。（缺）曰：瞿昙氏生于周庄王九年，李氏为周守藏史，孔氏从之。问继先后以世□他（缺）秉心为三教堂，复为观音堂，其犹昂瞿昙氏之意与？曰：观世音近然息修默宜摩（缺）偏，曰：过去诸如来，斯门已成就，见在诸菩萨，今各入圆明□□粤（缺）观世音。观自在，言其照也；观世音，言其应也；圆通，言照之融也。（缺）以尝清司悟复为堂者，岂独昂瞿昙氏哉？

邑之河东旧有庵，此为玉（缺）正东南为泰山神，西南为高禖祠，年久圮矣。时当兵燹相仍，人怀罍（缺）重饬者，碧山王老姻翁，于顺治丙戌董其事而重修之，仅完其东南及西南（缺）此意以南北地狭，欲募其地而扩之，故有待耳。不意丙申冬，翁殒作古，有志□□□□□叔昭□礼之。暇念先人未逮之志，惮力而继述之。南募其地，重建三圣堂三间、观音堂三间、泰山祠三间、东楼四间，暨诸神像躯金碧丹垩，作瞻生肃。工施于丁酉，以戊戌告竣。凡用银六百五十两有奇，咸昭、叔昭所施者五百六十两有奇，其他施财姓氏及劳于此役，例得并记者，刻于碑阴。呜呼！堂与像亦权也，孰能由权得实乎？余将从之！
赐进士第通奉大夫刑部右侍郎加一级前左春坊左谕德兼内翰林秘书院修撰
东山张尔素撰
时康熙四年孟秋谷旦
【碑阴】
碑额：重修东庵记
碑名：无
施银地基姓氏：张元声施地高一丈宽一丈，陈昌期银三两，张多学银二两，张我生银五钱，王惟时银二十两，张丕杨银二两，陈奋庸、陈奋志、王弘道、王坤道、张养淳、张养善、裴天锡、裴□星、徐可化、王兆芳、卢世英、裴美、张孝义、何天福、张可兴，以上银一两，卢希春、刘德爱、张环、卢洽、王明俊、张志元、张㩦、徐可法、李斗寰、张弘远、徐时容、段起隆、卢氏，以上银五钱，马如蛟、裴铨、张孝廉、裴贤、张士乾、罗惟纯、栗思胤、窦养浩、桑世旺、赵时芳、卢尧舜、王可俊、张义、王加顺、李天禄、王桂、缑奇才、卢坤、徐泽远（外施银五两），以上银三钱，王一春、裴继度、郭昂、刘养正、庞兴、赵守有、白成、张以旺、张建国、张治国、裴珍、张奇芳、王荣、宋氏，以上银二钱，张应全、张多旺俱一钱，杨登科银七分，以上通共施银六十二两七钱七分。王之英三工。
修理使费买木植银一百三十五两，买砖瓦银六十两零二钱四分，石灰银十四两二钱七分,铁条丝并匠工银二十一两三钱八分,金青颜料银一百两零五钱八分。桐油并匠工银十六两零三分,木匠工银五十五两七钱,石匠工银三十七两零一分,土工银八十四两五钱四分,塑匠并画工银五十三两八钱五分,谢土并犒赏银七两三钱。匠役米食两三十七两,铸钟一颗银三两八钱,以上共使银六百二十六两七钱,除众人布施银六十二两七钱七分。王净使银五百六十三两九钱三分。

督工社首:卢世英、裴美、卢时和、卢希春、张孝义、刘德爱、张寰、裴可兴、王明俊、卢洽

木匠:赵汝梅、徐承芳、裴士银

石匠:袁崇福、张应乾

塑匠:乔赐奇

画匠:王进贤

油匠:崔正全

鋀匠:徐时容

(土工):卢希宠、徐可举

总理社首:张元初、张济美、张多学、张元统、张元声、贡生王熙明、王康明、男仁垗、仁忻、仁堂仝立

效劳:王来、王荣、王耀、安自兴、谭养法、李如蕙

住持:性天,徒:孙照□

时康熙四年孟秋榖旦

14. 重修三教堂碑记

(1)碑刻简介

此碑刊立于清康熙二十二年(1683),为记事碑,无碑首、碑座,无碑阴,碑刻规制为82cm×47cm,现为壁碑,漫漶严重。

(2)碑文

【碑阳】

碑额:无

碑名：重修三教堂碑记

□□□□□□□名耳，若躯体则又幻之甚者焉。□□□□□□乎。是以博雅君子捐释之而弗谐也。三教堂故□一户之赡，而恒山僧四世住持，香火虽旺而门钵非其所□。维和雅勤修乞佛阴相以□□□□俭。博雅之君子，累年来捐资、捐田接踵且至香花既施道路□坦不朽之石，不可寞□，谨刻石以垂来世。先是恒山灵法祖云林法师朗然住持此地，艰于泉饮尝□有张一泓，苦恶不可食。祖师三年祷祈，化为井水一具。异哉！□佛氏阴相之力附。敢为之记。

濩泽蔡霈雨识

康熙二十二年暮春之初

（缺）徐君□、徐君弼、徐君焕、徐君照，同施庙……南至业主西至庙内地，北至河心，有本庙常住……在内。（缺）地基□块……地基□块，东至庙内地西至水沟，南至庙圹跟，北至河心。庙□住□买□□□沟河边中地一段二亩，东西□，东北俱至□□□至，南至河心□□□□□河中地七亩二分，东西□东西俱至水沟南至刘家地□□□□□原□七□□六两四钱，秦宅施银一两一钱，□□□□大宅□□□四段，东至徐宜远西至水沟，南至陈府□，北至□□□□□□□□钱，止受五两□宅花香灯银二两五钱，□□□□□□□安□小宅共用银三十两零一钱，□□□□□□□□□□施银一两四钱，王心安施银一两……李氏施银二钱，郭门□氏施银二钱……□门□氏施银一钱五分……三两□钱，余钱十六两五钱，本庙常住费讫……施青石字版二块。

住持：□□、普金、普宝、普玺，同徒通瑞、通琮、通瓒、通瑜勒石

玉工：刘崇友、原正强

15. 土地尊神会祀碑记

（1）碑刻简介

此碑刊立于清康熙二十五年（1686），为记事碑，无碑首、碑座，无碑阴，碑刻规制为74cm×47cm×17cm，现为躺碑，字迹漫漶较严重。

（2）碑文

【碑阳】

碑额：无

碑名：土地尊神会祀碑记

从来载在祀典者，隍神之外又有社令。社令非□□各里之土地神祠也，盖百官承命于人君，以行庆□惠虽乡士遂士皆得以著其政事，百神奉命于上帝，以彰善瘅恶，虽山神社令皆得以显其明威□□□之有土地祠也，其来旧矣，察一方之善□，以□□隍神，隍神因以闻于上帝，或降之祥，或降之殃，人在彰□之中而不知觉也，则是帝之彰善即神之彰善，帝之瘅恶即神之瘅恶，人亦在彰瘅之中而不知觉也。□人王笃裕等，十年来剧金洁祀罔敢总忽惧其久而□更也，遂刻石以记其事，此其为善去恶之心良可买收神矣，继自今愚头会之人以及镇之人，父□父言子兴子言孝兄，与兄言友弟，与弟言恭□者，安分富者理□□相恤过夫相规敦礼□崇信义有□可彰无恶可□以此而洁祀之。上帝且来歆矣，况我明神有不□□其淳□之诚嘉与□德行之美而闻于隍神，以闻于上帝，令其迓百祥而远殃咎乎，是为之记。

赐进士出身文林郎原知贵州来□县事　邑人张于廷撰

赐进士出身文林郎原知江南灵□县事　邑人张拱辰书

乙卯科副贡生　邑人张履善篆

在会姓氏列后：

张义、崔永昌、王笃裕、张荣桂、张永兴、李桂、王笃章、张浴、原世旺、□有德、王学明、张殿鳞、张存义、原满堂、胡登科、张嘉仁、□法□、裴如金、□□明、□□

庠生：卢炳晋、贾遂、范淑圣

社首：赵名诚、张相辰、杨俊芳、王兆瑞、张湜、王继元、张蒙□、卫□□、张橙、张敦仁仝立

住持：性□，徒：有□、贞□

大清康熙二十五年岁次丙寅桂月之吉

16. 里馆故墟建孔子庙碑

（1）碑刻简介

此碑刊立于清康熙二十五年（1686），为记事碑，无碑首、碑座，有碑阴，碑刻规制为130cm×31cm，现为躺地残碑，字迹部分漫漶。原无题名，据文意而加。

（2）碑文

【碑阳】

碑额：无

碑名：无

郭谷孔子庙，盖里馆故墟也。里馆废而孔子庙兴，不亦□辛己乎。按里馆（缺）室，路室有委，五十里有市，市有候馆，候馆有积，以待朝聘之官。又杜氏通（缺）扶助县国，周曰乡师、乡老。秦曰亭长、啬夫。汉因秦制，晋为校官椽。唐为里（缺）爱恤养民何其详也。至宋王安石新法之行，国用困乏，□卖所在官房场以（缺）明，里馆复设。明初选老人以掌乡之政令教化。万历初，张居正专权恣志，毁（缺）令烦难，即使今之令长抵里亲政，坐席无地，治理无方，虽欲逸众恤民而何（缺）谓偌地者是也。崇祯时始赎归里，焕宇王君议诸绅士而居馆墟建庙焉。其正（缺）诰封吏部尚书鱼山陈公慨董其事，而门墙始克□□□□□舍者，敛众三十金外，余□□□□□□子之□如日月捐□天地□□□□□庙祀乡邑之制固为令典乃□其□□□□□亦□□□行□□□□□□□□□□□□使之听讼无偏而（缺）不扶犹得为学孔（缺）

捐银开后：

诰封吏部尚书陈昌期助银二十两，同男廷翰□□□□又助银七十一两六钱，永从县知县张于廷助银三两，赐□州同知张尔黾、张尔质、张尔冀助银二两，榆次县训导张尔实助银一两，经理郑州事郑州州判张尔宁助银一两，京山县县丞张盛禧助银五钱，濩泽县知县张□禧助银一两，□□州同知裴光先助银一两，司贡生张履禧助银一两，候选训导张□□助银一两，监生范浚助银五钱，□□州同知李惠□助银一两，生员范□□助银十两，崔时□助银三两，王金铉助银□钱七分，卢丙晋助银三钱，张元弼助银三钱，张盛业助银一两，郭升助银三钱，霍鹤龄助银二钱，张懋爵助银三钱，□观成助银四钱，张连城助银三钱，郭天锡助银三钱，张庶麟助银三钱，范淑圣助银三钱，贾公燧助银五钱，吴鸿绪助银四钱五分，王洪瑞助银一两，李唐景助银一两，曹□顺□□□□，范□庆□□□□（缺）

皇清康熙二十五年岁在丙寅二月初一日

鸠理工事：张元弼、□□□、□□□

【碑阴】

碑额：无

碑名：无

张纶，明成化辛卯举人，甘泉知县；

张纬，明成化丙午举人，徽王府左长史；

张珩，赠四川按察司金事；

张好古，明正德己卯举人，嘉靖癸未进士，四川按察司金事；

张好爵，明正德庚午举人，甲戌进工、户部郎中；

陈秀，西乡县尉；

陈珏，滑县尉，封户部主事；

陈天佑，明嘉靖甲午举人，甲辰进士，陕西按察司副使；

卢光间，明嘉靖壬子举人；

卢守经，明嘉靖乙卯举人；

陈三乐，赠刑部尚书；

陈经济，庠生，赠吏、刑二部尚书；

陈昌言，明崇祯庚午举人，甲戌进士、浙江道；

陈昌期，封吏、刑二部尚书；

窦杰，明嘉靖乙卯举人，太仆寺丞；

张元勋，岁贡，阳曲王府教授；

张以渐，明万历癸卯举人，景州知州；

张纯，明万历己卯举人，同州知州；

张思诚，赠都察院右佥都御史；

张登云，京山卫经历，刑部侍郎；

张庆云，明天启丁卯举人，死难，赠宛平知县；

张鹏云，明万历己酉举人，丙辰进士，佥都御史巡抚顺天府；

卢道昌，明万历戊午举人；

卢时升，明天启甲子举人，任县知县；

张问士，拔贡；

蔡勋，岁贡，天城、镇远两卫武学教授；

窦英，拔贡；

张元初，封刑部侍郎；

张多学，庠生，封永从知县；

张元声，岁贡，宜山县丞；

张尔素，明崇祯丙子举人，清顺治丙戌进士，刑部侍郎；

王应登，光禄署丞；

王应干，监生；

王重新，监生，中书舍人；

王道久，顺治乙酉举人，丙戌会副，蒲圻知县；

张我生，廪生，封灵璧知县；

王熙明，贡监；

王康明，贡监；

张于廷，顺治辛卯举人，己亥进士，永从知县；

张尔淳，贡士，苍溪知县；

张尔黾，贡监；

陈元，顺治辛卯举人，己亥进士，翰林院庶吉士；

曹纯善，□□；

张尔厚，（缺）；

张盛禧，拔贡；

王维时，恩贡；

张朴，□□；

张尔质，岁贡，郑（缺）；

陈廷继，拔贡，行（缺）；

陈廷翰，康熙（缺）检（缺）；

窦耀，选贡；

窦士义，选贡；

范杞，□□；

张尔谋，贡生；

王仁圻，贡生；

王仁垗，监生。

现任：

陈廷敬，顺治丁酉举人，戊戌进士；文渊阁大学士兼吏部尚书；

张拱辰，顺治甲午举人，己亥进士，灵璧知县；

张尔实，岁贡，榆次教谕；

秦光先，贡监、浦城县丞；

张彭，拔贡，光泽知县；

张尔翼，贡监；

陈廷愫，贡监，武安知县；

陈廷宸，岁贡，郧阳通判，候补知州；

陈廷统，岁贡，福建按察司佥事；

陈廷弼，贡监，兵部职方司员外候补巡导；

陈琮，贡监，候铨县丞；

张之麒，康熙庚午举人；

张履善，康熙乙卯副贡，候铨教谕；

陈谦吉，贡监，淮安府邳睢灵璧同知；

陈范，岁贡，候铨训导；

陈欧，岁贡，候铨训导；

陈豫朋，康熙庚午举人，甲戌进士，巩昌府岷州同知；

陈随贞，康熙丙子举人，候补内阁中书；

陈观颙，康熙丙子举人，丙戌进士，候补内阁中书；

陈壮履，康熙丙子举人，丁丑进士，翰林院侍读学士；

秦世维，岁贡，候铨训导；

陈珦，监生；

陈咸受，岁贡，候铨训导；

陈震远，监生；

陈贲懿，监生；

陈寿樊，监生；

陈寿岳，监生；

陈升阶，岁贡，候铨训导；

李秀实，监生；

张琣，监生；

王首禹，监生；

卫竹，岁贡，候铨训导；

曹耳顺，监生；

张璐，监生；

蔡起颖，监生；

李廪□，岁贡，候铨训导；

张世振，岁贡，候检训导；

张廷鳞，监生；

王鉴，岁贡；

秦世璋，康熙□□□□；

卢金宏，监生；

张世爵，岁贡，候铨训导；

卢弘泽，监生；

卫进超，岁贡；

柴滋，监生；

范文昭，监生；

张扬，监生；

□□□，□□。

皇清康熙四十六年三月十五日

陈廷愫、张之麒、张履善、陈琮、陈咸受、王观成、王启瑞、李秀实、蔡□□、□□□

17. 武当山会记

（1）碑刻简介

此碑刊立于清康熙二十五年（1686），为记事碑，无碑首、碑座，无碑阴，碑刻规制为100cm×50cm，现为壁碑，部分破损，字迹部分漫漶。

（2）碑文

【碑阳】

碑额：无

碑名：武当山会记

吾乡山之中条，石笋并峙，堪舆家谓之苍龙。以龙挂双角，主兄弟同登科也，无何而仅存其□昂□人事之失，而天实为之与！余往来叹息者久之。住持由然揖余而言曰："天地山川之奥，鬼神造化之□，阴阳消息之数，总有不可测者，子何独异于苍龙耶？□南之武当山，上有金阙，瞻仰者与其为□公□之心，古今传奇，更不啻苍龙之异也。吾曾与乡人约会十八家，每人日敛一钱，一月苍龙一会，三年武当一朝，尽所积者，于三十六宫各设醮以奉之。而今已越三年矣。执事李如蕙等往朝之，道其胜概，而会中作善之念益肃。子与吾记其事于石，开示后人勿斁斯举，作补苍龙之缺也。"可，余唯唯不敢辞，故述之。

邑人蔡霈雨谨识

随会姓氏：

会行：李如惠、韩金、张景、李珍、维承才、张普、马瑞麟、郭锦龙、王加顺、霍维勤、谭养德、杨德齐、张家泰、延伦、□王美、霍全、杨自发、王诰

会自康熙二十二年二月初三日起，至二十五年二月初三日，本利共积银二十三两一钱九分五厘。

使用开后：

朝顶起程修醮并各宫布施盘费，使银九两八钱四分九厘。修回宫醮，使银九两四钱六分八厘。朝珏山并三月三日上供，使银一两六钱四分一厘。做各殿布帘、四挂，使银一两八钱。做碑，使银六钱。除过原收，净长使出银一钱九分五厘。

住持：杨德济，徒：卫正枝、李正清

玉人：郭之仁

大清康熙二十五年孟夏之吉

18. 补修两殿并城垣中院序

（1）碑刻简介

此碑刊立时间残缺，因书碑人陈廷继卒于清康熙二十八年（1689），则此碑最晚刊立于该年，为记事碑，无碑首、碑座，无碑阴，碑刻规制为52.5cm×17cm，现为躺地残碑，字迹部分漫漶。

（2）碑文

【碑阳】

碑额：（残）

碑名：补修两殿并城垣中院序

地近西山之半，居大城之隈。局檀巍峨，绀殿与重楼并灿；工称壮丽，雕楹同刻桷齐辉，诚一邑之伟观。吾服创造者之难也。然而，岁序递，易颓敝，因之继盛扶衰，将谁属乎？第世际艰难，欲炊无米，抚时者增盈虚之

慨焉。首社曰："责无旁贷"。遂募缘以成盛举。凡整其瓦木，饰其丹青。城迫，则高其墙垣；地坼，则更其砌墁。吾服创造之难，亦服扶衰之不易，后有起者，亦将有感于斯文。

赐进士出身原任永从县知县张于廷撰

国子监学录候补行人司司副陈廷继书

布施开后：

（缺）银二两、银九□，张相□银九钱，王□□银九钱，□□□□□，王□元银一两，裕泰银□钱，□□□银九钱，□□□银九钱，以上共收布施银一十三两七钱四分。

（缺）土工银一两零□分，□□□银五钱，□□□食银九钱，木石匠□银九钱，□□银九钱，以上共使出银一十三两三钱（缺）

19. 县主衷老爷体恤里民行户永免一应杂派德政碑

（1）碑刻简介

此碑刊立于清康熙三十三年（1694），为德政碑，无碑首、碑座，有碑阴，碑刻规制为100cm×70cm×18cm，现为躺地残碑，漫漶严重。

（2）碑文

【碑阳】

碑额：（残）

碑名：县主衷老爷体恤里民行户永免一应杂派德政碑

壬申之岁，蝗蝻为灾，民之饥死而逃者几半，且疫疠继之，□□甚，缘是逋赋亏税，官民交困矣。维时天部兼大司寇公陈大老爷，读礼在籍，捐资设糜，极力赈□□□隐不克上达为忧，遍传州属及邻郡被灾各邑，呼吁请命，上书于抚军乞为具题蠲恤。下部议，未可。我□特恩将凶岁钱粮尽为蠲免。呜呼！此特恩也，适与吏□□□之题，大慰民望，岂亦有念于太封君出先世之仓庾，赈闾阎之困匮。院咨部复，□示此必有所默为感召，而况桑梓民隐，谅必关情。君若臣平目之交孚，无论在朝在野辄有同心欤！至于商税各项，例无可蠲，但正额之外，蠹胥之拨官害民者半倍于税，□可以已乎。于是，面请衷老父母老爷，于各行正额之外，一概陋例与里地之□天诸杂派，通行革除。或批有呈词，或给有明示，永远遵照。此亦推广蠲恤之意，而已之斯速，积困大苏，里民交庆。独之蠲租免赋，非大庆贺大灾伤，未可常邀，而杂派陋例求□将，绅之功德与牧之惠政，允足以泽今星而风后，其造福者，将历世而未□用。勒之石，以垂不朽云。

具禀，本县郭谷镇各色牙行曹桂等禀，为商税止纳□□济弊费尽除，恳天赏照勒石，以垂不朽事。本县商税一项，每年各色牙行封纳外，有季礼、月支、水程□帖、奏销一切等项，积弊已久，行穷不支。幸逢仁明衷老爷莅任，以咨访绅士兴利除弊，渐次举行，外有□商税自康熙三十三年起，止纳正供银两，额外季礼、月支、水程、奏销等弊，概行革除。已将各色行款□□朱开出示晓谕，永远遵行。但恐年深积弊，理应勒石，则恩垂不朽，伏乞老爷金批准照，以便奉行。将功与行岳争高，泽与沁流并永，□□世焚顶，公侯万代，为此具禀，须至禀者。原批各色牙行止纳额数，悉除杂费，已经张示，□□照永遵可也。

行户：杂货铺、荆草行、花布行、斗行、猪油行、木植行、丝茧行、曲麻行、油漆匠（崔发龙、周毓广、邓秉龙、邓现龙、范友）、铁匠行（常荣祥、李之武、李之弘、李林贵、张绪）、钱行、屠行、菜果行、酒行、乌帕行、银匠行（郭全德、贾永盛、郭寀、徐智远、王夺、邓付龙、高世显、苏其昌、路义远、王玉玺、郭楷、范元龙、郭毓奎、王宅中、刘永相等，因本行连年苦累，但倾销打造等事，虽贴有旧规，城乡一递十年支应，因路遥远，俱是城匠支应行事，各家量为帮贴，恐日久弊生，乞请朱照立石永遵）、石匠（刘崇友、原正坤、原正强、刘自兴）

康熙三十三年七月十八日

具禀牙行：张士坤、王笃言、□□海、□□桂、张兆里、张耕种、张四里、卢弘毓、郭之里、张国相

大清康熙三十三年岁次甲戌桂月吉旦

阖镇：张鼎元、范安福、曹自章、张春成、张异辰、王义、张士坤、张维辰、张耕种、张钻、张云五、范明德、曹自修、曹蒙、曹爽、曹怀瑞、张沟、曹有和、张洪、张永成、张合、张朝扬、张有扬、张住、王季明、张呈林、王思义、王笃章、刘乾、王康社、刘永达、范壮广、王存、王泽昌、张文正、□申、□□□、王康玉、王康贞、范祥、张京、□□□等仝立

【碑阴】

碑额：（残）

碑名：无

阳城县正堂衷，为严禁祭祀陋规，以除民害。尝闻得春秋祭祀关系□□□典，诸物以作丰洁，何可缺少？但念诸邑各行，于祭祀之后，艰难困苦，不可胜言。近访得各行人等，每逢祭期，按照有无苦累难当，更有祭猪祭羊，固有一定份数，而每口□数或□□斤外□□□□者屠行营利□头□□俱此□□□□谕□行禁止，嗣后凡遇祭期，除□□□庙不祀外，其余每猪一口，上□□□□交每羊一只□照□□斤（缺）不（缺）如仍前不改或（缺）依律处治，决不少贷。

右仰通知

康熙三十三年四月初八日

告示押

实贴郭谷镇

阳城县正堂衷，为商税止输正供，力禁差役借□□扰事。照得商税关系国课正供□□亏少，但恐有不法刁役，□其□□□□解费为名，私行需索，骇扰城镇，□□□累不可胜言。为此示仰郭谷镇，□□□行知悉：嗣后除商税正额不□□□□或有承票，原差借此另行需索，□□□鸣差以法处，决不少贷。须至（缺）。

右仰通知

康熙三十三年四月初八日

告示押

实贴郭谷镇

　　阳城县正堂衷，为晓谕事。照得本县日用米、面、蔬菜等物，自莅以来，俱照市价十□并不立行户名色，诚恐日久生弊，阳城行头仍指称本县买物，勒索帮贴。并买办人一短以价，仁拟今再行联谕。为此示仰郭谷镇等知悉：嗣后本县设买办小杂，所购何物及所发价值，一一问明，尔卖物之家，验看单账，公平易贸；如有买办人役亏短价值，或本县访问，或经首告该行，立毙杖下，决不宽宥。与各邑行户人等，亦不许假借名色，勒索四镇帮贴，如有此等情弊，一经告发并访闻得实，立待拿究，大法重处不恕。禀至示者。

右仰通知

康熙三十五年三月二十四日

告示押

实贴郭谷镇

勒石捐银列后：

　　斗行等银一两，乌帕行银六钱，张钻银八钱，张京银五钱，张有扬银三钱，王笃章银三钱，四镇银匠共银八钱，铁匠等银三钱，杂货行银五钱，油漆行银一钱，酒行等银五钱，猪油行银二钱，石匠银五钱。

康熙三十五年八月二十九日

张淑圣、张林寰、王笃章、潘五臣、范淑圣、张京仝立

20. 清故处士明轩柴君墓志铭

（1）碑刻简介

　　此碑刊立于清康熙三十六年（1697），为墓志铭，无碑首、碑座，无碑阴，碑刻规制为88cm×55cm×21cm，现为躺碑，字迹部分漫漶。

（2）碑文

【碑阳】

碑额：无

碑名：清故处士明轩柴君墓志铭

赐进士出身光禄大夫经筵讲官户部尚书加四级前吏户刑工四部尚书都察院掌院事左督御史眷侍生陈廷敬顿首拜撰（陈廷敬印章）（印章不清）

奉政大夫户部广西清吏司郎中奉旨养亲前本部广东清吏司员外郎贵州浙江两司主事监督京右翼兴平仓眷侍生张茂生顿首拜书（张茂生印章）（印章不清）

分巡湖广辰沅靖道按察司金事加一级眷侍生陈廷统顿首拜篆（陈廷统印章）（印章不清）

呜呼，人之穷达何常，顾所表树谓何耳？盖在邦而闻易，在家而达难。若夫负磊落瑰特之行者，勿论通显也。即岩栖谷饮，挟一技一艺之能，俱足取重于当时，而垂誉于后日。如汉之君平，晋之景纯辈，至今犹啧啧艳人齿颊间，岂苟然而已也？余里人静明柴君，奇男子也。曩余家食时，值君八十悬弧之旦，曾摘辞以寿君。及后余应召赴部，每逢乡人，辄问君起居。丙子夏日，忽其子讳茂林者，不远千里，亟所自为状至京师谒余题隧道之石，以不朽其亲。余深交君而雅知君，今不志君，谁复志君者？且览其状，勿溢美，勿饰辞，实大异乎世俗之所为状者，故乐为志之。

按状，君讳正绅，字静明，明轩其号也。原籍泽州，徙居阳城之郭谷已六世矣，世有隐德。祖讳斯文，父讳世禄，生五子，君行三。生而慧颖轶群，弱冠学儒，既而厌之，遂尽发其先人所藏古象堪舆诸秘籍，研究穷讨，昕夕不息。因而日月星缠之度，侵蚀灾祥之理，推测弗爽。一时士大夫无不为柴君倒屣者，有司亦掉楔旌焉。且倜傥负气节，不脂韦从俗。排难解纷，有仲连、彦方之风。每揭古人嘉言于壁，以训戒子孙。好施与，凡邑里梵刹琳宫，多所建饬，治像饭僧无虚日。晚枕老氏之书，手校五千言，镂板传布，守雌炼液，不越阈者十七载。丰骨珊珊然，见者知为异人高人也。家丰裕而后嗣贤，盖能顺阴阳渭自以培其本，非疲精耗神以戕其资者。乃一旦委顺而化，岂所谓解蜕而仙也耶！史氏曰："古之为铭者，必使其人之须髭謦欬若或见之，乃令之为□者，润色铺张，谀死以欺生，即大书深刻，何怪乎其速朽哉！"今柴子之迷其父也，信其乞言也，征其实而不以文，亦犹行古之道也。□规世也征矣。

君生于明万历四十一年三月初二日午时，卒皇清康熙三十四年六月二十五日辰时，享年八十有三。元配李氏，继配焦氏、杨氏、范氏，咸有浩德，克相夫子，俱先君卒。男一，茂林，焦氏出，娶文氏，继娶牛氏、王氏、曹氏。孙男一，滋，文氏出，娶高氏。孙女一，幼未字，曹氏出。曾孙男二，作梅、作楫，幼未聘，高氏出。卜以丁丑九月二十六日，葬君于本镇东岭之新阡，是宜铭。

铭曰：仰天文、俯地理，八十之年敦人纪，李部康节庶可比，山崔嵬、水清□，孰与藏者静明子。

不孝男：茂林，孙：滋仝泣血勒珉

大清康熙三十六年九月二十六日立

21. 恒山上人行实识

（1）碑刻简介

此碑刊立于清康熙四十八年（1709），为传记碑，无碑首、碑座，无碑阴，碑刻规制为43cm×35cm，现为壁碑，字迹部分漫漶。

（2）碑文

【碑阳】

碑额：无

碑名：恒山上人行实识

恒山讳普宝，为禅师朗然徒，原泽郡五门王氏子。其家五世持斋，乃祖蓄发修真，参禅坐化。今存高级浮图，人传异焉。恒山从释于郭谷三教堂，甫七龄，勤焚修，朗然重视之。其师祖难事克善事焉，持躬温厚，柔蔼吉、喜怒不形于色。讽《金刚经》，持尊神咒，日必一□，无敢忽忘。静处庵中，不谈是非，无富贵，绝趋赴，医□济人，寄徒保志有众，年过五旬，依然童身，邑人皆尊礼之。一日喟然曰："僧不阅藏，不如无生。"戊子岁，修静室半楹，居不应人，绝五谷，无寒暑昼夜，不解衣就寝。读至《涅槃经》，语冰心徒曰："在世胡为者？"生前五日，见师弟慧光曰："将别，晤言只在斯乎？"己丑六月十二日子夜，曰："时至矣。"自整衣庄坐，遗命茶毗，遂圆寂，面如生。于戏！诚所谓超凡脱俗，自知死生，大有根气，□□祖之遗风者欤！宜郡侯伦公旌以"青林白业"，不□□徒冰心就余恳叩曰："先生居近庵，熟识先师行实，求识言，毋诿，以垂久远。"余不获辞，以共闻见者直书之。

菊山七十岁逸叟蔡霈雨谨识

怡园素心人翟其旋拜书

清康熙己丑岁七月初一日

同师弟普金，不肖徒通理、通瑜、通琮、通文、通□，孙心实、孙心□、孙心惠、孙心连、孙心□、孙心觉勒珉

22. 补修白云观记

（1）碑刻简介

此碑刊立于清康熙五十四年（1715），为记事碑，无碑首、碑座，无碑阴，碑刻规制为 80cm×45cm，现为壁碑，保存完整。

（2）碑文

【碑阳】

碑额：无

碑名：补修白云观记

御题"午亭山村"之东为苍龙岭，邑之巨观也。石笋峙其上，清泉涌于下，在堪舆家，有龙角龙涎之论。或又云：神龙之首不宜见，必筑观于巅，庶合堪舆之象。观成，以白云颜之，此白云观之所由肇也。由此，秀灵岳降，科第蝉联。而相国陈文贞公，尤空前轶后之一人。则斯颁讵非太行真

脉，迥异寻常之丘壑也哉！顾观之建也，遥而已久，遂致风雨飘摇，门庭剥落，虽黄冠卫正之跋涉长安，仅募数十金，复远道子身，艰于言返。适金宪秋晨陈公旋里门，因付之携归。公既不负所托，更解囊益其为修葺之资。又赖明府梅庄陈公捐金之外，劝众乐输，以竣其局。一旦，既将圮者焕然如新，未□□灿焉增盛，于是白云观祚复旧日之倾颓，即苍龙岭亦别开生面矣。不愈足以兴人文而壮游观耶！是为记。

总理：蔡霈雨、张其议、王首禹、陈纯、卢锡九、卢弘烈全立

督工：裴玉志、甄成

住持：王本章

康熙五十四年小春吉旦

23. 寨坡路碑记

（1）碑刻简介

此碑刊立于清乾隆五年（1740），为记事碑，无碑首、碑座，无碑阴，碑刻规制为94cm×60cm，现为壁碑，字迹部分漫漶。

（2）碑文

【碑阳】

碑额：无

碑名：寨坡路碑记

尝读《阴骘文》："剪碍道之荆榛，除当途之瓦石，修数百年崎岖之路，建千万人往来之桥。"垂训格言，为世道人心劝。吾乡东后沟，古迹道路年代莫考。只缘春霖秋涝，山水瀑涨，洪涝奔沸，道路倾圮。往来者步履跰蹭，负荷者恻目咨嗟。今岁春杪，太学生衡若张君，发心修葺，捐金募化，任怨担劳，兴工动作，经之营之，不数日而成之。将见行人歌于路，负荷颂于途。斯道路已得人心已乎！有不自《阴骘》中得来者哉。功成告竣，刊石为志，衡若君属序于余。予愧不能文，又不敢不以不文谢，漫书声语，以计年月云尔。

怡园翟其旋撰并书

捐金姓氏□后：

柴□银一两三钱，□□文银一两，张良□银一两，□□□银八钱，张□□银三两五钱，□□银三两，□□□银一两二钱，□□王银一两二钱，□□□银二钱六分，□□□银一两，□□利银八钱，□□、张□、陈□中、李遇春、王□、□士□、□□文、□□□、卫之麟、秦锡、□承文、杜应□、叚□有，以上各银三钱，卢□银四钱，李洋银四钱，张□扬银三钱三分，陈贞昌银三钱，田□、□首奎、霍际昌、茹高、马上奇、陈自金，以上各银三钱，王斗符、李玉、卢锡□、霍乾，以上各银二钱五分，卢灏、范明玉、豆恺、韩文奇、裴炳昌、裴吉昌、陈自堂、张□金、许应奇、张景□、李□□、□□□、范进才、□真义，以上各银二钱，□□、□如□、万□□、李秉印，以上各银二钱□分，霍德麟银二钱四分，曹恩荣、□永和、陈连、卢□、□凤、董召南，以上各银二钱，豆□银五分，以上共收银三十两零四钱五分。

使费开后：

石灰三百二十四驮，银四两二钱一分二厘。驮夫脚银，一两九钱七分。石匠七十四工，银五两四钱。小工三百二十九工，银十八两四钱六分。□杂，使银一钱四分，□板石一块，银一钱八分，原收短平银□□。以上共使银三十两零七钱六分二厘。除过原收净长使出银三钱六分二厘。张世钧赔讫。

总理：张世钧、翟其旋、霍际昌、卢懋利、卢然、蔡承安全立

时大清乾隆五年岁次庚申闰六月谷旦

24.封窑碑记

（1）碑刻简介

此碑刊立于清乾隆二十九年（1764），为记事碑，无碑首、碑座，有碑阴，碑刻规制为109cm×61.5cm×20.5cm，现为躺地残碑，字迹部分漫漶。原无题名，据文意而加。

（2）碑文

【碑阳】

碑额：无

碑名：无

特授陵川县正堂署阳城县事加五级记录十二次施。据郭谷镇生员范肇修、贡生陈观化等、乡地张珮等，禀请封禁煤窑一事。审讯得卫、张朋谋局结一案。缘卫、张同居一镇，于乾隆十九年争控，经前任杨勘讯明确，均有不合。本应详请封禁，姑念利出天地自然，不忍遽毁，因而劝谕各行、各窑等情在卷。嗣于乾隆二十九年正月间，生员范肇修、贡生陈观化等，因攻凿年久，有碍居民庐舍，具控前任胡即差拘集讯，即据张玉田等调处封窑，事已寝息。讵卫姓窑头郭如昆、赵七复在旧窑左近另凿新窑，张姓又令王兴仍然开窑取炭，以致陈观化等上控宪案，奉批饬讯。胡县旋即荣升，今虽得讯，又据生员张宜栩等吁请详销，当堂讯取各供，并取卫、张切实遵依，附卷将窑封禁，具详府宪，批示销案。卫姓复又牵砌多人，辄为渎诉。宪辕批行亲诣勘明详报。履勘郭谷镇堡城西门外胡家堆，有卫姓未行井窑一座，离堡城十步，往西北有卫姓旧窑口一座，离堡城二十步。卫姓新窑口在旧窑西北，离堡城三十步。张姓紫微岭南窑一座，与卫姓新窑口南北两山相离十余步，中隔山水小河一道，离堡城三十步。窑口东南有西庵小庙一所，俱已崩塌。复咨询舆情，其郭谷一镇，向来人多殷实，户有盖藏。自卫、张二姓攻凿窑口以来，迄今十数年间，日见消乏，总由地脉伤损。况开采年久，山谷空虚，有碍居民庐舍，自应严行封禁。再卫、张本非安静之人，该镇居民畏其恃矜生事，是以任其攻凿，今则有碍居民庐舍。陈观化等事出不得已，故连名上控。查讯之下，卫姓亦俯首无辞，情愿封窑，并出具切实甘结，遵依送案，应请免议。兹奉宪批，拟合将勘讯封禁缘由粘连原奉批词，绘图贴说，一并具详。奉特授山西泽州府正堂记录三次王批，卫姓等所开窑口，既于郭谷一镇地脉伤损，且有碍居民庐舍，自当分别利害轻重，早为封禁。乃恃矜势，任意开采，及经陈观化等赴府具控，本府饬县勘讯，甫行停窑请息，已有不合。今于批结后，胆敢牵扯多人，复行翻渎，殊属可恶。本应革究，姑念俯首无辞，从宽销案。如再恃符滋事，即行详究毋违。缴。阖镇士民，虑其有关庐舍坟墓，诚恐世远年湮，再有趋利之徒复蹈前辙，恳请准照勒石。蒙县批准，勒石永禁。仍照刷碑文送候备案。今理合抄录详案宪批，刻石永禁，以垂久远云。

乾隆二十九年秋月

阖镇士民：陈观化、王云骧、张遵道、张烈、陈观民、王景沂、陈汝枢、范均、范大宗、裴思铭、翟玑、陈景尧、张垲、王金玮、张汉舒、张国模、陈师关、陈名俭、张世栋、张增祺、陈绍宗、陈象雍、陈墉、窦兰、董振、卢俞飏、吴傅、原纶赐、赵之兰、张辉、王廷塘、张增祜、蔡承文、陈沛文、卢志学、韩正宗、周天申、张之槿、张达、延绍先、王作哲、王好善、王普、赵梦熊、郭金梁、张玉、任三杰、张瑕、张洽、韩景元、李秉敬、常春林、裴鸿义、霍兴、李永锡、裴思谦、杨进、张永绍、陈瑞、裴荣、王世全、张义、申玉、王申、王家才、王正乾、范雷、张广荣、郭守福、苏法隆

乡地：张珮、王贻植、陈朝钦、范进财

仝立石

【碑阴】

漫漶不清

25. 重修寨坡路记

（1）碑刻简介

此碑刊立于清道光十九年（1839），为记事碑，无碑首、碑座，无碑阴，碑刻规制为152cm×58cm×14cm，现为壁碑，碑刻破损，字迹部分漫漶。

（2）碑文

【碑阳】

碑额：无

碑名：重修寨坡路记

郡优廪生韩纪元撰并书

世人敛钱捐金以修葺佛寺者，未尝非善，而莫急于修治道路者之为善倍切也。工之成于募化捐修者，□其善，而莫甚于本愿输修者之为善更勇也。东坡之路，当两河之冲，惊涛澎湃，频甃而频坍焉。乾隆五年世□张君、五十六年汉孟张君，曾募化而两修之。近年复遭河虐，而艰于陟降。且遇饥馑频仍，家多悬罄。有志者欲募修之，而势所未能，又谁是愿输己财而倡之者乎？行人徒欷歔而已。客岁腊日，余与天池陈子饮酒于□太和赵君家，谈间及此，赵君曰："如有欲为之者，我自愿输金钱四万以作胎。"陈子曰："君果欲如是，我不能助以金，我姑勉力以肩其任。"余从旁即怂惠之，成二子之言。于时，约来年二月经始。陈子又浼同人募捐大钱廿余千、工六十有奇，并修小泉石堰。夙夜勤劬，五旬而告竣，较昔之基更舒而且平，人庆坦途矣。兹当勒石以记年月，予因为之文，不肯没子之心与力也，且不肯没众人之襄厥事也，更书之以劝世之修葺佛寺者，不若修治道路者之为善切也。且以劝人之募化捐修者，不若本愿输修者之为善勇也。

赵太和自愿捐大钱四十千文

募捐列后：

天福盐店捐钱六千文，□□、王汶洤各捐钱一千文，天来号、明顺号、君盛号、赵永太（缺）五百文，张云□钱二千文，卢作雨钱一千五百文，陈一清、蔡铨、叚绪和、□元、□□仁、霍江、王□一、王□□、□□、□□、□□□、张勤、张业茂、郭斌、许天枢，以上各钱五百文，张文保、李□基各捐五工，王文治捐三工，卢太平钱四百文，张□宗、张存义、□奎斗、陈太和、陈□和、□顺兴、丁□远，以上各钱一百文，□聚奎、李明法各三工，□贞三工，王三杰、张存仁、张迁□、徐永成、侯□、□天禄、袁立□、赵□、李聚仓、李大福、张文□、陈□、□中之上各二工，吉兆岐、吉兆□、吉兆瑞、芦尚上各钱二□文，张山、□永法、吉专安、芦大邦、魏□生、常保顺、刘聚□、魏□□、杨□□、王□、陈垣上各一工，以上共入钱六十九千四百文，捐六十一工。

买灰埽使钱一千四十八百四十四文,运石车力钱五十六百七十文,匠工使钱二十三千一百四十文,小工使钱一十一千三百文,买器具使钱二千七百九十二文,杂费使钱一千九百七十四文,少数补底使钱六百八十九文,立碑使钱七千二百文,祀神使钱七八九十二文(缺)

道光十九年冬月吉旦

总理:陈玟、蔡铨、王沅、段绪和仝立

26.补修玉皇阁后正殿腰庭钟鼓两楼东西山门记

(1)碑刻简介

此碑刊立于清同治五年(1866),为记事碑,无碑首、碑座,无碑阴,碑刻规制为135cm×56cm×15cm,现为躺碑,部分破损,字迹部分漫漶。

(2)碑文

【碑阳】

碑额:广种福田

碑名:补修玉皇阁后正殿腰庭钟鼓两楼东西山门记

白云观者,郭谷之巨观也。石笋峙其上,高耸于霄汉之间;清泉涌其下,萦洄于池沼之内。巍巍乎天然一柱之象。襟山带河,绿环翠绕,松柏拱秀,百鸟争鸣,诚胜境也。缘岁远年湮,风雨飘摇,垣颓瓦落,目击心伤。每逢祈祷之期,坐视难安。但工程浩大,力弗能胜。将欲借助他山,而海宇靡宁,急难缓图。今岁仲秋,邑中执事邀同坊众,经营区画,无不慷慨捐输,暂将紧要之处,些微补葺,匝月而告竣焉。至于整理完全,焕然如新,尚待将来之振兴者。勒石以志,非敢铭功,惟冀有所稽考尔云。

邑人黎公府供事渭州蔡毓淇撰并书

捐金姓氏:

王聪、郑关(缺)陈焕斗(缺)□存真、□□□、□检、□□、□□义、各□千文、□□捐三千文、张□□、栗德□、张讫□、王□、刘□□、□□□、□□□、吉□□、赵□□、王永福、陈瑞云、□□云、侯德元、王

瑞、□□□、陈□□、□□□、□文□、□大□（缺）

共入布施钱四十四千□□文，置碑杠小工用钱二十五千五百四十文，茶水用（缺）□□□□用钱二百九十八文　□社用（缺）石灰瓦工用钱九百九十二文，钉油匠用钱一千四百卅五文，器具用钱一千四百卅三文，香楮请客用钱二十七百六十文，立碑化□用钱（缺），总共使钱四十七千（缺）净□□九百五（缺）。

总理佃出（缺）

总理：丁文发

副理：郭凤翔、王垣、蔡衡之、张朗山、吉维慎、赵德炳、张大中、韩昌公立

住持：闫教祥

玉工：曹法华

时大清同治五年岁次丙寅仲冬吉旦

27. 重修西门外石坡碑记

（1）碑刻简介

此碑刊立时间残缺，为记事碑，无碑首、碑座，无碑阴，现存残碑厚11.5cm，字迹漫漶严重。

（2）碑文

【碑阳】

碑额：（残）

碑名：重修西门外石坡碑记

（缺）上峙石简，下涌清流，诚吾邑之巨观也。第历年久远，风雨侵凌。其庙之下，鱼池（缺）之西门之外道路崎岖，往来艰险。希圣孟君目睹心悸，欲任其事，恐独力难（缺）之邑得金归里，与培业蔡君等共商兹役。诸君闻之，慨然应允。复募本社众（缺）将圮者焕然如新，未创者灿然增盛。厥功匪小，不可泯没，兹将捐输姓氏以（缺）云。

（缺）张兴泰、□□、陈□廉□□、□有□□□、蔡坤□、曹垒、吉正会、（缺）茹李孔、□□和、魏□（缺）、□絓绪、段宾友、侯□（缺）卫□栽、丁双全、王□□（缺）

收出开后：

原收舞邑布施钱十九千五百文，除换银赔头□并脚□净□钱十七千五百□□文，又收□社布施钱四□九百九十四文，共□□□□□千五百一十□文（缺）

28. 文社财产及保护碑

（1）碑刻简介

此碑未知刊立时间，为记事碑，无碑首、碑座，无碑阴，碑刻规制为70cm×16cm，现为躺地残碑，字迹部分漫漶。原无题名，据文意而加。

（2）碑文

【碑阳】

碑额：无

碑名：无

（缺）万瑞，县志载焉，秀气之所钟，文风之所系也。□故明末国初人文（缺）镇文人肄业之所。嗣后肃齐陈公，虑年远荒芜，有伤风脉，协同阖府八门（缺）捐为阖镇公产。清开四至，立有合同。迄今十数年间，经文庙执事管理修补，有守（缺）总领擅砍树株，阖镇绅士具呈唐慈案下堂讯，出示严禁。十二年，又呈现任（缺）同人当共保此山，期无负乡先辈美意。兹特略叙原由，将合同四至立石。并将（缺）毁此山者公同墨榻碑文，送官究处，永以为记。

（缺）兄将一切山场、房屋、树木具呈本县正堂，批准存案。近年日就荒废，甚有族中无（缺）入文庙管理，作为阖镇读书人肄业雅游之所。嗣后修理培植，安设住持。祀（缺）私毁一草一木，听诸公呈官究处。此记。

陈象垌、陈城、陈举旗、陈金焕、陈耀曾、陈锡瑷、陈乘灼、陈法登

陈秉灼书石

（缺）十五日

（缺）院一处，后宫一处，南房一座，北房基一块，山门廊三间，文昌阁一座，（缺）处，东至路地邻，西至山塄地邻，南至陈氏公中地，北至水沟。四至以内，山场房屋（缺）

陈法登书

（缺）日文社三班执事仝立石

29. 关夫子觉世真经

（1）碑刻简介

此碑无刊立时间，为经文碑，无碑首、碑座，无碑阴，碑刻规制为192cm×36cm×4cm，现为躺碑，部分破损，字迹稍有漫漶，原存窦家院，现存白云观。

（2）碑文

【碑阳】

碑额：无

碑名：关夫子觉世真经

敬天地，礼神明，奉祖先，孝双亲，守王法，重师尊，爱兄弟，信朋友，睦宗族，和乡邻，别夫妇，教子孙。时行方便，广积阴功；救难济急，恤孤怜贫；创修庙宇，印造经文；舍药施茶，戒杀放生；造桥修路，矜寡拔困；重粟惜福，排难解纷；捐资成美，垂训教人；冤仇解释，升秤公平；亲近有德，远避凶人；隐恶扬善，利物救民；回心向道，改过自新；满腔仁慈，恶念不存；一切善事，信心奉行；人虽不见，神已早闻；加福增寿，添子益孙；灾销病灭，祸患不侵；人物咸宁，吉星照临；若存恶心，不行善事；淫人妻女，破人婚姻；坏人名节，妒人技能；谋人财产，唆人寻讼；损人利己，肥家润身；恨天怨地，骂雨诃风；谤圣毁贤，灭像欺神；宰杀牛

犬，秽溺字纸；恃势辱善，倚富压贫；离人骨肉，间人弟兄；不信正道，奸盗邪淫；好恶奢诈，不重俭勤；轻弃正业，不报有恩；瞒心昧己，大斗小秤；假立邪教，引诱愚人；托说升天，敛物行淫；明瞒暗骗，横言曲语；白日咒诬，背地谋害；不存天理，不顺人心；不信报应，引人作恶；不修片善，行诸恶事；官词口舌，引人盗贼；恶毒瘟疫，生败产蠢；杀身亡家，男盗女淫；近报在身，远报儿孙。神明鉴察，毫发不紊；善恶两途，祸福攸分；行善福报，作恶祸临。我作斯语，愿人奉行；言虽浅近，大益身心；戏侮吾言，斩首分形。有能持诵，凶销庆聚，求子得子，求寿得寿。富贵功名，皆能有成；凡有所祈，如意而获；万祸雪销，千祥云集。诸如此福，惟善可致；吾本无私，惟佑善人。众善奉行，毋怠厥志。

（五）文昌阁

现文昌阁为新修。随台阶而上高台，即至文昌阁山门处，一进院中堆放着从村中收集而来的多通、多种碑刻，其中许多碑刻已难寻原始刊立点。拾级而上进入二进院中，正对面即可看到上下两层砖石建筑，即为文昌阁。

文昌阁内现保存有18通碑刻，均从他处迁来，包括张尔质墓地、王氏墓地、张鹏云墓地、陈氏墓地、卢氏墓地、张尔素墓地、张元初墓地、秦光墓地等，以墓志铭为多。

1. 明故南平处士张君墓碣铭

（1）碑刻简介

此碑刊立于明嘉靖四十四年（1565），为墓志铭，无碑首、碑座，无碑阴，碑刻规制为144cm×57cm×20cm，现为躺碑，保存较好。原存张家墓地，《文集》载存于村委会，2020年11月7日调查时存于文昌阁。

（2）碑文

【碑阳】

碑额：故张君墓碣铭

碑名：明故南平处士张君墓碣铭

乙卯科晋进士　　宝泉窦杰撰

阳城县庠生　　　成山于情书

阳城县庠生　　　行庵裴佳篆

故南平处士张君，讳廷广，允平其字也。世家，泽之阳城县郭谷里人，距县东三十里。其先尊祖讳仕庸，祖讳瑜，父卓，母刘氏，皆以积善称。兄弟三人：长廷顺，次廷允，君其季也。君质负敦朴，自幼不喜浮华。事亲能孝，尤善于几谏。父殁，承其生业，不惟植立，且能恢拓。日进月益，资产数倍于前，然皆敦本所致，未尝放利而得，异乎世之不仁，而富者。居常对宾，惟布帛衣，不好饮酒，讳言人过。兄愈老愈笃友爱，待姻戚、乡里，各中礼节。戒子则以衣食从实得为言，龟以勤俭务本。虽处仆下之贱，亦必施之以恕，无傲容焉。所置之地，其南最多，君出入往来恒于斯，故乡人称为南平翁。夫郭谷为阳之巨镇，繁琐之区，俗皆华靡相炫，而君居其中，独不然焉。是其朴素之操，真足以追隆古之风，殆一乡之拔出者也！以嘉靖四十三年十月十四日偶得一疾，翻然而逝。殁之日，亲戚里闬咸恸悼之。其生则弘治十年十月二十日，享年六十有八。配李氏，北留里义官李嵩之女，有女德，沉静寡言，克相克顺，内助与有力焉。寿不满德，先处士十五年而卒。生于弘治十一年十二月初八日，卒于嘉靖二十九年九月初八日，享年五十有二。妾赵氏，继娶刘氏。子二：长继祖，诰封奉训大夫代府仪宾，配隰川王曾孙女，封为代府宁浦县君。继祖为人胸次豁达，器识豪逸，持己接物，皆有纪律。其弟殁，抚其遗孤若己子，保其生产若己业，家人为之感恩。呜呼！张君有是子焉，亦可慰于幽宅矣。次继善，三考省祭官，将仕，先君二年而卒，配卢氏，妾李氏。女二：长适东裴里王朝东，次适望川里裴国用，俱李出。孙男六：长君武，娶庠生于情中女；次君斌，聘庠生裴名用之女；君召，聘沁水县窦侃之女；君宠、君佐、君礼皆幼。孙女二：一许庠生于范次子，一幼未字。卒之明年，继祖将以正月初八日，卜葬于南原先茔之左，李氏、赵氏祔，请予为文以蕲不朽。予与君为亲友，相距甚迩，知君之悉，故摭其实，碣于墓而系之以铭。

铭曰：猗欤张君，圣世逸民。清风追古，木质回淳。偷俗靡靡，孰轶芳尘？想见其人，睇此青珉。

大明嘉靖四十四年正月初八日

孝子张继祖谨立

石工王彦庄刊

2. 明故南峰居士张君墓碑

（1）碑刻简介

此碑刊立于明嘉靖四十五年（1566），为墓志铭，无碑首、碑座，无碑阴，碑刻规制为62cm×19cm，现为躺地残碑，字迹稍有漫漶。原存张家墓地，《文集》载存于村委会，2020年11月7日调查时存于文昌阁。

（2）碑文

【碑阳】

碑额：□□君墓□铭

碑名：明故南峰居士张君墓碑

阳城县庠生成山于情撰书并篆

嘉靖四十三年十一月二十四日，南峰居士以疾终于家。明年三月二十四日祔葬于先茔之侧，其孤继先为之树碑，以其书来请文。予思张君之贤有足扬者，遂不复辞。按，君泽之阳城郭谷里人，廷永名，允常其字也。兄廷顺，弟廷广。其先曾大父仕庸，大父瑜，父曰卓，俱韫德弗售。君庄重缜栗，质直寡笑，语言高朗，步速如流。家居，每至夜分，鸡鸣复兴，了无倦色。生财致富，虽不废于货殖，然皆以义得之，未尝侵刻以取赢。有慷慨，有气概。见人有善，乐道不已；闻人有过，疾恶如仇。不好博弈，不喜

□□，不随波于流俗，不谄交于豪贵。贫贷弗偿者，悉置不问；横逆来加者，量能不校，然卒使之自愧。至于饮食，男女之欲，盖淡如也。其戒子孙云："勤俭立身之本，古人尝以为训。每见名门巨姓被不肖子荡覆其家，以其怠以失之、奢以耗之也。汝曹可中不寒心！苟能勤以治生，俭以节用，庶可以常保矣！"噫！真可谓垂后之格言也。君生于弘治八年，享年七十。寿不满德，人多惜之。配畅氏，南留里畅居正女，婉顺柔嘉，相夫教子咸得其宜，闺门盖雍雍如也。男一，曰继先，三考省祭官，觞咏自如，萧散不羁，有晋人风。妻李氏，白巷里李子升之女。妾苏氏。女二：长适上佛里于儒，次适崇上里省祭官卫重镐。孙男一，曰君爱。孙女二，俱幼。噫！古不云乎"阴有德者，必食其报"。张氏自先世以来，世德祚永，绳绳相继，虽未至显荣，吾知不在厥身在子孙，天其默相于冥冥之中，其后又可量哉？是宜系之以铭。

铭曰：惟木有根，根盛叶雘。惟水有源，源涎沠亢。惟人有德，德厚流光。勒铭于石，石永无萌。

大明嘉靖四十五年孟夏十有六日

孝子张继先立石

南留里镌字匠王玠刊

3. 明故曾祖王公之墓

（1）碑刻简介

此碑刊立于明天启三年（1623），为墓碑，无碑首、碑座，无碑阴，碑刻规制为98cm×43cm×19cm，现为躺碑，保存完好。

（2）碑文

【碑阳】

碑额：无

碑名：明故曾祖王公之墓

按曾祖讳琔，为高祖之仲子，娶祖妣延氏、张氏，生子四：一曰绍祖，即德等之祖也。二曰绍宗，三曰绍芳，俱无传。四曰绍经，迁籍南直霍立县。孙七：曰海、曰澄、曰浩、曰洗、曰瀚、曰湖，皆祖绍祖子；曰淳，为绍经子。海生重恩、重新。澄生重志、重宪。浩无传，女一，适李天锡。洗生重德、重惠、重思。瀚生懋官，□庠生。湖生应登，任光禄丞，应选，太学生，应乾，庠生。淳生重文、重武。今德等庆世泽之绵远，思祖德之延长。谨勒诸石，以垂□□不朽云。

天启三年三月初六日

四世孙：王重德、王应登、王应选、王重恩、王应乾、王重新

五世孙：王元杰、王元勋、王明洪、王元旦、王明允、王熙明、王基固、王康明、王元熙

六世孙：王迎祥

仝立石

4.明敕封承务郎近泉卢公配望凤乡君合葬墓志铭

（1）碑刻简介

此碑无刊立时间，卢公卒于明万历壬辰年，即万历二十年（1592），此碑当立于此年，为墓志铭，无碑首、碑座，无碑阴，碑刻规制为69cm×57cm×16cm，现为躺碑，字迹部分漫漶。碑原存卢姓墓地，《文集》载存于村委会，2020年11月7日调查时存于文昌阁。

（2）碑文

【碑阳】

碑额：无

碑名：明□封承务郎近泉卢公配望凤乡君合葬墓志铭

己卯科举人眷生文吾张　纯顿首拜撰

泽庠生　　愚婿贞吾钟材达顿首拜篆

析庠生　　愚侄大寰卢□□顿首拜书

万历壬辰八月二十六日，仪宾卢公卒。踰年将窀穸期，厥子知照持状

匍匐□于余，曰："不肖罪恶深重，祸延先人，终天之恨，忿言哉！然昔父疾未革时，谆谆以铭志嘱不肖，且曰：'姑丈春元张公最知我意，脱有不讳，儿其以我命往。'故今兹之请治命也，姑丈幸毋辞。"夫余岂能文者哉！顾余昔尝受《易》于天池先生矣，先生盖仪宾公之父也。先生畴昔爱余如仪宾公，故余与仪宾公相狎甚久，而亦相知最悉。余既以不文辞也，且下负仪宾公哉，且上负天池先生矣！

按状，公讳承宗，字君续，别号近泉，世居阳城县之郭谷里。曾祖受义官；祖入太学，任临潼县丞；父守信，以明经任长垣县训导，即余之受《易》先生也。母李氏，北留李有相女。姑封先宣宁王妃。是公自上世以来，盖已著姓称云。公幼聪慧孝友，天至甫垂髫髦，有大人志，每卧枕流涕叹曰："吾有叔如王岩公，而吾不若；吾有兄如谦庵公，而吾不若。将焉吾用？"盖二公以羲经魁晋省，故公之叹及之也。奈公素羸弱，且家政繁剧，竟以有所束缚，郁郁不如志。训导先生尝持□□克，何自苦若是？古人褆躬苟有所建立，皆可以言成，而何必以文墨为也？且吾以文墨悉而遗尔兄弟，乏尔即学，难为佐我学。于是为之请命于先宣宁王，招奉国将军府仪宾，盖亦人间之盛事哉！礼既竣，公即操赀客晋城间，持筹握算，用佐先生业。以故先生得肆力于学，而卒成其为贡士者，则公之力也。公兄弟数人，公最长。方诸弟当髫龀时，不克自为糊口计，公自计吾橐额充，而使吾弟有不足，叹□惟乖同胞义，而亦重作亲心。于是，割其橐以均遗之。以故诸弟皆卓然成立，而不致有颠蹶者，则公之力也。先是公客游晋城时，以妃贵，即受知于先宣宁王。王每临大政，辄赖公擘画。公为一借箸，而王即怡然称惬。故王尝谓训导先生曰："是儿非常人，殆吾左右手也。先生幸勿以膝下之爱辞。"以故公日侍王左右，而王之国日益就理，王之名日益隆重者，亦公之力也。公真世之人杰哉！及王与妃先后告薨，王之子方在襁褓，国是矛盾，公乃拊髀叹曰："此何等时耶，而吾不去何待！"即又操赀游大梁间，用白圭术，人弃我取，人取我予，时日隆隆起焉。而公之子知照亦于兹生矣。生之日，其故知之见且幸者，靡不各制短章，为公称贺。而公亦日卖金置酒，大会诸故知。夫公素称俭者，而何为如此哉？盖公日夜以大不孝虑，故兹之乐于轻财者，重统系也。越数岁，公睹其子渐长成，可以涉河洛而登太行，后又拊髀叹曰："吾经营垂四十年，而今吾事足矣，不归何时！"于是赍囊橐，携妻子，脱然以归。归而席未暇暖，□为其子招镇国中尉仪宾，盖欲□□其美。去职则□视工作移花草、引水灌畦，视世故之顺逆、得失若逆旅。然讵于其卧枕数月，而以年终耶！公生嘉靖十九年十二月十八日，先配望凤乡君，继崔氏，义官腾霄女；别室陈氏、乔氏、倪氏。子知照，陈氏出。女二：长适生员钟材达，参政方塘翁孙，望凤乡君出；次聘泽州侯民悦，倪氏出。孙女一，幼未聘。夫志人立德立言者，岂□际通显秩要阶，始为巧施于人，而家借以有荣哉！如近泉公真可尚已。

铭曰：以其翁之能，式多士耶，其以公之孝耶？以若弟之咸克振拔耶，其以公之友耶？以若□藩□无□□□□耶，其以公之谋而断耶？呜呼，沟之南西山之阡耶，其公之玄幽耶！

不孝子知照立石

5.清故大中丞都察院右佥都御史雨苍张公墓志铭

（1）碑刻简介

张鹏云卒于清顺治乙酉年，即顺治二年（1645），碑当刊立于该年。为墓碑，无碑首、碑座，无碑阴，碑刻规制为122cm×47cm×13cm，现为躺碑，部分破损。碑原存张鹏云墓地，《文集》载存于村委会，2020年11月7日调查时存于文昌阁。

（2）碑文

【碑阳】

碑额：无

碑名：清故大中丞都察院右佥都御史雨苍张公墓志铭

雨苍公，余益友也。曩周莲峰先生较晋士，手余两人牍，击节赏之，称"二张"。余与公午酉相继举乡书，后先捷南宫，同时□□省居舍，相去不数里，时时过斋，头促膝罄，摅廷余不逮公。诚□□友也。余重公，念公敢辞隧道之役。

公讳鹏云，字汉冲，别号雨苍。上世自沁水金凤迁居阳城之郭谷镇。高祖闻、曾祖辇、祖江，俱隐德弗耀。父思诚，始以公贵，累赠中宪大夫都察院右佥都御史；母李氏，累赠恭人。生四子：长登云，经历；仲祥云，儒士；叔庆云，举人，以死节，赠知县。公其季也，生而娟慧不凡，读书目数行下。癸卯，补博士弟子。己酉，中山西乡试，甫弱冠。丙辰，成进士，授河南归德府商丘县知县。辛酉，河南同考。壬戌，行取，擢刑科给事中，侍经筵。癸亥，报庆秦藩途中，丁外艰。甲子冬，出参议四川，兼佥事分巡川北道。未几，魏璫矫制，削籍追夺。戊辰，起原官，补礼科，历户科右、礼科右、兵科都给事中；钦命阅视诸军，赐白金彩币。庚午，迁太常寺少卿，册封晋府。壬申冬，以都察院右佥都御史巡抚顺天。丙子，患病请告。戊寅，丁内艰。己卯，被谗，戍榆林。壬午，病再复，容日削。乙酉夏，竟不起。呜呼！痛哉！

公天性孝友，事赠公备极包养。当赠公易箦时，公适奉使关右，不及诀，每燕坐谈及，未尝不泣下沾襟也。李恭人蚤逝，事继母内外无闲言，事诸兄恭而有礼，不以宦□分尔我。叔兄殁，抚从子如子。伯兄之孙孝廉君贲玄，绩文植行，声噪三晋，皆从公迪训中得之。筮仕□立，抑豪强，厘积弊，兴学校，□赎锾，不假鞭扑之威，吏畏民怀，称中土循良第一。去之后，氏肖像蒸尝，岁时罔数。梃击议兴，大小臣工喧争如聚讼。公一入谏垣，即原情析理，剖累年不决之疑。崔、魏初进，公首患履霜，即上疏参之。后崔擅政，大修前郄，人为公危。公正色曰："祸福惟命。"未几，以蜀抚尹同皋疏中挂名倒夺，然是时几罹不测矣。丙寅下诏曰：张某等乃借梃击以要首功。□□□之，犹令人咋舌。祸起，遍历诸垣，议论丰采益矫。娇□直□□□出，远道怀诵，□□为之纸贵，门视将吏诸文武不□而陈见，以求东锦。及旌于庙堂，洞公才略，特命垣抚。几旬公至，即公辑前往，弹压勋戚如昔日。同里杨贞肃抚顺天时，昼夜巡行关隘，上下岩谷间，不避艰险。

因谓者病脾，尚卧肩舆，驰驱不少□。已而病益甚，始请告归。当事者他事嚅公，乃以规避开罪。公之栉风沐雨数载救宁之绩，竟含冤不白矣。公获谴，缄口不言宁辅事，日与二三姻友，吟啸风月，傲魄林泉，朝夕课其子若孙读书。不以竿牍挠有司，不以资产烦井间。遇有急变，辄奋身直前，保护井里，而后即安顿郭峪镇崇堞巍橹，享一方金汤之固者，伊谁力也？不喜饮弈，不嗜弦丽。虽建牙列戟，而门鲜庞杂之宾，庖无列鼎之供，乡曲师检朴焉。余与公游最久，从不见起一嗔色，发一疾语，作一倨态。暂容修干，谈笑皆有妙理。人见公美如冠玉，雍容鱼雅，而不知其临大节、□重权，沉毅镇定，有万夫辟易之勇。人见公领巨宅，班近待，伍开府，浐履华膴，而不知其廉介狷洁，囊橐萧然，几以输饷不免于难。人见公丰功骏烈，扬历中外，倚重干城，而不知其翩翩文藻，举笔数千言，行草媽秀有法，见推艺林。第生平息影敛名，凡仕辙所至，种种德政，皆不肯夸示后人，即十载琐垣，章疏以百计，尽焚毁，不留□。是以殁之日，长公君五泣血掺觚，欲纂辑遗事，而不能考稽其万一也。公洵不可没已。

生万历丁亥六月七日，卒顺治乙酉六月十九日，享年五十有九。配李氏，累封恭人。子二：长元声，即君五，廪生，配王氏，寿官业女；次元伟，蚤卒。女二：一适举人李兆甲，一适庠生曹宜绳。孙男三：长尔黾，庠生，娶李氏，恩生瑞女；次尔谋，娶陈氏，御史昌言女；次尔翼，娶杨氏，庠生映芳女。孙女三：一适庠生陈公，即御史子；一字王祥奇，庠生熙明子；一尚幼，未字。将以今岁十月初七日葬于镇西紫薇山之阳。铭曰：

绾符出宰，湛湛武津，弦歌百里，俎豆千春，是曰良臣。虑先炀灶，画豫徙薪，既履虎尾，亦批龙鳞，是曰直臣。寝陵奠卫，畿甸拊循，当机应卒，羽扇纶巾，是曰□臣。贤而能下，贵而能贫，一编百亩，山椒水□，是曰庶臣。今之全臣，古之天民，六□未启，四品甫臻，岂天忌美，概满屈伸，抑天作善，遗厥后人。爱树臣鹄，敬勒贞珉，□昭令问，万祀靡淹。

赐同进士出身光禄大夫太子太保吏部尚书前户部尚书加一级都察院掌院事右都御史　眷弟张慎言顿首拜撰

赐同进士出身文林郎巡按山东浙江道监察御史　眷□晚生陈昌言顿首拜书

6. 清诰封通奉大夫刑部右侍郎加一级条山张公墓志铭

（1）碑刻简介

此碑刊立于清顺治十六年（1659），为墓志铭，无碑首、碑座，无碑阴，碑刻规制为 125cm×57cm×20cm，现为躺碑，字迹稍有漫漶。碑原存张元初墓地，《文集》载存于村委会，2020 年 11 月 7 日调查时存于文昌阁。

（2）碑文

【碑阳】

碑额：无

碑名：清诰封通奉大夫刑部右侍郎加一级条山张公墓志铭

夫作德之报昭昭已，冥行者或背驰之，若盲人不见日星然；甚有聪明舞其机智，以希世好，则如有目而故闭之，舍坦而趋坎，胡惑焉！惟天之佑善人，非有微妙隐密之故，乃其所以得于天者，信顺弗违，廉退而愈不可谢。迹其末以求其端，沿其着以察其微，循往事以考其理，无古今一也。昔予少游京师，遇同邑谒选者张公，初探签得山阴簿，既，吏诡易以江山，二三少年咸起揶揄之，公怡然自若也。予时悚焉敬其雅度，是为今少司寇赍玄公乃祖。赍玄公通籍后，与予同官京邸，因又熟其封君条山公，为人直朴简率，独好□耸酬，余琅琅诵心曲，绝不为矫饰态。予叹曰："张氏继世而为善人，德泽昭易矣哉。"顺治八年，遇覃恩，敕封儒林郎内翰林秘书院编修加一级。十四年，再遇覃恩，诰封通奉大夫刑部右侍郎加一级。是年夏，赍玄公以疾告归，公健胜如壮岁，人日与乡之耆宿数辈酿饮欢聚以为常，陶然自适。会有司举齿德者饮于乡，佥首籍公，典礼为之有光卞何。赍玄公疾差，公方趣治装，忽患疡，十余日而逝。赍玄公以疏吁于朝，蒙赐祭一坛，给全葬，恩宠隆异一时，称希逅焉。呜呼！是虽赍玄公爵秩之巍，品望之纯，上逮其所生，夫亦公之德有以自致之而然也！盖公虽为诸生，才高敏，雅不乐以文采自见。事亲笃孝,赠公耋年失明,晨夕与溺必亲。赋性刚直,不随人俯仰。人有过,往往面折之,而又乐道人善,津津不置。闻党有忿争者,咸就质公,力为排谕,务得其平。遇婚葬事,必勉为周助,然持己过于俭朴,从无华衣鲜食之奉,以辅体悦口,尤申诫家人勿即于靡。生五子,俱课以学。长即贲玄公,次苍溪君,余尽翩翩材美,好学而多文。公复诲以驯行,一家之中慈孝廉让相后先,无纤毫习俗富贵气。《易》曰:"积善之家必有余庆。"孟子曰:"可欲之谓善,民之秉彝也,故好是懿德。"有人于止穷约,则强勉为善,居富贵而易所守,恶在其能积而有余也。公家自仝都公前,葆德于暗,及贲玄公,已再世显荣,乃其父子兄弟间,一皆谨愿古处,不为奢侈之行,元气浑涵,充而弗溢,斯实固而发弥长矣,而要自公一身为之董□。吾故嘉乐慨叹之,欲以为世作德者劝焉。

公讳元初,字还之,号条山。世居阳城之郭谷里。始祖曰闾,闾生辇,辇生江。江生子三:长思敬,次思爱,次思诚,赠中宪大夫都察院右佥都御史。生子四:长登云,官京山卫经历,赠通奉大夫刑部右侍郎加一级,是为公父。次祥云、庆云、鹏云。上世皆务稼事,后奋儒业。庆云与予同年举乙卯举人,殉寇难,赠宛平知县。鹏云,丙辰进士,历官巡抚顺天都察院右佥都御史。公生万历二十三年十月二十六日,顺治十六年闰三月十五日卒,享年六十有五。配李夫人,生员李公爱女。子男五:长尔素,丙戌进士,刑部右侍郎加一级,前左春坊左谕德兼内翰林秘书院修撰,娶庠生李鼎新女,继平遥训导孙如琰女。次尔淳,四川苍溪知县,娶陈经纶女。次尔厚,官生,娶生员石逮女,继席尚福女。次尔实,廪生,娶封工部员外郎杨公时萃女,继马延祚女,继程中相女。次尔质,庠生,娶李逢亨女。女二:一适监生曹积善子庠生象煌,一适庠生王修身子人豪。孙男二:范,尔素出;韩,尔质出。孙女二:一适廪生王熙明子均,一许聘贡生王维时子克仁,俱尔素出。

贲玄公将以是年十一月初三日葬公于紫薇堆之新茔。不远二千里走状来征铭,予故为论次而铭之,不敢诬也,惟以实。其铭曰:

周子有言:端本善则。厥本谓何?曰维诚质,曰顺而祥,曰坦而吉。无怀葛天，鹿豕木石。其心匪他，昊天不忒。我铭公幽，聿宁其魄。不匮孝子，尔类永锡。

刑部尚书前吏部左侍郎兼内翰林国史院学士纂修副总裁官　年家眷弟白胤谦顿首拜撰

赐同进士出身左春坊左赞善兼内翰林弘文院检讨　眷年侄乔映伍顿首拜书

顺治十六年岁次己亥十一月初三日

不孝男：尔素、尔淳、尔厚、尔实、尔质仝泣血镌石

7. 皇清诰封夫人张太母李氏墓志铭

（1）碑刻简介

此碑刊立于清康熙四年（1665），为墓志铭，无碑首、碑座，无碑阴，碑刻规制为114cm×62cm×19cm，现为躺碑，字迹稍有漫漶。碑原存张元初墓地，《文集》载存于村委会，2020年11月7日调查时存于文昌阁。

（2）碑文

【碑阳】

碑额：无

碑名：皇清诰封夫人张太母李氏墓志铭

余中年失恃怙，禄养未几，即萦风木之悲。每闻友之高堂无恙，窃自叹恨终天，而不觉□泣之□□□也。同乡榜东山张公，老母已逾七旬，当公之再任少司寇也，公欲疏请弗就征。母夫人贤之，曰："尽忠即是尽孝，无事恋恋膝下！"再三勉谕而后行。余闻而敬慕之，方意他日回里，过濩泽之乡，□白云之岫，登堂拜母，仰望颜色，以为睹友之母如吾母也。无何乙巳初秋，讣音至矣，公号泣几不欲生。嗟乎！余以悲吾母者，转为东山之悲矣。

按，张太夫人姓李氏，为邑庠生李公爱女。生而沉静端庄，不事浮饰。适诰封通奉大夫刑部右侍郎条山公，相敬有礼，五十年如一日。窃叹世风侈奢，矜尚华丽，即服食之间，有江河难挽之势；况家世蝉联，安往而不得

哉！夫人曰："吾志在德耳，粝食浣衣，妇之常也。凡若所为，吾耻之。"其不改寒素类如此。条山公好周人之急，凡亲族乡里，有婚葬大事，力不能举者，夫人必佐其不逮，以故乡人益多夫人之贤。条山公有五子，慈孝廉让，翩翩儒雅，人咸拟之为燕山公家，然皆母夫人督之以有成。东山公起家词苑，学问爽朗，又两佐司寇，皆精详恺梯，不敢婞阿以敝政。虽条山公义方之训，亦太夫人檠灯课读之力也。至于侍翁姑诰赠通奉大夫刑部右侍郎月亭公、诰赠夫人李氏，咸能永顺其志，即意所未形，无不如其意指。当翁姑有疾，太夫人忧形于色，日夜目未交睫。经营后事，更悉心筹划，靡不尽礼。乡党称孝，诚无愧云。门以内，井井有条，仆婢奉法唯谨，一以惕太夫人教诫之严，而体惜倍至，更以服太夫人宽恤之仁也。古云"淑德懿范"，洵足以辉映后先矣。

母卒于康熙四年六月二十四日子时，距生于万历乙未十二月十二日子时，享年七十有一。生子五：长尔素，丙戌进士，由庶吉士历升左春坊左谕德，转分守江宁道、陕西按察使、湖广道布政使，升通政使、刑部右侍郎，娶庠生李鼎新女，诰赠夫人，继平遥训导孙如琰女，诰封夫人。次尔淳，辛卯拔贡，选授四川苍溪县知县，娶陈经纶女，继庠生孙汉锦女。次尔厚，邑监生，娶庠生石遴女，继席尚福女。次尔实，廪生，娶封工部员外郎杨公讳□女，继马延祚女，继程中相女。次尔质，庠生，娶李逢亨女。生女二：一适于国学生曹积善次子庠生曹象煌；一适于庠生王修身长子王人豪。孙男三：一曰范，尔素出；一曰苏，尔厚出；一曰欧，尔质出，聘王兆方女。孙女六：一许准贡王维时次子王克仁；一幼未字，尔素出。一尔厚出，一尔实出，二尔质出，俱幼未字。

兹卜于本年十一月二十七日与条山公合葬于本镇西山之新茔，是宜铭。

铭曰：母之德贞且寿兮，讵非阴培之厚兮，其多积而犹寡受兮，尚将昌大厥后兮。青山叠嶂懃懃兮，千秋万载永守兮。

光禄大夫少师兼太子太师刑部尚书文渊阁内国史院太学士眷年侄卫周祚顿首拜题

资政大夫太子少保工部右侍郎前户部左侍郎户科部给事中眷年侄杜笃佑顿首拜书

康熙四年十一月二十七日

不孝男：张尔素、张尔淳、张尔厚、张尔实、张尔质全泣血勒石

石工袁崇福镌

8. 皇清诰封夫人张母孙氏祔葬墓志铭

（1）碑刻简介

此碑刊立于清康熙二十七年（1688），为墓志铭，无碑首、碑座，无碑阴，碑刻规制为123cm×60cm×20cm，现为躺碑，字迹稍有漫漶。碑原存张尔素墓地，《文集》载存于村委会，2020年11月7日调查时存于文昌阁。

（2）碑文

【碑阳】

碑额：无

碑名：皇清诰封夫人张母孙氏祔葬墓志铭

赐进士出身资政大夫户部左侍郎加二级致仕前户工二部右侍郎都察院左副都御史侍经筵丙辰会试主考殿试读卷官顺天府府尹左佥都御史通政使司右参议光禄寺少卿正四品服俸户科掌印给事中刑科给事中癸丑会试同考掌山东道事广东贵州江南等道监察御史　眷年弟田六善顿首拜撰

赐进士出身分守湖广郧襄下荆南道驻扎郧阳府布政司参议　门生邓秉恒顿首拜篆

赐进士出身提督河南通省学政按察司佥事候补布政司参议　门生庄朝生顿首拜书

余同年友张少司寇东山先生，由翰苑历秋官卿，扬历中外几四十年，于康熙乙卯岁捐馆舍。其原配李夫人蚤世，继主祀事者孙，为未亡人，历甲子一周纪而殁。殁且三年，将以今岁嘉平之月朔有二日，祔葬于司寇之墓。孤

范持其仲叔苍溪大尹状夫人行谊，累数百言，泣请志隧石，谊不可辞。

按状，夫人姓孙氏，沁水县巨族，其伯祖大司农拱阳、大中丞玉阳两先生，表表人寰。祖父俱绩学有年。父如琰，用岁进士为平遥司训。夫人生有异征，术者曰："此女必光门楣。"年方笄，归于张。时余友已荐贤书，通奉公为子择配，宜莫若孙氏女，因通媒妁。夫人生于贵盛，克娴姆训，贞静和婉，寡言笑，动必以礼。其伯父仪封尹如金、孝廉如玉，特钟爱之，尝云厥家又一进士，所恨不栉。庙见之后，以逮事舅姑为幸。频繁中馈，必亲检视，问衣燠寒，择所可欲其得其欢。及为三年之丧，能劳继世，言必称先姑焉。司寇通籍以来，为天子侍从臣。出为臬使、为藩伯，入佐秋官，清白自矢。夫人或从宦邸，或侍家庭，内外和睦，上下无怨。司寇三莅秋宪，多所平反，夫人具有赞划之力。司寇兄弟五人，少同七箸，夫人为冢妇，任劳而礼均，与诸介妇敌耦并行，并命并坐相与同。诸叔季婚娶，焚膏诸烦费，有时不启其夫子，而专命以行。迄今为令，为任子，为明经、外翰，皆获荣名。较士风生，青帐为小郎解围者多矣。司寇初艰于嗣，夫人为广置副室。樛木逮下之恩，衾裯无怨。所育子若女，属毛离里，无异己出。秉家政四十年，一体司寇之廉洁，自奉甚俭。无私货，无私畜。脱有衣服、布帛、佩帨、苣兰，藏以待乏。平遥公寒毡冷署，宦况萧条，虽孝敬有加，不敢私假，将与之，必请之。居恒慕古陶、杜之贤。其于子范义方之训倍切，不肃而成，恒贞之德然也。御婢仆宽严有法。晚更皈依三宝，独处一室，修斋诵经，见者悉以为恒人妇也。远近闻之，无不啧啧称羡，取为闺壸楷模。大约夫人幼习惯于母，家事尊章学于舅姑，奉巾帨取则于夫子。以故司寇笃劬劳问视之诚，夫人即有鸡鸣盥縰之节。司寇敦令原友于之爱，夫人即薄夒羹射牛之行与。司寇殆相与有成也，三郦之戚习夫人者，始而安，中而信，久而益敬，殁而更思不忘也。初封安人，再以覃恩加封夫人。其制词云："《内则》是娴，允垂光于青史；令仪不忒，宜加愍于深闺。"信非溢美矣。

距生前明崇祯二年十一月十八日，卒皇清康熙二十四年八月十三日，享年五十七岁。子一，范，岁贡生，娶薛氏太学生肇亨女。女二：一适庠生王克仁，一适庠生杨悔。孙二：超，聘陈氏甲子举人廷翰女，逊，幼。孙女二，俱未字。

铭曰：猗！夫人神清堂映，女范克端。毋逆毋怠，妇德无惭。家人严君，母仪罔愆。相夫而宜家，体坤而用乾。锡命夫人，紫诰麻宣。向传列女，晔纪梱贤。嘻！有人矣哉。

大清康熙二十七年十二月初三日

男范泣血勒珉

玉工：原满重

9. 捐资碑

（1）碑刻简介

此碑刊立时间残缺，据柴正绅生卒年月考据，此碑刊立时间最晚于清康熙三十六年（1697），为捐资碑，无碑首、碑座，无碑阴，现为躺地残碑，字迹部分漫漶。原无题名，据文意而加。

（2）碑文

【碑阳】

碑额：（残）

碑名：无

（残）□时保、□欲旺、□濮、□成会、张其广、韩公魏、车雷、邢交夏、芦喜、杨栻、张思才、王加和、葛汉良，以上各银三两，□起凤银二两六钱五分，□完璧银二两五钱，□体芳银二两五钱，□希春银二两五钱，□祥银二两五钱，□□□银一两三钱（缺）范步仲、芦三晋、赵天祯、蔡自有、王仕槐、陈养庶、王加福、董旺法、王养臣、刘九庆、芦时雍、张弘亮、韩安、李寅、裴贤、王际昌、李国臣、杨国太、裴能（缺）王三策、张映奎、韩思顺、郎果元、李毓秀、张一奇、王可俊、张义、裴得丁、曹得旺、王春雨、李兰馨、陈应本、刘养正、杨宣化、范天福、王玉铉、芦知节、王先秋、豆可远（缺）李镒、张晋贤、刘天福、李宗沆、张少堂、豆纯然、裴绅、张养淳、卢世英、王德美、董士相、罗金玉、卫守正，以上各银二两，张仙化银一两七钱，李众□银一两六钱，裴祠、张笃强、李自兴、李养心（缺）段上金、郭兴吾、张奇、张元祥、贾显德、赵旺全、张孝庶、张环、王俊明、张俊英、罗维斗、罗维奎、柴正绅，以上各银一两五钱，张登第、张斗祥、张我生、段升禄、张奇芳、杨登科、张㵯明赵自□（缺）吴正菴、陈友禄、张丕基、张兆甲、裴继庆、张鲤化、韩学斗、李秉明、孙佃、王仲父、霍正元、张三思、张其光、杨荣、卫自强、李斗金、李秉用、刘永瑞、史其强、刘学成（缺）霍正心、王缵绪、郎立、张其登、张父升、李时栋、王得水、酒国元、关荣、郑旺、王加奉、崔玉、张优、贾兴吾、翟翔九、裴养气、于养淳、王天才、原加俊、杜旺（缺）许福旺、豆养气、王弘谟、张守祖、王父俊、张应全、李天禄、芦洽、张世英、张友旺、赵桂、王新周、张玺、段时通、段宪远、申福兴、王成、豆养才、孙崇德、罗万通（缺）张申金、张崇心、马南极、张然、蔡孟兴、耿陈氏、郭林、裴衿、李珮、王三科、苗得寰、郭寅、韩思召、庞自成、刘天祐、芦希美、刘宋氏、芦□达（缺）

10. 陈公鸿志墓碑

（1）碑刻简介

此碑刊立于清康熙三十九年（1700），为墓志铭，无碑首、碑座，无碑阴，碑刻规制为 125cm×55cm×20cm，现为躺碑，部分破损，字迹稍有漫漶。碑原存陈氏墓地，《文集》载存于村委会，2020 年 11 月 7 日调查时存于文昌阁。

（2）碑文

【碑阳】

碑额：无

碑名：陈公鸿志墓碑

公讳鸿志，字渐磐，泽州天户里三甲人，世居阳城县郭谷之中道庄。始祖林，林生秀，秀生珏、珦、琪，同葬于家山永昌坪。珦嗣阙，以琪公子讳信继之，是为公曾祖，迁葬静坪之阡。信生公祖三台、三极。三台生文选、文周。三极生王前。王前嗣阙，公文选之子以继王前之后，是为公考。王前公，字我敬，声腾庠序，丰羽未扬，人皆惜焉。公妣□孺人，为济物公之女。三台、三极两公，与吾曾祖赠刑部尚书三乐公，同堂兄弟也，列葬静坪之兆。公之葬也，葬次无隙，康熙戊寅□葬于此阡，名倚凤岭。公性颖异，幼儒□□□赢，孝友姻睦，重厚诚谨，族党无间，行多隐德，不能殚述。

公生明万历四十三年八月二十八日，卒皇清康熙十三年四月初六日，享年六十岁。公□□孺人，为沁邑震宇公女，生明万历四十八年四月二十六日，卒皇清康熙三十六年四月初三日，享年七十八岁。生子二：敏，奉祀生，初娶张氏其广女，继范氏，庠生淑圣女；朴，初娶马氏，崇祥女，继王氏，□□□女，继韩氏，厚女。公女一，适沁邑庠生孙稚。孙男二：聚堂，朴子，聘程氏，文林女；肯堂，敏子，此朴之次子，让承见统者也。孙女三：一适白巷王赐铎，敏女；二幼未字，敏一朴一。谨勒石以传不朽云。

文林郎知河南彰德府磁州武安县事族侄廷愫拜题

康熙三十九年二月清明

男：敏、朴，孙：聚堂、肯堂仝立石

11. 皇清敕授文林郎河南开封府郑州粮河州判东岩张公暨配李孺人墓志铭

（1）碑刻简介

此碑刊立于清康熙四十三年（1704），为墓碑，无碑首、碑座，无碑阴，碑刻规制为178cm×82cm×24cm，现为躺地残碑，字迹部分漫漶。碑原存张尔质墓地，《文集》载存于村委会，2020年11月7日调查时存于文昌阁。

（2）碑文

【碑阳】

碑额：无

碑名：皇清敕授文林郎河南开封府郑州粮河州判东岩张公暨配李孺人墓志铭

亡友张君既殁之三年，其长子欧走京师，以铭请。谓知君者，莫余若也，余莫能辞。张氏先世籍沁水，明弘治时，有奉檄迁阳城者，遂占籍郭谷里。自君始祖辇，四世而至其曾祖思诚，以子鹏云贵，前赠中宪大夫巡抚顺天都察院佥都御史。祖登云，官经历，以孙尔素贵，皇诰赠通奉大夫刑部右侍郎。叔祖祥云，官儒士；庆云，举人，殉难，前赠知县；鹏云，官巡抚顺天都察院佥都御史。父讳元初，邑学生，以子贵，皇诰封通奉大夫刑部右侍郎。兄弟五人皆仕，君其季也。

君讳尔质，字子文，东岩其别字。君与余少同学，故知君。君自幼践行笃实而辨于文，谙记经文略编，议论证据古今，踔厉风发，时人莫敌。长兄尝器异之，曰："吾弟文章倜傥，试辄冠军，□吾宗者，□在斯乎！"然竟不遇，仅以戊午岁贡，授太原训导。既秉铎，毅然以教学为己任。耻古今文体，□□讲说，以故闻者知淬励，多掇巍科。尤谨条约，俾□生恂恂式化，有胡瑗弟子风。上官重之。历摄阳□等四□学篆，率有法，士习为丕变。所至，每割俸修葺□□，官声大显。故自其太守，常折官位，俯与交欢。每学使者至，多命至前与论文，优礼焉。岁戊辰，抚军马君公言于众曰："以张司训之才，不为荐扬，是蔽贤也。"遂用计典卓异，擢河南郑州佥判，任河务，不少逸。次年州牧缺，州人重君操履，请于抚军阎君，得摄篆。期年大治。抚军旌之，又摄原武篆。仍以治郑者治原，原人德焉。郑有贾鲁河，岁久不治，为州北患。君岁□勤劳堤上。庚辰秋，大河南浸，日夜督修，积劳成疾。将请于上官告休，为同官及绅士阻，不行。逾数月，浸寻遂不起。呜呼，惜哉！以君之才，使得位大展，必更有卓荦可纪之绩。顾乃以一州倅捍患卫民，虽摄两邑篆，时未久而惠政蔼然。苟剖符者人人如是，即民生幸甚。君官郑十二年，囊无长物。为家不问有无，费不储余，清节尤可风。然自筮仕迄今，亦既名誉著闻矣，终以不爵于朝，宜达而室其归，成后人无疑也！

君于崇祯七年甲戌十一月二十四日亥时生，以皇清康熙四十年辛巳五月二十八日亥时卒，享年六十有八。原配孺人李氏，里人交称其贤，自归高门，居卑尊间无不顺适，前君殁二十年。君尝题其碣石："以孝以敬，以和以仁，三党称允。"余故以信吾友者信孺人也。孺人于崇祯九年丙子六月二十六日午时生，以皇清康熙二十一年壬戌三月二十二日卯时卒，享年四十有七。君二子：长欧，廪生，娶王氏兆芳女，李孺人出；次娄，娶王氏仁溥女，侧室梁氏出。女七：一适曹轫子庠生命顺，一适余族侄太学生琼子朝衡，一适进士李君煜子，启绩，李孺人出。一适太学生杨桂芳子壮武，一字杨琴芳子显武，二幼未字，梁氏出。孙二：长默修，庠生，娶赠户部左侍郎田公世爵曾孙女，太学生湜女，欧出。次默省，幼未聘，娄出。曾孙女一，幼未字，默修出。君长子欧及长孙，贤而有文，咸为君幸继世有人云。

今筮康熙四十三年十月二十七日将葬于郭谷里西山之阳，□□□□□之。

铭曰：琬琰之姿，□为人师。于郑遗爱，而未大施。贻庆在后，其将不訾。幽宫克配，壸德攸宜。

赐进士出身光禄大夫经筵讲官文渊阁大学士兼吏部尚书加二级　年家眷同学弟陈廷敬顿首拜撰

赐进士出身通议大夫□□□□仍管国子监祭酒事　年家弟孙岳颁顿首拜篆

赐进士出身通奉大夫工部右侍郎　年家眷弟姜棣顿首拜书

时皇清康熙四十三年岁次甲申十月二十七日勒石

孤哀子：欧、娄，孙：默修、默省

12. 皇清敕授修职郎福建建宁府浦城县县丞加一级静斋（秦）氏公墓志铭

（1）碑刻简介

此碑刊立于清雍正三年（1725），为墓志铭，无碑首、碑座，无碑阴，碑刻规制为 119cm×40cm×19cm，现为躺地残碑，字迹部分漫漶。碑原存秦光墓地，《文集》载存于村委会，2020 年 11 月 7 日调查时存于文昌阁。

（2）碑文

【碑阳】

碑额：无

碑名：皇清敕授修职郎福建建宁府浦城县县丞加一级静斋（秦）氏公墓志铭

赐进士第诰授中宪大夫钦差督理全漕兼管粮储河道监收税务礼部精膳清吏司并中管户部坐粮厅事加四级记录十次前礼部仪制清吏司员外郎钦点壬辰辛丑二科会试正提调官陕西巩昌府管理岷州等处抚民掌印同知特用陕西西安府耀州知州四川叙州府筠连县知县充四川陕西己卯乙酉戊子三科文武同考试官翰林院庶吉士卓异赐衣　内侄陈豫朋顿首拜撰

赐进士及第诰授儒林郎内庭供奉日讲官起居注甲辰年补行癸卯正科河南乡试副主考瀚林院修撰　年家眷世晚生于振顿首拜书

敕授承德郎内府中书科中书舍人加一级纪录二次前知广西上林荔波两县事甲午科广西乡试同考官钦差海运仓监督丁酉科顺天武闱同考官　年家眷弟田确顿首拜篆

公讳光，先姓秦氏，字裕之，一字静斋，余姑婿也。世居泽州阳城之郭峪村。始祖晋，为户部省祭官。晋生勋，勋生安，安生嘉庆，即公之祖，有隐德。嘉庆生继文，娶范氏，生公。继文早逝。公既仕，遇覃恩，赠其父如公官，母孺人。方公之生也，颖异过人，入胶庠，得贡成均，宜授州司马。家贫益落，乃降授大名邑丞。遇河臣题缺，未之任。后改授福之浦城，簿书鞅掌，非其好也。公之未至浦也，尹不能辑其民，吏缘为奸。民怨，杀胥吏，握梃□□尹宅，久不得解。公至，为请于上，执乱民之桀者歼之也，赖以安。尹既去，上僚以公为能，命摄篆事。公开诚布公，念兵燹之后，疮痍并起，乃缓催科，勤抚字，民咸戴之。又立义学，以俸余置膳田，使民兴于礼义。海邦凋敝，彬彬乎有邹鲁之风焉。其政之大端类如此。公为人恂恂不能言，居家尽孝友。其临政务，以宽大得民心，故所□□最。先文贞未第时，秦氏姑方在室，先文贞少力学，先王母和怹课绩，秦氏姑实佐之。及姑适秦，而文贞公官京师，未几，秦氏姑即世。姑之子世杰，司铎忻州，久之见罢。公亦请老归矣。秦氏有世德，而公与冢嗣官皆不达，盖天将欲以未竟之志留遗后人。而先文贞之笃念诸姑，与余之所以结爱中表者，均于此□□焉。公去浦城，民为之建祠立石。后摄泰宁篆，亦如之。盖公之才足以有为，而小试之，亦章章如是。

公生于前崇祯辛巳，卒于康熙丁酉。娶曹氏，继娶陈氏，即余姑也，并赠孺人，又娶张氏，授孺人。子二：世杰，岁贡生，忻州训导，陈孺人出，娶太学生张公讳尔翼女；次世俊，岁贡生，张孺人出，娶盂县教谕张公讳履善女。女四：陈孺人出者二，张儒人出者二，俱适名族。孙三：奎、奭□□俱世杰出，奕，世俊出。女孙四，俱幼未字。曾孙述观，奎出。

甲辰之冬，世杰以状来告曰，将以明年春，扶公与孺人之柩，合葬于西山之阳，敢以铭请，乃为之。

铭曰：西山之阳郁青苍，以窀以穸神其藏，后千古兮扬厥芳。

时雍正三年岁次乙巳二月二十三日

男：世杰、世俊，孙：奎、奕、奭，曾孙：述观泣血勒石

13. 重修奎阁城垣河堤碑

（1）碑刻简介

此碑刊立于清咸丰五年（1855），为记事碑，无碑首、碑座，无碑阴，碑刻规制为 60cm×13.5cm，现为躺地残碑，字迹部分漫漶。《文集》载存于郭峪城内，2020 年 11 月 7 日调查时存于文昌阁。碑原无题名，《文集》将其命名为《重修奎阁城垣河堤碑》。

（2）碑文

【碑阳】

碑额：为善最乐

碑名：无

人贵有志于为耳。□□□□成而亦有无成者。非无成也，盖不成于□□□成于此，不成于前而成于后，时为之也。□至则均之成也，何嫌乎？若道□□□吾村有重修奎阁之举，肖山卢君有志焉，□而未逮也。后有河东、运城之行，急力募化，以翼襄厥事，比来而其工已粗告竣。适有城垣、河堤、庙中数处要工，刻难延缓，□□□□之项以济其急，乡人喜出望外。又咸丰二年，庙中有补修之工，于古李君适游河北，乡中同志者□□□任其□□□不敢辞。于祠移中捐输若干，专人寄来。时庙中工亦落成，适城垣西南之工尚缺营（缺）在□而不在此也。而于此大有□焉，则二君之所成，以视夫前事而（缺）卢肖山募化河东（缺）段同兴□元□□六两常通裕栗瑞兴赵敬□□其乔文斗吕百文李世清□□□同仁□张始有杨是亦李复□杠协恔□。

咸丰五年□月□日

（六）豫楼

豫楼高七层，墙壁厚度随楼层递高逐级递缩。第一层为暗层，内置有石碾、石磨、水井、暗洞，通过暗洞、石门即进入暗道，暗道由砖拱成，其中通往王家宅院的暗道已经复原并已开放供游客参观。三层以上，均为梁檩木板盖顶。五层西墙正中镶有墙碑一块，为《焕宇变中自记》，另有多幅珍贵碑刻拓片展出；六层西墙正中也镶有墙碑一块，为《焕宇王翁豫楼记》；七层之上四周为砖堞。砖堞之上，又起檐封顶。现各楼层均设主题展览，展品分布其间。豫楼前为一片高台，由高台登楼前台阶至一小高台，再自南、北两侧台阶登上，即可进入豫楼。高台之下陈列着从村中收集来的5通碑刻，部分碑刻已难寻原始刊立点。

除去前文已录碑刻，豫楼内现保存有碑刻7通（含拓片），其中4通墓志铭及《碧山主人王重新自叙》，皆自王重新墓地迁来，现立于豫楼正前方。

1. 焕宇变中自记

（1）碑刻简介

此碑位于豫楼五层，刊立于明崇祯十三年（1640），为记事碑，无碑首、碑座，无碑阴，碑刻规制为202cm×59cm，现为壁碑，保存完整。

（2）碑文

【碑阳】

碑额：无

碑名：焕宇变中自记

颂帝力，歌大有，盛世之民然也。否泰之故倚伏无常，而变难之仍，亦岂斯人所能免？夫人即不能弭之未然之前，而或可保之方然之候，则顺之有道、御之有方，不可不先为图也。粤考庆历前，耕食凿饮，嬉游有年。不期崇祯间，而事境一变，更已流难沓作，凶荒匪至，是前人所不仅见，而余之身亲当之也。夫且如之何哉？窃以身亲之若，不闻于人，则后之不罹于难，亦私幸耳。然恐知之而或未备，备之而或未善，非余之所为心也。方变中，复不置此怀想。兹因豫楼之成，谨叙如左，以为观者目焉。

崇祯四年四月间，陕西反贼王加胤，在平阳府作乱。总兵牛世威、副将曹文诏领兵剿杀，自霍州山追赶贼至窦庄、坪上。径过窦庄，有城幸免，贼患坪上，无备被抢。官兵继后追至阳城县圣王坪花儿沟绝路，胤侄将加胤绑至军前，请罪投降。牛总兵即将加胤斩首，余党男妇七百余名，情愿招降。免罪，随营听用。官兵回省报捷，路由润城、史山，本处乡民疑兵为贼，飞砖乱石拦截阻挡。官兵畏法，不敢相敌。又因顺天等府巡抚张系本镇乡宦，前为兵科都给事，于崇祯三年内御虏有功，奉旨查奖，曾荐曹文诏、牛世威。诏等感荷前恩，路过本处，闻知张乡宦宅第，谕令军士速行，庶兵民相安无事。后牛总兵行文，只提拦截官兵之为首者，亦从宽发落。加胤侄随曹文诏作军前守备。文诏因剿加胤，升陕西挂印总兵。此乱之始也。

故计十一月间，天雪大降，深有丈余，野兽、山禽死其大半，檐前冰锤垂地，黄河冰冻最坚。陕西延安府连七年荒旱，聚积反贼数千。贼首名紫金梁、老徊徊、八大王等，领马步贼三千余人，乘冻渡河。先至平阳府、霍州、隰州作乱，半载有余，相随穷人者数万。亦尝闻贼分三十六盘，人马十万。山西不遭兵火，不知利害，人人以十万之言为谬。

及至本年七月十五日，贼分两路而来。午刻，哨马数匹到史山岭塔堆地哨探，乡民赶杀而去。夜宿于于家山、长河、苇町、湘峪、樊山、郭庄等处。十六日卯时，贼仍由两路而合为一处，先至吾村东坡。东坡初间据敌甚勇，渐渐贼来众多，东坡事败。杀人放火西崖，犹无退怯之志。以吾村坚锐拒敌，而人心似为可恃也。不意午后云雾迷漫，大雨淋漓，神枪火炮置之无用，人在房上站立不定，虽有智勇无所施矣。贼乘雨一拥前来，四面围绕。一村人民欲逃无门，以十分计之，逃出者仅仅一二分。余有逃至山沟野地者，又被搂山贼搜出，幸值秋谷茂盛，夜间逃出者，谷林内藏避一二。贼于十六日至十七日夜间，将人百法苦拷，刀砍斧劈，损人耳目，断人手足，烧人皮肤，弓弦夹腿，火池油烹，残刻不可胜言也。尔时天雨五日，惨害不堪，男妇老幼，叫哭连天。二十日稍晴，贼方起营。合村之人，寻父叫母，唤子呼孙，嚎咷动地，悲声彻天。且尸骸满地，绝死数家，即有苟存性命者，半多残躯。经查，杀伤、烧死、缢梁、投井、饿死，小口计有千余，并伤他村逃难之人、不知名姓者亦无数也。金银珠玉、骡马服饰，罄抢一空，猪羊牛只，蚕食已尽，家家户户无一物所存，无一物不毁。及二十日起营，行至润城，沁河发长，复经本处东向，迳攻周村。大雨淋淋，马不能前，周村得以保安，而吾乡不免丧败。噫！天雨均耳，得失攸异，抑何造化之不侔也！贼乃复往大阳、马村。所过乡庄，尽被抢掠，裹去男妇无数，人马甚多，夜占四五十村。烟雾蔽日，火光冲天，左右被害无穷。独周村保全一城，上佛保全一寨，吾乡保全陈宅一楼，余皆破损。

八月十五日，贼自白云寺、郭壁、窦庄至下佛、王村，因沁河水发，河边南崖各村受害不堪，吾村幸免。九月十七日，贼自端氏而来。冀南道王爷讳肇生，山东掖县人，以乡科擢用，清廉义勇，天下无双。为养兵恤民之计，设处捐饷，开厂造钱。于泽州演武场设坛，拜请吴开先为将，招募义勇、新兵一千五百名，外有报父兄仇者数百人，北留墩前与贼对敌。贼众兵寡，四面围合。初用火炮打伤贼数十人，贼势渐多，寡难敌众，吴兵大败，全军被戮。至如杀死尸骸，王道爷暂着掩埋，以听人领取。逃出带伤者仅数十余人。王道爷备衣衾棺木，亲敛吴将尸骸，致祭于泽州南关，甚且附棺痛哭，军民无不流啼。可怜忠义一将死于贼手，呜呼？运会之穷，一至此哉！

既而史山炭窑三眼，各处避难之人，不论男妇俱藏窑内，被贼薰死，大小计有千口，绝灭者数十家。于是声震天听，敕谕阳和军门张讳文衡，临清人，领红衣兵三千剿贼。贼探知官兵将至，急往河南，至红花口，杀怀兵五百，逐攻清化镇。二十一日，清化攻破，杀人遍地，烧毁房屋，抢去财物、骡马，裹去男妇无数。贼于是向北而攻修武县矣。及城破官伤，贼正娱乐间，阳和兵至，贼措手不及。大杀一阵，斩贼首三千余级，活捉贼百名，救回难妇数百人。近者，各归本家；远者，王道爷给与路费，差人送还故乡；有陕西不愿还乡者，许人愿领为妻。如此团聚人之夫妇，恩被遗子；掩埋人之尸骨，泽及亡孤，真天地父母之心也！至于军令法度，以礼行罚，谁敢不遵？万民沾恩，设立香案神位，朝夕焚香酬答。此当世所罕见，而迄今犹耿耿在心。

贼于十月初一日往柳树口，复回山西。王道爷同沁水县窦庄村锦衣卫张讳道浚，领新招怀庆盐兵一千，往陵川夺河山要路堵截。不期贼众兵弱，王道爷被困于九仙台山，无兵救援，势在危急，幸阳和兵从修武得胜而回，又值按院李讳嵩政考察泽州间，见报，亲出催兵，连夜赴九仙台解围。兵至贼逃，官兵赶至桑则镇，杀贼千余。

又初八日，贼自大阳、马村，由长河而来。吾村知贼将至，往炭窑躲避。见贼到岭上，男妇一拥入窑。窑口窄小，踏死九十三口，上佛、井则沟窑内亦如此，踏伤男妇五百余口。吁嗟！人民幸不死于贼手，而复死于逃贼之日，不亦深可悼哉！贼闻兵近，逐去下佛，拆毁桥梁，住宿到沁水地界，方敢歇马。阳和兵愤怒而追至毛连沟，赶杀贼首二千余级。阳城验功赏军，夫神威得此一振，而冤死贼手者或可以九泉吐气也。

于十一月初九日，贼自长河而来，前哨至周村，偶遇官兵数人，杀贼头一名。贼闻军信，不知虚实，传令起营，不敢停住，只进吾村五七十人，迳过庄中住宿。

十二月十一日，贼自西来，路过樊山，哨马到刘家墓坡回去，在郭庄、寺河住宿。以贼气丧胆裂，而目中犹知有官兵矣。不意榆林李总兵讳壁，与贼见阵，斩贼数十人，贼众兵寡，反被四面围住。幸李总兵父子七人，骁勇绝世，杀出重围。周村点查官兵，计伤七十余名。贼由端氏老马岭一路迳往辽、沁地方，猖獗如故，于崇祯六年正月初一日攻破辽州。昌平副总兵左良玉追贼至辽州，贼往五台山，左总兵回怀庆府镇守。贼见山西有兵，数月在真定、彰德、卫辉、怀庆等府所属太行、条山间出没隐见，不时作乱。

此贼虽远遁，而吾村系伤弓之鸟，闻贼知惧，无处躲避，各家攒钱造地洞数眼，皆由井口出入，观者以为极妙。贼于四月十六日，复至吾村。初不知人之去向，以为奇异。及搜见一二人，百般拷打，一一引至洞口。贼尚不敢擅入，先用布裹干草，内加硫磺，人言藏火于内，用绳悬在井口，毒气薰入洞内，人以中毒，不觉昏迷气绝。余家人数人，幸在地洞风眼处，得透风气，免害。北门外井洞，计伤八十余口，馆后井洞，计伤数十人，崖上井洞，计伤数十人，并吾村之藏于炭窑、矿洞者共伤三百余人，苦绝者数家。贼觉人死，入洞细搜，一物不留。幸总兵曹讳文诏同太府孙，领剿贼官兵七千，二十日三鼓，周村发兵，分三路杀贼。黎明时分，官兵骤至，曹总兵奋勇当先，将贼赶杀四散，官兵大获一阵，斩真正流贼首级千余。但兵马太众，玉石难分，误伤良民亦多，夺贼骡马、妇女无数，贼往西逃。王道爷与奉旨监纪潞安府军厅焦讳浴，陕西宁远中卫人，选贡出身，同在周村赏犒三军。此时，贼在吾村住宿，四日中杀死、薰死尸骸满地，天气炎热，臭气难堪。即有一二未受害者，天降瘟症，不拘男女大小，十伤八九。夫罹贼难者如许，而遭瘟死者复如许，则天心生杀之权是又所不可解也。吾村经此一番，无地可避，每日惊慌。昼不敢入户造饭，腰悬米食；夜不敢解衣歇卧，头枕干粮。观山望火，无一刻安然。稍便者，避州城、县城、周村、苇町；

贫寒者，为农事所羁，宿山卧岭，闻风惊走。吾乡不得已，设处钱粮，东坡修寨，寨工虽完，无险可恃，人心终于不安。

五月十三日晚间，马贼百人，前至润城，称复前月之仇，杀伤数人，烧毁房屋大半，自石道口迳往北去。贼因前月曹兵杀败，丧胆亡魂，只在怀庆、河北三府、条山为乱，又被左总兵追杀数阵。彼时贼名众多，曹总兵镇守山西，河南有左总兵截杀，前后受敌，不能猖獗，且染瘟病。有贼首紫金梁，于辉县铅子打伤，贼中无主。若贼之横行肆志，自以为长此安穷也。至此，而或以病死，或以兵伤，盖凶残，终不足恃，而苟偷全活者所争在迟速间耳。

贼于十二月初六日，自济源地方马蹄窝渡口，乘冻过河，即破新安、沔池二县。曹文诏、左良玉即随过河征杀。

于崇祯十年间，贼势猖獗如前，围困文诏数日，救应不及，兵马力竭，文诏不得已而自刎。灵柩由泽州一路回原籍大同府去。当日，人所见者，无不流泪；人所闻者，无不寒心。犹有贼遗余党未得过河者数百人，占住阳城县南山，在西乌岭口碗子城。阳、沁、济源地方，人皆不得安业。已过河者，大势贼众，尚在河南、湖广、陕西等处作乱。

吾村乡官，现在顺天等府巡抚，驻扎遵化县，念恤本乡被贼残破，荒凉难居，极力倡义输财，以奠磐石之安。劝谕有财者输财，有力者出力。崇祯八年正月十七日开工修城，不十月间而城工告成。斯时也，目击四方之乱，吾村可以高枕无忧，抑谁之力也？实张乡绅倡义成功，赐福多矣。近自修城之后，士民安睹者几几如故，虽累年凶旱，未至大荒，衣食犹可粗足。

至于崇祯十二年六月间，飞蝗灾起，自东南而来，遮云蔽日，食害田苗者几半。蝗飞北去，未几而蝻虫复作，阴黑匝地者尺许。穷山延谷，以至家室房闼间，无所不到。谷、豆、禾、黍等食无遗草。秋至明年三月尽，雨雪全无，怪风时作，桑蕊、菜苗皆以霜毙。且虫有如人形者，头尾有丝，结于树枝；虫有如跳蚤者，嚼食菜根。米价至三千五百，仅获一石。以故民有饥色，野有饿莩，夫弃其妻，母遗其子，榆皮桑叶等类皆刮而食之，如人相食者，间亦有焉。贼盗蜂起，未知所止。似此兵荒频至，种种灾异，千百年所未有者,而积见之于今。语云:"大军之后,必有凶年。"亶其然乎!虽曰"天运之穷哉,抑亦人事之咎耳"。予因于崇祯十三年闰正月十五日起修豫楼,即以佣工养育饥民数百,为一方保安固存之计。姑手录之,以垂于石,俾后之人,勤工作、惜物力,一切存心行事,克当天理而勿违,则人心和、天意顺,而太平无事之福,庶几乎万世绵绵也。谨志。

崇祯十三年闰正月十五日立

2. 焕宇王翁豫楼记

(1)碑刻简介

此碑位于豫楼六层,刊立于明崇祯十三年(1640),为记事碑,无碑首、碑座,无碑阴,碑刻规制为98cm×53cm,现为壁碑,保存完整。

(2)碑文

【碑阳】

碑额:无

碑名:焕宇王翁豫楼记

闻之《易》:"豫,顺以动,故天地如之。"盖帝天之命呈于人心,"凡事豫则立"也。余弟珩馆翁家,因撷以名楼。余以知夫楼之事、之名、之所由起也。

岁申酉间,流寇敢有越志,在晋横行。翁蹈变中,不以为难,记贼出没始末毕详,且尽藏之箧中。计营此楼,悬为后举,而急急乎一方之卫,谋以为城。时翁有志,里人概未之知也。乐闻城举,竟未能果。翁方慷志总修,经工化裁,如己家事,群心和洽,协力如一,不崇朝而木土工成也。可以外饬,而翁思以安于其内也。矢力缮修,克成前志者,考极相方,爰宅厥中。而工始于崇祯庚辰闰正月十五日之吉也。翁出所藏,命余为言。余以处变不惊,履险若夷,翁之谓乎!甚有味乎!《军形篇》之言曰:"以近待远,以逸待劳,以静待动。"此之谓《易》之道也,于若楼诚有当焉。

楼纵二丈三尺许,横五间,四丈五尺。址其深而坚也,层而上之者七炊，极澈顶次计八丈。登斯楼也，心舒目行，忽焉若飘浮上腾，以临碧际。北有樊山，东有石山，西有凤丘、有天池，南有金果。颢气迴合，周若一舍。石山之下有河，一绕在汆裾袖。且环无奥草蔽木，岩谷栈隅，了如指掌，盗异数遁，无以为所。至如石樵、菅茅、木炭、麻脂、米铁、井灶，藏积其中，无忧不足。巍巍乎诚胜概也，而城其在襟带间矣。城之四面隅，有大楼，有角楼，无不形辅势合，首尾相应，臂指相联，如人之一身，血脉往来，畅于四肢，无一气不贯，无一脉不来。盖饬于外以安于内，君其德博而虑周也。意造物者之设，是久矣，而尽之于今，何其"顺以动"也！天之佑也，人之助也，百世不易之道也。"豫之时义大矣哉"！群里人其可以无藉乎！兹志诸石，措诸壁，编以为记。

时崇祯十三年闰正月十五日勒

泽州禀生眷晚生　王弘顿首撰

泽州庠生眷晚生　李一采沐手书

3. 碧山主人王重新自叙

（1）碑刻简介

此碑刊立于清顺治十三年（1656），为记事碑，无碑首，有碑座，无碑阴，碑刻规制为193cm×63.5cm×23cm，现为立碑，部分破损，字迹部分漫漶。

（2）碑文

【碑阳】

碑额:（缺）叙碑

碑名：碧山主人王重新自叙

余世家郭谷里，旧籍本里，后籍龙泉里。明之季，兵荒□□，民寡役繁，审编例得并里。龙泉与上庄（缺）海，号宏川，尝贾于燕梁诸土。最好善，一日见石山庙敝，欲修之，为□□□持不果，乃修于家山宝泉寺。其明年，（缺）外邻屡为侵侮，母氏在堂，相依为命。及弱冠，弃书就贾，贸易天津、长芦间。赖天之庇，克有先业。常念父之（缺）后殿，费银四十两。时宝泉寺复坏，重修之，费银二千一百两。继□□海会寺山门，费银六百两。修本里大庙，费银（缺）三分。修后沟三教堂，费银一百一十七两五钱七分五厘。修土沟□□庵，费银三百六十两。修西沟白衣庵费银（缺）前后，东西殿、钟鼓楼、戏楼、东西廊、石磴、池亭，费银一千八百两。修□□庙，费银四百七十九两三钱六分。修西（缺）十六两一钱八分。又因沁河水涨难渡，欲架石桥于刘善、润城间，□视两岸相距率远，无可定址者。偶见刘善（缺）中费银三千八百两。先崇祯八年，流氛炽甚，创立垣堡，置造守御械器，并后增修，费银六千余两。又费（缺）银七百两。又大同启祸，官兵蔓剿，从潞安求得免剿告示十余通，分予邻堡，费银二百两。又修清化路，泽州（缺）其他死不能棺者、病不能医者，婚嫁不能具礼、赋税不能如期者，苟有告，未尝敢不应也。若此者，皆求可以（缺）尝读《易》传云："积善之家，必有余庆"，又云："善不积，不足以成名"。使前人好之，后弗能继，可谓积乎？虽然媚神以邀福，矫情以□□□□不敢出也。今余年六十有四矣，惟思日孜孜而已。凡余所修庙，其在本里者，至西山庙略竟。爰书此以明余志。

大清顺治十三年八月望日立石

4. 清故太学生碧山王公暨元配曹孺人合葬墓志铭

（1）碑刻简介

此碑无刊立时间，为墓志铭，无碑首、碑座，无碑阴，碑刻规制为100cm×55cm×24cm，现为立碑，保存完整。

（2）碑文

【碑阳】

碑额：无

碑名：清故太学生碧山王公暨元配曹孺人合葬墓志铭

岁丁酉春，余以少宰迁秋司寇，于京邸闻碧山王公讣音至，即语众曰："吾乡布衣之望无人矣！"叹息久之。及秋，子诸生熙明等将以既卒之明年十一月二十一日，启元配曹孺人合葬于镇之北，西山之阳。状其行，走力京师，启余扉，镌珉以志不朽。余不敏，兼有国刑政之羁，岂遑搦管绎之？再以年家之谊，为乃尊不远数千里相嘱，谊不可辞，亦不忍辞也！

公讳重新，字焕宇，号碧山，世居阳城，郭谷人，后易籍龙庄，然始终居郭谷。曾大父讳玼，大父讳绍祖，父讳海。海凡四娶：裴氏、郭氏、刘氏、张氏。公，刘氏出也，七岁而孤，年十四即挈父遗橐行贾长芦、天津间，俯拾仰取，不数载遂至不訾。因不复身贾，其所用人无虑千数百指，皆谨奉诚无敢欺，所著《货殖则训》甚具。公之孤也，人弱之，欲攘所有，浐为不利。公虽幼，深沉有智略，足以御之。而母张氏，亦才女子，能以公免。公事母以孝闻，又推其孝母者厚其舅氏，以及其内兄弟。为代理其资本，因以渐裕，家声不少坠。应登、应选、应乾，公从兄也。三人尝有所隙，构难不已，公谕以手足至爱，皆听公而解。应选卒，无子，公为置嗣。应乾卒，子惟时幼，公抚之若己子，朝夕督诲不稍懈；遗资颇饶，利其有者，几危其家，公代为辩遗资，经纪无尔我，其家因得与公雁行焉。公以例入太学，可以仕，弗仕。力崇俭朴，不事奢靡。素苦股疾，不良于行，或劝其乘肩舆，谢不敢。然积而能用之。

初，流寇至，郭谷被祸颇惨，公为所执，仆有杨好宾者请以身代，得并释。大中丞年翁雨苍家居，亦仅以身免。寇退，与公谋筑城，上其事监司，报可，因以委公。公筑城高而坚，楼橹械器皆精。好屋有傅城者，惧其为瑕，毁之，事平，复为筑，如故。城或小坏，公辄修之，不以人言止。劳怨自任，功罪听之。计前后诸费出于公者，凡六千余金。庚辰大饥，公煮粥以济，存活甚众。时四方赤地，仅上党弹丸熟，而粜者苦剽于途，惟公米至，盗辄相戒曰："吾辈赖其粥得活，安得剽其米！"相与卫送而去。及伪顺之变，遣其将略地，下阳城，横索诸荐绅金，中丞张年翁，猝不能办，公以万五千余贷之，无难色。时官斯地者，失其守，以家奔公，公纳之，又贷以数千金，遂得选官归其里。大同乱作，诸不逞往往以兵应。已而官军南下，所过辄剿无所择。公遣人走军中，以牛酒犒，因得见主者，言民不尽反，求免剿告示数十，分予邻村。会泽州守袁，亦以为言，于是阳、沁诸邑独免剿。事平，邻村父老皆诣公稽首谢。至所修葺佛寺、神庙，自宝泉寺、玉泉寺外，无虑数十区。大者费数千金，小亦数百金。他若代赋税、助婚葬、义学、义冢，与夫桥梁、道路，所费亦称是。为人不妄言笑。与人交，贵贱贫富必以礼。孱者扶之，强者化之。末年，人多呼为翁。待诸仆严而有恩，及诸义男，有所予，各满其望。所用之人，念其劳于外，家事无细大，必为计划，体恤周至。如窦君学易、裴君启元，其居皆公亲筑者；王君鸿征物故，犹厚遇其子若孙，代治其子钱，为新其居；王君明俊少孤，有遗资，惧不克自存，以身投公，公代理之，与征子金铉同。余不可具举。不喜诸游僧道，谓若属什九无赖，得金钱多浪用，来辄绝之。久之，亦无至者。及病，夜梦数僧招之，晨果有僧至，趺坐城下，严寒裂肤不动，数十日不去。远近聚观，问何求，曰："无求，第欲见公，一言去耳。"公病不能出，僧去，公随卒，亦异矣！

公生于明万历癸巳年十一月初八日，卒于顺治丙申年十二月十七日，享年六十有四。元配曹孺人，窑沟国卿女，端嬺勤俭，治内井井，得嫘姑欢，为公贤助。生子二：熙明、康明。生于明万历辛卯年，卒于万历壬子年，先公四十四年卒，享年二十有二。继配萧孺人，周村其俊女，其贤如曹，抚熙明、康明甚慈，人不知其非所出也，方福寿未艾云。熙明，廪生，娶陈氏，本村三极女；继翟氏，润城弘道女；侧室张氏。康明，庠生，娶张氏，年翁孝廉君庆云女，大中丞雨苍翁侄女。孙仁圻，庠生，娶张氏，本村明经君元声女，为大中丞雨苍翁孙女。一仁堂，聘陈氏，本村明经君昌期女，为侍御道庄翁侄女，熙明出。一仁㘜，聘介氏，周村汝正女，康明嗣子。康明年始强，恩其嗣，亦公之命也。尝读丘明所叙，于郑得二商，一以智遏秦人之兵，用安人国；一以谋楮出荀罃于楚，使罃德之不忘。充王公之行，古今人宁相远哉！今天下苦贫，司农仰屋，使公得通籍，必有大利乎县官，然东郭咸阳、孔仪、桑弘羊辈，又知非公所屑为也。呜呼，可志也已！

铭曰：山右新安，地多大贾。奢俭不适，世讥其迕。不蕴而孽，推以利人。聿宣其间，所得已赢。其才可用，惜终于野。所试者小，所济者寡。自无始来，种诸善根。何以拟之，给孤独园。应真忽迎，携手同去。何者为归，兜率其处。樊山之支，惟蜕所藏。贲以斯文，永永无伤。

刑部尚书前吏部左侍郎兼内翰林国史院学士奉敕纂修明史通鉴副总裁官侍经筵　年家眷弟白胤谦顿首拜撰

赐进士出身通奉大夫刑部右侍郎加一级前左春坊左谕德兼内翰林秘书院修撰　眷晚生张尔素顿首拜书

5. 清故太学生碧山王公暨配曹孺人萧孺人迁葬墓志铭

（1）碑刻简介

此碑无刊立时间，为墓志铭，无碑首、碑座，无碑阴，碑刻规制为112cm×56cm×229cm，现为立碑，保存完整。

（2）碑文

【碑阳】

碑额：无

碑名：清故太学生碧山王公暨配曹孺人萧孺人迁葬墓志铭

赐进士出身通议大夫经筵日讲官起居注翰林院掌院学士礼部侍郎教习庶吉士前内阁学士礼部侍郎詹事府詹事兼翰林院侍读学士奉命祭告北镇翰林院侍读学士加一级翰林院侍读侍讲纂修实录国子监司业翰林院检讨秘书院庶吉士辛丑科文会试同考试官癸丑科武会试考试官　眷晚生陈廷敬顿首拜撰

原任四川保宁府苍溪县知县　眷晚生张尔淳顿首拜书

候补国子监助教山西汾州府永宁州学正　眷晚生陈廷继顿首拜篆

此墓迁葬太学生碧山王公者也。公为吾乡布衣鼎富，丙申岁以疾终于正寝。明年，公两令子葬公于所居之北，西山之阳，启元配曹孺人祔焉，盖公生卜地也。葬不三年，而公家意外祸起。丙午，公长子咸昭卒，继配萧亦相继卒。公仲子叔昭启公圹合葬萧，而葬咸昭及其元配陈于左，自亦置寿藏于右。葬后，公长孙妇卒，再娶再卒，叔昭夫妇皆卒，而咸昭继配翟又以无疾倏卒。诸孙辈数年不添一丁，即间有孕者亦不育。素封之家日渐替。以故咸昭子宁三，不敢启父圹祔母，而咸昭子嗣叔昭宁一，亦不敢葬其嗣父母焉。追乙卯，宁三延地师马，择地于后桃坡，欲迁其祖若父，并谋于兄，同葬其叔父母。宁一不果，遂止迁其父于彼，而此仍虚具冢。越一年，丙辰春，宁三举一子，是秋，宁一亦举一子。孰谓阴阳祸福之论不可信哉？然祖穴未迁，咎终不止。今岁仲秋，宁一复卒，而叔昭夫妇柩尚停，一室三丧，闻之骇汗。只身当此，宁不怖惊？宁三益决意改葬，而前地已葬父，不可复葬祖矣。乃请江右堪舆袁并前堪舆马，选吉于桃坡，去高曾旧茔不数武而另为向。择本年十二月初十日迁公，十二日葬，并营葬其叔婶、兄嫂，毁前旧葬址。走使燕邸，求志于予。余曰：宁三，余妹丈也，已不可辞，而况此举又仁人孝子之用心乎！吉凶虽定于天，而趋避实责于人。祖父俱获冥吉，子孙乃有显佑。迁父不迁祖，则发祥之源未深，而欲其流之长也难矣！今妥其祖，复妥其叔若兄，无论地理钟秀，即以人理测之，其休征可持左券以待。予故乐为志其颠末如此。若公之家世行谊、生卒年月、子孙婚嫁，业详载于大司寇东谷白先生所志隧道石，公迁，自石亦从以迁，余不敢赘，但为之铭。

铭曰：积善余庆，易通惠迪。戬榖馨宜，诗歌尔俾。龙耳牛眠，地助以力。佳气郁葱，硕人斯出。顾此新阡，忆彼冥屋。趋吉避凶，孙子获福。

（七）门额

1. 郭峪村古城东门门额

（1）碑刻简介

原门额立于明崇祯八年（1635），为门额碑。此门额为2019年复建。

（2）碑文

景阳

崇祯八年正月吉日建

赐同进士出身通议大夫刑部左侍郎前陕西湖广道监察御史张慎言

2. 郭峪村古城北门门额

（1）碑刻简介

此碑刊立于明崇祯八年（1635），为门额碑。

（2）碑文

拱辰

大明崇祯八年正月之吉建

巡抚山西地方提督雁门等关都察院右佥都御史吴甡题

3. 郭峪村古城西城门门额

（1）碑刻简介

此碑刊立于明崇祯八年（1635），为门额碑。

（2）碑文

来爽

顺治十一年甲午仲冬长至日建

邑人柱下史陈昌言道庄题

4. 郭峪村古城西城门瓮城内门额

（1）碑刻简介

此碑刊立于明崇祯八年（1635），为门额碑。

（2）碑文

永安

大明崇祯八年正月吉日建

钦差巡抚山西地方提督雁门等关都察院右佥都御史吴甡题

5. 郭峪村古城下水门门额

（1）碑刻简介

此碑刊立于明崇祯八年（1635），为门额碑。

（2）碑文

金汤

崇祯八年正月吉日建

蓟北巡抚张鹏云题

6. 郭峪村"豫楼"匾

（1）碑刻简介

此碑刊立于明崇祯十三年（1640），为门额碑。

（2）碑文

豫楼

时大明崇祯庚辰岁闰正月十五日立

泽州庠生王珩题

7. 郭峪村树德堂门额

（1）碑刻简介

此碑刊立时间为清乾隆十九年（1754），为门额碑。拓片见于豫楼五层。

（2）碑文

树德堂

锁钥

乾隆甲戌孟夏

菊圃主人建

8. 郭峪村陈氏宅院门额

（1）碑刻简介

陈氏宅院俗称"老狮院"，因门前有一对硕大的石狮而得名，是陈廷敬的父亲陈昌期于清康熙三年（1664）修建的。大院由4幢四合院组成，整体上为棋盘布局，占地1600平方米。院落处于郭峪村丁字路口。门楼气势夺人，上有三层门额，两层斗拱，下有七级石阶。

（2）碑文

第三层

陕西汉中府西乡县尉陈秀

直隶大名府滑县尉赠户部主事陈珏

嘉靖甲辰科进士中顺大夫陕西按察司副使陈天祐

第二层

万历恩选贡士河南开封府荥泽县教谕陈三晋

赠儒林郎浙江道监察御史陈经济

崇祯甲戌科进士儒林郎浙江道监察御史陈昌言

第一层

顺治甲午恩选贡士敕封翰林院庶吉士陈昌期

顺治己亥科进士钦授翰林院庶吉士陈元

顺治戊戌科进士钦授翰林内秘书院检讨陈廷敬

9. 郭峪村"西都世泽"院门额

（1）碑刻简介

"西都世泽"院是陈廷敬五世祖陈天祐的故居，建于明嘉靖年间。三进式院落，占地1050平方米，院中厅房四梁八柱，檐柱为石质瓜棱柱，金柱为石质方柱，柱础是高大的香炉座。楼栏垂花，木雕精美。

（2）碑文

西都世泽

10. 郭峪村王维时宅院门额

（1）碑刻简介

王维时是巨商王重新的侄儿，其宅院建于清顺治二年（1645），包括"恩进士"的东西两院和"光昭世泽"三个典型的四大八小四合院。院内楼阁为木结构，雕梁画柱精美绝伦。门楼气势夺人，上有三层门额，两层斗拱。

（2）碑文

恩进士

顺治己亥恩贡士王维时

11. 郭峪村"小狮院"门额

（1）碑刻简介

因门前石狮较陈家矮小而得名，是村中最早在京城做官的张好古兄弟的宅院，重建于清顺治末年。两进式院落，后院为典型的四合院，占地460平方米。牌楼式大门，上有四组斗拱，前后出四翘，上承楼顶，前后檐下均有垂莲柱。门楼虽小，却尽显华贵气派。

（2）碑文

正面：

科第世家

嘉靖癸未进士张好古，正德甲戌进士张好爵，万历癸酉举人张以渐，顺治己亥进士张于廷

背面：

君恩累锡

四川按察司佥事张好古，户部广东司郎中张好爵，直隶景州知州张以渐

12. 郭峪村张家大院二门门额

（1）碑刻简介

"张家大院"是明朝末年御史兼顺天巡抚张鹏云的宅院。门楼气势夺人，上有二层门额，两层斗拱。

（2）碑文

兵垣都谏

兵科都给事中张鹏云

（八）《古村郭峪碑文集》所见郭峪碑刻

这里所收录的《古村郭峪碑文集》所见郭峪碑刻是指收录在《古村郭峪碑文集》而未在郭峪村田野调查中考察到的碑刻，共计27通，本碑刻集的碑文均录自《文集》。

1. 明待赠处士张公暨配孺人逯氏合葬墓志铭

（1）碑刻简介

此碑无刊立时间，为墓志铭，碑刻规制为59cm×75cm。碑原存张家墓地，《文集》载存于村委会大院。《文集》中不录碑阴，故不能确定所录碑刻中是否有碑阴。

（2）碑文

赐进士第中大夫河南布政使司左参政　眷生张升撰

赐进士第中大夫钦差抚民河南布政使司右参政兼按察司佥事　眷生王淑陵书

赐进士第文林郎大理寺左评事　眷生杨植篆

万历十二年七月十四日，张母逯孺人卒，春元纯母也。纯将以八月十七日启先人窆，附孺人合葬焉，乃自为状，走余门求志铭。曰："先子殁，纯年始十四，才能行文，属纩时，纯与兄俱在傍，先子独直视纯而涕，依依若不忍舍状。母指纯曰：'谓此子未成立耶？'颔之，遂卒。至今，每与念，未尝不三复流涕也。先子性淳谨，失怙恃早，虽承父祖基，仅仅糊口。资业至先子始拓，然而无他长。第与人交，以不欺为主，勤俭备至而性复慈恕，不斤斤计盈缩角短长，尝私自言：'我于银钱，好恶亦不能尽辨，虽至计算亦然。时以财物与人，则曰：称，携之去，无差也。人以财物与记，则曰：尔置之去，称，不欺我。中或有微肆欺者，我后虽知，亦不言，言亦但使之知而已。久之，人信我为长者，卒益不欺。彼屑屑与人竞刀锥者，反不如我。'又云：'男儿于天下事，直宜勇猛担当，利害惟命。嘉靖二十九年，县承上司文，令里甲买马入边，一时哄然，谓身家破败系是。人欺我弱，勒我应命。我周旋应役，卒辨事。使当时退缩央觅，不知费当几何！噫！此往事，无足论。我有深恨者，则以家不读书，不大门尔。纯既业此，故亦孜孜砣砣，朝夕督尔者，冀有以换我门闾也。宜念之、识之。'呜呼！讵意纯少能植立而父今安在耶？且母逯慈和性成，妇道母仪，俱足为法，盖无愧吾父淳谨者。兹复违养，纯何以为情？夫状已识实，纯门代无显者，既浼人惧且虚美，故忍痛抆泪，次第世系，为父母状，惟先生采而文焉，愿吐不朽。"噫嘻吁，此公岂易言哉！世刓朴为雕瀡，质殚也久矣。即自居钝而人不欺，有是理耶？公故不辨于外而辨于内者，特不欲与物相竞性耳。然诚未有不动以是，人性焉，事治焉，无所处而不得，公所谓隐君子非欤？至尤难者，则变利害为书薮，此其识度又高出人数等。《传》曰："仁者必有后。"若春元君纯，以青年领万历己卯乡荐，竟以文章起家，孙衍祺复继美为诸生弟子员，飞黄腾紫，云蒸龙变，跻历崇显，皆属君家事业，则公之积德累仁既验矣！他日龙章貤锡，褒荣九原，谁谓天不福善人哉！噫，是可羡也！

公讳子仁，字体静，是为阳城县郭谷里人。曾大父邦彦，大父遵，父山，俱以农桑隐德。母落氏，生四子，而公行四，配逯氏、李氏。公生于弘治十二年五月十三日，卒于嘉靖四十四年九月十二日，享年六十有七。逯生于弘治十六年十二月二十日，享年八十有二，卒见前。子二：长绂，山东聊城县闸官，娶窦氏，俱先母逯卒；次即纯，娶卢氏，李出。女一，适卢光裕，逯出。孙男五：衍祚，娶王氏；衍祥，娶卢氏；衍祺，娶王氏；衍祉，娶李氏；衍佑，娶王氏。绂子祚、祥、祉，皆早卒。孙女三：一适庠生卢知至，余幼。曾孙二：长壁星，聘王氏；次景星，衍祺子。

铭曰：公有谟谋，深藏弗试，积德冥冥，用垂燕翼。公有良婉，洵是克俪，介称柔媛，式良后计。公有子孙，振振侈侈，或昂云霄，或声黉序。愔愔德音，不退有既，茔木已拱，昭闻滴滴。勒之幽埏，余公铭志，钟石可磨，斯文无坠。

不肖子：张纯，孙：衍祺立石

2. 山东兖州府通判前陕西同州知州张文兹公墓志铭

（1）碑刻简介

此碑无刊立时间，为墓志铭，碑刻规制为47cm×64cm。碑原存张纯墓地，《文集》载存于村委会大院。

（2）碑文

赐进士第中宪大夫知府事前大理寺右寺正卿莱州府事信都寅侍　石九奏撰

赐进士第奉直大夫兖州府属下曹州知州　吴邛相篆

赐进士出身文林郎兖州府属下滋阳县知县　戴文达书

公讳纯，字尔一，号文兹，世为泽州阳城县郭谷里人。大父以上，世有隐德弗耀。父子仁，髫而孤，称当门子，用能以勤俭大其家，性行义乐施，于晚年家以善贾益饶。人有负贷，至焚其券，里中称长者必曰"张某"。配逯氏，侧室李氏。李举丈夫子二，长绂，次即公也。公天性孝友，少与兄同居处，襄父葬，尽礼。事二母眠食，奉训教，寒暑无间。年十九，为邑诸生高等，每督学使者至，试辄首。公万历己卯登山西乡荐，屡上春官，以数奇不第,则赴选人,授陕西同州知州。公恂恂古道,见公者无不目公为古人。其治行本之以慈惠,而出之以亮直,受知诸当事。当事方倚任公,而竟以不阿一乡官某,讳其名,意相左,衔公中之,得调直隶延庆州知州。公既力行古道,与人无所委曲,新进少年以公为易己,遂以易公。少年者,公属邑吏也。公即受中,不与校。其去延庆时,郡父老子弟攀辕卧辙,不啻赤子之恋慈母。公既艰于一第,两治郡而两得谤以去,两郡士民至今无毁言。公信数奇,公亦可谓自信笃而求得当以竟其施矣。公之来兖也,望余,拜而嘻,意盖曰:"失之在彼,收之其在此欤?"然余视公语急,目精摇摇,而面理浮也,则疑公病。公亦自言曰:"病新起,而长途悫也。"履任经旬而病甚,遂至不起,居兖才三月余耳。呜呼痛哉!公不竟赍志以殁耶。公配卢氏,继配畅氏,侧室蔡氏、牛氏、崔氏、任氏。男四:长之玺,蔡出;次之璨,任出;次之玮,畅出;次之珍,崔出。玺配霍氏,璨配陈女,玮、珍幼,未聘。公生于嘉靖二十九年十二月初八日亥时,卒于万历三十二年闰九月初五日子时,得年五十有五。

铭曰:公之何者?公归何所?旌也摇摇,载鲁西郊。凤悲麟泣,爰企有及。维泽阳城,维子之宫。

3. 诰赠张鹏云父母碑

（1）碑刻简介

此碑刊立于明天启二年（1622）,为封赠碑,碑刻规制为245cm×100cm。碑原存张家墓地,《文集》载存于村委会大院。

（2）碑文

奉天承运,皇帝敕曰:朕惟抱朴乃可表华,厚储乃能浚发。自来名彦之兴,必有暗修树德于先,以酿其醇,而苞其秀。故国有大赉于其臣,尤溯厥庆源而宠泽加焉。尔封文林郎河南归德府商丘县知县张思诚,乃刑科给事中鹏云之父,温然长者,蔼矣吉人。擘务有经,能致千金而累散;薰人以德,咸倾一诺以相矜。家颂太丘之行,里标通德之号。是宜笃生贤胤,蔚起清时,皂囊谏草,频盈青琐,风仪独峻,义方懋着。老境恬熙,是用以覃恩加封尔征仕郎刑科给事中。浡荷异渥于龙章，益迓遐龄于鲐背。

敕曰：贤母之成其子，非徒食而不能教也。教成矣，而慈颜不待，静树生悲。譬诸机杼，既经纬之而不得躬被服焉，子情何能已已。尔赠孺人李氏，乃刑科给事中张鹏云之母，顺正相夫，俭勤操阃，靡室劳矣，不辞拮据之艰；鞠子勤斯，克佐义方之训。眷惟补衮批鳞之伟树，益念和丸画荻之慈徽。鼎养既违，珈荣可被，是用以覃恩仍赠尔为孺人。贲明命于梧垣，慰慈灵于蒿里。

天启二年九月二十九日

敕命之宝

孝子：主簿登云、祥云，廪生庆云仝立

给事中鹏云书

石工：王新宠刊

4. 明贤处士陈公讳林配郭孺人墓表

（1）碑刻简介

此碑刊立于明崇祯十一年（1638），为墓碑，碑刻规制为158cm×67cm。碑原存陈氏墓地，《文集》载存于村委会大院。

（2）碑文

□□□乡右族，自嘉靖甲辰容山先生由制科历官陕西安副使，以方正门业，高大其门。数传至余小友道庄，崇祯甲戌□□进士而益光显。其时余巡抚北平，读捷报于马兰道，□而叫曰："积善之庆，固有如陈族者哉！"余与道庄大人太宇翁，同墨砚十余年，交最善。炙其德行文学，知非终于诸生。□□以青衿老，□恒惜之。窃解之曰："不于其身，必于其子，其在冢于道庄乎？"今果胪传，符余言也。道庄以是□□□□令□□□相谒，余留而款之。因溯其世系，乃向余叹曰："寒族荒茔，卜于家山。先人之冢，烟草为垒，泯无一字。□每于□□□□□公不乐，无以对越先人。今尚可再诿之后人乎？"乃出其所藏家谱，乞余为记。夫维桑与梓，莫如余悉陈族之久。

□□□□按谱，陈上世系泽州天户里人，自公始徙阳城郭谷之中道庄寄居，因家焉。公讳林，配郭氏，为弘治间人。距□□□□□□月日与当年履历，俱远无可考，余何以记公哉？虽□□□者其发必茂，积渊厚者其流必长。余即不及□□□□□子若孙，固知公之生气，辇辇如新势，而有未尝灭没者也。公生二子：长曰秀，次曰武。武之后稍零星散处，其见□□□□□士元、起元，暨下佛师之陈秉忠、秉和数人已耳。秀为□□□□祖，乃道庄六世祖也。亦举三子：长珏，以子容山先生贵，赠计部主政，而三谟、三策其孙也；次珦，无子；次琪，为道庄五世祖。举三子：伯侨，是为三锡、三宅父；季信，嗣于珦，是为三台、三极父；仲修，为道庄曾祖。举四子：长三晋，以恩选授怀仁学博；三乐为太宇翁大人，道庄之大父也；次三接、三益。三乐，朴茂长者，□农贾间，克大先业。至道庄七有余世矣。而其后□□□□者正未有艾也。永哉，陈之世德乎！一盛于容山翁，再盛于道庄翁，既悠以远，益茂且长，孰非公之深蒂渊泓者□□□□也哉！余于其枝之茂而益征其根之固也，于其流之长而□验其渊之积也。故曰：余不及知公，而以公之子若孙□□□□叚生心，辇辇如新，贞有未尝灭殁者乎。洵可□□。

赐同进士出身中宪大夫巡抚顺天等府地方都察院右佥都御史加俸一级前兵科都给事中　眷晚生张鹏云顿首拜撰

赐同进士出身文林郎知乐亭县事　七世孙昌言，率弟生员昌期、昌济，子兴第仝建记

崇祯十一年七月十五之吉

5. 明贤处士南泉陈公配张孺人墓表

（1）碑刻简介

此碑刊立于明崇祯十一年（1638），为墓碑，碑刻规制为190cm×70cm。碑原存陈家墓地，《文集》载存于村委会大院。

（2）碑文

陈公讳琪，字孟瑞。其所居之南有泉，冬温夏冽，味甘而洁，因别号南泉

云。上世本泽州天户里人，七世祖林，始徙阳城郭谷之中道庄，寄居焉。父公秀，为陕西西乡县典史，莅官十载余，有惠政。致仕归，民为立祠。□□母王孺人。长兄珏，为直隶滑县典史，以子容山先生贵，赠计部主政；次兄珦；公其季也。公之懿行不可□□，但余不愿记公以文，而愿记公以实也。公生于弘治三年十月二十一日，正寝于嘉靖三十七年九月□□日，享年六十有九。配张氏，郭谷义官张公僖之女也，生于弘治四年七月十九日，正寝于嘉靖二十八年闰六月二十四日，享年六十岁。合葬于于家山祖茔之次，后其孙三晋等复厝冢于静坪之阳。子三：曰侨、曰修、曰信。信嗣于珦。女三。孙男九：曰三晋，以恩选授怀仁县学博，曰三乐、曰三接、曰三益，修之子也；曰三锡、曰三宅，侨之子也；曰三台、三极，信之子也。曾孙男十有五人，而长为经济，即余友太宇翁也。玄孙男不胜数，而长为昌言，即余小友道庄翁也。道庄翁有子，幼名兴第，纳采于余孙女巷姐，盖公之又玄孙也。陈之流益长，□之足滋大矣。永矣哉，公之世德乎！余嘉其子孙之多矣，尤嘉其多而贤也。余羡其子孙之贤矣，更羡其贤而显也。道庄为公五世孙，去公百五十年余，愀然于冢上之无石，罔以对越先人，乞余为记，以志不忘。非贤而显者能若是乎？

赐同进士出身中宪大夫巡抚顺天等府地方都察院右佥都御史加俸一级前兵科都给事中　眷晚生张鹏云顿首拜撰

赐同进士出身文林郎知乐亭县事五世孙昌言，率弟生员昌期、昌济，子兴第全建记

崇祯十一年七月十五之吉

6. 郭谷修城碑记

（1）碑刻简介

此碑刊立于明崇祯十一年（1638），为记事碑，碑刻规制为285cm×85cm。《文集》载存于郭峪城中，据文意，此碑应有碑阴。

（2）碑文

《易》曰："王公设险，以守其国。"设险之守，属之王公，而非以问之闾里

也。然王公以国为家，为国设险，而闾里之间，则王公备饬所不及。其待暴门柝、御侮户牖，岂尽王公责乎？吾乡郭谷，夙称巨镇，聚庐而处者千余家，皆敦礼义、安耕凿，从来未经兵火。崇祯五年七月十六日卯时，突有流寇至，以万余计。乡人抛死拒之，众寡不敌，竟遭蹂躏。杀伤之惨，焚劫之凶，天日昏而山川变。所剩孑遗，大半锋镝残躯，或乘间奔出，与商旅他乡者，寥寥无几。呜呼苦哉！鉴前毖后，余因与乡人议修城垣以自固。一切物料人工，悉乡人随意捐输。富者出财，贫者出力，不足者伐庙坟古柏以佐之。而以焕宇王翁董其事，众人分其劳。计城工始于崇祯八年正月十七日，告成于崇祯八年十一月十五日。内外俱用砖石垒砌，计高三丈六尺，计阔一丈六尺，周围合计四百二十丈。列垛四百五十，辟门有三，城楼十三座，窝铺十八座，筑窑五百五十六座，望之屹然干城之壮也！今而后揭竿其无睨乎？保障（缺）长枪、月斧、火罐等俱备，而火药、铅、铁子称是。更愿吾父老子弟，同心同力，有财者毋吝，有势者毋骄，乏者毋疾贫，强者毋凌弱，守望相助，疾病相扶持。庶几众心成城，立于不拔，岂专在垣壁间称金汤已哉！乡人勉之！诸输助姓名，即一文一缕，悉载于石，照所输多寡列为次第，盖所以风好义云。

赐同进士出身中宪大夫整饬蓟州等处边备兼巡抚顺天等府地方都察院右佥都御史前兵科都给事中侍经筵邑人张鹏云撰

时崇祯十一年戊寅季夏之吉

7. 抄录奉旨叙劳疏

（1）碑刻简介

此碑刊立于明崇祯十一年（1638），碑刻规制为285cm×85cm。《文集》载存于郭峪城中，不知是否有碑阴。

（2）碑文

山西泽州阳城县，为汇报捐修城工劳绩等事，崇祯十一年四月十五日，奉本州帖文，蒙钦差整饬潞安兵备分巡冀南道山西按察司佥事加服俸一级李，案验本年三月二十三日，准布政司照会，本年三月（缺）巡抚宋，案验本月二十日，准工部咨，营缮清吏司案呈，奉本部送工科抄出山西巡抚吴题前事等，因该部覆看（缺）公私交匮，修建维艰。故州邑守令能不加派扰民屹成金汤永利者，前兵部具题与军功一例超擢优选，奉有明旨。今抚臣吴，首先区画，饬谕多方，克襄巨役，功实最著。查得河津县，带水盈盈，寇每窥渡，区区土垣，何所恃以无恐？乃知县（缺）衿张家璧、张宸极、赵辉等十二名，乡民郭守才、武一统等五百余名，相继乐输，拮据工作，易土以砖，聿城崇墉之固。至于各州（缺）村堡保四百余丈，乃乡官张光缙捐资二千余两，独力成之者也。阳城县之郭峪镇，建城一座，周围四百余丈，城楼三座，敌楼（缺）张元声创捐一千五百两，其绅衿陈昌言、卢时升、王应选、曹纯善、卢知己、卢时扬、张元凯、张多学、张凤彩、窦如玺、王重新同子熙明、康明（缺）璧、王尚贵、吴自云等二十四名，各捐不等，而共成之者也。再有洪洞县乡官杨义计、周桑土，助建敌台，捐银三百两以上，各捐（缺）劝□□□吴，久著保厘新经予告，应候圣裁优赉外，知县李士焜倡助独先，子来恐后，不费公帑之锱铢，聿建城隍之永固，应照近例行取超擢者也。其乡官张光缙、张鹏云，克壮藩篱，实为领袖，准以建坊旌表。其余绅衿众庶，如河津县之张家璧等，阳城县之张元声、陈昌言等，洪洞县之杨义等，应加各行抚，按查某捐助多寡，量行给匾，以彰劳勋等。应于崇祯十一年正月二十七日，奉圣旨这修建著劳吴，着赏银十五两，李士焜俸满优擢，张家璧等、杨义等俱依议。堡镇与县城稍别，张鹏云、张光缙等还着另议具奏。钦此。抄出到部送司，奉此。除钦赏银两移咨礼部，转会关领给发。叙录官员移咨吏部，张光缙等另行议覆。所有旌表张家璧相应咨会案呈到部，拟合就行。仰本司官吏即便移行道、府，转行该县。张家璧等各该道量行给匾，以彰劝勋。查照钦遵施行。又据经历司呈抄，蒙巡按叶案验奉都察院巡按山西九千二百六十二号勘札，同前事等，因抄呈到司，蒙此。又准按察司关本年三月初六日蒙巡抚宋案验同前事备行本州帖，仰本县官吏查照案验备奉明旨内事理，即将本县张元声等，量行给匾，以彰劝勋。一体钦遵施行。

崇祯十一年六月吉日刊

8. 陈公讳三知号仰吾暨配曹氏贾氏合葬墓表

（1）碑刻简介

此碑刊立于清顺治五年（1648），为墓碑，碑刻规制为135cm×60cm。《文集》载碑在陈氏墓地。

（2）碑文

尝考江南萧氏，唐之世族也。自瑀之后，子孙贵显益茂，素封接踵突阳。沉浮之陋制焉，坟墓缭以周垣，碣以世系，治饬相仍。近则沟而合之，少远者遇拜扫亦依次相及，盖明于其本而达于其所自□固也。自古迄今，无论雅俗，或相递而美之曰"江南萧氏"云。我陈氏聚族和义，原于一本，祖先显达相因出，昌言亦玷俊闻。其诸支，分而派别。如秉和者，爰称素封，则其所孙于萧氏者，果几何哉？惟时秉和以乃父自万历二十五年，就业居下佛村，后人依而葬焉，若去祖墓少远云。虽春秋时荐，治饬频仍，而一念体先敬祖，溯生反本之情，甚不容已，爰问叙于昌言以志不忘。考其祖讳三知，号仰吾，暨配曹氏、贾氏，志铭而合葬焉。公曾王父讳武，王父讳环，父讳仁，公生丈夫子四：邦柱、邦本、邦栋、邦相。秉和即相之第三子也。后先旅仲，备列武祖世系中。昌言与秉和言曰："昔太公封于营丘，比及五世，反葬于周。《檀弓》美之谓：君子曰：'乐，乐其所自生。礼，不忘其本。'此之谓乎？"且也祖孙式谷惟似。作求之事，修勉在人，受数在天。故《中庸》谓：物有材，天有□；人有德，天有因。小大一理也。惟天不能以自至，往往假其权于人，令之扶助而进于谊。苟这□□进之际，若或使之，秉和可谓有探本之谊，而昌言扶进之任审，有委之而不遑者。

浙江道御史钦差提督江南苏松等地学政　族□昌言谨识

孙秉和建石记

顺治五年三月清明谷旦

9. 阳城额设商税银碑

（1）碑刻简介

此碑刊立于清顺治十三年（1656），碑刻规制为35cm×50cm。《文集》载碑在郭峪城内。

（2）碑文

按阳城阖县额设商税银让二百三十两。顺治十二年四镇分认：在城分税银六十两，润城分税银一百一十两，白巷分税银二十两，章训都郭谷镇分税银四十两。缘镇小非通往来客商者，有分到刘村、安阳、刘善、章训、南石、东石、南晋、北□、刘村、崇上、洸壁、东裴各里，卖物买□□□□卖地□□□□无□立石，永远为志。

郭谷镇牙行陈鸿志、王仲发、张义等全立

顺治十三年四月二十七日

10. 明故显考复吾卫公配曹李氏之墓

（1）碑刻简介

此碑刊立于清康熙七年（1668），为墓碑，碑刻规制为170cm×60cm。《文集》载碑在陈氏墓地。

（2）碑文

公行三，讳奋庸，号复吾。世族。阳城县通济里人氏也，自父讳应新始迁于郭谷镇。公生于万历十年十一月二十六日，卒于崇祯十四年十一月二十四日，寿享花甲之年。配曹氏、李氏。生子一：之麟，曹氏出，配张氏，副室郝氏。孙四：长曰启泰，配张氏，系张氏出；次曰启锡，三曰启祚，系郝氏出，尚幼；四曰守泰，配冯氏。孙女一，云姐，配本镇赵时芳次男。今特勒石以志，永示后裔。

时大清康熙七年十二月初八日守

孝男：之麟，孙：启泰、启锡、启祚、守泰全立

11. 清故儒士海山张公暨配窦氏成氏合葬墓志铭

（1）碑刻简介

此碑刊立于清康熙十年（1671），为墓志铭，碑刻规制为56cm×99cm。碑原存张天福墓地，《文集》载碑存于村委会大院。

（2）碑文

前进士出身刑部尚书吏部侍郎内翰林国史院学士秘书弘文两院侍读学士纂修史鉴副总裁官　年家眷侍生白胤谦顿首拜撰

赐进士出身山东道御史巡视两浙盐政前巡按苏松长镇淮扬等府兼督沿海综校将领监察御史加一级　宗晚生凤起顿首拜篆

前太学生　愚甥李璞顿首拜书

吾阳城之俗，初以郭谷为近古云。地多丰室大族，其姓张氏者，尤号蕃盛。近岁著人，自东山少司寇外，复有灵璧、永从二君；其前则有都宪、金宪、郎中三公，六人俱进士起家。余贵仕者尚数人，第弗详其谱序之远迩，然闻之东山与灵璧，上世俱徙自沁水金凤，当为一族。灵璧君，登世祖已亥榜进士，任江南灵璧知县，有政才，左调，人皆惜之。乃敛其才，里居孝谨自修，犹日孳孳治举业文自娱及诲人，余甚敬焉。客岁夏，遇其继王母丧，君父太公耆而在疚。已念先二人藁葬未备礼，因命君持状请余文志其墓，不可以辞。

据状，君之王父讳天福，号寿庵，又号海山；曾王父讳问行，孝友姻睦，家既裕，□行其德，乡间称之。一弟问士，拔贡生。高王父讳元勋，岁贡，历官阳曲王府教授。女适前冢宰疏庵王公，赠一品夫人。五世祖讳纬，举人，历官德王府长史。五世从祖纶，举人，石泉知县。纶、纬之上有翔、翱二公，翔、翱父惠初，惠初祖述古，以上无考。问行初娶于常，早卒。继娶于白巷李父俯宪副育吾李公之权姑也，实生海山公。公甫三龄失怙，家难遴作，凡利其有而齮龁之者无不至。母李，以女子支撑内外，尤赖李公及姑丈副都震阳李公保持，免于沦坠。年十二，仇者即报接里役，任里赋，会计允当，仇者稍为敛服。比壮，慷慨慕义也，每好授人之急，随分区处，皆能得其欢悦。顾颇善酒，母本时时戒之，间稍渝，母色不怿，即前跽请受杖，必候母颜解然后起。奉母生事、终葬，备物尽志无少憾。尝感时叹谓诸子曰："而父幼孤遭多难，不克奋于诗书，致强暴者凌侮，百年资产半耗。夺念家世书香，而与而子其勉之！一以承先业，一以慰而父心可耳。"海山公以顺治五年三月七日卒，年六十五。初娶于沁水窦庠生俊女、太仆丞杰女侄，以名门淑媛来归，犹逮张氏盛时。事姑嫜以孝，凡所指使唯命，饮食衣履必躬亲为之，不假乎人。处六亲以和，有求者，多寡量给予之，无得色。族中有嫌怨者，既忍且让，甚易怨而为德。至于训子女、御婢仆，勤俭宽严，悉得体。居常端静，弗事纷华，有女士风。以崇祯七年七月十八日卒，年五十二。继娶于成，父寅归，值公家中落。内苦积贮匮乏，外徭役侵迫。而中馈之事，干糇之节，靡不竭蹶，佐办无怨。惟性好奉佛，乐施济，执素终其身。卒于康熙九年五月七日，年七十八。子男三人：伯我生，邑庠生，封文林郎江南灵璧县知县，娶于卢举人道昌女，封福孺人；仲兆甲，娶于马寿山女，继王见女；俱窦出。季兆麟，娶于李干亨女，成出。女二人：一适庠生王维藩，一适席秋洪，俱窦出。孙男五人，拱辰即灵璧君，娶于王尚亨女，封孺人；翊辰，娶于吴起凤女；旋辰，娶于畅吾素女，继侯养素女；俱我生出。景辰，兆甲出。卫辰，兆麟出。孙女三人：我生出者一，幼未字，兆甲出者二，一适庠生蔡育滋子璋成，一幼。曾孙女三人：一适庠生李正子存心，举人，兆甲孙，拱辰出。又二俱幼，翊辰出。

将以康熙十年辛亥三月二十二日合葬于西山祖茔之次。

铭曰：由前观之，三世之积，而已中藏，公之叹，所为作；由后观之，数世之泽，而孙克大，公之憾，所为释。虽然，孰前孰后，惟公允尸之，爰及子孙，具于以德，偕其伉俪，永爱兹宅。我铭以乎之，公庶不灭。

不孝男：我生、兆甲、兆麟，孙：拱辰、翊辰、旋辰、景辰、卫辰仝勒珉

大清康熙十年三月二十二日

12. 清故叔考翼吾张公墓

（1）碑刻简介

此碑刊立于清康熙十九年（1680），为墓碑，碑刻规制为130cm×59cm。《文集》载存张姓墓地。

（2）碑文

先讳元庵，号翼吾，凌云伯之第三子也，原伯母出，生于明万历三十四年十一月初三日，卒于清康熙三年十一月初七日，享年五十九岁。初娶韩氏，本镇韩文炳女，崇祯五年七月十七日时因病而卒，无出。继娶卢氏，廪生卢知学女，生于明万历四十四年六月二十五日，卒于清康熙十九年十月初五日，享年七十五岁。生子一尔瑛，年二十一岁而亡，配杨氏、延氏，俱无出。生女三，长适白巷庠生陈英恒；次适本村王良玉；三适本镇田毓瑛，不数年间，相继而亡。以尔瑛故，司寇公同阖族议立嗣，举本宗凌云之子焉，命名尔琦，年十八而亡，其配杨氏。于十一月十一日卢氏启攒合葬，尔瑛葬于左，尔琦葬于右。弼也，少失怙恃，蒙兄培成，感积冥德也，资以志石云。

堂弟庠生元弼谨撰

侄男：尔绣、尔琰，侄孙：萃全立

大清康熙十九年十一月十一日

13. 郭峪镇仕宦题石记

（1）碑刻简介

此碑刊立于清康熙二十四年（1685），据《文集》，碑原存孔庙，今不存，文存阳城县档案馆。据文意，此碑应有碑阴。

（2）碑文

吾郭峪自洞阳发脉，起伏南下，十五里而结为樊山之左支，逶迤东分，十里许而融为苍龙岭。岭居镇方之乾，天然神石，上矗乎云霄，地涌清溪，下聚为灵濑。华麓樊川护左右，龙泉金谷拱面前。于时形家者言："苍龙挂角，兄弟联登。"又云："乾震起高峰，人文达显。"吾乡自宋元以来，达显无闻，起明成化以迄于今，人文累累，甲第连连。其间乔梓踵荣，花萼辉映，或建牙开府而畿甸靖安，或卿贰秋曹而洗冤泽物，或出入承明而勋流丹史，或台垣司谏而山岳震摇，或折冲外台，而宪邦著绩。至说岩公，登庸三事，典宰化机，开冀南四百余年未有之会，而文德嘉谟，直绍伊吕。又岂特润发山灵，光昭显赫？通都大邑，罕以为匹，可谓盛矣！而形家者言，信不为诬耳。于是窃有疑焉者，粤自颛顼氏人文开运，而山川固有灵秀，宜早彰其盛，何三四千年之久，而未尝闻有显者，卒盛于明及熙，何欤？或古昔之人事未修、文学之不习故也。若然，虽有山灵，何由发其秀润？盖人事文学、山川灵炳，依倚而成其功，不可独缺也明甚。至其滋衍繁大，皆乃志士仁人甄陶渐染，奋励激扬，培增高厚，以臻绵远，益见夫人事修之效也。予谓人事之修，莫先乎培增。使培增将得以道，则愈久而愈盛；培增不以道，则未久而先衰。此理之必然，未可易也。惟贤人君子，不倚山灵，不自满假，人杰地灵，则永赖矣。兹将先后名贤，胪列于后，昭山灵之相佑，钦人事之培修，以俾流光于来兹也，冀后之君子察焉。

康熙乙丑修禊之辰

济阳蔡霶雨识

14. 西园先生墓志铭

（1）碑刻简介

此碑刊于清康熙三十三年（1694），为墓志铭，撰碑者为陈廷敬。据《文集》，碑原存张多学墓地，今不存，文由《晋城金石志》著录。张多学，府县志有传。

（2）碑文

（陈廷敬）

西园先生讳多学，字觉初。先世沁水人，后徙阳城东乡之郭谷，曰从仪，至先生八世矣。七世广，六世车，皆隐农野不显。高祖珩，初用季子好爵贵，赠承德郎户部浙江清吏司主事，再用长子好古贵，赠奉政大夫四川按察司佥事。兄弟皆中甲科，历官并有名。而佥事公初令元城，皇亲为不法，公抗论置于理，真声大著，迁刑曹司谳，决而奏免阳城溢额之赋，事具邑乘通志，是为先生曾祖。佥事公子植，修先公农业，行义于里中，先生王父也。先生父以荣礼部儒官。儒官公伯兄鸿磐，万历癸酉科举人，历仕景州知州。儒官公荫积高门，行身俭让，里中称曰长者云。先生方重亮直，不苟訾笑，岿然儒行硕德，为学者师。盖以其学，施于伦物，散见于事为口，自少而老，敦行无厌。是以于亲则孝，于兄弟则友恭，于朋友则信，于凡所接之人则无不率是意而遇之以诚。故其殁也，学者悲焉，曰："天不慭遗吾师。"儒官公长子多闻，为弟子员，儒官公爱之，先生事之如父。未年三十有冉耕之疾，狼藉枕席间，至不可向迩。先生躬为扶持卧起，汤药尝而后进。比卒，恸不自胜，过时而悲。儒官公以爱子故，暮年竟忽忽而病。先生捧手将敬，肃容承志，视气听声，随事顺体，躬自诘食饮，视进多少为忧喜，晨昏无少违间，儒官公以安。待从昆弟，同恩一视。儒官公既殁，先生孤立，或阅于墙，堂构飘摇，不可耆拄。先生曰：无庸。平心和颜，摩肌煦肉，卒以格其邪心，招其淑气。学者曰："白桦之子，棠棣之弟，先生有焉。"余所谓孝于亲，友于兄弟者如此。幼与我冢宰公、我先世父侍御公同学于乡。我冢宰公尝曰："吾曹兄弟也，但各姓耳。"往来阡陌，输写情好，连日浃旬。我先世父侍御公性严重，老而归也，阖门罕与人接，独敬先生，时时坐先生后，披襟展颜，举酒谭燕。先生穆然其间，神明湛定。坐者融其心神，静其视听，默焉而退，若皆有得也。学者曰："隐不违亲，正不绝俗，先生有焉。"余所谓信于朋友者如此。平居崭然自持，孤介峭洁，若不可人意。与人语，温温焉，侃侃焉，勉其善而遏其非。被容接聆謦咳者，薰莸冰炭，气沮意消。里党急难，咸恃以济，卒无矜伐意。学者曰："伐木干糇之义，先生有焉。"余所谓凡所接之人无不遇之以诚者如此。先生安贫守约，有以自乐，而检身甚严。余少壮里居，侍我冢宰公游樊山之巅，先生几杖在焉。中席酒酣引避，拉友人倚楼浮白，语笑纵横，脱略绳检，中夜不寝。先生明日面责余曰："节饮养身，君其念之。"自后每见，必以相规。余至今思其言，未尝不潸然泣也。先生教子甚勤，老屋三间，籍书枕册，浸渍丹墨。元日除夜，犹闻弦诵之声，淳涵演迤，作为制义之文。其书满家，凝尘网虫，蠹简蠧翰。余过而从先生为文，尝暗窥窃探，取其字句，至今恧焉。先生加意造士，与我冢宰公结文社于樊川之上，邑之俊人胜流，毕集其中，阅五日。晨露未晞，桑柘交阴，丛花蔽路，先生布袍草笠，循河渚而来，与我冢宰公山崖水湄，危坐竟日，以待诸君为文。□吟手画，赏其俊句，或有不嗛，慨然而叹，移时不乐。余与先兄庶常公，先生令子实亲炙其盛焉。其时学者抠衣执经，侍两公侧者，厥后多所成立。迹先生行事，举十之一二，以见其生平学力之专，致用之美者。盖先儒有言："人生惟是感应之理。"从先生学者，殁而益思之。即余之不肖，每念先生謦欬之言，则不禁潸然泣者，是知先生之感人深矣。故论先生之行事而归本于学，而序次之，以为之铭焉。先生一子于廷，顺治己亥与先庶常公同举进士者也，为永从令，先生以故封文林郎。先生生前明万历二十四年五月二十九日，卒以大清康熙十七年九月二十八日，年八十有三。葬以康熙三十三年九月初一日，卜新兆于南坡之阡，三孺人祔焉。盖至是，先生殁已十六年所矣。初配孺人王氏，继孺人于氏，再继于氏。女三，一适贡监生李易，其二皆为士人妻。孙男一，之麒，康熙庚午科举人。

  铭曰：长者传闻东山东，始有显者张两公。东山鱼飞鳞摩空，我冢宰公人中龙。世父彡冠光熊熊，两家川岳灵所钟。先生华胄承流风，鳞伤凤逝吾何从？典型沦亡天晦蒙，风水痛剧期再终。祥琴欲鼓声难工，松柏已长宿草丰。先生马鬣犹未封，岁周星纪加四冬。执笔为铭辞载攻，绪言皎皎悲填胸。人生有情无终穷，恻文剗石藏幽宫。千秋不泐情与同，海水有涸石无砻。

15. 修路碑

（1）碑刻简介

  此碑刊立于清康熙四十二年（1703），为记事碑，碑刻规制为110cm×48cm。据《文集》，碑原在西山庙。据文意，或有碑阴。

（2）碑文

郭谷镇西山庙，创建于明，重修于清。庙貌宏开，栋宇崇峻，诚一镇之胜境也。但山以外左右崎岖，凡遇圣灵朔望之期，往来烧香者稍觉步履不便。今有五瘟圣会修醮所余布施，阖会公议修葺道路。费用不足，又募阖镇贤官长□□□捐输，共成盛事。功竣不可无志。今将施主照尊衔并所费银钱，统勒于石，以垂不朽。

（施主姓名略）

  总理会：吴琮、赵玉保、吕璧、赵玉金

  住持：性朗、性耀仝勒石

  玉工：郭进才

  大清康熙四十二年孟冬吉日

16. 义冢碑铭

（1）碑刻简介

此碑刊立于清康熙四十九年（1710），为墓碑，陈廷敬撰。据《文集》，碑原在郭峪村，今不存，文由《晋城金石志》著录。

（2）碑文

吾所居镇曰郭谷者，连四五村，居人逾千家，皆在回峰断岭、长溪荒谷之间，地最硗狭，耕牧无所。其土方数亩者少，其狭者不可以画遂沟，广者不可以经洫浍，或土戴石，或泥淖沙。田既少而悉归于有力者，其子孙或世守其先人之产，而重转鬻诸人。其人好力作负贩，俗尚俭啬。四方来居者，人口日众，而田日益不足。生既不能以田为事，死则无所归。即一日不幸，叩强有力有田者之门，丐尺寸之地而瘗焉。异时或斩凿平治之，求若斧若马鬣安可得？古之人所谓不封不树者，岂遂若此也。余捐金置义冢，得田若干亩，公之贫无地以葬者。余惟古者井下之田，人有分地。自秦以至兼并，废先王之制，始开阡陌，而天下于是有甚贫甚富之民。使斯人生无以养而死无以葬者，暴秦之罪，于今为烈也。夫分井均田之法，其大者不能行矣。若能令豪侈之家稍知品节制度，使天下甚穷之民，生有所养而死有所归，无饿身暴骨之患，是亦有天下及禄食者之所宜三致思也，故吾为书置冡之故。而系以铭曰：

记昔侍帝，狩于近郊，掩骼埋胔，岂惟搜苗。工官戒途，误平人冢，帝察治之，仁断倾竦。顾鹏疆服，时闻兴嗟，征骨露野，战血染沙。时予之辜，孰恤予怀，记帝言功，臣所职哉。矧惟国家，怙冒下土，眷言我民，亿万以数。沟壑填委，道路弃捐，封狐夜啸，饥鸟晓餐。凡我人牧，孰轸孰怜。樊山之原，樊川之浦，天寒雨湿，魂诉如雨。解金卜幽，鬼兮宅宇，耘叟耕夫，莫或汝侮。山回峨峨，川流汤汤，累累兹坟，我心摧伤。我力则惮，哀此众民，爰作铭诗，以倡后人。

17. 重修三官殿碑记

（1）碑刻简介

此碑无刊立时间，为记事碑，碑刻规制为120cm×40cm。据《文集》，碑在白云观，今存，刊立时间不详，按人、事推断，或在清康熙五十四年（1715）前后。

（2）碑文

夫人性之善，不俟有□□后生。人事之善，必因有感而后动。自古忠臣孝子，仁人义士，善同性成，亦时势启之，情理激之也。所以□之为善，惟在有以感之者。如吾邑白云观洞阳启□，析城献霁，上耸石笋，下吐清流，左右环顾形胜矣。□前贤经营创造，相体势，审高下，靡不尽善。久而门□□损，赖我梅庄陈公倡率增修，榱桷生辉。上而□三官拜殿，丹青飘落，选胜者不无新旧相形之憾。□□五瘟会众，感发奋起，捐资绘饰，金青夺目矣。是□□之然者，非上行下效，与故人事之善，惟在有以□□之，余更望继起□□兴鼓舞，无不更新，以妥□□□独见梅庄公倡率之力，更为一邑之厚。

菊岩蔡霈雨识

斯然卢锡九书

□□□□年□□月□□日

18. 遵母命施地西山庙碑记

（1）碑刻简介

此碑刊立于清嘉庆二十五年（1820），为记事碑，碑刻规制为27cm×43cm。据《文集》，碑原在西山庙，仍存。

（2）碑文

从来有功者当显其功，有德者必彰其德，是功德之不可泯也，明矣。本镇土沟有赵满库者，务农为本，安分守成。遵母命，有典到张同善地三亩，价银七十五两，又借帖一纸（张同善借大钱五千六百文），今施与大社西山庙耕种，以赡住持养育之资。种地者交粮。立有施约一纸，俟后如将地回去，此项不得入社使用，仍置田地以雇住持。如有赵姓户族争竞者，施主一面承管；若有外人异说者，大社一力承揽，与施主无干。各出情愿，永无返悔，以志不朽云尔。

嘉庆二十五年二月二十六日西山大社公立

住持僧净本

19. 皇清显考处士养和崔公暨配魏原孺人合葬之墓

（1）碑刻简介

此碑刊立于清道光五年（1825），为墓碑，碑刻规制为182cm×65cm。据《文集》，碑原在崔家墓地。

（2）碑文

公讳成义，字养和，乃注金公之子也。生于乾隆三年十月初九日子时，卒于嘉庆十三年正月廿五日申时，享年七十岁。配妣魏孺人，生于乾隆十二年正月初七日子时，卒于嘉庆十年八月初七日子时，享年五十有八。继妣原孺人，生于乾隆十九年十月初十日，卒于嘉庆廿五年九月廿六日午时，享年六十有六。子一，凤鸣，系妣魏孺人出，配于氏，继配赵氏、成氏，又配王氏。孙一，大业，赵氏所出。祖茔坐于裹金谷之侧，已历三世，为地无几，因卜新茔于兹，坐落庚山甲向。特勒碑以志之，是为序。

  男凤鸣孙大业谨立

  大清道光五年三月谷旦

20. 清故处士钟氏本支始祖讳镛字洪声公祔配刘孺人之墓

（1）碑刻简介

  此碑刊立于清道光六年（1826），为墓碑，碑刻规制为175cm×70cm。据《文集》，碑原在钟氏墓地，碑今存。

（2）碑文

  此子英钟生始祖墓也。子英，名耀华，余门下士。性洒落，不趋时好，独留心于古人翰墨间，而于秦汉篆隶，尤能跻其堂面穷其奥。余雅契之，尝与杯酒谈心，因及其家世所由来，知其先为泽郡南关黄花厢人。顺治初，其六世祖洪声公，始移家于阳城之郭谷镇。子一，义，义子明德，明德子秀、鼎，鼎子守仁、守信，守信即子英尊人也。子英堂伯守毅，堂兄弟孝先、晓文，子侄嘉言、德言、兰言等，亦各十数人，盖骎骎成巨族焉。乙酉冬，子英将立石于始祖之墓，因挈其尊人所订家谱呈余，请序于余。余以为钟氏之由来久矣。龙跳虎卧，魏太傅实开书法之宗；流水高山，楚子期妙解乐弦之趣。降至亮叔训秀，世号人龙，璇璟环琢，同登高第。即今子英一支，与其本籍之在凤邑者，书香科第，相继不辍，岂非所谓积厚者流长，根深者叶茂，蛰蛰绳绳，绵延于勿替者哉！今子英继先人之志，永世德之。传所以尊祖敬宗，尤非好行其德者所可同日而语也。余既嘉其敦本之意，亦使其后之览者皆得有所考据焉，故因其请而志之如此云。

  特恩辛巳科举人例授文林郎吏部捷取知县　纬堂卢联珠拜序并题

  内戌山辰向　外辛山乙向兼戌辰

  二世义，三世明德，四世秀、鼎，五世守仁、守信、守毅，六世孝先、晓文、耀华，七世嘉言、德言、兰言

  大清道光六年岁次丙戌清明谷旦立石

21. 重修成汤庙舞楼碑记

（1）碑刻简介

此碑刊立于清咸丰二年（1852），为捐资碑。据《文集》，碑在汤帝庙。

（2）碑文

庙之舞楼，肇于元者，不知其制度若何。重修于前明者，高（缺）久持，倘一不支，其毁物植也事犹浅，其伤人命也情实深（缺）竣于本年六月初四日。楼下三寸外展四尺，其余悉照旧（缺）

贾元兴山东募化：

大端裴永兴，阳邑双兴店、和兴号，以上各捐钱十千文；峄邑丽昌厂捐钱六千文，李继芳、李桂馨、孙暖、□□聚泰店、周口庆昌永、李□山兴盛店、上庄徐崇彪、榆次德盛店，以上各捐钱五千文；长治康□益捐钱三千文，霍州祥泰店捐钱二千五百文，长治玉盛公捐钱一千五百文，大上号捐钱一千文。

王彭龄、霍金柱周口募化：

王际虞、凌存义捐钱五千文，久兴德捐钱五千文，司益正捐钱四千文，裕祥典捐钱三千文，郭六泰捐钱三千文，顺兴成捐钱三千文，北义盛捐钱三千文，吴敬远捐钱三千文，兴隆泰、公义昌、范天元、天来文、晁顺兴、合意店、公盛店、祥泰行，以上各捐钱二千文，扶沟刘和泰、圣台存仁兴、□□协盛典、□□永泰典、□□祁瑕泰、罗元亭、太康张德昌，以上各捐钱三千文，杨合义、刘全泰、谢恒济、刘广隆，以上各捐钱一千五百文。

徐尚勤颍州募化：

久兴玉、吴永泰、北瑞龙、广德庆，以上各捐钱四千文，兴泰合捐钱四千文，同泰号、元盛号、况恒盛、久兴永、杜瑞隆、同春店，以上各捐钱三千文，路全兴、侯大升、裕丰行、黄永昌、赵安邦，以上各捐钱二千文，东峪马兴川捐钱二千文。

本村捐资：

五永店捐钱十千文，奎文社捐钱二十五千文，张汝焯捐钱二十千零四十文，张丛茂捐钱十二千文，卢曜南捐钱十二千文，王汶诠捐钱十千文，魏振纪捐钱十千文，张景行捐钱十千文，培桂堂捐钱十千文，马季玉捐钱七千文，钟耀华捐钱六千文，申立中捐钱五千文，卢时捐钱□□□，卢宗严捐钱□□□，张映壁、赵敏爌、常俊、常伟、赵太和、王彭龄、王际虞、范隆扬、张永林、张仁、李福泰，以上各捐钱□□□，□雅堂、王文耀捐钱□□□，卫廷铨、霍金柱、郑国宝、韩纪元、柴锡龄、王宗礼、邢学民、申立标、亦恩堂（缺）

督工：张映壁、魏振纪、张景行、钟耀华、王汶诠、徐尚勤、霍金柱、贾元兴、王彭龄、赵敏爌、王恒业、卢耀南、常□□、郑□□、邢□□（缺）

大清咸丰二年壬子七□□□□□

22. 补修大成庙碑记 光绪

（1）碑刻简介

此碑刊立时间漫漶，为记事碑。据《文集》，碑原在孔庙，"光绪大祲"应即丁戊奇荒，据此，此碑刊立时间或在1877—1878年之后。据文意，应有碑阴。

（2）碑文

从来□□论创因，费无论巨细。必落成而后为工。如我郭峪大成庙，自创建来，近三百年矣。其中碎修绝少，以致榱崩瓦裂，砌败墙颓。且光绪大祲后，一任荒芜，更为减色。社中同人，虽触目关心，奈所费不赀。特□□山倏陈君星桥者，服贾河南，独力募化六十金，以为嚆矢之渐。诸同人借此怂恿，各解囊金，又为之积工，□□□□起四年入亦裁令觕备焉耳，兹或亦可以为工乎？虽工非创，而费不巨，此中难易□□□下□□□者矣。□□□□姓氏，出入花费于后。非纪功也，亦聊以书实云尔。

子和卫玉温识

□□□□年□月□日

23. 创修奎星阁碑记

（1）碑刻简介

此碑刊立时间漫漶，为记事碑。据《文集》，碑在郭峪殿院后。

（2）碑文

（缺）之或教□生之也。不特山岳有以效其灵，即星精亦（缺）宿者□□□□亦使天下愚鲁尽化为秀良，而秀良（缺）当其□□□流行，工多草创，孔庙未修，奎垣无（缺）巽方之高廊不与也。其地少卑，而孔庙之应照无（缺）乐之。南瞻金谷，东望苍龙，樊麓耸乎北，孔庙镇乎（缺）屋，因不禁慨然曰：古之所谓地灵人杰者，其殆是与！（缺）十四人荐贤书者矣。三人举明经，遴上舍指不胜屈（缺）或出入承明，乃功流丹史；或台垣司谏，而山岳震摇。（缺）隆，迨至乾隆己丑尚绵绵其可继，近百年来犹是地（缺）谒之余，览山川之秀，当不忘吾乡之□□犹在也。（缺）于本年七月十二日告竣，于本年八月十五日恭迎（缺）瓦朱栏，色采彰焉，煌煌乎固吾乡之大观也！乌可以（缺）照水之在地者无不给，而志之在人亦何异乎？以心（缺）日趋乎汗下也。何也？文明之象昧于中，而望星精之（缺）业为必可成，以仁义忠孝为吾身所固有之良，以经（缺）召为伍，岂仅为一乡后先辉映，徒增光于山岳之灵（缺）

□□□撰并书□□□篆额

社首：□□□、□□□、□□□、□□典、□□柱、□□彪、卢宗峰、靳肇基、窦尚文仝立石

□□□□□年□月□日

24. 朱子家训

（1）碑刻简介

此碑无刊立时间，朱柏庐撰，碑刻规制为61cm×96cm。据《文集》，碑在钟家院内。

（2）碑文

黎明即起，洒扫庭除，要内外整洁；既昏便息，关锁门户，必亲自检点。一粥一饭，当思来处不易；半丝半缕，恒念物力维艰。宜未雨而绸缪，勿临渴而掘井。自奉必须俭约，宴客切勿流连。器具质而洁，瓦缶胜金玉；饮食约而精，园蔬愈珍馐。勿营华屋，勿谋良田。三姑六婆，实淫盗之媒；婢美妾娇，非闺房之福。童仆勿用俊美，妻妾切忌艳妆。宗祖虽远，祭祀不可不诚；子孙虽愚，经书不可不读。居身务期俭朴，教子要有义方。莫贪意外之财，莫饮过量之酒。与肩挑贸易，毋占便宜；见穷苦亲邻，须加温恤。刻薄成家，理无久享；伦常乖舛，立见消亡。兄弟叔侄，须分多润寡；长幼内外，宜法肃辞严。听妇言，乖骨肉，岂是丈夫；重资财，薄父母，不成人子。嫁女择佳婿，勿索重聘；娶媳求淑女，勿计厚奁。见富贵而生谄容者，最可耻；遇贫穷而作骄态者，贱莫甚。居家戒争讼，讼则终凶；处世戒多言，言多必失。勿恃势力而凌逼孤寡，毋贪口腹而恣杀牲禽。乖僻自是，悔误必多；颓隳自甘，家道难成。狎昵恶少，久必受其累；屈志老成，急则可相依。轻听发言，安知非人之谮诉？当忍耐三思；因事相争，焉知非我之不是？须平心暗想。施惠无念，受恩莫忘。凡事当留余地，得意不宜再往。人有喜庆，不可生妒嫉心；人有祸患，不可生喜幸心。善欲人见，不是真善；恶恐人知，便是大恶。见色而起淫心，报在妻女；匿怨而用暗箭，祸延子孙。家门和顺，虽饔飧不济，亦有余欢；国课早完，即囊橐无余，自得至乐。读书志在圣贤，非徒科第；为官心存君国，岂计身家。守分安命，顺时听天；为人若此，庶乎近焉。

25. 故北直隶任县知县卢府君墓表

（1）碑刻简介

此碑无刊立时间，为墓碑，陈廷敬撰。据《文集》，碑原在卢姓墓地，今不存，文由《晋城金石志》著录。

（2）碑文

樊川在阳城万山溪谷之间，余家焉。其南半里许，墟烟相接，林木交映，邑之所谓郭谷镇者也。其人多忠信魁梧、饬修自好之士。自明以来，出而仕者，未尝乏人，又皆磊落，欲自表现，思可传于后。然其仕以进士起者多，故土之荐乡书者，率数数。就春官试即不第，不肯轻出以仕。卢，著姓也，举于乡，嘉靖乙卯曰守经，壬子曰光闾，万历戊午曰道昌，皆不仕。崇祯时破资格用人，八年秋下诏书曰：守令尤属亲民，其令两京文武职五品以上及翰科道，外则抚、按察、司、道、知府，于举、贡、监、吏、士民各举堪任州县者一人。御史中丞雨苍张公荐卢君时升，即府君也。府君字南征，别字正安，举天启甲子乡试。自其先世不肯以举入仕，君奋然曰："国家养材，务适用耳！"为济源县知县一年，调任县，以勤劳卒于官。在济源，流贼出没河以南，势甚张。君诘戎防境，贼不敢渡河。岁大祲，民聚而为盗数千人，君勒兵陈其垒，殄盗渠，余悉解散去。大狱关廷谳者百余，一日了之。幕府交章荐君。任，故大县，新被兵，主者曰："非卢君不可。"调君，君至，则扶伤吊死，招徕流亡，任以大治。已又陶甓其城，修战守之具甚备。巡抚件系其事荐君，有旨将内擢而卒。当明之中叶，朝廷以资格重士，士亦以资格自重。迨其末年，边事急，思得救时之材，始破资格之论，然终无补于其败亡者，夫岂尽资格之故哉！即以君之才，仅而置之州县之列，即百卢君为州县，天才犹不治也。其时之政地枋国事而宰化机者，伊何人与！而当是时，方急守令，其犹齐末之论已。余以是窃叹，想慕君之为人，而惜其非守令之才，而又憾其不究其用也。君卒之四十年，君之孙启茂请书其隧道之碣，君之家世及其提躬守官之详，见于雨苍张公之志者，不具载。余揽君之生平而因以尚论其世如此。

26. 故永从令张君行谷墓志铭

（1）碑刻简介

此碑无刊立时间，为墓志铭，陈廷敬撰。据《文集》，碑原在张姓墓地，今不存，文由《晋城金石志》著录。

（2）碑文

故永从令张君，讳于廷，字显卿，其家在太行山谷间之郭谷，故一字行谷。太行西来几万里，至阳城迤南百里，崒然而尽，如化城蜃楼，列嶂北向，郭谷在其中，谓之镇。郭谷方三四里，各倚山岩麓为篱落，相保聚，或间百步，或数十步，林木交枝，炊烟相接。自前明至今，官侍郎、巡抚、翰林、台省、监司、守令者，尝相续不绝于时，盖近二百年所矣。顾郭氏今无闻，而张氏其先独岿然以科目显：曰好爵，嘉靖某科进士，户部主事；曰好古，嘉靖癸未科进士，四川按察司佥事，摧折权贵，直声著闻；曰以渐，万历癸酉科举人，景州知州。佥事公，君之高祖也。考西园公，讳多学，邑庠生，耆年长德，立行教子，乡党宗焉。君顺治辛卯科举人，己亥科进士，性直亮，刻厉学问，长予十岁，予兄事之。平居侃侃，自矜重。予每谓君之才如此，又名家子，当有所树立。筮仕为贵州黎平府永从县知县。南荒深昧之区，日以益癖，此天地之运使然。亦必赖世有贤人君子能变其旧俗，与之维新，虽蛮僚穷乡，使异类为君子。故君之所以施于永从及永从之人所以报君者，不过区区百里之间，而其效可垂之百世，风励天下，不可没也。黎平以永乐十一年始置府，永从以正统七年始置县。县通湖广、四川、云南之介，山谷崄峻，杂苗分族而处，俗凶犷，不知礼义，饮食言语与中土不相通，耕沙砾溪淖自食，输賨布为租。唐宋以前，羁縻而已。君至，则身历山峒间，亲为诵说朝廷设官化民之至意，于是始以中土之法治之。延师儒，立党塾，未几，而弦诵之声响应溪峒矣。常平仓制未设也，岁饥，则苗民皆窜去。赋既不办，而县隶役皆远雇他郡邑及滇蜀人。君设仓廪，讲积贮，逾年得数千石，仿义仓之法，时其敛散。于是，虽凶岁，苗民恃以不饥。苗俗昧婚礼，世传鬼竿跳月之陋。君怜焉，置官媒，聘币有额，民便乐之。月吉读法，谆复感人，争者愿息，久则仇杀斗狠之气以销，民俗浸变，而县以大治。署雍安篆，如治永从。去雍安，民攀号不忍舍去。呜呼！若此者可以观民情矣。彼贪饕残忍者，据百里之地，日取其人而刀俎之，虽其境在中土，礼义素所渐摩，风俗素称朴厚，而使其人怨仇并兴，激呼狂走，而曾不知悔，谓民实负我，不可化诲。夫民果负我哉？又谁则不可化诲者也？抑治其民不张君若耳！使君得一郡若一州，或不在蛮僚边徼之地，其所树立当又何如哉？君之治行，见于为令者仅若此，为可惜已！滇中之乱，胁大府遇害，永从孤城不可守，君携县印跌行，匿山峒间，旬日不得食。苗民迹君所在铜鼓岩，进稞麦食君，求得君家人，悉以送君所。夫当颠沛流离之际，而苗民之不忘其恩如此。彼中土之民，平居无事而嗷嘷狂走，岂其礼义之渐摩，风俗之朴厚，其性习反有异于蛮僚边徼之人乎？是尤可为太息者也！未几，叛者平，君竟无害。携印诣军门，陈情父年老愿归。事比归家，人无一失者。当是时，西园公已老而尚健。人曰："天之所以报君父子也。"君初为诸生，我先公以元日访西园公，闻君读书声，归谓廷敬曰："张氏子元日犹读书也。"予闻而自儆焉。西园公教君严，至不令苟一步趋，妄一语言。西园公生君一子，君生亦一子，曰之麒，庚午科举人。君殁，之麒走二千里，丐铭于余。余不得辞，且曰："子世家，自子祖父及子，皆好学问，力行仁义，其后必昌乎，是皆可铭也。"君生于前明崇祯元年十月二十日，终于大清康熙四十五年四月三十日，得年七十有九。君母于孺人。君娶王孺人，生之麒。女五人：一适江西建昌府知府王君嘉植，一适甲戌科进士内阁中书田君沆，余皆嫁为士人妻。孺人生于天启七年二月二十九，终于康熙四十四年八月二十九日，年八十。以某年某月某甲子合葬君孺人于某山之原。之麒女七人，以族兄之子国梁为子。之麒既别去，予为君铭未发，扈以河上，济宁道中，闻之麒举子名曰某。子谓后其必昌者，以理断其必然，而事固已可验已。

铭曰：猗嗟观士，为吏可哀。天之生嘉谷，伍蒿莱；推较其本根，谷美哉。我友行谷君，今若此；往事犹增伤，来誓止。命不称君才，时有以；铜鼓之深岩，君所庐。蕉黄荔子丹，杂肴蔬；君远游归来，眇愁予。太行之谷人，尧风古；饮沁水清流，耕瘠土。剪纸招君魂，与君语；公侯必复始，昔有云。君之孤儿贤，且学文；千秋及百世，绳绳继。我华其铭者，信勿替。

27. 前清郡增生清溪翟子云妻曹氏寿域铭

（1）碑刻简介

此碑刊立于民国三年（1914），翟从龙自撰，为墓碑，碑刻规制为115cm×53cm。据《文集》，碑原在翟姓墓地。

（2）碑文

余学名从龙，字子云，号清溪，行三，前清府学增广生员，系拱居公之子也。始祖乃润城里八甲人氏。自润迁郭，立祖茔于史山岭，后绪茔于沟底村南坡。今又自卜寿域新阡于此，以作酉山卯向。兹因幼习儒业，欲舌耕终身，适遭民国之变，遂改阴阳之行以娱晚景。目今余年已七十九矣。娶史家庄曹瑞公之长女，曹氏寿享七十有七。生女四人，皆适名门。生子未丁，咸为夭亡。不得已，即爱继内弟曹守仁之子为子，命名世臣，生孙延龄，以启后昆。原笔亲书寿域碑铭数语，以为永远传后云。

男：世臣，孙：延龄仝立石

中华民国三年阴历七月一日

二、润城村

（一）村庄简介

润城村，为阳城县润城镇镇政府所在地，位于阳城县东北润城镇几何中心，距离县城7千米。据已获史料推断，该村落在唐朝时就已存在。该村处于沁河与东河交汇处，交通便利，区位优势明显，北接端润路，南接晋韩路，晋阳高速穿村而过。润城村现有17个村民小组，全村1775户4542人。2016年12月，润城村被住房与城乡建设部等部门列入第四批中国传统村落名录。村内现存全国重点文物保护单位有东岳庙和砥洎城，晋城市重点文物保护单位有润城东坪庙、润城天成钱店、润城炉厂旧址和润城聚思客栈。村内现遗存庙宇有东岳庙、东坪庙、玉贞观、三官庙、三清庙、文昌阁、关帝庙、黑龙庙和大士龛。

因润城紧邻沁水，沁水古称"少水"，故最初得名"少城"，后改称"小城""铁冶镇""润城"。"小城""润城"之名在现存碑刻里面可以见到，在刊立于明万历年间的《重修东岳庙记》一碑中有明确记载，并记有"润城"之名的由来，"润城镇古名小城，脉势围固，水绕山环，人聚风秀，今古无宦。自嘉靖三十八年（1559），蒙县主张爷，陕西西宁人，进士出身，嫌村名不好，祈吕仙鸾笔，改为润城"。明清时期，润城冶铸业发达，远近闻名，因而得"铁冶镇"一名。

关于润城村的碑刻，《三晋石刻大全·晋城市阳城县卷》收录的非常少，除却30余通匾额以外，仅有东坪庙刊立于清道光十二年（1832）七月的《重修东坪元帝庙碑记》和文昌阁刊立于明崇祯十一年（1638）的《"山城一览"图》。在田野调查过程中共搜集到126通碑刻，不包含村内匾额。其中东岳庙56通，东坪庙21通，文公祠（土地庙）2通，三圣院9通，黑龙庙4通，文昌阁1通，关帝庙4通，玉贞观4通，街巷8通，其他17通。"其他"部分中的16通来源于地方学者石永乐所作《润城砥洎城》（未刊稿）附录，1通来源于村民张家庆所藏唐代墓志拓片。在以上搜集到的126通碑刻中，除却残缺严重、漫漶严重无以辨识及新中国成立以来的现代碑刻外共有67通，其中东岳庙19通，文公祠（土地庙）2通，三圣院及三圣院旁9通，黑龙庙3通，文昌阁1通，关帝庙3通，东坪庙10通，玉贞观2通，街巷1通，其他17通。这些碑刻中唐代的有1通，民国时期的有3通，其余全为明清时期碑刻。

（二）东岳庙

东岳庙位于润城村三门街，始建于大金以前，明万历二十一年（1593）重修，占地3600平方米，规模宏大，三进三出门，整个建筑由庙门、钟楼、鼓楼、过殿、偏殿、东西配殿、舞楼、献殿、正殿、后宫等组成。现存献殿、正殿、配殿和后宫，为明代风格。献殿藻井工艺独特，建于一方形台基上，台基四周围以石雕栏杆，栏杆柱头雕有石狮、石猴、石象等瑞兽，形象生动逼真。殿身面宽、进深各三间，十字歇山顶。天齐殿明三暗五，进深六椽，悬山式顶，殿顶脊饰及两山博风板、悬鱼、惹草皆琉璃制作，色彩艳丽。后宫面宽五间，进深六椽，重檐歇山顶，殿顶琉璃脊饰、吻兽齐备。该庙是全国重点文物保护单位。

庙内现存碑刻共56通，除却残缺严重、漫漶严重无以辨识及新中国成立以来的现代碑刻，东岳庙内共有19通清晰易于识别的碑刻。

1. 重建东岳庙记

（1）碑刻简介

此碑刊立于明万历二十一年（1593）五月十三日，为记事碑，碑刻规制为175cm×140cm，现为壁碑，保存完整。

（2）碑文

【碑阳】

碑额：无

碑名：重建东岳庙记

古正殿建于大金之前，系重修也。旧植半替，薄方素弱，硬门各色，朽烂不堪，周基砖根无石，以经五百余年。张诏等仝议众加功重修，即为创建。前眉梁，白巷乡宦培斋杨公施舍，长六丈、粗八尺，钜大头趁小头，除截为此。上叠头脑、燕尾、燕爪、斗科、大梁、重梁、拔复月梁、檩椽、隔扇、殿内宝座、暖亭并解剖共费大小树木一百三十八株，又椽飞不足，费小树一百二十根。俱系除买外，各坊善施也。周基、莲鼓狮础、卧刻、基栏大小等石共用一千五百余块。自本年三月二十一日起立，至四月十九日立完。新烧四明琉璃脊兽一组，修妆未完，其金不否费之则数，而功成匪轻也。几盖庙费功夫、银钱、饭食、木石等，此一座而费重，一通前后建完，又大难也。若肯同心，照此实为者，乃车重牛拽，滴水成河，有何难哉！此旧庙浮木曾经五百余年，今这等心思加功洁浊，经千年有之。庙烂者，只因殿上屡年不扫，尘壅瓦石柴骨阻塞。遇润生出草木，屋策滞阻雨水不能顺流，治害于瓦解灰裂，津漏湿泡，椽烂檩朽，因而倾毁。柱费创为苦心，失负先人制度，可叹，可叹！吾等意要年年如此。伙无彭公之寿，又难遗于看庙人，役看庙人雇一身，衣食丰者住，淡者移，岂能逮望托他万失无一，诏等切思议出：

一款，庙貌经远迟烂。方每岁有二十四人，当年管社庙即付已，古今续理春祈秋报并小献，献重费钱，水盛劳力，照常量行渎，遗扫庙事。每春清明日，会社每坊觅二人，共二十四人，伙置纸筋石灰，各执筈帚，上殿并大小廊厦扫抿整瓦，少者议处补完。八月十四日照前，如此一年二遍，怎得烂殿？岂不固久？修建桥梁者为济人之便，扫整庙貌者为栖神之所，安此二事，俱祈万福不浅。每年肯依此者，即守业方知创业难，若故违不依者，损其神社而易背先人之遗言，祈上神察之，乞当年社首叱出。今全议请当年社首延受等二十四位依议而行，诏等又议出：

　　一款，修庙不化钱粮。方待工完，内外对栽桂、柏、松等树四十根，新庙经五六百年才烂，树长岂无丈围？旧木又好，但伐树二株，值银二三百两，村人管饭，何不建完一殿？伐树下即栽二树。若两廊坏者，不可伐树，为功小，善化补修，万代庙貌常新。后人续依者，即合吾等心谋，乃大人君子之度。若违不依者，即系弃业恶罪，小人故抗先遗之言，难逃欺神之祸。

　　一款，分坊事。古有十二圪塔，但人移乱，强跟收寻，中有弱者年年应役，壮者岁岁空闲，弱难支社。后一通管理，反累为首之人。因而自万历二年，诏分为十二坊，各坊有坊名，至路为始，不得跟寻，移过道者即系他坊，各有分派认定。神圣诞期并擎神什物、祭桌等件，年年依此。今入卧石内面开明，恐后人争占者，入庙目石。

　　一款，正殿后社仓。原社地也，例无常例，待不行时。正殿中间墙内暗隐屏峰，门开安建为后宫，此预先备之，后人行之。

　　题往还诗曰：
　　同议建宇定成功，苍龙霖润来年丰。
　　感得晓云连夜雨，逐去汤荒晒日风。
　　卧龙渠头□□眼，白虎□环□婵躬。
　　大河水澄吾归故，海屋添筹再相逢。
　　石匠：原一凰、原永泰、原汝祥、原汝能
　　木匠：赵宗登、赵宗密
　　琉璃匠：乔世虎、乔永先、乔永丰、乔永珠、乔永迁、乔永宦
　　济源紫微宫助缘道人：李常贵
　　仝立石
　　大明万历二十一年五月十三日社首张诏等四十二人仝立
　　碑刻左右边框外对联：
　　莫哂玖崖訏誐中千年制度
　　休驳瑛砺佲俗内万代光辉

2. 重修东岳庙记

（1）碑刻简介

此碑刊立于明万历二十一年（1593）五月，为记事碑，碑刻规制为175cm×140cm，现为壁碑，保存完整。

（2）碑文

【碑阳】

碑额：无

碑名：重修东岳庙记

润城镇古名小城，脉势围固，水绕山环，人聚风秀，今古无宦。自嘉靖三十八年，蒙县主张爷，陕西西宁人，进士出身，嫌村名不好，祈吕仙鸾笔，改为润城。至改后，民淳繁富，人物端清。至万历十八年，本镇一案学进六人，乃生于改润之兆。镇中古有东岳庙三进，东西廊并七十四祠圣像，年远倾毁无迹，止存正殿、舞楼、上下三门等，庙俱塌上倒下，风雨难遮。人敬神而必灵，神佑人而赐福，庙新村壮，庙破村穷。人人叹曰：意为者惧功大力微，众视捱托，数春不敢擅为。万历二十年，蒙县主叶爷，山东德州人，进士出身，亲诣乡约，见殿塌毁，张诏等禀建，慨得金语重修。本年正月二十一日祭设，请村百众共议，为首四十余人。凡布施各坊社首，犹秦辙舌化，善缘成功，有催有纳，有收有支，销洗心言，誓不得一人由已。寄居善人张世德，施银百金。感镇民诚心竭力，本村随社一千五百家余，喜舍资帛木石等项，家家争先迎送布施，户户夺前造管肉饭。他乡奸黎鞭惩国税而不纳，我镇良民善敢神社而肯施，真乃神威惊心，首理惟公服众也。旧殿三间底烂不堪，遗旧物十分无一厘，俱系新建。化置虽名重修，功大即系创建，先将为首勒入卧石。为庙前后俱坏，建一殿而新，不如不建，力出于众，大幸岁丰产，营活便者志限三年内，一进准要完新，志再限十年，内外一通俱要建新。恐为首限内命终之，人名下刻石，伊子随之伙中，定有高明远见，才力精通。若见在不同心、不竭力、不议为者，共誓盟曰：故懒懈怠犹活妆苑，神照不久亡矣，但肯实为，神之祐福，人之大德。昔岁一仙临玉皇庙，贫游小道泄天机妙：此地上空有丹桂长成，树枝叶枯憔，天主庙起高幽，主庙起高，龙吟虎啸，后辈公卿子登云梯上九霄，众皆惊异。建此殿明三暗五，比先高六尺，深周阔大，盛前十倍，不负仙遗之词。天齐仁圣帝掌万灵生脱，颛造祸福贵贱，日后定验，生富出贵，村众辈辈荣丰。念我先人遗言，今何不苦为安也。立卧石拴首远虑，修功勿得滞之。本村善施者，功殿未完，难入卧石，待工完照布施次序，另有大石刻细云，名留千载不朽。本镇有好事贤能为建者，首名入石，籍众圣事，非予等强为之也。此俗录无文，始遗后人易惺矣。

计开：各有认定所管行头、总议社首四十二人列名于后。

十二坊贤能勤劳督运社首：

三圣坊：延人贤、商冲昊

铸佛坊：粟汝秀、石乔

神佑坊：王进卿、延时敏

街市坊：延时春、延一元

神佐坊：翟继臣、王继商、杨梯

镇溪坊：吴应雷、张永亨、卢一支

文林坊：杨思敏、延时兴

通沁坊：王登隆、延景山

临沁坊：曹思富、卢鸣霆

佛岩坊：张国鉴、张洵

玉泉坊：王继美、郝加兴

玄阁坊：延庆、延贞、延养志

贮守布施社首：张福、闫思恩、杨通

计算支销社首：蔡九宗、白邦信

督工社首：梁鸾、张科、翟继臣、郝德、杨维芳

总化缘监视社首：翟继邦、李国香、石周凤、粟清

建木主祭官：陕西宁州吏目栗古溪

本年管社扫抿庙貌修建桥梁社首：延寿等二十四人，花名在石后面云。

遗润城景诗：

吕仙改润紫姑称，淳风遗曲藉道云。

龙脉顾祖形楼沁，虎向羊滩囗地名。

巽故文笔群英现，坎额玄珠主寿星。

太巅难犹钱塘巨，宦切余姚赛山阴。

大明万历二十一年五月二十一日

社首四十二人张诏等仝立

栽树至后面有期

碑刻左右边框外对联：

太山崩巍嵀三关玉边遮夷远，

沁水洼洤折一条金带束润城。

3. 本镇张世德施银碑

（1）碑刻简介

此碑具体刊立时间不详，但结合其他碑刻可以推断，该碑可能刊立于明万历年间，为重修东岳庙的功德碑，碑刻规制为340cm×118cm，现为壁碑，保存完整。原无题名，据文意而加。

（2）碑文

【碑阳】

碑额：无

碑名：无

（中）本镇张世德施银一百两

（右）男：继先、继忠

　　　孙：文辉、凤翔、文熿、文灿、文诏、文焕、文焞

　　　曾孙：士珩、士珍、士瑜、士瑛、士瑚、士璋

（左）侄：继夏、继春、继孝
　　　孙：文炜、文炯

4. 重修东岳庙记

（1）碑刻简介

此碑刊立于明万历三十一年（1603）十二月，为记事碑，碑刻规制为187cm×90cm，现为壁碑，保存完整。

（2）碑文

【碑阳】

碑额：无

碑名：重修东岳庙记

勒铭以纪绩也，未勒而殂则绩隐，而弗彰其先君之谓乎。越十年，余渎翟君朝官廷君景山，仍而立焉。先是太参公业已记先君事，而文之又述而不作也。记曰：余阳之东二十里许有润城，邑之巨镇也，居民稠密，百货攸萃，四方之人，往来贸易，鳞次而集，日夕无暇，名著寓内。旧名小城，邑侯西宁春谷张公易今名，以沁环三面而地莫润焉，又形胜差亚于邑而不可以小称也。里中古有东岳庙，开朗宏丽，观者壮之，然苦无碑碣，莫知创始之由。东岳者，泰山之神也，祀法诸侯，祭封内山川，季氏旅之，孔子非之，齐民又安，得而祀之也。或者以今之守令，即古之诸侯。汉魏间，水旱疾疫，守令往往祷祀，必获响应。今岳庙遍天下，岁时伏腊，无贵贱，咸得祷而祀之，即余所居屯城亦有之。间从诸父老拜谒其中，承讹袭舛，不知其非也。按《博物志》，泰山尊冠，五岳为天帝之孙，主招人魂魄，东方万物始成，故知人生命之修短。王者受命报功必首祀之，而封泰山禅，梁父为哲王之令典，前代封为天齐仁圣帝。里之有此，想亦为镇恶徼福，祈年报本之计，有由然哉。岁久倾圮，神不可栖，里之人将何倚焉？社首张诏恻然感动，鸠工轮财，众亦输赴。于是撤旧为新，狭者拓之，坏者缉之，缺者补之，污者饰之。正殿旧三楹，今增五楹，前加明廊三楹，层栌悬栋，巍然焕然。旧柱以木，今易以石柱础，栏楯咸易以石，雕镂文绣，工巧倍之。更塑神像，施彩绘，金碧丹雘，赫然改观。盖幽明一理，神心一机，庙貌新则神之灵爽，益著凡山氛川珍，驱逐必远，而水旱疾疫，祷嗣祈福，将无有弗应。虽国家灵长之庆，亦胥赖之，岂曰小补之哉。语曰：有其诚则有其神，则神之所系又在于诚。诸君毋徒致饰于庙貌，享祀而必于诚乎！加之意焉，庶几区区之所望也。是役也，经始于二十一年三月二十一日，落成于明年之春。社首张诏请余为记。余老耄流昧，特纪其岁月如此云。

大明万历二十二年岁在甲午仲春吉旦

赐进士第太中大夫河南布政司左参政邑人八十三翁张昇撰

社首张诏重建，子生员张尧兢谨述

生员：刘家凤、卢学闽、翟化凤仝书

总社首：翟朝官、延景山仝立

妆塑匠：乔永先、乔永丰、乔永珠

木匠：赵宗登、赵宗爱、赵宗选

画匠：李争第、王尚策

助缘僧：竟顺，徒：圆凤

信士：曹严训

石匠：原永泰

男：原汝祥、原汝宾，侄：原汝能刊

万历三十一年十二月吉旦

5. 三圣坊等六坊捐资碑

（1）碑刻简介

此碑具体刊立时间不详，但结合其他相关碑刻可以推断，该碑可能刊立于明万历年间，为捐资碑，碑刻规制为 380cm × 120cm，现为壁碑，保存完整。

（2）碑文

【碑阳】

碑额：无

碑名：无

三圣坊共施银钱并货二十五两一钱五分。延景秋银八两，又杨树一根、椽一根，张福银二两、枣木一根、椽一根，延人俊银三钱、椿树二根，郭承荣银五钱、柳树一根、椽一根，□龙钱八百文，茹加秀银八钱，马宪银八钱，郭一印杨树一根，延人杰椿树一根，延人秀椿树一根，栗一鸾钱四百二十文，卢进忠银五钱，延尚成银五钱，马良银五钱，王□椿杨树二根、椽一根，栗□钱四百文，延人贤银四钱，赵思钱二百五十文，延一冲椽六根，商翀昊银三钱，栗好义银三钱，王朝经银三钱，延友库椿树一根，道士常新银三钱，刘应忠钱二百文，赵岩钱二百五文，郭倍高钱一百六十六文，又椽六根，延顺兴钱二百文，王登良钱二百文，冯进祥钱二百文，王应芳钱二百文，张志仁钱二百文，延加兴钱一百八十文，石蕴先钱一百六十文，马曾安钱一百六十文，陆尚先银二钱，贾世国钱一百五十文，王朝祖钱一百五十文，李崇贵钱一百五十文，王养德钱一百四十文，延一平钱一百二十文，□□银一两三分，延一川钱一百文，郭裕钱一百文，原应书钱一百文，翟国太钱一百文，王景春钱一百文，冯多钱一百文，赵忠钱一百文，延承祥钱一百文，成继□钱一百文，张翼龙钱一百文，郭西成母钱一百文，张忠尹钱一百文，李仰希钱一百文，赵继祖钱一百文，王希科钱一百文，石麒钱一百文，王礼贤米一斗，王天禄钱八十文，成继山钱八十文，郝大兴银一钱，贾一鸾银一钱，栗国孝钱六十文，栗大全钱六十文，茹一凤银七分，卫一元钱五十文，延登宪钱五十文，卢朝量妻钱五十文，崔敖钱五十文，王景山钱五十文，栗国忠钱五十文，张志良钱五十文，王朝臣钱五十文，王量祥钱五十文，杨朝用钱五十文，李国成钱五十文，延承栋曲三块，吴希山钱四十文，王好贤椽一根，延承伦椽一根，延一孝钱四十文，王登先钱三十二文，延一德钱三十文，郭汝□钱三十文，张国用钱三十文，延承大小榆树一根。

神右坊共施银钱并货共作银二十七两八钱。陕西宁州吏目栗清大树七根、青石五百块、椽一根，冯国诏同男马遇皋、冯遇阳银五钱、椽一根，郭守良银三两、椽一根，上时忠银三两、椽一根，杨湖银三两、椽一根，成良策银一两六钱，李国香银一两、椽一根，王得枝银一两、椽一根，成良谋银七钱、椽一根，庠生卢学闵银五钱，王进卿银五钱、椽一根，延时敏椿树一根、椽一根，王进宝槐树一根、钱一百文，杨思兵青杨柳树二根，延时□银三钱、椽一根，王顺安钱三百文，王一教钱三百文，王尚国钱三百文，延朝宣银三钱，栗延思布作钱二百文，王勤银二钱、椽一根，王冬银二钱，石文山钱二百文，连守节钱二百文、椿树一根，贾汝成小布二匹，韩国成小布二匹，芦国清小布二匹，冯国隆钱二百文、椽一根，高堂银二钱，李世杰银二钱，司孟羊钱一百六十文，王海钱一百五十文，延各邦钱一百五十文，张志国小布一匹、钱四十文，韩德钱一百五十文，成良先钱一百二十文，胡进贤小布一匹，延思贞钱一百文，逯尚已钱一百文，王进书钱一百文，王进福钱一百文，丁朝刚钱一百文，延兴周银一钱，张志明银一钱，石文全钱一百文，栗国用钱一百文，王朝宾钱一百文，延国顺钱一百文，栗大顺钱一百文，马维先钱一百文，张云先钱一百文，王成银一钱，张孟柳钱一百文，刘文才钱八十文，李朝先钱八十文，栗加兴钱七十五文，张印召钱七十文，郭思全钱五十文，王进表钱五十文，马为信钱五十文，白先钱五十文，王进孝钱五十文，张印科钱五十文，卢彦宝钱五十文，王国□布作钱五十文，马国相钱五十文，延□先钱四十文，上时雨榆椿树二根作椽用，王汝登钱三十五文，潘国成钱二十五文，栗廷兰酒三十壶，王汝鸾酒三十壶，延时顺酒三十壶，杨君诏□钱五十文，芦思忠、芦思□、芦一阳施枣树二根。

　　白巷里张希舜银五钱，李玉忠钱三百文，泽州李斗同男国忠银二两，泽州郭尚任银二两，泽州刘承光银一两，刘善吏原象□、生员原象乾银一两，泽州李大经小布二匹，刘善茹金银五钱，化原坊贡生栗宝宽枣树二根，刘村刘应明银五钱，泽州郭陇银二钱五分，白巷李国仓金一百一十张，马友良金一百一十张，泽州郭梅银一钱，王村张门原氏小布一匹，封村裴一相、周村成一忠共钱一百文。

神左坊共施银钱并货共作银三十四两二钱九分。王继周、王继商银十两五钱，又大树四根、橡一根，北京戊字库大使王嘉会银二两□□，梁承□银一两八钱、长石二条，直隶保安州永丰仓□使闫思恩银七钱、白杨树一根、橡一根，卢一本银一两五钱、橡一根，翟继臣银一两、橡一根，杨椿银一两，杨福海银一两、橡一根，闫一麟银一两、橡一根，梁承蕙、梁承英青石一百块，郭希太银六钱，郭希珠银五钱、橡二根，郭一山银四钱，郭希卿银四钱，郭希通银四钱，翟孝官银四钱、橡一根，张国济钱三百文，翟朝登钱三百文、橡一根，王阳银三钱、橡一根，翟朝珠钱二百五十文，郭大伦钱二百三十文，郭大邦钱二百二十五文，曹立贵钱二百二十文，曹进德钱二百文，曹进川钱二百文、橡一根，张海钱二百文，王米银二钱，吴朝凤银二钱，李三纲银二钱、卢君爱银二钱，郭时正银二钱，翟永丰杨树二根、橡二根，闫惟贤钱三百文，刘善常思周青石十块，郭希康银二钱，曹进元钱一百五十文，曹国金钱一百五十文，翟朝香钱一百五十文，杨爱钱一百五十文，田平钱一百五十文，原应果钱一百五十文，张国法钱一百五十文，翟布颜钱一百二十四文、橡一根，王明高钱一百三十文，曹进贤钱一百二十文，李海钱一百二十文，翟希孔钱一百一十五文、橡一根，延君有银一钱五分，曹尚兴钱一百文，翟朝贞钱一百文，翟朝分钱一百文，延五钱一百文，张汝山钱一百文，李上仁钱一百文，董守库钱一百文，赵世登钱一百文、橡一根，翟朝乐钱一百文，翟君宠钱一百文，张君旺钱一百文，曹立山钱一百文，杨梯钱一百文，曹尚义钱一百文，郭希孟钱一百文，张有本钱一百文，翟朝鸾钱一百文，翟君友钱一百文，吴天爵钱一百文，孙登第钱一百文，翟登花钱一百文，曹加钱八十文，曹尚礼钱八十文，王兴钱八十文、张光先钱八十文，曹翰朋钱八十文，曹应仙钱七十文，杨朝登钱九十文，任兴山钱七十文，苏民悦钱七十文，翟国安钱七十文，庞继先钱七十文，田兴钱七十文，曹进华钱六十二文，刘景荣钱五十文，成满才钱五十文，翟朝西钱五十文，韩成山钱五十文，成天寿钱五十文，曹立中钱五十文，杨继保钱五十文，王万余钱四十文，连朝官钱四十文，翟朝南钱三十文，宋大库钱三十文，李兴钱三十文，芦好□钱□十文，董朝光钱二十文，杨四维钱二十文，王邦佐钱六十文。

　　文林坊共施银钱并货共作银二十二两八钱八分。翟继邦银一两一钱、白杨树一根上架楣梁用，又槐树一根、椽一根，翟宦银一两五钱、椽三根，闫思孝银一两，翟惟屏银一两，刘汝明同□男一诏、一凤银二两、槐树一根，庠生杨樸白杨树二根，延供兴青杨柳树二根，翟惟翰槐树二根，翟□榆树四根、枣木一根，翟舜槐椿树四根、椽三根，延君隆银一两，杨东银三两七钱、白杨一根、椽二根，陈荣银八钱，延国执银六钱四分，翟纯智银五钱，杨思敏银五钱、枣木一根、椽一根，延长银四钱五分、椽一根，王加友银五钱，翟朝黄银四钱，翟朝国银四钱，翟朝希银三钱，翟汝朋银三钱，翟朝拴银三钱，张克怀银三钱，翟朝铁银三钱，翟朝轩银三钱，翟要银三钱，延臣恩银三钱，延国礼钱二百文，延汝香钱二百文，王进山钱二百文，延一登钱二百文，芦国兴钱二百文，王豸钱一百九十五文，延共宽小布二匹，曹享雨银二钱，翟朝宜银二钱，刘元春银二钱，翟兴银二钱，李文贵银二钱，王进贤钱一百六十文，曹尚宣钱一百六十文，王思友钱一百五十文，张守祖钱一百五十文，赵章帽四顶，于思友钱一百五十文，杨南银一钱五分，延守井银一钱五分，芦良钱一百三十文，翟朝风钱一百二十二文，赵尚忠钱一百二十文，王礼钱一百文，翟朝动钱一百文，王国兴钱一百文，芦汝刚钱一百文，王加本钱一百文，王争光小布一匹，王富卿钱九十六文，延共全钱一百文，曹一支钱一百文，李国豪钱一百五十文，李孟春银一钱二分，王思会钱一百文，张进才钱一百文，关四钱一百文，杨爱银一钱，张国良银一钱，吕自安银一钱，延汝先钱八十文，王当勉钱八十文，成世友钱八十七文，张克明钱七十八文，吴光月银一钱，吴光明银九分，许得才钱七十文，翟朝义钱七十文，张甲钱五十六文，王争先钱六十文，董友苍钱五十七文，王国忠钱五十文，李国秀银五分，芦汝清钱五十文，王尚金钱五十文，曹尚登钱六十文，田闰钱五十文，延君吉钱五十文，延国交钱五十文，延共孝钱五十文，张守槐钱四十五文，李玉安钱四十一文，张时太钱四十文，李贵玉钱四十五文，翟荣钱三十文，曹小安钱三十文，延君兴钱三十文，都重臣钱二十文，王安宁钱二十文、杨柳椽二根。

临沁坊共施银钱并货共作银四十两六钱一分半。曹思贤同男曹时科、吏曹时行银十两，陕西平利县典史曹思敬同男曹时正银九两，卢名震、卢名霆大梁一根，粗七尺长二丈七尺，程大金银二两，延国升银一两、小槐树二根，孔尚义银一两，王有才银一两，曹时云银九钱五分，张云银九钱六分、椽一根，范乔旺银九钱，杨蛟银八钱二分、椽一根，延景春银五钱、椽一根，曹思富银五钱、椽一根，和金银五钱，梁明顺银四钱，路龙银三钱、椿树一根，郭天福银三钱，延世光银三钱，延世好银三钱，曹时表银二钱五分，蔡承祺银三钱，郝尚周钱二百文、椽一根，孔尚智银二钱，蔡承华银二钱，范守成银二钱，许尚友银二钱，路豹银二钱，曹进川银二钱，孔仕相银二钱，栗友庆钱二百文，张思举银二钱，杨百和银二钱，杨百顺银二钱，杨百义银二钱，蔡鉴银二钱，延合成银一钱三分、树一根，张豸钱一百五十文，毕尚孝钱一百四十文，王正伦银一钱五分，刘汝香银一钱五分、椽一根，和王椿树一根，原德银一钱五分，原能银一钱五分，曹思同银一钱四分，孔仕明钱一百文，郑虎山钱一百文，肖三江钱一百文，蔡承恩白绫手帕二方、钱四十文，杨友川钱一百文，张儒同妻赵氏钱二百一十五文、椽一根，曹国思钱一百文，李奉勘钱一百文，曹时太小布一匹，张国朝银一钱，杨子德银一钱，延九银银一钱，曹时雨银一钱，吉朝先银一钱，范伟银一钱，杨应槐银一钱，延国光银一钱，张一兴银一钱，李所用银一钱，贾玉周米一斗、椽二根，李广布袜一双，李文忠钱七十文，聂奉龙钱七十文，郭世豪钱六十文，梁有本钱六十文，孙支钱五十文，芦一顺钱五十文，芦一奉钱五十文，李景祥钱五十文，蔡朝云钱五十文，张买钱五十文，曹时真钱五十文，杨思道钱五十文，王纯道钱五十文，李崇贵钱五十文、椽一根，曹一秋钱五十文，张一顺钱五十文，王银钱五十文，延墩钱五十文，杨思忠钱五十文，原有果钱五十文，张学成钱五十文，栗加国钱四十文，王迁合钱四十文,杨有兴钱四十文、李松钱四十文,曹进爱钱四十文,延周国钱四十文,范登营钱四十文、橡一根,苏大宝钱四十文,杨有德钱三十文,杨有钱三十文,李汝先钱三十文,曹时吉钱三十文,王廷让钱三十文,张一山钱三十文,路虎钱三十文,史应科钱三十文,曹一春钱三十文,杨百才钱三十文,郝尚忠同妻钱一百二文,韩明山钱二十文,曹福钱二十文,延九高钱二十文,崔凤昊钱二十文,卫国有钱二十文,梁明云橡一根,赵永太橡一根,肖光先橡一根,梁明雨橡一根,张孟雨钱二十文,杨应芳钱十文,郭天赐银二钱。

玉泉坊共施银钱并货共作银二十二两四钱五分。张科同男右府儒士尧德大柳树一根,张诏同男庠生尧兢银二两、大槐树一根、橡一根,李世光、李世芳钱三千文、橡一根,吕宗朝大槐树一根,吕时荣大槐树二根、橡一根,张国其银一两、橡一根,右府儒士张尧宦银一两,庠生张一元银一两、椿树一根、橡一根,张继春银一两,成继志银一两、枣木一根,茹兴银五钱、橡二根,白邦信银五钱,翟朝珠银五钱,王继羙钱四百二十文、榆树一根,王汝敬树二根、橡一根,张堂榆树一根、橡五根,张应孝谷八平斗,翟凤起银三钱,吏张尧民栢飞二根、橡一根,张尧大长橡二根,王希通钱二百文,王进爱钱二百文,张怀麻绳十斤,王国友钱二百文,郝家兴银三钱一分,张一山银二钱五分,王登云银二钱,王希支钱一百八十文,曹秋钱一百六十文,王相钱一百五十文,翟君兴钱一百五十文,芦尚千钱一百五十文,卫国有钱一百五十文,张一支银二钱,王国豸钱一百五十文,芦国山钱一百五十文,潘福旺钱二百文、大枣糕四十,成继羙银一钱六分,李科银一钱四分,李登先钱一百二十文,翟君义钱一百二十文,李仲春钱一百一十文,王及第钱一百五文,张思山钱一百文,王国相钱一百文,延国宝钱一百文,裴重余钱一百文,芦顺孝钱一百文,张进卿钱一百文,王管成钱一百文,曹光兴钱一百文,王登雷钱一百文,张应登钱一百文,曹春钱一百文,范克贵钱一百文,成加友钱一百文,卫国信钱一百文,延朝邦钱一百文,范克正钱一百文,李登山钱一百文,张近支银一钱,翟朝支钱九十文,成继心钱八十文,张思恩钱一百文，曹一果钱八十文，张思雨钱七十文，潘福兴钱七十文，成家兴钱六十文，李荣身钱六十文，柳孟先钱六十文，延进忠钱二百五十文，李文科钱五十文，芦家凤钱五十文，李孟川钱五十文，杨天顺钱五十文，毕天贵钱五十文，成继安钱五十文，张准钱五十文，马得仓钱五十文，王□贵钱五十文，赵彦良钱五十文，张顺清钱五十文，卫有仓钱五十文，王天恩钱五十文，柳孟林钱四十文，曹虎钱三十五文，张强钱三十文、小椿树一根，张祥钱三十文、小椿树一根，潘尚贤钱三十文，王进明钱三十文，曹光吕钱三十文，杨科牛毛十八斤，成朝云钱三十文，张天理钱三十文，李大盛钱三十文，张思井钱三十文，张思高椽一根，张国思钱三十文，曹尚贵钱一百文，成孟羊钱九文。

白巷里卿宦大理寺右寺副杨枝施大白杨树一根，粗八尺、长六丈，白巷里卿宦湖广布政司左参政王淑陵施绒袜二双。

社首：延时雍、翟吉安、吴应雷、栗大运、王进卿、延景秀、王得志、杨思敏、梁承芳、许时行、郭希通、翟孝官、曹思愈、王希通、栗朝升、杨思礼、延养德、肖三江、延时兴、张守义、蔡承祐、芦光先、曹可德、郭承荣共施金一万二千张。

会首：卫能福、弋登、张雷、王继、杨百章、翟一安、茹天爱、高堂、延一孟、王朝用、延志正、延合威共施板一百叶。

会首：王应时、延国孝、延爱、延仕政、延通、延仕安、翟汝信、延国万、曹尚宣、延景春、栗有良、苗应云、延汝兴、王得智、郭大邦共施钱一千二百文。

会首：孟淑孔、杨君召、延时顺、董朝杰、延合祥、贾汝定、刘朝贵、杨思仁、延思琛、连时友、王玺、王自立共施银一两。

会首：张应鹤、梁昌、王迁龙、延润清、延继秋、王翰章、王一能、杨继宝、赵重先、张守义、杨思恩、杨一清共施钱一千文。

会首：张争云、王及元、芦承科、延文贵、成世宁、王之顺、程印元、孔应选、范一登、弋守义、庞志义、赵登甲共施钱六百文。

共收钱银并货共作银四百一十九两三分。木匠工价银四十五两，石匠工价银五十五两六分，解钜匠工价一十五两七钱，琉璃匠工价银一十八两，油漆匠工价银五两四钱，塑匠工价银六两七钱四分，画匠银十八两，雕栾匠银五两七钱，铁匠银三两九分，砖瓦银二十一两三钱五分，买树并□□方等木共使银五十三两三分，买灰使银六两一钱五分，买麻并绳使银十两五钱，买熟铁使银四两五钱，买纸筋牛毛失系共使银四两二钱，买桐油颜色金共施银十两三钱，修东西殿使正殿剩银一十六两一钱四分，各色杂□贺共使银二十两，买锡并铜共使银十一两三钱，庙内各色家活并鱼鳔伙银六两七钱，祭神请各坊社首并各色匠人犒劳送路酒席等共使银二十五两，万拜亭并绅伞等银二钱九分，抬树石并长短杂工共使银五十二两，各坊共施石砖一百五十一块，原缘簿失落，难以开名。

6. 铸佛坊等六坊捐资碑

（1）碑刻简介

此碑具体刊立时间不详，但结合其他相关碑刻可以推断，该碑可能刊立于明万历年间，为捐资碑，碑刻规制为367cm×133cm，现为壁碑，保存完整。原无题名，据文意而定。

（2）碑文

【碑阳】

铸佛坊共施银钱并货共作银一十七两一钱三分。赵汝栋、赵汝林、赵汝桂银四两，石周凤同男石蕴礼施银二两二钱，赵汝梅银五钱，又椿树一根、柳树一根，石蕴壁银一两五钱，闫思敬银一两五钱，石蕴玉银一两，又橡一根，栗大凰银七钱，曹希荣、曹希只钱六百文，田正隆平机二匹作银六钱，栗大凤银五钱，杨思礼钱三百文、椿树一根，栗大闰钱三百文，栗大姣钱三百文，栗大才钱二百七十文，栗惟乔平机一匹，石聪钱二百文，翟应春钱二百文，栗国诏小布一匹，作钱一百二十文，栗大连纸三刀，作钱一百文，李崇贵钱一百文，杨思义钱一百文，王国万钱一百文，杨思智钱一百文，延尚□钱一百文，栗国祥小榆树三根橡用，王隆钱八十文，栗国仓钱六十文，赵成现钱五十文，曹大祥钱五十文，栗继川钱五十文，栗国宾钱五十文，栗国千钱五十文，王登程、王登□灰一窑半，王□钱五十文，刘景增钱五十文，曹大寅钱五十文，董进朝铁钉十斤，吉奉友钱五十文，曹顺义钱四十文，曹进臣钱三十文，栗大祥钱三十文，李奉吉钱三十文，赵进孝钱三十文，栗国万钱二十五文，栗国顺钱二十五文，栗汝秀施银一两，闫镇椿树一根。

街市坊共施银钱并货共作银一十五两五钱二分。梁承芳银三两、青杨椿树二根、长青石一条、橡一根，杨万亿银七钱三分、青杨椿树二根、大松橡一根，郝德大杨树二根、橡一根，梁鸾银二两，郭守□同男鸣鸿、鸣铎椿杨树三根、橡四根，杨秉信青杨槐树二根、橡一根，董科银一两，杨维方椿树二根，张永江椿树一根，延一元银六钱、橡一根，杨化□杨树一根，杨实槐树一根，杨添福银五钱，李争□银四钱，延时春檩一根，冯国宝酒六十壶，王金钱一百五十文，周印钱一百二十五文，王得富银二钱五分，王伯山银二钱五分，王天赐银二钱五分，杨绍芳银二钱二分，张体仁钱二百文，翟加威钱一百文、枣二斗（社用），李贵林钱二百文，刘朝贵粿作钱二百文，王翰明银二钱、橡一根，王交德银二钱，芦光先银二钱，王朝官钱一百六十一文，延合威钱二百五十文，杨越钱五十文、橡三根，杨永钱一百三十文，黄伦钱一百文，范一林钱一百文，翟国用钱一百文，芦明贤钱一百文，正廷公钱一百文，吴崇光钱一百文，张继甫钱一百文，李三晋钱一百文，王一安钱一百文，杨进妻银一钱，邢孟春银一钱，叚应山银一钱，张应鸾钱七十文，梁门史氏米一斗，延齐谅钱六十七文，潞安府赵守志钱五十文，冯九畴粿作钱五十文（社用），吴天禄钱五十文，翟库钱五十文，张体智钱五十文，王一山钱五十文，王翰章钱四十八文，王翰臣钱四十五文，王翰国橡一根，白科钱四十五文，潘思义做工五日，王天恩做工五日，张应凤钱四十文，李江钱三十文，田逢春钱三十文，正世兴钱三十文，马守义钱三十文，李朝用做工五日，马国安炭四驮（社用），酒朝已钱二十五文，翟加兴钱二十文，郭天顺钱二十文，延合才钱八十文，马拱立小布一匹。

二、润城村

　　镇溪坊共施银钱并货共作银二十六两二钱八分。吴尚志银三两，张永亨同男张天禄、张天爵银二两、枣木一根、漆桌一张，张加谏银二两，张自立、张自强银一两六钱，吴应雷银一两三钱，延柰银一两三钱，王广先银七钱，张时亨银六钱、椽一根，张永宜银五钱，王得义银五钱，张永诏树一根，苗云银五钱，张加木银四钱、树一根，张大贤银四钱，延国刀银四钱，王永清银三钱五分，延国孝银三钱，延杏银三钱，张文运银三钱，张绵钱一百文，小树四根，张加宾银二两三钱、椽二根，张顺忠银三钱六分、铁绳一条，吴应威银三钱、椽一根，王得志钱二百四十文，赵赏毛毡二条、帽一顶，作银三钱，张守银银三钱五分，梁景钱二百一十文，芦一忠钱二百文，延佩齐钱二百文，延爱钱二百文，李时读银二钱，王加齐钱一百六十文，曹合器钱一百六十文，成友良钱一百六十文，王应时银二钱，裴文山钱一百六十文，张舜卿银一钱六分，张加兵钱一百六十文，吴友先钱一百五十文，延查银一钱，张价银一钱，芦遵选银一钱，延佩先钱一百二十文，栗友良钱一百文，杨得山小布一匹，王靠钱一百二十文，何孟雪钱一百二十文，韩国仓钱一百二十文，宋羑钱一百文，杨思云钱一百文，杨思贵钱一百文，张加有银一钱，延争荣钱一百文，马朝阳银二钱，王得全银一钱，张云翔椽二根，杨济恩钱一百文，马得湖钱一百文，翟朝宗钱一百文，栗元卜钱一百文，辛思恩银一钱，吴尚义绒帽一顶，吴正山钱九十文，连一清银一钱，成思恩钱八十文，何孟书银一钱，崔豸钱八十文，都孟其钱八十文，都守成钱八十文，宋良才银一钱，刘应强钱六十文，贾尚巳钱六十文，郑科钱八十文，成思月钱六十文，延仕安椽二根，吉上才钱六十文，王得成钱五十文，王通钱六十文做工，张永安钱五十文，畅友得钱五十文，曹三钱五十文，王朝山钱五十文，潘最明钱五十文，张满仓钱五十文，茹一林钱五十文，延平道钱四十文，曹得水钱四十文，王朝荣钱四十文，曹志春钱四十文，韩一春钱四十文，曹德方钱四十文，王宾钱四十文，张永隆钱三十文，杨大海钱三十文，畅友力钱三十文，王有才钱三十文，蔡甫钱三十文，芦高钱三十二文，成朝经钱三十文做工，谈孟川钱三十文，刘得甫钱三十文，张靠钱三十文，曹登雷钱三十文，延国才钱二十五文，王一安钱二十文，李朝金钱十五文，王汝全钱八十文，刘加成椽一根。

通沁坊共施银钱并货共作银一十四两五分。延景山银一两五钱，又椽一根，延国让银一两、椽一根，和用银一两、椽一根，原世亨钱八百文、椽一根，王登隆银六钱、柏木檩一根、枣木柱一根，梁一川银八钱、椽一根，王国忠钱七百文、椽一根，杨明银六钱、椽一根，承差王得志椿树二根、椽二根，卫福银六钱一分、椽一根，延福同男延时整银五钱、榆木一根，成良才银五钱，延景隆银五钱、椽一根，秦友保银五钱，李尚宾银五钱，柳得春银四钱五分，聂朝贵钱三百文，延景秀银五钱五分，茹天爱银二钱五分，成登云钱二百文，延道钱二百文，杨柏章银二钱，卫禄银二钱，庞继祖钱二百文，弋登银一钱五分，郝仁银一钱五分，孟淑孔银一钱二分，延凤鹤钱一百文，董朝介钱一百文，王思明钱一百文，延润保钱一百文，曹仲林钱一百文，延仕隆大□一根，郭友仓钱一百文，张进才钱一百文，王朝用钱一百文，又银五钱，李奉登钱六十文，王毕照钱六十文，王尚玄钱五十文，董朝云钱五十文，吴邦山钱五十文，延景时钱五十文。

佛岩坊共施银钱并货共作银三十二两九钱六分。张国钦银十两（缺）蔡承□银一两、椽二根，蔡承裕银一两，成雷银一两，杨枝银一两，张厚银六钱八分，成继志银六钱八分，延广银六钱，张津银六钱，甄爱银五钱，璩仲喜银五钱，张应□银五钱，张忠□银五钱，许仕隆银五钱，郭尚仁银四钱七分，郭尚甫银三钱，曹登瀛银四钱，翟朝林钱一百四十文，王思仁钱一百文，赵登科钱三百文，张世贵桂树一根、白豆五升，张国清银二钱八分，又椿树一根、茶半斤，师朝相银五钱五分，许有良银三钱，杨尚礼银三钱，张国□银三钱二分，裴□礼钱二百文，杨天福银三钱，张国□银二钱五分，原廷桂银二钱五分，王逢科□二钱，宋得鱼银二钱，□应周银二钱，侯尚贤钱二百文，赵登云钱二百文，吴延□银二钱，王君正钱二百文，张思善椿树一根，延一正椿树一根，赵顺宗银一钱六分，许仕兴钱一百五十文，王君召钱一百五十文，王君义钱一百五十文，张国爱钱一百三十文，王君爱钱一百文，柴思武钱一百文，王尧民银一钱，李天庆钱一百文，张仲仁钱一百文，成勾库钱一百文，安汝□钱一百文，刘国现银一钱，张三和麻绳五斤，安朝甫钱一百文，曹友仓钱一百文，张思珠银一钱，张闰钱一百文，崔应时钱一百文，甄表钱一百文，成邦银一钱，张汝奉钱一百文，王一能白酒四壶、黄酒六壶，彭大成银一钱，□芳朝银一钱，秦子安钱三百文，原得宝钱七十文，延时敬钱五十文，张国太钱五十文，王好善钱五十文，苏科银六□，赵刘成钱七十文，柴思宾母钱六十文，张国本钱五十文，张思爱钱五十文，成继思钱五十文，张郡钱五十文，张炳钱五十文，赵奉先钱四十八文，苏登钱四十文，张小敬钱四十文，王堂钱四十文，延一秀钱四十文，王廷钱二十六文，左俊政钱三十五文，栗兰钱三十文，王国爱钱三十文，苏江钱三十文，张应槐钱三十文，王廷云钱三十文，蔡应贵钱三十文，卢鸣岐钱三十文，张孟春钱三十文，郭礼钱二十文，延一春橡一根。

玄阁坊共施银钱并货共作银二十一两七钱一分。河南巡检延宾银三两、大白杨树一根，白国山银一两四钱五分、椿树一根，王继山银一两，马世杰银一两、橡一根，曹可德银一两，刘孟荣银八钱，刘鸣帝银九钱，延君宝银五钱，刘伯相银五钱，牛得海青杨椿树二根，曹修义银四钱，仪宾裴学颜银三钱七分，裴学曾槐树一根、橡一根，王继隆银三钱，延登洲银三钱，原国清钱一百五十文、小槐树一根，芦春银三钱，延仕安银三钱，刘自宁银三钱，李宗仁银三钱，延养志银二钱、橡一根，延通钱二百文，延秋钱二百文，延景春钱二百文，李自安银二钱七分，栗景阳钱二百文，李仲海银二钱三分，延国秀钱二百文，王登山钱二百文、橡一根，延进成钱二百文，杨海钱二百文，于思登钱二百文，延士清钱二百文，梁一山钱一百五十文，梁一水钱一百五十文，苗应雨钱一百五十文，翟奉钱一百五十文，翟登山钱一百五十文，卫得运银二钱，延汝兴钱一百五十文，王一山钱一百三十文，张廷海钱一百文，裴学礼（钱）二百文，翟朝进钱一百文，延革嗟钱一百文，杨大仓钱一百文，翟言钱一百文，吕国太钱一百文，芦文江钱一百文，张仕兴钱一百文，王加善钱一百文，翟君赐钱一百文，黄朝冬钱一百文，黄朝忠钱一百文，宋加贤钱一百文，延进明钱一百文，李争嵘钱一百文，高第银一钱，崔时银一钱，郭守仓银一钱，延登贵银一钱，张应山银一钱，延汝仕钱一百文、银一钱，郭汝兰银一钱，曹修全银一钱，栗湖银一钱，于国秀银一钱，吴有明银一钱，范朝江钱七十五文，裴兴钱七十文，王一安钱七十文，杨思会钱七十文，李尚周钱五十五文，翟进安钱五十文，芦朝山钱五十文，成雨钱五十文，平友钱五十文，裴学正钱五十文，张有才钱五十文，刘君周钱四十文，李全安钱四十文，李尚金钱三十五文，延景钱三十文，刘汝林钱二十文，刘家增椽二根，芦尚义椽二根，牛廷臣椽一根，延养德椽一根，郭鸣鸾椽一根，邵有明银一钱，乐妇：李桂□银五钱，李交容银四钱，宋先容银四钱，李花香银三钱，张小俏银三钱，李薄酒银三钱，郭星月银二钱五分，张翠鹤银二钱，李茶叶银二钱，李□京银二钱，樊一俏银二钱，张梅红银二钱，张雪梅银二钱，李安然银一钱，李爱交银一钱，李□□银一钱，李自然银一钱，李三容银□钱。

贮收布施社首：张福、闫思恩、杨通

计算支销社首：蔡九宗、白邦信

督政勤劳社首：张科、梁鸾、郝德、翟继臣、杨维芳

廉管化缘社首：翟继邦、李国香、石周凤

建木陕西吏目：栗清

各坊社首：

三圣坊：商翀昊、延人贤

铸佛坊：石桥、栗汝秀

神右坊：延时敏、王进卿

街市坊：延一元、延时春

神左坊：翟继臣、王继商、杨梯

镇溪坊：吴应雷、张永亨、卢一支

文林坊：延时兴、杨思敏

通沁坊：延景山、王登隆

临沁坊：卢鸣霆、曹思富

佛岩坊：张洵、张国鉴

玉泉坊：郝加兴、王继美

玄阁坊：延养志、延贞

扫庙善人：吴天爵

土工：李桂林、常自立、孙继安、王尚兴、王家全

7. 乙亥宰社碑记

（1）碑刻简介

勒石于明崇祯八年（1635），为记事碑，有碑首、碑座，无碑阴，碑刻规制为127cm×55.8cm×16cm，现为立碑，保存完整。

（2）碑文

【碑阳】

碑额：□□□□□□

碑名：乙亥宰社碑记

盖闻高皇御制社饮酒礼，令里人百家行之，义至深远也。后人袭其名、摹其事。

凡都邑镇店，各创一祠，各奉一神，以为祭主。春秋间，萃父老子弟骏奔对越于其中，社所□尚矣。我润城踵之，而庙祀东岳天齐圣帝。荐享之礼，不敢苟简，历年来，仪文器数亦煌煌乎差有可观矣。迨□□□□□□□□人如麻，大村巨落，荡为灰烬，本镇尤甚惨焉。毋论蓄以宁室家，百不一存，即储以供礼祀，亦阒然无遗矣。丙戌，□秋社宰推余嗣其事，悲慨交心，力绵莫办。于是捐阖社之羡金，募本乡之义士，撮其大要，而□饰焉。虽未敢谓有光盛典，庶不失因俭示礼之微意云。

阳城乔赐初书篆

计开施主于后：

（缺）李成文施银二两（缺）计银带一条、铜带一条、毛袜一个、金粹圣

像（缺）银二十三两八钱五分，又□修门屏使钱二千（缺）钱一千八百三十文，又米五斗共作银三□，无量殿施（缺）五文，立碑□神使钱六百五十文，以上五完费社中□钱（缺）。

各坊社首：

延合义、延争光、赵景灏、王一珍、张国祥、王佐、延时整、王瀚存、马奇、延时迪、延有志、张天刚、延合寿、高□影、翟谅、田含章、延尧泰、翟仪□、李□民、延□、田养福、田养心、翟进福、吴养性

住持（缺）石匠（缺）

崇祯八年十二月□十日阖社仝立

8. 戊子宰社碑记

（1）碑刻简介

此碑刊立时间无明确记载，结合碑文及重要人物张璕的信息推断，该碑可能刊立于清顺治五年（1648），为记事碑，无碑阴，碑刻规制为135cm×53cm×22cm，现为立碑，碑文字迹部分漫漶。

（2）碑文

【碑阳】

碑额：无

碑名：戊子宰社碑记

赐进士钦差巡按四川监察御史里人洎临张璕

吾乡社事昔称隆盛，至丁亥岁几成废缺，诸庠友金推冲霄延君为宰，大典乃振，明年更难其人。有□□□□负□名，里社事多受裨益。于是众恳总理，以司祭祀。君从容布理，历一载，诸事克尽，有光社稷。自残破□神祠（缺）圮，袍衫旗伞损坏。君善募于众，金妆圣像，修置袍衫，整饰什物等项。一时各殿辉煌，神采□彰器□□□□后诚一□更新也。以非□足感人，才能御众，焉能如此振作耶。吾不忍没□事，并输财姓名同勒石□。

（缺）白龙神并□事翟明高，补塑神马张孚元，金妆大门牌面张从正

（缺）银一两，（缺）银一两，（缺）银一两，（缺）银一两，（缺）银一两，石□德银一两，赵一□银八钱，成福全银八钱，郑体有银八钱，（缺）银八钱，（缺）银八钱，（缺）银八钱，延□银五钱，张□□施□一对，陈有才施□一对，王士宽施□石条，□国全毕天敬赵明兰大帽十一顶，（缺）买物使银数（缺）以上共银一十四两三钱。买（缺）六匹银（缺）买布五匹银二两七钱做掛（缺）

总理社首：翟谅

神右坊：□□□、李应□

三圣坊：王明乐、郭登盛

铸佛坊：栗继正、李加元

街市坊：卢文礼、许士宗

通沁坊：李承文、卫俊民

神左坊：郭时荣、杨时新

镇溪坊：吕□、卫□

临沁坊：□□□、□□□

文林坊：□翰存、刘名臣

佛岩坊：延尧元、张志新

玉泉坊：（缺）、（缺）

玄阁坊：□、□仝立石

金妆塑匠：乔□□、□□□

玉工：□春忠

住持：（缺）

9. 润城镇重修孔子庙碑记

（1）碑刻简介

此碑刊立于清顺治十八年（1661），为记事碑，有碑首，碑刻规制为242cm×80cm×22cm，现为立碑，保存完整。此碑原为夫子庙碑刻，现存于东岳庙院内。

（2）碑文

【碑阳】

碑额：孔子庙碑

碑名：润城镇重修孔子庙碑记

钦差巡抚陕西等处地方赞理军务兵部右侍郎兼都察院右副都御史前癸未科进士里人张瑃撰文

辛卯科举人署灵丘县学教谕事里人王步阶篆额

庚子科举人里人张齐仲书丹

孔子之道之在天下也，如日在天，如水在地，日无所不照，水无所不有，则孔子之道亦无所不存，即在当时与七十子之徒，东西南北辙环，几遍天下，况百世而后，神灵之所凭式哉，故国学首建京师。

天子遵其道，以主治天下也，郡邑各有儒学，有司尊其道以分治天下也，各有学则各有庙，岁春秋二祀，与社稷之礼并举，典綦重矣。镇隶阳城，亦且建庙崇祀于义何居，尝考明道先生令晋城，使民乡必有校，暇时亲至为儿童正句读。今州治东北乡马村大阳间尚沿有孔庙，镇距其地不百里。往在明万历年间，杨公朴始举贤书，文明渐启，延生人秀砥行力学，追慕明道遗风，遂倡率士众创建大成殿三楹，以时祭祀焉。嗣后科第联翩，青衿济济，而庙之规模狭隘，几不克容拜跪。皇清顺治岁丁酉，瑃家居读礼，杨生敦仁等谋所以恢阔之，瑃乃度地经营，赞成厥美，鸠工庀材。敦仁实殚心力，不期事未观成，中道捐馆乃叔杨生载简，躬任勤劳，与某事诸生各矢劼毖，越己亥冬告竣。適瑃奉命抚秦，方惧未当于学道爱人之训，友人乃以纪事之言来请，因思天下尊孔子之道而天下治，郡邑尊孔子之道而郡邑治，一乡尊孔子之道而一乡治，继自今愿镇之人士瞻拜庙下者，型仁讲让，入敦孝弟之行，出尽忠爱之意，风还淳古，俗去浮嚣信乎！孔子之道亦如日不择照，水不择流，语小语大无在不存焉矣，镇之人士勉乎哉。

皇清顺治十八年辛丑仲秋谷旦立

10. 庚申宰社碑记

（1）碑刻简介

此碑刊立于清康熙二十三年（1684）四月二十七日，为记事碑，有碑首、碑座，无碑阴，碑刻规制为180cm×67.5cm×22cm，现为立碑，保存完整。

（2）碑文

【碑阳】

碑额：无

碑名：庚申宰社碑记

粤稽社典昉于勾龙，从古迄今其制尚矣，自国都郡邑以及穷乡僻壤罔不建社祀神，所以展祈报之诚也。吾乡正祀东岳天齐仁圣帝，岁举总理一人，分理二十四人，崇尚俭朴，恪恭祀事，在昔盛称美备。然人情更变，奢侈成风，宰社者往往视为畏途。庚申岁，承乡绅阖学诸亲友推镇宰社，镇赋性愚疎，德薄力绵，奚能负此重任？既而思之祀神大事，不得不勉焉。任之与共事，诸翁严恪小心以承祭祀，断不敢有一念怠忽以遗俎豆羞也。如春祈秋报等务不过于奢，亦不过于俭，酌而行之，期无忝于神明已耳。社中旧有神袍，历久尘敝，镇抚心靡宁。幸蒙众翁同心募化，或施绸或施银，整饰神袍，焕然聿新，而是岁雨旸时若，禾麦丰登，神庥普覆，盖无疆矣。今者事虽告竣，不敢没诸翁之善为，勒他山以志之。

施财芳名：

户部张施白丝绸袍一件，价银一两二钱五分，白巷贡监施红绸袍一件，价银一两，贡监王施米色绸袍一件，价银一两，贡监杨施绿绸袍一件，价银一两二钱五分，曲沃客人张景良、李正春、王宽施青绸袍一件，价银一两，盐店郭峪裴如璋、下佛马翰、本镇杨东舒施红绸袍一件，价银一两，王沛、石维鼎募施关圣帝石青蟒袍一件，价银四两。

当铺秦蕊、李洪昌、卫进步施绿潞绸袍一件，价银八钱，白巷王香、本镇梁济民施柿黄绸袍一件，价银一两一钱，原中素施蓝绸袍一件，给银八钱，程杰施青绸袍一件，给银八钱，生员石瑄施玉色绸袍一件，价银一两一钱。

整饰执炉使银三钱二分。

以上十三宗共使银一十五两四钱二分。

立碑工价等项使银三两，石维镇认

总理社首：石维镇

分理社首：

三圣坊：刘声美、王泽弘

铸佛坊：原翊宸、冯自兴

神右坊：延福隆、冯际泰

街市坊：许应科、张三奇

神左坊：吉观占、郭俊

镇溪坊：张俊、贾兴盛

通沁坊：陈体善、梁俊凤

临沁坊：曹洪泽、杨东舒

佛岩坊：王凤起、常毓芳

玉泉坊：张遵先、翟金贵

文林坊：翟步月、王广土

玄阁坊：贾明德、卢绍荣

时大清康熙二十三年四月二十七日阖社仝立

11. 补修东岳庙施财姓名碑

（1）碑刻简介

此碑刊立于清康熙四十二年（1703），为捐资碑，有碑首、碑座，无碑阴，碑刻规制为240cm×78cm×21cm，现为立碑，保存完整。原无题名，据文意而加。

（2）碑文

【碑阳】

碑额：百世流芳

碑名：无

补修东岳庙施财姓名开后

户部广西清吏司郎中张茂生施银一百七十四两八钱一分五厘。

原知江西建昌府事加一级王嘉植施银十两，户部湖广清吏司主事王璋施银四两，候补内阁中书舍人举人张伊施银一百两，敕封鸿胪寺鸣赞郭登云施银一十六两，敕封文林郎知县郭鹏举施银二两五钱，吏部候选州同知杨大酉施银二两五钱，吏部候选州同知张楫生施银八两，吏部候选州同知张瑱施银三两，吏部候选州同知延庭施银一两，兵部候推举人杨大田施银一两，监张拊生施银五两，贡生嘉橱施银三两，监石琯施银二两，监张玙施银二两，员酒金施银一两，员王嘉楗施银三两，员王嘉栋施银三两。

盐店银四两，义盛店银三两，翼兴店银三两，永盛店银三两，德恒店银三两，沁昇店银三两，乾茂店银三两，魁泰店银三两，三同店银三两，日兴店银二两三钱，善生店银三两五钱，三和店银二两，茂盛号银二两，永兴店银一两五钱，信义店银一两五钱，翼兴号银一两五钱，统兴店银一两五钱，隆盛店银一两五钱，吉言信银三两，恒顺铺银一两，魁山号银一两，义和号银一两，怀庆布客等银二两，延士和银一两，石擎天银五钱，成俊银一两，郭俊香色锻一匹（旗用），张璐银二两，张璟银四两二钱。

张作新银二两，成天祯银一两，许应科银一两，张遵先银二两五钱，张蕙生银二两，延统银一两，延履泰银一两，石维屹银一两，张汝生银一两，张笃生银一两，栗瑜银一两五钱，张俊银一两五钱，延镇银二两五钱，吕崇周银一两五钱，杨建祖银一两五钱，贾永泰银三两，赵福庆银二两，栗永盛银一两五钱，张毓朴银一两五钱，李昶银一两五钱，石瑾银五两，徐端银一两五钱，王廷相银一两五钱，孙有才银三两，陈建植银一两五钱，申祥福银一两五钱，张尧雨银一两五钱，王珆银一两，延道立银一两。

卫朴银一两，胡从善银一两，梁俊凤银一两，延芳启银一两，栗奇璿银一两，郭巡周银一两，李元银一两，赵维英银一两，石瑚银一两，李法惠银一两，栗奇瑞银一两，赵应坤银一两，王玉海银一两，栗奇有银一两，延铉银一两，赵印信银一两，王如植银一两，张自能银一两，郭寀银一两，张□巳银一两，王禹甸银一两，梁应生银一两，魏守仁银一两，刘士乾银一两，靳待禄银一两，李法道银一两，延坊银一两，王璧银一两，李顺兴银一两。

栗芳银一两，柴世福银一两，田伯仲银一两，龚璋银九钱，张缵绪银八钱，卢必昌银八钱，延士彦银八钱，王步德银六钱，赵维善银五钱，杨奇才银五钱，高尚义银五钱，吕思语银五钱，石维岳银五钱，王自木银五钱，李连科银五钱，延允恭银五钱，延永盛银五钱，白现富银五钱，延浩然银五钱，杨毓兰银五钱，王惠远银五钱，张奎然银五钱，刘如琳银五钱，杨斑银五钱，常毓芳银五钱，王汧银五钱，延生玉银五钱，杨时茂银五钱，杨权银五钱。

梁珍玉银五钱，司应祥银五钱，关忠清银五钱，卢复祥银五钱，郭安国银五钱，马如蛟银五钱，赵福民银五钱，延调瑾银五钱，杨时祯银五钱，郭士能银五钱，赵贵银五钱，杨居周银五钱，高思昇银五钱，高思礼银五钱，胡自启银五钱，王九玄银五钱，延端银五钱，李乾银五钱，李贞银五钱，延珮璟银五钱，杨仁周银五钱，王琦银五钱，吴朝贵银五钱，吴朝友银五钱，吉迪银五钱，何中兴银五钱，生生店施青缎、龙旗一对。

一社：生员延调律程银一两五钱，生员张堡生银三两，生员王有土银一两五钱，生员杨大经银三两，延士科银一两，曹端植银三两，杨恒溶银二两，翟经邦银一两五钱，延檀银三两五钱，贾兴盛银三两五钱，权世宾银二两，翟先觉银一两，曹秉法银四两，张琨银十两，郭亮银一两，刘昇运银三两，延昶银三两，延周应银三两，张作所银一两，栗兰馨银二两。

二社：介宾生员郭登傑银五两，生员原大宗银二两，生员石瑄银一两五钱，生员杨东舒银二两，杨周祺银二两，黄立本银一两，石维鼐银六钱，王熙银一两，张毓质银二两，程文璘银二两，曹洪俊银二两，蔡育沛银一两五钱，蔡珪银二两，贾永盛银六两，成忠诲银一两，延存玉银一两，赵琦银三两，张珦银六两二钱，张廷烈银二两，翟经济银二两五钱。

三社：介宾生员石珆银三两五钱，生员延泰纪银一两二钱，生员蔡育生银二两，生员刘应运银四两，介宾生员张守先银二两五钱，生员王钦银五钱，耆宾张拱极银一两五钱，梁济魁银一两五钱，张作舟银二两五钱，延浩生银一两，延昌龄银一两五钱，王沛银二两，石瑜银一两，王仁溥银一两，原逵银二两，栗珺银三两，杨恒澂银二两，贾明德银四两，王禹贡银一两，张佑银五两二钱。

以上通共收过银六百八十九两一钱一分五厘。

总理工程：延士科、杨恒溶、生员延调律、张琨

催收钱谷：生员原大宗、生员石昭、杨东舒、张堡生、张守先、杨大经、石维鼐、延昌龄、王沛、程文璞

经理钱谷：原逵、蔡育沛、张作所

值日监工：翟经邦、曹端植、权世宾、贾兴盛、延檀、翟先觉、曹秉法、生员王有土、郭亮、刘昇运、延昶、延周应、栗兰馨

本庙秋树二株，做板三副，除伐树，工匠使费净价银二十二两，又增利银十一两七钱。

大清康熙四十二年岁次癸未七月二十四日立

主持僧：真禄

12. 润城社新制神伞仪仗记

（1）碑刻简介

此碑刊立于清乾隆三十六年（1771），为记事碑，有碑首，无碑阴，碑刻规制为245cm×85cm×24cm，现为立碑，保存完整。

（2）碑文

【碑阳】

碑额：为善永垂

碑名：润城社新制神伞仪仗记

古之时，自天子之都至于五等侯国皆有社。而公卿采地之在都鄙者，亦必竭诚尽敬，以奉方社之祭。其祈年报享，逆暑迎寒，则击土鼓、吹豳诗，以御田祖、乐田畯、息老物，其在《诗》曰："以我齐明，与我牺羊，以社以方。"又曰："以祈甘雨，以介我稷黍，以谷我士女。"乡之有社，其昉于是乎。润城之在阳邑，巨镇也，比屋鳞次，烟火数千家。乡之社，盖莫详其所自始。饬庙貌，洁粢盛，以奉祀事。其春秋祈报，礼数器币之陈，导引仪卫之盛，甲于一邑，是亦吹豳饮蜡，明惠泽而弛民力之遗意也。忆余少壮时，国家太平，休养之泽几百年矣，民物繁滋，丰年屡庆，家有余财，人有余力。于是隆享报之典，迎神祈泽则大起，众庶鼓钲竞响，伞扇麾幢之属。夹道而前驰，复有贝锦采装儿童杂剧，纷纭逻沓，填塞街衢，焜耀闾巷，而衣冠缙绅之族，亦往往相与揖让，进退于其间，斯盖一时之盛也。自是而后，浸以微替，社庙仅存，祀事废不举者间数载。其后稍稍更置社首而响之，羽仪器仗凋残剥蚀，不复可施用，遂至荡然，无有一存，而亦未暇以理也。乾隆三十有六年春，社首魏君世樑、张君世禄、成君文宠等毅然更新，乃谋诸镇人士，张君受祉、延君镜心、王君萌生等相与衷金庀工，授之式法，协诸仪，则工既讫功，遂陈列则而观之。社鼓逢逢，钲声盈耳，华盖旋转，旌旆飞扬，其繁庶之容、丰盈之象以视曩日，盖无以加焉。是役也，凡为金二百有奇，皆取诸镇人之乐输者，不数月而告成，乃拟刻石俪辞谒余文佽其事，余惟盈虚消息之相乘，亦理数之固然，赖有人因时补救于其间，乃能相持以不敝。夫有数十年前之盛，如彼迩时之就替，如此一旦起而鼎新之，不可谓非人力之致矣。余既多诸君经理之勤劳至，所以保持护惜，引伸弗倦，恪恭明礼，谨守管籥，永追籥章，土鼓之遗，以宣畅熙朝绥和煦妪之恩，于勿替是所望，于嗣事之久也夫。

文林郎蒲州府儒学教授前直隶沁隰两州学正戊午科举人吏部截取知县里人王道照撰

儒学生员永齐杨天赐书

施财芳名：

复生店捐钱一千四百四十五文，协盛店捐钱一千四百四十五文，翼兴典捐钱一千三百五十文，有恒典捐钱一千三百五十文，丰泰店捐钱一千三百文，张士敏捐银二两，魁顺店捐银一两五钱，聚字店捐银一两，新字店捐钱八百文，兴字店捐钱八百文，晋字店捐钱五百文，以上共收银四两五钱，共收钱八千九百九十文。

使费开后：

旗二对并响器使银四两五钱，又钱一千五百六十三文，金妆行神使钱一千一百八十文，竹竿帷伞使钱三千六百六十四文，锡炉威风鼓使钱一千零七，红布号衣销金箍使钱一千二百七十八文，大竹灯笼三对使钱三百三十五文。以上共使银四两五钱，共使钱八千九百九十文。

砥洎城：张府银五钱，蒲州府学教授王道照银五钱，戊子科举人张广基银二钱，州判原廷佑钱二百，附贡生郭惠银一两，监生张扬清银一两，监生张昌基银一两，监生张式好银五钱，监生张成基银三钱，监生张履坦、监生张荣基、监生张崇基各银二钱，生员张尚朴银三钱，生员张儆、生员张集、生员张大勇、生员郭天德、生员郭天福、生员原文钰、生员原文铎、生员蔡虎臣、生员王道灿、生员张淇斐各银二钱，生员张鹿宾、生员张希龄、生员栗僎各银二钱，生员王道熙银二钱，验祭厅王建功银四钱五分，礼生张存温、礼生张绍基各银二钱，原学诗银六钱，石用中银四钱，王君薈、石端各银三钱，张仉、酒模、张存良、张晋基、王锡奕、原绍武、张兴武、延维宗各银二钱，张克恭、陈引功、张丕基、石□各钱一百二十，王增功、张艮思、张宗经、栗颖、栗各钱一百，石宗仁银一钱；郭之芳银五钱，尚志、延福、于振宗、闫肇业各银二钱，冯如金、张顺、张喜发、刘天锡、王兴发、石锦中、郭永顺、侯保士、王满库、张美之、马自福、杨万有、赵钧各钱一百，张士英、张宛、范秉衡、张聚和、张炳、张朝、王永宁、王世凤、杨一贵、杨顺、李发育、郭永魁、刘小腊、赵德温、延务正、杨一魁、杨范明、郭之湖、郭之兴、张福财、梁顺、高□各钱一百，龚林钱八十文，杨保顺、蔡英杰、张永瑞各钱五十，吴襄钱三十，原志鹏、张受祉、王锡辂各银二钱。以上共收银十四两六钱五分，共收钱四千九百六十。

神伞旗物列后：蓝绸伞一柄，绿绸伞一柄，蓝绿绸旗二对，龙凤布旗二对，布虎旗二对，马锣二面，以上共使银十四两六钱五分，共使钱四千九百六十。

总理布施：原志鹏、张受祉、王锡辂

三圣坊：姚舆银一两，曹荣、李正、曹营各钱四百，杨仟、延治、杨基各钱三百，生员延准、杨文彬、柴继宗、延纬福、柴清之、杨一清、刘亮彩各钱二百，延尔让、刘本源、延什、杨在心、郭勇、于合义、许得正各钱一百五十，孙福顺钱一百二十，赵廷荣钱一百，张可久、生员张上云、吴学典、赵珍、杨玉、杨折、王耀宗、王承宗、延泽、延沧、延纬经、延荣贵、赵师捷、赵师强、李金玉、白廷懋、冯如金、张成贵、杨大无、柴法之、柴望宗、卢顺、卢起各钱一百，张九纶、孔贞璧、王门李氏、张起、李天保、李兰远、李三保、潘得金、于保成各钱一百，赵祥钱九十，刘小铁钱八十，李玉、李瑞、李玥、史守信、李建德、张学、王之相、王得各钱五十，张锦钱三百，张□钱三百，延生钱五百，以上共收银一两，共收钱九千三百四十。

神袍旗伞列后：宗色神袍一件，神带一条，黄绫伞一柄，绿绸旗二对，小蓝旗一杆，以上布施银一两，共使钱九千三百四十。

总理布施：张锦、延洼

铸佛坊：生员延文澜钱九百，延宗洙钱五百，李凤鸣、石正中各钱四百五十，石宗杨钱四百，生员石宗张银五钱，石财兴、王怀理各钱三百，栗淮、延朴、连凤台、王魁宗、延相各钱二百七十，王田功银三钱，石景星钱二百六十，马法仁钱二百，生员石什、生员栗侨、栗世隆、石得高、王铎钱一百，杨生德钱一百一十，石篱宝钱二百五十，增生蔡龙文钱一百八十，栗兰中钱一百六十，蔡文源钱一百五十，李法元钱一百八十，王尧、石宗贤、石宗凤、卫立续、赵彦、石宗远、栗贞各钱一百，王翼童钱一百三十五,卫兴财、贾兴、成万顺、石宗正、孙福顺、延九一、赵存轼、王昇、茹得全各钱九十,吉禄钱八十,石□钱五十,叚合福带一条,尚有禄、王元法各钱二百廿四,以上共收银八钱,共收钱九千二百一十二。

神袍旗伞列后:飞红神袍一件,神带一条,黄绫帜一柄,青旗二对,小白旗一杆,小鼓裙一对,以上共使银八钱,共使钱九千二百一十二。

总理布施:尚有禄、王元法

玄阁坊:延兴四钱三百,杨顺美、延植成、翟贵、卢瑛各钱二百,刘得正钱一百五十,张士蕙、席耀宗、翟明月、李弈瑞、李培珍、李弈财、李法明、延有成、延忠、延信、史九常、司得星、杨一德、延富卿、张作广、梁建兴、王之得各钱一百,延通润钱八十,柳天贵、高士达、刘玉林、关存义、关逢金、王小顺、柴金樑、马国存、延拴元各钱五十,以上共收钱三千四百三十。

神袍旗伞列后:宗色神袍一件,飞虎布旗二对,小黄鼓裙一对,神带一条,以上共使钱三千四百二十。

总理布施:延陵、曹士美各钱一百

13.《润城社新制神伞仪仗记》续捐资碑

(1)碑刻简介

此碑刊立于清乾隆三十六年(1771),为捐资碑,有碑首、碑座,无碑阴,碑座规制为100cm×47cm×31cm,碑刻规制为245cm×82cm×27cm,现为立碑,保存完整,存在少许字迹漫漶。

(2)碑文

【碑阳】

神佑坊:监生延位钱九百,成锦钱五百,王兴茂、延纬模、赵升各钱四百五,生员郭锡龄钱二百,增生郭鋿龄钱三百六十,杜九卿钱四百,王玉钱三百六十,王珅钱三百卅三,栗培洽、冯□涵、王素生、张有□、李弈玉各钱一百七十,延文大钱一百五十,高阳、杨示进各钱二百,生员栗□钱一百六十，吴朝德钱一百六十，石吉星、卢兴隆、栗伦各钱一百五十，李建成钱□□□、□绵林、张子文、延襄、何登义、张重法、王壮、延九禄、马万、吴朝宝、吕延明、吉禄、李仁、冯世荣、石成功、冯世伦钱□□□，李□春钱九十，福作沛、牛正元各钱一百，延纬德钱九十，陈广生钱八十六，马高良钱八十，蔡□元钱五十，张□素、王□各钱（缺），以上共收十一千零五十四。

神袍旗伞列后：绿色神袍一件，绿绸伞一柄，绿绸旗一对，神带一条，以上共使钱十一千零五十四。

总理布施：张怀素、王枢

街市坊：高文禄蓝绸旗一对，兴顺酒铺钱一千，曹大金钱八百五十，复盛布店钱八百，元兴布店、恒盛油房各钱七百，聚盛面店、有恒油房各钱二百，全盛面店钱六百，王万盛面店、三顺面店、魁顺面店、彩兴号、沛兴油房、段复兴、兴盛号、永顺面店各钱四百，广信号钱二百六十四，□宁法钱二百五十，□五□号钱一百四十，延□，（缺），（缺），（缺）钱一百一十，双兴号、开泰号各钱一百七十，万盛铁铺、延象绮各钱一百六十，生员吕调阳、生员杨棲鹦、高欲元、玉泰号、杨平荣、黄洽、蔡世成各钱一百五十，常业□、翟于怀、广锡号、赵美各钱一百，冯玥、杨先正、李富生、杨顺理、杨士弘、吴化全各钱一百，张满艮、石明月、恒玉号各钱八十，翟于准、郭锦各钱三百二十一，以上共收钱十四千二百八十六。

神袍旗伞列后：蓝缎神袍一件，神带一条，蓝□□一柄，蓝□□二对，□□旗一杆，小鼓一对，包袱一个，绿□□□裙一对，以上共使钱十四千二百八十六。

总理布施：翟于准、郭锦

乡约：张浮烈、杨自法、李珮

练总：王育生

地方：延太

神佐坊：沛兴油房、恒盛油房各钱八百，万盛面店钱七百，李永年钱六百,三泰号钱五百,吕协益、王永安各钱四百五十,史守法钱四百二十,张宗美、司得义各钱四百,翟先甫、翟于习各钱三百,王承业钱二百五十,郑聚、李春先、吴恺各钱二百,□汉武钱一百八十,司德旺钱一百五十,张宁□、尚有信、杨一法、李全、延节、王永大、柴顺宗、延孝易、秦培成、郭玉、□兴□、卢法、常登库、王顺各钱一百,卢福广、权大义、姚守望、栗永宁、张士义、王永珍各钱六百,以上共收钱十千零二百卅。

神袍旗伞列后:宗色神袍一件,宗色伞一柄,神带一条,宗色绸旗一对,绿绸旗一对,小蓝旗二杆,包袱一个,以上共使钱十千零二百卅。

总理布施:张士义、王永珍

镇溪坊:监生刘谦光、监生延大禄各银一两,张继贤钱四百,礼生张凡明、延柏林各钱一百六十,延金远钱一百五十,张传、李有恒各钱二百七十,三顺号钱二百,王顺天、李明先、潘锦绍、李有先、张门张氏各钱一百八十八,王珍钱二百五十,兴□、□各钱一百五十,张继昌钱二百七十,原文龙钱一百六十,岳麒麟、岳文轩、和顺饭铺、成仲、成怀、李继先、延文印、杨德山、张重斤、刘贵成、吉成名各钱一百,黄太钱一百七十,李富生、延清顺、柴清之、张梓生、张彦、李彦存、白延懋、刘得正各钱一百,成□钱九十,□学经、梁洪礼钱二百,李圣先、张有道、王成瑞、史书各钱九十,张继德、成子云、张岱、延小进各钱八十,李玉钱七十,成玺、卢清、王永太各钱五十,张志宽钱八十,司得英银五钱、钱五百四十八,以上共收银二两五钱,共收钱七千五百七十八。

神袍旗伞列后:大红龙袍一件,桃红绫伞一柄,桃红旗一对,梅桂色旗一对,神带一条,以上共使银二两□钱,共使钱七千五百七十八。

总理布施:张志宽、司得英

文林坊:延志心钱一千七百六十,王承都钱八百八十,王承绪钱八百,李斑钱五百二十八,刘同光钱四百五十,刘元植、延陵心、延德元各钱四百四十,李有恺钱四百,成丰时、刘随光、杨旺各钱二百七十,杨顺理、杨元、张开祯各钱一百五十,生员延礼年钱二百四十,翟先孟、翟先永各钱二百三十，生员杨师曾、生员杨师宪、翟于合、贾思逊、吴从典各钱二百，杨大禄、马文骏、李子云、闫光殷、司得玉、延载兴各钱一百八十，延载禄钱一百七十四，梁全仁、王德光、郑祥各钱一百六十，刘元璋、曹士谦、郝凤英、龚丰太、翟福元各钱一百五十，杨兴、张文福各钱一百。王之廷、王泽玉、生员成以敬、李绍廷、王铠各钱一百，史官、柳春贵、王得林各钱九十，延位成钱八十，生员延镜心、翟经元各钱四百九十四。以上共收钱十三千九百，又收人丁钱一千四百，二共钱十五千三百。

神袍旗伞列后：白绫神袍一件，神带一条，白绫伞一柄，白绫旗一对，黄布裰六件，山山帽四顶，蓝缨帽二顶，小黄布旗一对，锣二面，以上共使钱十五千三百。

总理布施：生员延镜心、翟经元

通沁坊：金盛号银八钱五分，巡检司姚黉钱一千三百，姚秉敬银四钱四分，又钱三百七十二，延旺和、乔天玉、张满银各钱四百五十，李全钱三百，刘希秀钱二百六十三，徐盛生、延正国、张珮、王福、栗兰宝、王义立、李有兴、赵廷玉、梁照、延奇交、马伯选各钱二百廿七，文连惠、郝容各钱二百五十，王宁国、赵美、李有全、王礼生各钱二百，张成法、李金、李洪贵、张存智、李荣、王济国各钱一百八十，宋金照钱一百六十，张合成钱一百三十五，梁廷标钱一百二十，张凤恺、王枢、申福、延本信、复顺号、延维宗各钱一百，张子文、黄菜铺、王立业、梁廷佑、韩仲元、蔡庆年、刘玉金、常进宝、张建茂、王好信、李应各钱一百，连兴美、赵延荣、尹万金、尹万礼、王承章、王口、元兴号、广兴号、李桐、石瑞林各钱九十，韩秀元、延振钱八十五，于克兴钱七十四，王正、梁廷佐各钱三百卅七，以上共收银一两二钱九分，又收钱十二千八百七十四。

神袍旗伞列后：宝蓝神袍一件，神带一条，樟衣二条，蓝绫伞一柄，蓝绫旗二对，小蓝旗一杆，以上共使银一两二钱九分，共使钱十二千八百七十四。

总理布施：王正、梁廷佐

临沁坊：晋大号钱四百五十，增盛号钱四百二十二，济世堂、资盛店、玉盛店、太成店各钱二百五十五，韩福贵、赵□、韩永兴、曹进岩、梁喜年、石洎、赵敦信各钱四百二十五，成文贞、韩天元钱三百九十，蔡得年、魏世槟、李式喻、和思忠、延德竣各钱二百五十五，韩顺元钱二百，赵琳、曹福斌、协成店、延得意、蔡天元、卢九德、黄思信、刘永亨各钱一百七十，贾万全钱一百六十，□廷贵、和子魁、常太各钱一百五十，权瑞钱一百三十五，蔡正年、蔡顺年、吴一贵、曹聚琳、王文金、田心壮各钱一百，成文□、杨印彪、蔡文臣、赵敦智、延梅、魏世和、郝万林、翟贵、延敏、张向阳、延德轩、张有海、韩秀元、刘起瑞、徐天宝、王立荣各钱一百，杨有昌钱一十，王自孝钱五十，郭永顺、梁天禄各钱三百零五，以上共收钱十二千一百八十。

旗伞列后：蓝绫伞一柄，桃红绸伞一柄，蓝绸旗二对，白包袱一个，以上共使钱十二千一百八十。

总理布施：郭永顺、梁天禄

佛岩坊：□淮银一两，王安国银七钱，宏远号、万顺面店、晋兴号、顺义面店、北竟成面店、许瑞、三义号、生员刘大经各银五钱，典盛号、轩太常店、和兴号各银四钱，永庆号、万兴号、张五色号、天顺号、徐正兴号、祥盛号、锡盛号、翼盛号、郝祥玉、复兴号、大兴号、大业号、李盛喻、张齐先、李崇、三和店、张怀五、梁永兴、合兴号各银三钱，洪生堂银二钱五分，德俊号、公成店、永聚号、杨得魁、晋太号各银二钱，张作铄、延德意各银一钱，张□□、张作□、张作瑞各钱二百五十，李君瑞钱一百七十，协顺号钱一百七十，杨淮钱一百五十，二合店钱一百三十，李有爱、岳清林、张秀林、梁建都、蔡玉、吴孝隆、张彩章、贾德旺、田振基、赵敦智、张相珞、增聚号、王宁国、高太和、刘贵成、张怀义、张伦、王泽永各钱一百，李忠、许延馥各钱八十，杨义方、杨永太各钱五十，张弹路钱四十五，徐道生、刘贵禄各银一两，以上共收银一十六两零五分，又收钱三千五百六十五。

神袍旗伞列后：红缎神袍一件，红□伞一柄，白□旗一对，神带一条，小鼓一对，以上共使银一十六两零五分，又使钱三千五百六十五。

总理布施：徐道生、刘贵禄

玉泉坊：生员张瑞先钱一千三百五十，张洎清钱五百，监生张布清钱四百五十，杨秉祥、张永清各钱四百，阎合瀛钱三百六十，张作田、张吉先、张洪钧、栗世禄、张作标各钱二百七十，张作有钱二百六十六，李银、张连清各钱六百四十，栗世福、张树满、吕调祥各钱二百六十，夏县教谕张树佳、张树武、张树基、张持清各钱二百五十，翟先荣、延全各钱二百，张怀璞钱一百八十，张洪达钱一百七十，侯大有、酒美玉、生员张宗先、霍云江、张劲先各钱一百五十，张于应、延樸成、张大云、张桐先、龚正五各钱一百，卢孝、延陵各钱八十，张行先、韩奉荣、张耀清各钱一百八十，延世法钱一百二十，靳紫钱一百，栗世仓钱六十，王萌生、延九禄各钱四百二十五，以上共收钱十一千二百一十四。

神袍旗伞列后：绿缎神袍一件，神带一条，黄绫伞一柄，白飞虎旗二对，以上共使钱十一千二百四十。

总理布施：王萌生、延九禄

土工：张成法、张成贵、马万、王尧、李永年、范拴成各施工三工，庙官杨一德施工廿工。

本年司赏罚、本年司库：杨在一、医官张世禄、礼生魏世樑、成文宠、孙成法。

总理社首：张世禄钱六千二百，成文宠钱六千二百，杨在一钱六千二百，魏永兴钱六千二百，孙成法钱六千二百，王安国钱六千二百，王永璋钱六千二百，原文镇钱六千二百，礼生郭文灿钱六千二百，张孟先钱六千二百，王开宗钱六千二百，吕兴钱六千二百，贺有德钱六千二百，酒以举钱六千二百，赵延绪钱六千二百，郝祥玉钱六千二百，李曰兴钱六千二百，延法宝钱六千二百，曹士斌钱六千二百，孙建钱六千二百，张润钱六千二百，李有恺钱六千二百，郝凤耀钱六千二百，侯永卿钱六千二百，成子龙钱六千二百，杨天尧钱六千二百，以上共收钱一百五十八千六百文，又收钱二千六百文。

朔望禳瘟春祈秋报等项使费列后：正月初二日，敬神使钱二千四百六十六；十五日，香烛盘火使钱五百六十；二十五日，请总理布施使钱四千五百八十二；二月十三日，禳瘟并请各使钱七千四百四十二，拆桥使钱一千七百四十；三月二十八日，春祈敬神使钱三十三千六百八十九；四月初三日，敬神起水使钱十六千七百三十九；四月十三日，敬神使钱一千六百一十四；五月，敬虫王神使钱一千四百三十五；六月吉日，贺雨使钱三千五百三十一，补修禅房使钱一千一百一十二，扫屋坡使钱三百五十；八月十五日，秋报献戏三台使钱六十九千五百一十六；九月吉日，建桥使钱十五千五百七十。

抬碑写碑立碑使钱十九千零八十五，皇会盘火使钱五百，朔望香烛使钱六百，以上共使钱一百八十一千零八十一，除春祈秋报收社钱十九千八百七十五，净使钱一百六十一千二百零六。

张应坤施工二十工，张迎春施银七钱。

住持：悟果

玉工：原锡伦

乾隆三十六年十二月吉旦立石

14. 创修东岳庙后宫碑记

（1）碑刻简介

此碑刊立于清乾隆三十九年（1774）十月，为记事碑，碑刻规制为143cm×129cm，现为壁碑，保存完整。

（2）碑文

碑名：创修东岳庙后宫碑记

凡工之兴也，固有待于天时，抑亦人谋之为多也。本镇东岳庙重修自明季万历年间，其殿宇之巍峨，两庑之严翼，拜亭、舞楼、官庭、三门无不备具，而后宫缺焉。过斯庙者未尝不叹非完全之工也。乾隆三十二年，社首张士敏、乡耆郭锦、王萌生等因阅卧石云：庙后社仓原属社地，正殿墙内暗隐屏峰，门开安建为后宫。此预先备之，后人行之，是所愿也。因思欲嗣前，犹无如创建，爰集五十人众，每月捐资，积金为会。而人咸异之，以为是役之兴，动费千金，一铢一粒讵堪此任？予曰不然。锱铢虽微积少成多，继长增高先备后用，是犹泰山之云起于寸石，沧海之水来自细流，何谓此工不克建哉？至乾隆三十八年所积三百余金，又为募化本镇，远祈四方，输财勤赞，共成是举，不数月而工告竣矣！此则诸君之力，俛焉日有孳孳，以为之倡也。所谓天时人事相待相资，固如是夫。善施者，待工完毕，另有大石照布施书名，以垂百世，今将积金之家以及执事姓名，书之于左。

邑庠生西山郭锡龄撰

总理：郭锦、张士敏

支销：张智、王兴乐

募化：王萌生、魏永兴

监工：延㳺、张锦

摧收：张志宽、李凤鸣、张继贤、徐道生、许瑞

历年积金之家列后：

礼生魏世樑银二十一两，郭锦银三两，王萌生银五两，李正银三两二钱，翟贵银五两一钱，原学诗银十二两，延㳺银二十两，李凤鸣银十六两，赵升银七两，张锦银十两，张志宽银三两，杨在一银八两，王魁宗银四两，卢复广银十两，延志心银七两，李有恺银三两五钱，徐道生银五两，上庄刘宅银六两五钱，何发义银一两四钱，石宗阳银一两三钱，张学先银一两一钱，赵师捷银四两，许瑞银十三两，翟明月银一两三钱，刘贵禄银四两，王承都银十三两，礼生张克明银七两，王珅银三两六钱，王耀宗银四两，高士兴银四两三钱，张士敏银十二两，延朴银三两六钱，王兴梁银十六两，张继贤银十二两，王玉银三两，栗兰忠银三两，栗世龙银二两，石宗旺银四两二钱，柴清之银三两，杨三泰银四两二钱，张易银三两六钱，验祭厅王建功银

十四两,张建顺银一两二钱,生员张瑞先银六两,延九禄银三两六钱,郭钰银三两,成琰银二两,许梦文银十三两,延士清银一两四钱,王彩恒银一两八钱,共利银三十四两八钱。

以上五十家共积银三百五十四两八钱

玉工:原锡伦

木匠:常发库、梁延柱、茹得金

琉璃、塑画匠:乔□、乔德善

住持僧:悟果银一两

大清乾隆三十九年十月吉日阖社仝立

15. 创修后宫砥洎城与十二坊施银碑

(1)碑刻简介

此碑刊立于清乾隆三十九年(1774)十月,为捐资碑,碑刻规制为367cm×133cm,现为壁碑,保存完整。原无题名,据文意而加。

(2)碑文

碑额:流芳百世

碑名:无

砥洎城:蒲州敕授王道照银一两五钱,戊子举人张广基银五钱,候选通判原廷佑钱五百文,议叙主簿张扬清银三两五钱,广东吏目张集银五钱,贡生郭惠银二两,附监张章银六两,生员王道灿银二钱,生员王道辉银二钱,生员王道熙银二钱,生员王文学银二钱,生员郭天德银五钱,生员郭天福银八两,又石窝起石柱押搁等石,生员原文钰银五钱,生员原文铎银三钱,生员栗僎银五钱,增生蔡龙文银五钱,生员蔡虎臣银三钱,生员蔡鹤举银二钱,生员蔡骏飞银二钱,生员张徹银一两五钱,生员张大勇银五钱,监生张式好银一两,监生张履坦银三钱,监生张成基银五钱,监生张荣基银三钱,监生张昌基银二两五钱,监生张崇基钱三百文,生员张淇斐钱三百五十,生员张鹿宾银一两四钱,生员张希龄钱四百文,王道炯银二钱,张仉银五钱，张受祉、张研思各银三钱，酒楷银一两，酒标银三钱，张艮思钱三百文，张绍基银三钱，闫肇业、杨国凤、张天益各银二钱，原志鹏银六钱，原文铽银五钱，原绍伍银四钱，张存道银一两，延务正钱二百文，张晋基钱一百五十文，张沛基钱四百文，张丕基钱二百文，王圣功银二钱，王蒲库钱二百三十，延务海银七钱，王增功、王焕功、王昌文各银二钱，张杨氏银五钱，石统礽钱四百文，石宗仁钱二百四十，龚麟钱二百五十、王君薯银四钱，王乘钱二百文，陈堆、郝纯各银三钱，王锡衮银六钱一分，刘宗高钱四百文，石用中钱七百文，闫肇隆、延福各钱二百文，郭永和钱二千三百文，冯如金银一两二钱，尚茂基、于振其、于振业各银四钱，高□韵、王世凤、尚官位、杨顺、张柄各钱二百文，张士英钱二千文，范秉衡、蔡溥、马自□、杨一达各银三钱，张顺银五钱，宋兴钱三百文，郭永魁、刘永德、张聚和、杨万仓、杨万有、杨进玉各钱一百五十，张福笄、王进宝、赵锡各钱一百一十，赵钧钱二百三十，郭之兴银二钱，于振宗、李现珍、李全有、张锁贵、张进禄、郭宝更、张光远、秦自笄、张福财、张有瑞各钱百元，芦广、栗中、李玉金、张婉各钱百元，梁顺椿树一株，吴金山钱五十五，郭保顺钱三十。

三圣坊：张有银十五两，杨培银三两，曹荣钱二千五百文，王开宗钱一千五百文，张起银二两五钱，延纬福银二两二钱，生员张上云银二两，阴阳学李震银二两五钱，赵廷序、王成宗各钱一千文，王世奇、杨基、姚兴各银一两，于合义、延付、杨玉、杨一清、延永泉各钱五百文，杨文斌、杨圷、赵师强、赵师盛、曹际昌各银五钱，李兰园钱五百六十，张成贵、于保成、柴保拴、赵祥、曹蔡氏各钱四百，张宗经、杨在心各钱三百文，李建德钱三百五十，柴钰宗钱二百七十，芦起钱三百文，延佽、张成宝、张成蒲、孙福顺各钱二百五十、李玉、李彦银各钱二百四十，郭勇、赵廷荣各钱二百文，介宾延准、孙建、杨大元各钱一百八十，延纬标、延荣贵、张道中又檩一根，延沧各钱二百文，延纬经、杨均各钱一百七十，李天保、张九伦、潘得金、许得章、孔珍璧、延凤玉各钱一百五十，杨大全钱一百一十，吴孝典、张孛、赵珍、延淮、延泽、延淙、宋杨氏、刘铁、王德英、芦旺、张有生、刘亮彩、杨二寻各钱一百文，延锦中钱九十，许德正、毕世茂各钱八十，史守信、吴炎、赵师顺各钱五十，张浩檩二根，王之兴、王之相、王之德银一两。

铸佛坊：乡宾石景星银一两四钱，生员延文澜银三两五钱，王溶法、王元法银六两，石怀瀚银二两，茹浔金银二两，杨在德钱一千六百文，王远功银一两七钱，延宗洙银一两，王尧银一两，栗怀钱八百文，李法元钱六百三十，石宗贤钱四百八十，马笄仁银五钱，石李氏银五钱，生员石什钱四百文，赵彦钱四百文，赵存贤银四钱，尚友禄风铃四个，石万宝、石正中、蔡文元各钱三百文，王怀礼、石宗正、石万顺、孙成法各银三钱，赵德俭钱二百五十，栗祯钱二百文，王全法钱四百文，孙福顺钱二百文，陈万顺、王礼法、赵有才、延九益、张谟、延德各钱一百八十，连凤台钱一百七十，王泽补、秦有金、赵德恭、段合福各钱一百六十，卫兴才钱一百五十，吕廷明、贾兴、石宗凤、杨在忠、石宗照、赵清、胡邱、王申、石宗连、谢甫银、吉文礼、石美中、张全笄、卫兴福、延天樟、延光炘各钱百元，王泽成呙甬六百，延会洙、刘奈各钱九十，贾贤、刘新正各钱八十，栗恒庆、延天桐、延天相、张得顺、石有法、延遇洙各钱五十，卫立绪钱四十。

神右坊：吴朝德银二两，又杨树一株、桑树一株、呙甬二百，王质银二两，高起元钱一千四百五十，李栗氏钱一千三百、纱灯一对，石吉星、吴朝宝各钱一千文，郭宅银一两，李笄玉银一两零五分，延位、栗偲、杜九鄉、张怀素、王枢各银一两，冯世德钱八百，马万钱六百，王壮、石瑞麟、李日兴各钱五百，蔡惠元钱四百七十，王璠、张有旺各银五钱，张彦钱四百文，延九禄、张小强各银四钱，曹培植、冯时容、杨宗晋、李笄强各钱三百文，姬禄、生员栗佐各银三钱，石成功钱二百五十，李富钱二百四十，栗世武、李圪旦、于大生、牛正元各钱二百，延绵烈、栗伦、马高亮各钱一百八十，王兴槐钱一百七十，张仲笄、傅作佩各钱一百五十，栗九思银一钱五分，李自珍钱一百三十，李仁钱一百一十，何笄瑞、芦兴隆、刘九禄各钱百元，王自明钱九十，赵德顺银二钱。

街市坊：开泰号钱四百文，有恒典钱六千二百，魁顺号钱四千文，协盛号钱三千文，元兴号钱二千四百，复盛号钱二千二百，兴顺号银二两五钱，曹大金钱二千五百，三顺号钱二千文，聚盛号、全盛号各钱一千五百，彩兴号钱一千三百，福裕号、延託各钱九百，吴伯全银一两，孟自成钱八百五十，复兴号钱八百文，李世兴、尚友智各钱五百，蔡清万银五钱二分，张伦、昌美号、王有国、石履中、常生财、杨士弘、栗世成、栗世旺、冯玥、兴盛号各银五钱，丁继宗钱五百文，郭文灿、杨棲鹦、李淂隆、五色号各钱四百，杨先正、延象绮各钱三百，生员吕调阳、翟于怀、张铎昌各钱二百五十，张广太椿树一株，恒裕号、万盛号各钱一百八十，王兴栋、茹文全、延随各钱一百六十，延福锁钱一百五十，王常氏、陈广生、张克恭、刘万清各钱百元，常兹财钱一百二十。

神左坊：丰泰号钱七千四百文，翼兴典银四两五钱，新太号银三两七钱，万圣号、沛兴号各钱二千文，恒盛号钱一千八百，翟先甫银四两，李富年、李永年、李贵年银一十二两，王永珍银二两，张宗美银一两八钱五分，翟于习银一两七钱，史守财钱一千二百文，王承业银一两，永兴号钱七百文，合盛号、张士义、杨一法、史守法、吴恺各钱二百文，尚友信、原孝易、王永安、王永德、郭铨各银五钱，姚守旺、姚守瑞银五钱，德盛号、司德义、芦笄、焦有清各钱四百文，秦培成钱五百文，栗世安、杨道生各银三钱，李师贤、郭清卿各钱二百五十，梁有成钱二百四十，芦孝德、李全、司德旺、张作广、柴顺宗各钱二百文，郭铎、王永太、延士洙、李随申、权大义、张宓、段禄庸、曹喜才各银二钱，申志钱一百六十，迎兴才钱一百六十，李建钱一百五十，栗和贵、郭英、张建业各钱百元，张树旺银二钱，刘廷栋银三钱。

镇溪坊：黄泰银二两一钱五分、青杨树一株，张继昌银二两一钱，延梓如钱一千七百文，王珍、张伦生、张梓生各银一两五钱，张偃银一两八钱，延文泰、延思义、李杰各银一两，王兆龙钱八百文，成子龙钱六百四十，延思敬、柴笄□、张志量各钱六百文，张俦、白广玉、李禄、原龙文、岳文轩、延笄宝各银五钱，李彦存、潘锦绅、成淮、刘之温、李盛先、吉成名、成仲、李明先、成子云各钱四百文，李有恒寸板六尺，范忠义、张继清各银四钱三分，李富生银四钱八分，芦清、张继惠、白廷茂、岳顺轩各银三钱，三顺号钱二百五十，李旺先、马旭、张有道各钱二百四十，逯广生、李万有、李君先各钱二百文，李兴、岳武轩各钱二百文，延补顺银二钱，杨安然、延文印各钱一百七十，梁学会钱一百文，吴永清、张德、王忙柱、张大基、延林各钱一百五十，延春如、李原氏各钱百元，杨栗氏条桌一张，张安福铁挑一根，张张氏银三两，司德金银二钱，李杰又古莲顶石四个。

通沁坊：福兴号、王安国各钱三千三百，姚秉恭银二两、椽三十根，乔正国钱二千八百五十，郝祥玉银二两，梁廷柱钱一千四百文，延正国、张满银、梁廷佐、延文和各银一两五钱，李全、张佩各银一两，王理元钱八百文，石兴忠银八钱五分，赵美、王义立各银八钱，生员延诩银一两，晋泰锅店钱七百文，赵廷玉钱六百二十，程居善钱六百文，徐有成钱五百文，梁廷标银五钱五分，乔天有银五钱二分，乔正银、延敏勋、郝容、延本信、刘希秀、李永兴、张存智各银五钱，张合成钱四百二十，梁钊、栗兰宝、常恒财各钱四百文，延正钱三百六十，王立业银四钱，杨德奎钱三百四十，马伯选钱三百一十，李容、王嘉旺各钱三百文，王兴业、延德轩、李洪贵、蔡勋年、潘如葛、王三宅、王成瑞各银三钱，王好贤、王好信各钱二百五十，王有会、倪万里各钱二百四十，李世泽、延文忠各银二钱五分，倪万全、高联甲、宋金照各钱二百文，李有全、栗和凤、闻连会、李桐、李官何、张奉恺各银二钱，韩秀元钱一百六十，韩朝、梁廷相、曹浔喜各钱一百五十，谢宇顺钱一百一十，王继甚、王彦、张宇先、栗永顺、卫洪绪、史官、王教成、王广全、李金、张有德、程东、栗侗、申福、李印、延斌、成元、李永笄、姬万金、卫永法、郝凤鸣、陈群羊、延清各钱一百文，王正银一钱，张克锦钱八千，孙和钱五十五，王小拴钱五十。

临沁坊：赵滨银五两，增盛号钱二千六百，成文龙钱二千五百，蔡钧钱二千三百五十，韩永兴钱二千四百，赵敦信银二两五钱，韩有生钱二千一百，晋泰号、韩天元、梁永兴、梁天禄、杨印标各钱二千文，资盛店、石洎各钱一千六百，泰成店、和思忠各钱一千四百，延德俊银一两三钱，和思义钱一千文，济世堂、梁永亨、龚正奇各银一两，成文禛、芦九德、曹福斌、曹进岩各钱八百文，曹旺斌钱六百九十，蔡德年银七钱，权大有银六钱，岳青林钱五百文，李瑞、延敏、刘永怕、贾万全、徐天保各银五钱，王文金钱一百文，韩顺元钱四百三十，和自魁、郭永顺、郝晏林、成文星、蔡起元、蔡文秀各钱四百文，张笲财银四钱，延德聚钱三百三十，田星壮钱三百文，和自生、永太号各银三钱，韩永笲、同太号、杨轩、徐金各银三钱，黄思信、蔡顺年各钱二百五十，常笲育、张有奎、蔡旺各钱二百四十，延德轩钱二百三十五，蔡林钱二百三十，魏世斌椿树一株，魏张氏、成宗、蔡永笲各钱二百文，韩秀元银二钱一分，蔡正年、韩林元、韩永清各银二钱，赵敦仁钱一百七十，王孝仁、梁永贾、李恒荣、杨蒲各钱一百六十五，成一茂钱二百五十，杨润、蔡文建各钱一百六十，王自孝、杨伯昌各钱一百五十，黄思孝钱一百四十，张绪宝钱一百三十五，魏世和钱一百二十，李进宝、王居禄各钱一百一十，蔡永固、史有禄、王居德、龚正法、王润、蔡文甫、蔡文臣、延元、郝贵林各钱百元，石朋诗钱七十六文，范如青钱七十三文，延士清钱五十，魏世桐银三钱，刘起瑞钱一百文。

佛岩坊：复生店钱三千文，张世禄银四两，杨潸银三两，万顺号银二两八钱，兴字店钱二千三百文，张作瑞钱二千一百文，晋兴号钱二千文，杨国柱、杨淮、杨滨、李效天各银二两，宏远号钱一千七百文，崇德号、贺永德各钱一千六百，三义号钱一千四百五十，丰盛号钱一千四百文，万兴号钱一千零五十，永庆号、李德、张怀素各钱一千文，生员延礼年、生员刘大金、大兴号、杨滋、张文兴、张齐先、刘之法各银一两，李沛钱七百文，蔡煜钱八百文，合兴号钱六百五十，天顺号钱五百七十，杨义方钱六百文，张作育银六钱，张相辂、吴孝龙、张作然各钱五百文，张作忠钱四百八十，吉太号银五钱，李式喻银一两，大业号、张作居、宏生堂、增聚号、贾自成、张怀益各银五钱，贾淂旺、范天才、德俊号、张作钧、张怀朴、王泽永、三和店各钱四百文，张怀瑜钱三百二十，张怀锦、张盛先各钱三百文，张怀志钱二百八十，申正基、杨大竿、杨大生各银三钱，延轩银三钱，李君瑞、曹进昆、杨永太、王万良各钱二百五十，杨文泾、张万先、李德惠、李有爱各钱二百四十，王金祥钱二百三十，张秀林、张怀本、吴孝信、张永文、曹琦、姚飞鹏各钱二百文，刘正兴、王子恭、张持先、曹怀章各银二钱，梁建都钱一百七十，王金库、潘世福、王言义各钱一百六十，赵有恒、赵孝同、许梦武各钱一百五十，刘文聚钱一百三十，王宝星钱一百二十，刘润生、侯保兴、常如美、成阔各钱一百一十，李世兴、高何、贾申、史广林、张谈路、王子龙、张勤、蔡文实、黄元吉、王立运、张教清、李秦朝、梁喜竿、李忠、张作路、田世丰、许侯氏、延福成各钱百元，武其能钱九十，侯大金钱八十，宋邦臣钱六十，石小解钱五十五，许李氏钱五十，常如桂钱八十，杨自法钱二百文。

玉泉坊：夏县教谕张树佳钱九百文，张树满钱一千四百，闫合瀛钱二千文，监生张布清钱一千四百七十，张永清银一两五钱，张作田银一两三钱，张吉先、张庆先银一两二钱，常笄库银一两，吕旺银一两，翟先荣银一两，延九福、张□清各钱六百八十，张作有银八钱，栗世禄钱六百文，杨松林钱五百八十，韩奉荣银八钱，张连清、张又先、张作珮、栗世福各银五钱，张树武、张树基、张持清各钱四百文，张作义银四钱一分，延全钱五百文，翟先登、张孟先、张润、张耀清、侯大有各银三钱，生员张宗先、张洪达、张树植各钱二百五十，蔡玥钱二百四十，靳滋、翟先吉、栗世照、张李氏各钱二百，延朴成银二钱，翟守标银五钱，梁起山、曹怀福、李绍贤、梁天法、张毓印、张勤先各银二钱，曹进荣钱一百七十，张后先、梁天壮、李孟全各钱一百六十，翟贤、杨贵兴、霍云江各钱一百五十，延兴朝、李九喻各银一钱五分，张彦清、杨聚仓、张作吉、张芳先、张树仁、李现珠、延禄太、张吕氏各钱百元，张嗣先钱九十，延守福银二钱，龚正五银五钱。

文林坊：王承统银二两九钱，生员延境心、生员杨师曾、李斑、翟经元各银二两，翟先孟、翟先永银一两五钱，上庄里四甲杨兴钱一千五百，王育生、杨斌各银一两，成丰时、贾昇荣各钱八百五十，郝凤耀银九钱二分，延陵心银八钱三分，郝凤英银七钱七分，杨师夏银七钱，吴从典钱五百文，杨旺、王德光各钱四百八十，张开禛、延载兴、龚丰泰、延忠元、延德元、杨楚玉、成丰本各银五钱，延载禄、梁全仁各钱四百，司德玉钱三百五十，李培林钱三百，杨大禄、王之廷、马文俊、姚天强、翟于合、曹士乾各银三钱，张朝升、萧万成各钱二百四十，吕应笄钱二百三十，延光起、郝林各钱二百，芦伦、延位成、张作库、杨悦、陈永祥各银二钱，延植钱二百七十，王德顺、赵进、翟于俊、延响各钱一百六十，柳春贵、卫永昌、史书、刘福、段中科、陈永禄各钱一百五十，陈永伦、张文福、芦孝满、翟祥喜、王德宁、王兴隆、靳德旺各钱百元，贾思逊黄丹一斤，芦复通钱八十，陈永喜钱八十，王恺钱七十，刘宅石呙起（石泉卧碑东西寺石）。

玄阁坊：曹正、延兴四各银一两，延植成、李进金各钱八百，延林钱六百四十，梁建兴钱五百，杨太银五钱，史永周、延舜乡、贾嗣廉、李春先、刘德正、延务勤各钱四百文，李法明钱三百二十，侯永乡、李法瑞各钱三百文，延忠银三钱，芦典、曹士斌各钱二百五十文，李培珍钱二百四十文，关逢金钱二百一十文，延通瀚、延接各钱二百文，杨武钱一百六十五文，席耀宗、杨兴、延通润、柴金梁、李培林、张士聪各钱一百六十文，高连成、司德星各钱一百五十文，延笄财、高士登、霍满轩各钱百元，延笄满、吉文信、张兴工各钱九十文，□天贵钱八十五文，延守道、郑魁、曹士聪各钱八十文，延旺元、关存义各钱七十文，张宝钱五十文，薛贵绢钱二百五十文，张魁年钱四千文。

本镇土工行捐钱一千文

以上共收银三百两零九钱五分，钱二百五十七千九百九十文

各坊募化：

砥泊城：生员张大勇、原志鹏

神右：张怀素、王枢

三圣：王开宗、阴阳学李震

铸佛：生员石什、王溶法

街市：吴伯全、翟克己

通沁：延正国、梁廷佐

神左：张宗美、王永珍

镇溪：李有恒、司德金

临沁：曹进岩、梁天禄

文林：生员延镜心、翟经元

佛岩：张世禄、刘贵禄

玉泉：闫合瀛、龚正五

玄阁：曹正、延兴四

16. 创修后宫各省府县乡镇施财碑记

（1）碑刻简介

此碑刊立于清乾隆三十九年（1774）十月，为捐资碑，碑刻规制为143cm×120cm，现为壁碑，保存完整。

（2）碑文

【碑阳】

生员张上云、李效天在河南息县募化：

吴佳玉银三两，张公顺银三两，卫恒泰银四两，程锡公银一两一钱，茹子恒银一两，张思贤银一两，王培生银一两，王西川银一两，司隽儒银一两，张彩玉银一两，张圣基银一两，晋芝峰银一两，吴惠弗银一两，郭翼修、郭韶一、李圣生、张又方、常万镒、王玉润、王玉铉、陈文运、杨广文、张效五、杨景文、原德祥、王振川、赵子桂、裴统一、司恒业、张楚王、范肇兴、卫宜蓭，以上各银五钱，张圣宣、李全五、冯天赐、肖思敬、赵子居、卫国柱、茹淳蓭、樊霞儒、司恒德、裴继文、田治国、冯进贤、原德荣、张琦壁、曾焕旌、靳毓全、王道汉，以上各银三千，共收银三十四两七钱。

延纬牧手募：

刘家口协盛店银三两，兴盛号银五钱，合兴号银五钱，归德府玉泰号银一两，义合号银一两，刘泰典银五钱，泰盛号银五钱，共收银七两，本庙关帝会钱五百文，本庙财神会钱二百文。

延纬谟手募：

浚县淇门：姚德馨钱一千文，姚诚馨银一两，德馨店钱九百文，张文玉钱九百文，王泽厚钱八百文，孟之正钱八百文，玉盛号钱九百文，陈建寅钱八百文，陈伦钱四百文，新镇、曾端甫银一两，信义号银一两，关玢钱九百文，福盛号钱四百五十文，宏顺号钱四百五十文，玉顺号、李维道、李毅、新顺号、楚洁尧、辛荣，以上各钱四百文，印诚号钱三百文，王东屏钱二百七十文，共收银三两，钱十一千二百七十文。

延什手募：

钜桥冯成性钱九百文，恒盛号钱九百文，义兴典银一两，大盛号、北洪字、九成号、赵有禄各钱四百五十文，永兴号、公恒号、义聚号、三泰号、久兴号、平天良、元隆号各钱二百七十文，云字号钱一百八十文，嵩盛号钱一百五十文，共收银一两，钱五千八百二十文。

惠极手募：

武陟县木栾店、惠铄银一两，江玉德、张自福、乔上林、乔发枝、乔发科、张士贞各银五钱，共收银四两。

河南府：玉盛号钱八百五十文，兴盛号钱五百文，兆兴号钱五百文，刘善原楷钱一百六十文，共收钱二千零一十文。

延志心手募：

怀庆府清化镇：祁永兴银一两，谢明南、通顺号、连志德、连印炳各银五钱，锡顺号银三钱，高余菴、路怡菴共银五钱，路能宏银二钱二分，费君用银二钱，共收银四两二钱二分。

北音延世清手募：

清化镇：久成号银一两，米汉文、马新顺、刘君宠、连静菴各银五钱，正顺号、马通顺、广兴号、樊九宫各银三钱，公义号、三义号各银二钱，共收银四两六千。

聚字店手募：

清化镇：公义店银一两，赵怀万南店银一两，路通四、王帝居、高翠盛店、米润盛店、太和号、同义号各银五钱，共收银五两。

兴字店手募：

清化镇：路同心店银一两，郭云山银一两，路瀛洲、樊培锡、徐超伯、逯九畴各银三钱，共收银三两二钱。贡生刘谦光募银八两，杨震施银五两，王张氏募钱二千零四十五文。

河南府翟镇：义和号钱九百文，玉兴号钱八百文

怀庆府：兰兴号钱八百五十文，益兴号钱八百五十文，永盛号钱五百文，共收银十三两，钱五千九百四十五文。

延纬禄手募：

清化镇：太顺号、万顺号、岐顺坊、连厚菴各银五钱，永兴号、路秉口、路耀先、路弘远、赵先仕、西义顺各银三钱，兴盛号银二钱，共收银四两。

张智手募：

河南安东：张天财钱三百文，凤台常顺钱二百七十文，天合号钱一百八十文，良兴同顺号、永正号各钱二百七十文，本县庆成典钱四百五十文，白大宗、李学谦、万成号各钱二百七十文，张玉印钱二百文，白自通、石嵩各钱一百八十文，共收钱三千一百一十文。

本县：监生吉宗颜银八两，税房钱八百文，白浔礼钱七百五十文，王怀钱一百八十文，王克己钱一百五十文，册村张帝锡钱一千二百文，陈文士施砖一千个，曹堆栗满怀银一两，中庄史汉晋钱八百文，北留宋世补钱二百文，刘善原锡伦银五钱，共收银九两五钱，钱四千零八十文。

张士敏手募：

刘善村：茹士有、茹士万、茹士玥、原樧各钱四百文，茹士玖钱三百廿文，茹良弼钱二百五十文，原轼钱二百文，茹财、冯世银、陈廷建各钱一百文，罗玉成钱九十文，共收钱二千七百六十文。

高士兴手募：

□□底茹四永钱五百文，成永祥钱一百文，共收钱六百文。

张台峰手募：

翼城县：阶奉政大夫吏部备选府同知乡饮大宾高若泰银八两，阶儒林郎吏部候选布政司理问高其凝银四两，袁麟喜银二两四钱，续圣伋银二两四钱，侯公顺银二两四钱，姜字号银二两四钱，聂朝相银二两，大字号银二两四钱，周万森银一两五钱，万顺号银一两二钱，高超伦银一两二钱，高字号、周采玉、双兴号、李昆林、协力会、袁统兴、安文中、瑾兴号、和顺号、候枝各银一两，李禄银五钱五分，永盛号银五钱四分，协盛号、仪亿号、和合店、王居敬、卫潸、续道川各银五钱，成源银二钱，张煜银一两，共收银四十五两一钱九分。绛邑和顺号钱一千二百文，祥泰号钱四百八十文，聚盛号钱四百文，全盛号钱三百文，沁邑义合号银一两五钱，永和号钱一千文，三合号钱四百文，万兴号钱八百文，共收银一两五钱，钱四千五百八十文。

李进升手募：

洪上潘侯氏钱二百五十文，范延魁、潘瑞、潘日明、张庄成怀寔、白□梁惟哲各钱一百文，刘善范正文钱一百八十文，原延氏钱八十文，连岳氏钱五十文，刘延氏钱五十文，荆树底茹珮兴钱二百文，共收钱一千三百一十文。

卢复广手募：

刘家庄刘自宇钱九百文，沟底赵佐、王如各钱五百文，共收钱一千九百文。本镇杨秉东相施银八两，翟明星施银五钱，共收银八两五钱。高平县马庄村值年水官：毕辅姬、李贤、张天佑、郭宽各银一两五钱，王亮银二两五钱。东社：王永福银一两二钱，王栩银一两，宋仁银四钱，王枚、王懋、王信、王世远、王天英、王天成、宋林旺各银三钱，郑永年、王天能、王天印、王统春、宋九令、王国州、王天有、郭明辅、申天瑞、张尔辉、何㵸兴、李永昇各银二钱，王必成、宋耀、宋恺各银一钱五分，张奉有、王起怀、王补、王顺才、王春、王成、王兴、邰英、常存义、王忠、王棐、宋林奇、郭万禄、王五勈、侯顺、侯宽、陈善、王荣、张立宗、王国印、王起㵸各银一钱。上社：王景义银六钱，郭睿、申天赐各银四钱，郭本元、赵聚祥、王定国各银三钱，赵长祥、韦景盛、刘成、邰凤、申永和、申永旺、赵九成、侯际隆、王弼各银二钱，赵明武、赵九锡、张尔顺、赵敏、李全隆各银一钱五分，李丙玉、郭福、申永法、贾英、宋子怀、赵钦、赵宽、张尔恭、张尔密、张尔宽、申永寿、王见忠、王见业、申进端、邰进真、邰成对、边铎、王兆林、栗天左、李君佐、申永全、赵柱、赵全、郑永立、王秋成、宋谅各银一钱。南社：张沂银五钱，王櫕、张大裕、张大锦各银四钱，王瑞银三钱五分，李福振、张孝宗、张继昌、张大荣各银三钱，申永厚、王谕、张祯各银二钱五分，张正、张景元、杨积福、张敏各银二钱，李进、王朴、王克恭、张起法各银一钱五分，李子有、李复生、李连孩、李复兴、李活、秦荣、王福荣、李荣、孟景和、李小群、王朋、李闰、张零石、张天运、张子先、张四海、张大麟、王谕、崔万顺、张保则、王立宜、王元、王训、赵永太各银一钱。段家庄：陈起端、陈起瑞、陈增福、陈子德、李永兴、李自茂各银二钱，陈玉成、李自坤各银一钱五分，陈起乡、申忠、李文尉、李福、李永盛、马福则、李自谷各银一钱。小冯村：王之臣、王贵臣各银二钱，李子松、王之正、张治安各银一钱五分，李子彦银二钱，李子林、王之宰、王之忠、王之卿、苏光荣、张治平、张太、张忠、张祥、宋兴财、王招儒、王璟、张尔安各银一钱。共收银三十七两九钱五分。

栗兰忠手募：

梁洪范钱二百七十文，王有义钱九十文，北音李顺成钱一百八十文，延二财钱九十文，延兴法钱九十文，延昌法钱五十文，刘善原廷斌钱一百文，中庄李青山钱九十文，共收钱九百六十文。

李世旺手募：

本县王思孟、李克茂各钱一百八十文，下孔程三何钱二百七十文，杨福、程兴业各钱一百八十文，陈有库钱八十文，刘善洪兴号钱一百八十文，北音贻兴号钱四百文，延益泰钱二百七十文，左世春钱一百八十文，栗世禄、原永聚各钱一百文，共收钱二千三百文。

杨在一手募：

北音李士谷银五钱，李联登银二两，王村王士英银一两三钱，卫栝、曾国银、卫士俊、本镇延信各银五钱，共收银五两五钱，长顺号、王之德银四两，王文进银一两五钱，李银银二两，王金洪、王金昇钱五百四十文，桂盛号钱四百五十文，张宝山钱九百文，杨兴法钱五百文，延如金钱二百四十文，王兴业钱一百八十文，冯世恩钱一百六十文，邰召钱一百五十文，吕兴钱四千二百五十文，李凤钱四百五十文，栗广钱四百文，曾克林银七钱，王进君银三钱，马天成、李永法、李永国、赵成各银二钱，邢聚有、王尔增、梁贵兴、史福寿、张洪英、王正章、卢有法各银一钱，范忠智、冯世伦、张益先各银一两，王怀良银二钱五分，樊和瑞银二钱，王泽玉钱一百五十文，王世荣、赵同锁、马小赛、延小女、王小忺各银一钱，共收银十一两四钱五分，钱十千零一百七十文。

此石共二十七，总共收银二百零三两三钱一分，共收钱五十七千五百一十五文。

17. 创修后宫各省府县乡镇施财碑记（续碑）

（1）碑刻简介

此碑刊立于清乾隆三十九年（1774）十月，为捐资碑，碑刻规制为367cm×135cm，现为壁碑，保存完整。原无题名，据文意而加。

（2）碑文

【碑阳】

敕授文林郎直隶正定府新乐县知县军功加四级张道昌纱一匹

张永清在河南武陟县募：

武陟县左堂江澍、右堂杨秉乾、卅右堂补捕厅赵崇铭、城守营苗永吉、崔宣盛、乔长盛、陈广成、崔复盛、李瑞长、贡生卫克成、贡生卫克念、议叙县丞卫克准各银一两，生员杨璠、□□县左堂李照、淇县左堂周兆麒、王尔逊、赵以隆各银五钱，监生张瑞、张克新、监生张万恒、王君谟、卫守朴、崔葆、张和、王□功、荆举、姬旺盛、樊子章、乔景淑、卫令彦、卫守业、监生王绍宗、监生李贤、生员杨如楷、监生张鹏翔、侯锡瓒各银三钱，卫守廷捐银五钱，监生宋燧、李振江、柴璋、邢国材、宋燏、柴文正、金永聚、张世斌、生员崔径、卫守基、刘稳、卫舜乡、申万锦、武陟关峻兴、张宗武、生员张宗孔、卫守廉、李在厚、杨如梓、张立鉽、王沂、王温、延盛号、金盛号、秦有爵、卫遵孔、张廷珩、李首顺、马法超、陈璠、张孝福、张永、宋浔国、邢霈、王梅、王文、何芊、邹大保、朱立德、王克和、史大富、泰兴号、赵福广、皇甫大兆、皇甫大尧、王统万、张廷举、霍生兰各银二钱，共收银三十两零三钱。

栗偲在河南息县募化：

戊子举人卫统捐银四两，高平监生庞高、郭峪张恒各银二两，益店卫有恒银二两，江南陈怀国、张侣乔、□店吴佳玉、张公顺、杨公盛、李言章、生员陈师夔、司其英、生员范德崇、监生张尔进各银一两，共收银二十两整。

延茂珠在江南颖州募化：

高平赵□银三两，六安永吉旗银一两，公兴号、赵弇兴、杨仲禄各银五钱，王位成、张永兴、李恒顺各银三钱，姚百顺、史震兴、吴君盛、霍集义、张集义、李义顺、吴永泰、原通义、杜大兴、金兴号、郜通益、万顺号、左公义、侯复昇、冯双兴、常士顺各银二钱，万顺南店银一钱一分，共收银九两七钱一分。

张树俊手募化：

史山龚鑑钱二百文，北阴延克慎、延刘氏、延张氏各钱一百文，共收钱五百文。

曹士美手在河南太康县募化：

陈恒生、杨世昌、通盛号各银一两，陈天裕、申聚泰、张祜、李有财、刘秉忠、孙开太各银五钱，孔天文钱三百文，张士兰、刘喻、徐勤、赵存太各钱二百文，共收银六两，钱一千一百文。

生员延诩手募化：

辉县当行银三两，李法良银一两，申万秋、陈玑、卫良滨、裴思谦、程九龄、路有纪各银五钱，田克瑞银三钱，张秩、卫立心、范缙仁各银二钱，卫荣先银一钱。

贡生郭惠、张又先募：

候选府经历卫宪典银二两，候选库大士卫克淮银一两，议叙州吏目李毓秀银二两，贡生卫克念银二两，监生卫克敏银一两，监生卫康民银三两，监生卫恒益银一两，贡生延多才银一两，延天全银一两，共收银二十二两。

杨秉相募：

关帝会、禁住会银二十五两

张台峰又募：

翼城县：政兴号银一两五钱，周生邃、张宣、张照、翼盛号各银一两，张有魁、同和号、万兴号、杨弘基、隆泰店、李之採各银五钱，共收银八两五钱。

成丰时手募化：

源生号、顺昌号、永宁号、常裕号、六吉号、崇德号、大中号各银一两，徐丙寅、意合号、晋兴号、清盛号、永兴号、协泰号、建盛号、穆振宗各银五钱，共收银一十一两。

石宗旺手募化：

段可禛钱一百八十文，宋福田、靳余美、宋福美、延满各钱九十文，共收钱五百四十文。

北阴延承烈银五钱，监生谭福旺银二两，李银钱三百文，赵得保钱二百文，上孔王全钱五百文，北阴杨兴财钱八十文，上佛于序银三钱，共收银二两八钱，钱一千零八十文。

杨秉相在柳沟募：

翟懋、栗世文各银五钱，石宗言、王小财、酒大禛、张锡、畅旺、柳小岭各银三钱，赵珍、常町宋有财、张有祥、王尔君、贾可礼各银二钱，张聚先、龚正法、侯小喜各银一钱，延铎银三钱，共收银四两四钱。

李银募：

郝成福银五钱，路康宁、王圪旦、王永生、卫小四、胡永盛、范文秀各银二钱，张天有、孙德有、郝成府、贾宗禄、张秉成、吴天相、贾宗仁、司九仓、贾立海、曹金官、崔温、王成州、吴贵祥、张发、吉有师各银一钱，共收银三两二钱。

杨三泰手募：

王万乘、陈太兴共银六钱。

王之德募：

吴兴正、王宣各银三钱，栗金玉银二钱，马宗成、陈忠信、原永德各银一钱，柳淂春、贾汉文、贾之转、贾喜元、郭永焕、孙文保、曹苍甲、曹群宝、王发财、李思立、侯二、王金斗、赵春娃、郭世宁、侯足雄、邢廷柱、杨千年、杨淂清各银五分，共收银二两整。

仁和号银一两，冯世库银二钱，李君瑞银一钱五分，樊和聚、樊进奎、樊和元、李玉、王尔福各银一钱，杨积银二钱，柳璧金银一钱，杨兴发钱三百文，刘文、李科各钱三百五十，张作禄银三钱，张宗仁银二钱，翟宽银五钱，曹展钱二百八十，栗世和钱二百四十，张广通、张让先、永兴号各钱八十，永协号、冯宗银各钱一百六十，石朋玥、杨贵元、乔正才各银三钱，王文来钱一百六十，赵万忠银二钱，成天锡钱七十五，延有钱二百五十，茹泰寿、何旺、栗世昌各钱一百六十，吕小存、王聚各钱一百五十，延字福钱七十五，张广兴钱八百文，刘敦常、成元各钱二百四十，李世贤钱二百文，吕秀梅、曹永月、任俊德、王希秀、张有山各钱一百六十，全三盛号银二两，任修德、李玉各钱八十，共收银六两二钱五分，钱五千八百六十文。

李世旺又募：

下孔苏浔禄、郝存义各银二钱。

□山李洵募：

李洽银五钱，杨兴贵、李洵各银二钱，李玉赛银一钱二分，刘希锡、李淳、杨兴弇、杨儒、李玉存各银一钱，共收银二两一钱二分。

延朴手募：

刘善郑守贤、北音延兴荣各银二钱，史沟段可福银一钱，共收银五钱，广东刘艮禄钱三百一十。

王玉募：

章训卫克恭银五钱，章训张尔进银三钱，张尔春银二钱，卫九四宅银五钱，龙王山卫淳钱一千文，封村范尔泰银二钱，下庄李有仁钱二百文，郭峪张化南银五钱，南晋畅宝撰钱二百文。王村：生员郭玉麟银八钱，王印银七钱二分，监生郭清源银五分，郭渊、卫瑜、卫现各银三钱，连德常、原震、刘祥林、王锡武、王大用、卫印元、郭尔顺、王永生各银二钱，孙斯来、王印库、张有海、成贵、成满元、张光彩、郭澄各钱百元，卫阔、卫捷、刘梅、卫一凤、刘自立、卫琮、李培元、杨浔全、李培吉、姚从法、曹有仲、王贤、王懿清、郭耀麟、卫通、刘思瑞各银一钱，孙斯洛、刘聚财、刘如泰、王朴、延伦、王纪文、王玳、王锡斌、陈世库、王锡忠、王锡法、李海、王士学、陈玉、张馥添、王秉成、卫锡、史兴、延伯玉、杨裕、卫永瑞、郑有钰、程儒敏、郭铎、郭尔德、史永和、岳旺各银一钱，生员王锡成银二两，柏沟靳有和青杨树二株，共收银一十三两零二分，钱二千四百一十，刘善席永年钱八十，西坡曹聚宝钱二百五十。

吴学经募：

梁全仁、蔡起元、赵鸿、杨进宝、梁全忠、杨声德、延九福、靳连、王怀、张克成、翟子合、杨松林、杨声闻各钱五十，吴学经钱一百文，共收钱七百五十文。

柴青枝募：

大端裴素钱二百五十，王庄张兴宝钱一百六十，姚天强钱一百文，卫琮钱一百文，大端裴定钱一百文，窑头吴有福钱八十，原有仪、王顺、王聚印、王聚义、王聚信、王聚满、北音韩天禄各钱八十，张道生、柴顺宗各钱五十，王廷钱六十，卫敷钱四十，共收钱一千五百五十文。

刘之才募：

章训卫作民银一两，吴伦正、李印库、苗星魁、刘天一、王珠、卫朝旺、杨希圣、卫方乡、卫从孝、倪正太各钱百元，刘之茂银二钱，共收银一两二钱，钱一千文。

潘如葛募：

潘世弇、王兴太、李法太各钱百元，潘守义钱四十五，李世弇、王荣、潘世强、王兴山各钱三十五，潘世聚、王海各钱三十，李世珍、李小财各钱二十，共收钱五百九十文，下佛刘汉业银五钱，上佛延国柱钱五百文。

李建成募：

尹沟卫栋、刘善原厚宝各钱三百文，潘庄李世旺钱一百文，赵合儒钱九十，刘元□募钱四千六百文，延世法募钱五百零九文，西坡曹湖募钱九百三十六文，刘庄刘忠乾募钱六百文，刘善茹士玥、席永弇募钱八百文，延申如募钱一千八百文。

上楼庄李君科募：

张本现、张本银、李万全各钱一百文，李九满、李有正各钱八十，李世禄钱七十，李君旺、尚承淑、郭兴、张本旺各钱五千，常玉石钱四十，王随必钱三十文，王尧募钱一百五十，高郭氏募钱一千二百文，焦张氏募钱一千文，张霍氏、张延氏募钱四百文，张李氏、张关氏募钱三百四十一文，王常氏募钱三百八十五文，李原氏募钱一百八十，延栗氏募钱三百三十七文，赵刘氏募钱五百零四文，姚于氏募钱二百四十六文，茹栗氏募钱八百六十二文，张葛氏募钱三百四十，李延氏募钱三百文，梁李氏募钱一百文，原芦氏、芦王氏募钱一千三百六十一，三圣杨王氏钱五百文，又募北音高石氏钱二百文，张成氏钱五十，石张氏钱五十，王栗氏募钱六百一十，延栗氏募钱三百一十，李徐氏募钱六百三十二，宗申氏银五钱，又募章训卫绍志银五钱，宗金补银一钱，连石氏钱五十。

马吴氏募：

王王氏、樊马氏、冯杨氏、王柴氏、王靳氏各钱九十，郭氏钱六十，杨马氏、王席氏、张刘氏、杨王氏、杨刘氏、赵潘氏、曹田氏、王韩氏、王张氏、刘张氏、刘马氏、李王氏、王王氏、杨赵氏各钱五十，张张氏、张延氏、冯氏各钱四十，曹氏、延刘氏、杨王氏、杨赵氏各钱三十，芦冯氏钱二十，零募钱四百八十，马吴氏钱一百文，徐张氏钱一百文，又募徐曹氏钱一百一十，张张氏钱一百文，蔡文仲、翟鹤各钱三十，王志钱十五文，张张氏募钱四千文，又募石院常禧武钱一百六十，杨聂钱六十，郭峪霍王氏钱二十。

高姚氏募：

延延氏、姚张氏、姚赵氏、高姚氏各钱百元，姚赵氏钱七十，石李氏、延张氏、姚曹氏、姚史氏、高张氏、杨李氏各钱五十。

贾成氏募：

卫宅钱百元，广信钱六十，张宅钱五十，刘大宅、张七宅、延宅、延六宅、曹宅各钱四十，张九宅、张西四宅、原九宅、郭大宅各钱三十，零募钱三百七十。

共收银一两六钱，钱二十八千九百三十文。

马山李延氏银一两七钱，张纶募钱七百八十。

成玟手募：

上佛马金山银五钱，北阴延张氏、下佛李余氏、张永清、张耀清各钱二百文，成珺钱三百文，刘善原栻、赵德温、王九锡各钱一百文，成起新钱一百五十，共收钱二千文。

附生张侣募：

张吴氏银三钱，卫成谟钱八十，张刘氏、张克友、石成文各钱五十，共收钱五百文。

杨在德手募：

凤台李君知钱一千文，郭应虎钱三百文，卫永魁、樊更旺、上育、杨守业各钱一百八十，殷富润、郭存质、吴朝德各钱百元，李世兴钱一百五十，杨孔亮、杨开基、张福星、延九益、李祥生、王容法、史大引、郝有旺、李君先、杨全各钱九十，杨培钱六十，王仲法、王应魁各钱五十，共收钱三千五百□十文，延兴一钱一百五十。又募尧沟：曹多戊募钱四百二十，曹敦义、刘之温、史山、范容仁各钱百元，王永德、王延氏、曹韩氏各钱五十，外零募钱五百九十，共收钱一千六百一十文，杨有德钱二百文。又募刘善村：吴自金银三钱，霍宗弈、茹文敏各钱百元，原弈、赵什、周汉银、茹维泽各钱五十，茹怀、罗玉成各钱三十，延林募钱六百三十，河村关乾顶银三钱。

赵师捷募：

郭庄：梁世秉银四钱，梁世乡、梁世儒各银三钱，梁廷珍、焦世有、焦润福、任九有、李治成、梁洪勋、西庄潘弈祥各银二钱，柏沟靳有和、王锡武各钱一百五十，王锡义钱一百二十，王有生、成贵、王栓、赵师强、原赵氏各钱百元，赵茹氏钱八十，路贤钱七十，王锡忠、王会、成均、王成氏、赵师慎、张吴氏、成姚氏、延李氏、徐李氏、李苗氏各钱五十，张福星、蔡有国、孔延氏各钱四十，王锡斌、王锡弈、吴赵氏、张王氏、于张氏、王吉氏、张柴氏各钱三十，共收银三两，钱二千九百九十文。

刘之法募：

栗世勋、郑相公、路相公、李相公、刁相公各银一钱，仝相公、田相公、高相公、马逊、沁水秦计堂、秦珠国、长子崔尚忠、白良贵、韩明元各银一钱，韦町马永兰银二钱，沁水李兆瑞银二钱，毕上韩法学、南苗郭喜宗、焦河焦子秋、凤台张通用、凤台史贵、杨尚永、孙孝各银一钱，共收银二两六钱。

此石共总收银一百七十七两五钱，钱五十六千零五十文。

东西四石共总收银一千零三十七两五钱六分，钱三百七十二千五百五十文。

换钱五百一十二千一百五十文，使银五百六十九两零六钱。

使费列后：

买树一百二十三株，使银二百八十八两；买椽七百二十根，使钱五十千文；买寸板门板，使钱二十三千八百文；买沙石柱四根并石墩，使钱一十四千五百文；买砖瓦九万一千个，使钱九十八千文；前院禅房荆芭，使钱一千四百八十文；椿铁钉圪巴一千一百斤，使钱二十五千二百文；石灰八万一千斤，使钱一十六千三百文；麻绳九十八斤，使钱六千八百文；缘簿四十册，使钱三千七百文；河石冎甬，使钱二十二千文；杂费并家具，使钱四十六千七百文；琉璃脊兽圳，使银六十六两；石匠二千三百五十工，使钱一百六十四千五百文；木匠二千五百九十工，使钱一百八十一千三百文；油匠二百七十工，使钱一十八千九百文；油料，使钱一十六千二百文；画匠，使银七十五两；小工并抬工，使钱一百六十千零七百文；请客并犒匠，使钱四十六千文；事件四什（重一十五斤半），使钱三千四百文；炭，使钱二千四百文；出息，使钱七千文；较正社地根基兴词，使银三十三两；买李永年东庭后地基，使钱五千文；买张张氏东边猪圈，使钱五千八百文；买王世奇西夹道地基，使钱三千四百二十文；买张锦西夹道地基，使钱一千六百文；买张伦生延姓门里地基，使银六两五钱，此地兑于延茂如，以上共使出银四百六十八两五钱，钱九百二十四千七百文。

净长使出钱四十千文，系首事公佃。

外路有缘簿四册，俟来时另有石开销。

油匠：吴伯全、延文泰、吴从兴

18. 东岳庙捐社本碑记

（1）碑刻简介

此碑刊立于清嘉庆十八年（1813），为捐资碑，无碑阴，碑刻规制为216.5cm×84.3cm×16.5cm。2020年11月7日考察时为躺碑，2021年10月

19 日考察时为立碑，保存完整。

（2）碑文

【碑阳】

碑额：东岳庙捐社本碑记

碑名：无

正文：

江西吉安府知府里人张敦仁捐输社本银一百两

阖社立石

嘉庆十八年岁次癸酉仲秋谷旦

19. 重修东岳庙三门鼓楼僧寮并文庙奎星阁东西两奏乐庑碑记

（1）碑刻简介

此碑具体刊立时间不详，据文意可推断为民国时期，为记事碑，现为躺碑，保存较差，仅残留半通碑。

（2）碑文

【碑阳】

碑额：无

碑名：重修东岳庙三门鼓楼僧寮并文庙奎星阁东西两奏乐庑碑记

盖太上立德，其次立功。固知天下事创始者难，继起者尤不易，而兴废举坠必资财力充裕，□裹得人，方可肩大责任。观厥成功本镇东岳大帝庙祀典煌煌垂在典策，历明清数百年来，凡□宰社者，莫不恪恭，祀事无废厥职。庙前三门，自明隆庆年间增修而彰大之，丹楹碧瓦，气象既□，辉映蟠龙，走马形式更觉玲珑。清乾隆间曾经修理，迄今又百余年，风雨摧残，檐牙崩裂，□伦心，□谋补葺，而功大费钜，虑难胜任，曾□周募化纹银二百金，本村居民捐钱五百余千，动用公款六百余千，又伐文庙大椿一株，□柏洋四十，□张君董其事秉□秉壁，张君等协衷共济。丙寅夏，乃鸠工庀材，勤朴跻涂丹艧，逾年而轮奂聿新，金碧辉耀，庶有以妥神灵而答神庥也。文庙东西奏乐口奎星阁及鼓楼僧寮均焕然一新，所谓莫为之，先虽美弗彰莫为之，后虽盛弗传也，工告竣，谨以诸琐珉，诰其大（缺）。

清五品衔增贡生石芝田撰文

清儒学生员张赞廷篆额并书丹

（缺）出入各款列后

（缺）

（三）文公祠（土地庙）

文公祠，即土地庙，古代在村落里修建土地庙是为先人去世后，告诉本地土地神接纳先人，早日安排其升天，以让后人安心，土地庙内刻着两个隽秀的大字"啸台"，这是要告诉土地神在这个台上"哭告"之意。砥洎城内的土地庙供奉的土地神是韩愈，根据当地的传说，韩愈去世后被玉皇大帝封为南天门外的土地神。因为南天门外就是天河，而砥洎城城外就是沁河，所以砥洎城内就建起了供奉"唐宋八大家"之一的大文豪韩愈的文公祠。

文公祠内现存碑刻 2 通。

1. 土地庙碑记

（1）碑刻简介

此碑刊立于明天顺三年（1459）正月十九日，为记事碑，碑刻规制为 119cm×53cm，现为壁碑，保存完整，字迹存在少许漫漶。原无题名，据文意而加。

（2）碑文

【碑阳】

撰书杨茂

盖闻土地之神，土之厚者至深而不可度，地之远者四方而无疆。今天地者一撮土之多，及其广厚，载华岳而不重，振河海而不浅，万物载焉。今夫山一卷石之多，及其广大，草木生之，禽兽居之，宝藏兴焉。今夫水一勺之多，及其不测，龟鼍、蛟龙、鱼鳖生焉，货财殖焉。此三者不贰不息，以致盛大，而生物之意是土地山川积累而后大，长养五谷以育民生，万古不已，立祠庙祭焉。是本贯耆老张大用等，循庙烧香，众目而言曰：古祠壁瓦零落，地基不固，于景泰六年春二月二十五日移之于东，重修三楹，补塑神像一堂，置立龛石，镌之后乎。

社典：耆老张朗、张伸、曹深

初缘：王林、连福

张公道布二匹，张全布二匹，卢者布二匹，张秀布二匹，王文宝布二匹，张有林布二匹，延景方布二匹半，翟有贞布一匹，杨权布二匹，张□布二匹，曹钦布四匹，栗仕成布一匹，翟荣布二匹，翟贵布一匹半，杨安布一匹半，翟深布一匹，张仲威布一匹半，翟□布一匹，□马□布一匹，延福布二匹，栗厚布一匹半，延福布一匹半，王魁布一匹，马□布一匹，杨铎布一匹半，□□四布二匹，芦友诚布一匹，潘□布一匹，栗圣布一匹，□□布一匹，芦友聪布一匹，曹□布一匹，张刚布一匹，张□布一匹，芦兴布一匹，延□布一匹，栗仕斌布一匹，栗□布一匹，潘本布一匹，芦茂布一匹，裴旺布一匹，杨□布一匹，王安布四匹，芦厚布一匹，芦卫布一匹，□□布一匹，曹顺布一匹，李□布一匹，栗早诚布二匹，延敬布一匹，芦□布一匹，延□布一匹，银王海布一匹，芦□布半匹，延见布半匹，郭兴、赵旺、杨铭、蔡括、栗彬、陈旺、杨有、王二、曹春、杨广、□贵、张弘、王守人布三匹，芦志方、赵名、许志、许永、杨广、刘深、王□名、王怀、栗五、王□、栗魁、王六、张完等布二匹，栗伯通、栗直、王顺、王福、王春、王拳、王全、郭忠、王安、杨怀、王禄、杨祥等布五匹，张清、王十八、孔四、王方、王鑑、延镒、延阳、王俊、延鼎、王□、王□、延志新、王□、□□德、赵□□布四匹，张有、张让、杨鼎、张直、张能、蔡春、张美、芦玘、张宪、吴乾、张土、张文华等布三匹，翟景、翟奉、曹敬、王成、王春、曹玘、郭福、曹乾、曹亨、曹鳌、茹生先等布三匹，茹安、吴本道、赵荣、王铎、王友彬、范林、曹安、栗宣、王俊、芦信等布三匹，王村延寿银一钱，延铭布一匹，延聪布一匹，张本布一匹，延厚布五尺，曹堆、栗玘布一匹，周村王铎布一匹，延名同延谦布一匹，李安布六尺，芦玘、芦信、李琰、王招、芦友、栗著、赵奉、陈志、杨小二、张春、吴贵、许鼎等布二匹，芦惠、王聚布半匹，延朋、延荣布二匹，羊泉里铁匠李兴布二匹，吴守宁布半尺。

天顺三年春正月十九日

刊字匠：长兴乡大宁里王瑄

2. 金妆文公祠神像壁记

（1）碑刻简介

此碑刊立于清嘉庆六年（1801）八月十五日，为记事碑，碑刻规制为60cm×38cm，现为壁碑，保存完整。

（2）碑文

【碑阳】

碑额：无

碑名：金妆文公祠神像壁记

文公祠创自建寨之先，香烟鼎盛，称古钜迹焉，第代远年湮，金碧剥落。吾会中诸人享祀之暇，佥谋妆饰，一词甫毕，众愿协同，施财督理，踊跃争先。告成之日，谨记协力姓名俾后，知同会多家，唯一心云。

李有锡、张魁立、郭永顺、原炳如、秦自发、张畹、田朝月、孙法、延务贵、尚德旺、梁洪章、叚和信、王立泰、王存仁、贾有财、郭兴山、张保仓、延金、张永忠、冯起贵、杨自保、闫宗乾、叚荣斗、王明星、高连贵、梁洪正、张勤、张旺、叚君玉、王金贵、王中建、张进忠、李德旺、延守贞、张立、牛明、卢孝满、常琇、闫德位。

每分各捐钱三百二十三文，共钱十二千五百九十七文。收会中长余布施钱一千九百五十文，二共钱十四千五百四十七文。

神帐一挂，使钱一千五百文，画匠工钱七千五百文，玉工钱五百文，开光杂费使钱三千九百四十七文，木匠小工钱五百五十文，灰土钱二百五十文，茶水钱三百文。

嘉庆六年八月十五日

玉工：原浩

（四）三圣院

三圣院内有三官庙和三清庙。三官起源于金、土、水三气，这是用了五行的说法。认为天气主生，"金为生，候天气"；地气主成，"土为成，候地气"；水气主化，"水为化，候水气"。金、土、水，而候天、地、水三气，"用司于三界"而为"三官"。三官也称"天官、地官、水官"，他们的生日分别为上元正月十五日、中元七月十五日、下元十月十五日。天官赐福，地官赦罪，水官解厄。人们对三官顶礼膜拜，祈求风调雨顺、国泰民安。

三圣院内现存可识别碑刻共有9通。

1. 创制土碾记

（1）碑刻简介

此碑刊立于清顺治七年（1650），为记事碑，碑刻规制为68cm×44cm，现为壁碑，保存较差，碑面划痕严重，且字迹漫漶。

（2）碑文

【碑阳】

碑额：无

碑名：创制土碾记

砥洎寨室以千计，一大聚落也。弹丸之区，无多碓硙。遇兵警，关门固守。仰粒食者如鳞集，候春夜以继日，居人每发有谷无米之叹，相与谋置土碾。然邑贫瘠，取给于贩运，视力田者倍。必以土碾为要务□□哉。清兴，顺治甲申、乙丑岁，两遭兵厄，塞门者累日，始知土碾为急务也。予同三五首事诸君，向有田者持钵，惧不克底绩，乃好义者谓：十年变故，安论有田无田，人有同心，事有同举，济民用耳。邑旧有槽碾，安置河东□官□寨外。土碾地基□，□□盖新置公田也，好施好义镌诸石，出入支销开款以表□后云。

邑增生杨载简识

大清顺治七年岁次庚寅仲春吉旦

计开：

封翁张念祖钱三千六百文，贡士王仁深银一两二钱，生员张□银二钱，梁承蕙银六钱，蔡藩、蔡藻、蔡正民银一两，白含章钱千□文，张明伦钱二千七百文，张□元钱二千七百文，李□耀钱三千文，白龙驹钱一千八百文，张宪祖钱一千文，李大纯扇车一架，生员石含章银四钱，生员酒□宾银六钱，郭顺高银六钱，延文英钱五千四百文，翟明高银六钱□串一个，□□隆钱两千七百文，成其勋银四钱，郭忠□钱一千八百文，石维藩银二钱，延密银二钱，石桂银二钱，延□银二钱，生员杨载简、杨敦仁钱十千二百文，生员杨施仁钱六百文，郭显高银一两，延文俊钱三千六百文，延时选钱一千文，王德明银六钱，石维邦银六钱，石现瑞银一钱，延祚远钱一千八百文，杨时新钱一千文，□□盛银一钱，张□兴银一钱。

以上共收银九两，除杂□银五两□钱，余银三两二钱，换钱二十□千二百文，共收钱□十四千九百文，又收杂余钱六百文。

计开：

石匠原养志、原养浩等石碾盘一副，除□□管饭外，净工价钱一千文、银二两二钱；□石盘磨□□□□□□，除补石匠钱□□文，余钱入社；买现成石□□，价银一两□钱，又钱二千文；（缺）修扇车（缺）工钱二千四百文；（缺）抬石碾盘（缺）价钱廿八千六百四十文；（缺）匠共（缺）钱（缺）文，又木石匠土工酒钱一千一百十文；□□方丈五价银一两五钱，（缺）共使钱□千六百文；□碑一个，工匠并□□二次□□□并饭共钱五千五百文；立碑杂用钱□百五十文（缺）；（缺）出钱□十二千□百文（缺）；平地基（缺）钱四千文；铁（缺）铁钉共使钱六千文；罗□等木植钱□□文；铁针□二个使钱七千文；铁钉□等共使钱五百五十文；抬碑脚钱一百六十文；磨碑并买□使钱□百□□文。

以上共出银五两六钱（缺），共出钱□十二千七百文，足原数。

总理创置首事：蔡藻、延文英、白含章、张念祖、杨载简全立

2. 修建三圣院庙宇捐资碑

（1）碑刻简介

此碑刊立于清顺治十六年（1659），为捐资碑，有碑阴，碑刻规制为190cm×72cm×24cm，现为立碑，保存完整，字迹存在少许漫漶。原无题名，据文意而加。

（2）碑文

【碑阳】

修建三圣院庙宇，自顺治八年十月二十六日开工，至十一年二月初一日工完，重修三圣院、雷神殿，补修鄿都殿、黄□殿，创建牛王圈神殿、大门牌坊等工，施财芳名开列于后。

计开

礼科左给事中杨时化施白杨木二根，俱长一丈八尺、粗四尺五寸，敕封文林郎陕西道监察御史张念祖银十两，钦敕福建都转监运使司运使行道臣事王崇铭银一十五两，辛卯科举人署灵丘县儒学教谕事王步阶银一两，上佛生员杨道揆银一两五钱，本镇生员杨桂银一两，生员石含章银一两五钱，生员杨载简银八两，生员张振奇银一两，生员延芳声银一两五钱，生员酒嘉宾银

八两，生员延我生银一两，生员延昌期银一两，生员吕开周银五钱，生员杨斗银五钱，生员杨施仁银二两，生员张琇银一两，生员张珽银一两，生员杨敦仁银三两。

金妆三圣殿神像九尊，王余春输银四十七两五钱，文昌会会首王仁洽募本会共输银一十二两。翼城商人王弘泰银一两，翼城商人侯汝谦银一两，化源田琳银一两五钱，洪上范嘉谟银一两，白巷马崇泰银一两，上佛韩碧银二两，刘善茹希圣银三两，刘善茹登魁银三两，刘善原中稚银三两。本镇：蔡□、蔡□银八两，郭顺高银五两，白含章银五两，张明高银一十二两，郭显高银八两，延争□银九两，王登明银十两，石现璜银十五两六钱，翟明盛银一十二两，栗□银一十一两，延有谅银一十一两，潘四教仝男潘汝清共银一十一两五钱，翟明高银三两，张升元银四两，石现瑞银三两六钱，延令名银三两五钱，杨沧银八两，翟展彩银七两，王彦民银七两，栗继业银五两，栗继正银六两，张从正银六两，栗整银六两，卢国清银五两，梁立银六两，杨时新、杨时盛银四两二钱，王凤章银三两五钱，张明伦银四两，石维镇、石维邦银四两，延时迪、延时□银三两，杨臻银四两，栗继代银五两，栗加银五两，栗弘道银四两，王崇先银四两，李加元银四两，吴一秀银四两，曹士鹏银四两，延亮银四两，范才金银四两，李大纯银二两，延一渠银三两，石天才银二两，延有尊银五两，延启银三两，延明儒银二两八钱，李玉铎银三两，王券俊银三两，赵景灏银二两，梁楷银二两，梁国宝银二两五钱，李应期银二两，石天赐银二两，石桂银二两，王德明银二两，郭忠潘银二两，黄加现银二两，王宪银二两，王凤廷银二两，王国宝银二两，延能得银一两八钱，王之桂银一两五钱，杨旺春银一两五钱，成兴银一两五钱四分，郭时荣银一两五钱，周余才银一两五钱，杨世彦银一两五钱，吴志相银一两五钱，延文杰银一两，郝加相银一两，王翰存银一两，□密银五钱。

延鹤先、翟谅、龚煙、延弘义、延玺、张志新、张尧盛、张一乾、王民乐、延阴、许士宗、赵景洋、延实、延弘图、延瑛、延合季、和仁、孔士选、冯一忠、翟弘毅、张应奇、张元祺、郭荷、石忍、延琮、张毓宏、璩明德、贾升炉、张咸元、杨景隆、王余魁、李争洪、赵世芳、张惠元、张毓宣、杨惠春、王福厚、延禄、吴德昌、冯琦元、窦光启、延立正、席日洪、王毓道、张毓道、梁承仕、赵明顺、赵介、延大法、刘弘道、原养性、成其勳、李应祥、杨义安、赵兴元、张元初、卫金宝、靳国全、王余玺、张登雨、卢从信、晋国兴、曹得强、栗义、吴显昌、王鹤寿、栗延年、卫立业、茹宝仓、延超生、赵尚新、李得育、卫加教、岳承华、翟养义、吕琦、延体元、张预立、栗顺道、卫俊民、柳望青、毕全敬、璩名臣、延明奇、李珮、蔡自兴、郭良士、杨自全、马文升、马应魁、原加士、田养福、黄加臣、延蔚、石宗器、延保德、刘余泽、刘余庆、原大鹏、张上春、翟有才、田士增、李大法、贾一士、郝大江、李常旺、曹三、吴天祐、王起、王善、成福全、郑体有、卫加民，以上银各一两。

张天卫银九钱四分，杨建春银九钱二分，延辉、延星共银一两，王庚元、王斗元共银一两，张奇才银七钱，靳明银七钱，赵加福银八钱，张仕兴银八钱，赵思成银八钱，常金义银八钱，张志祥银八钱，张化凤银八钱，于春银八钱，曹兴宗银八钱，延文育银八钱，曹绍建银九钱三分，延芳谟银八钱，曹伦银八钱，杨寿山银八钱，郭潘银八钱，李馨香银七钱，卢福田银七钱，郭学文银七钱，吕思法银七钱七分，张所学银七钱，张奉贤银七钱，李登雨银七钱，赵才银八钱七分，卢文礼银六钱五分，张观元银八钱，延文秋银六钱，成加志银一两五钱。

赵国兴、□璨、王凤岐、邢学礼、张加旺、闫明和、李一桐、贾星魁、许瀛、张崇兴、翟一元、李承文、郝臣强、延□升、张金旺、黄加立、范才奇、和伦、梁承安、张一兴、郭养德、王加正、王加祥、范志和、吉世才、张进友、马自强、田国水、马凤保、栗思正、宁福盛、李旺、延福盛、曹贵英、曹成英、延隆图、张拱星、薛有明、吉朝庆、李兴才、王有才、翟养善、吴法、李卫、张自信、翟洪高、王洪理、郭可教、牛福旺、张命新、何之梗、刘金成、延王图、延瓒、曹明春、原宗言、卢福、樊崇旺、王文起、霍□□、刘凤山、卢顺、延有伦、杨一正、延保信、王自得、常守贵、杨进才、张希敏、原天福、卫天□、□九仕、王自才、石坤、曹云、潘奉法、刘大来、张顺全、李自臣、赵王德、石维宁、李士安、卫士好、李养茂、栗雨、栗思王、徐天福、卢根成、马仁寰、璩三通、李崇显、何之楠、吕进金、延有信、原凤腾、郑福盛、翟坤、李春旺、李崇先、张运昌、延大洪、王一朝、苏文、黄立纲、霍守成、杨济、赵成名、许士壮、曹仰植、成仲才、王得万、张晋元、延光强、刘弘第、酒仁、马锡蕃、左得贵、延明德、吴得昌，以上各银五钱。

　　黄加现、原自朋、申景顺、赵崇新、张俊芳共银一两，刘文相、张好贤、翟见羡、常顺民共银一两，延起生、张士明、延其善、翟步洗、延其年共银一两，赵世芳、谢旺、马范驰、卢福昌、赵世典、杨福、宋自成共银二两，曹加才、张自成、刘福、曹弘图、李进宝、梁自成、高捷兴共银二两，延启、王正、翟步新、张尧现、王其兴、张崇喜、吕加友、杨自省、卫真茂、杨清、胡明雨共银三两，延栋、张欲崇、卢一成、郭秀、王兴、延建太、延永禄、延心得、卫进才共银二两，杨臻、范才奇、路自兴、樊崇旺、路自旺、杨崇法共银二两，杨沧、栗思强、栗俊、王尔成共银一两，原加士、张兴旺、王新灿、卫四、王月共银八钱，张奇能、杨旺、常一朝、孔洪法共银一两一钱，张承兴、杨兰、王得才共银一两，蔡聚民、延绵、蔡顺民、蔡有滋、延谕、宋旺、延自成共银二两，张五常、延济、张三、延得海共银一两，茹宝仓、赵世芳、成加志共银五两。

　　延立正募银五两。

　　女善人：郭门于氏、石门韩氏、石门曹氏等共募银十两五分，栗门李氏等募银七两二钱，王门茹氏等募银四两九钱，王门张氏等募银四两四分，石门张氏等募银三两九钱，石门郭氏等募银二两六钱三分，赵门栗氏等募银二两，杨门王氏等募银一两四钱，张门王氏施金银八钱。

　　东坪会延实等银七两，南城会张元祺、王凤庭等银三两二分，东城会李大纯、翟谅、王来宾等会银一两一钱，会首郭顺高、白含章等会银三十八两二钱，西城会延□义、王凤章等会银一两一钱五分，范才金、曹希益等河中□木植卖银一两四钱，延体、蔡自兴公输银五两，李应期交房租银二两五钱，生员延我生交房租银一两七分；铸佛坊赵景洋等犒劳余银八钱五分，文林坊翟谅等犒劳余银五钱二分，买桐油使修城银十五两，本庙住持郎壁玉清宫道士王阳和银七两，王兴元银一两。

以上共收银七百五十二两五钱。

施木植

杨达才青杨树一株，粗四尺、长四丈，张孚元柳树一株，粗四尺、长三丈，延合器柳树一株，粗三尺、长三丈，吕开周、延合器公椿树一株，粗四尺、长三丈五尺，石宏柳树一株，粗二尺一寸、长二丈五尺，范才金柳木一根，粗二尺、长一丈，又青杨木一根，粗三尺、长一丈，又榆木一根，粗一尺五寸、长一丈五尺，王玉柳树一株，粗三尺、长一丈五尺。

乐工李泉银一两二钱五分，□□□□银一两，段鸿雁银一两，李三元银五钱，李成□银五钱，李□□银五钱。

【碑阴】

计开修庙物料工匠金妆一切杂用：

金妆三圣殿神像一堂，王余春尽输银开载碑前面；金妆三官神像一堂，画匠王奇才工价、颜料、赏号银三十三两二钱八分；金妆雷神、牛王神像二堂，塑匠乔赐端工价、颜料、赏号银四十八两；买赤金八箱，价银九两二钱；金妆丰都十王神像一堂，塑匠乔赐寰工价、颜料、赏号银五十两零二钱五分；金妆四圣神像一堂，塑匠乔赐寰工价、颜料、赏号银一十五两；开工祭神、上梁、犒赏并酬各坊管饭、盒卤等项，共银二十二两五钱八分；买大白杨树二十株、青杨榆树十七株，并椽檩等项，共银五十八两零三分；买砖三万四千零五十七个并脊使用瓦方砖，杂色脚价等项，共使银六十五两八钱八分五厘；买石灰五百二十驮，共使价银脚银二十六两；买河石塘垾，使银九两零八分；买贯椽、大钉并连叶兽钩事件一切碎小等项共重二百六十四斤，使银十七两二钱；买枕镶、罗头、麻绳、纸经、鱼鳔、油、炭、布簾、布被、香炉、杂色等项共使银四十两零七分五厘；木匠关永亨、赵宗适共一千九百一十二工并赏号，共使银一百八十二两七钱二分；石匠原养志、原养浩共八十七工并赏号，使工银十两零二钱；土工范守花等一千二百六十四工并赏号，共使银八十九两九钱二分；油匠吴志相油各殿共一百二十一工并颜料、赏号等项共使银三十二两三钱一分；买桐油二宗重一百一十二斤半，共使银二十七两；画匠王奇才、王道吾画各殿人工、颜料，共使银二十七两八钱；谢土立碑，共使银十七两九钱八分；以上十九项共使过银七百五十二两五钱，顶足原收银数。

  首倡修庙募金兼管提调：敕封文林郎陕西道监察御史张念祖

  总理工程催督一切事宜：生员杨桂、生员张振奇、生员延芳声

  经收银钱兼管支销：乡耆王凤章

  协理修庙事宜：乡耆蔡藻、白含章、翟明高、石现瑞、石现璜、延令名

  值日监工：李大纯、闫一铎、蔡藩、延明儒、张启元、郭顺高、栗元勋、生员石含章

  管理派饭：

  三圣坊：郭顺高、冯琦元

  街市坊：郭忠藩、柳旺青

  佛岩坊：常今义、张志新

  铸佛坊：赵景洋、栗继正

  镇溪坊：张承兴、张燦

  玉泉坊：李得育、张惠元

  神右坊：延洗、魏加教

  通沁坊：李成文、张一乾

  文林坊：王翰存、刘余芬

  神左坊：郭学文、郭养德

  临沁坊：王余春、曹炅

  玄阁坊：马义明、延芳谟

□水郎璧紫金山玉清宫道士本庙住持王阳和，门徒龚来兴、龚来旺、张来存、张来成

庠生王崇铎书丹

玉工：原养志、原养浩、原养文，男：射斗、润斗刊

清顺治十六年岁次己亥二月吉旦立

3. 施地记

（1）碑刻简介

此碑刊立于清康熙三十三年（1694）十一月二十日，为记事碑，碑刻规制为53cm×35cm，现为壁碑，保存完整，字迹存在漫漶。

（2）碑文

【碑阳】

碑额：无

碑名：施地记

粤□中大周文王为西伯，以德感人化行□美虞芮王君争，田往□西□□其境见井者让畔，行者□□上眼□我□，小人为可复君子之庭，遂回将□□□田让为□□北□世之风也，□□□□□□□□□成有可采□康熙□沁水西□□寨后退殿，地中有高□昌延君礼□地四亩两家，各有文□因而□□□□构讼之，□□亲鲜所□此各弦□□□舍于□□□□□事虽□小亦仁让之一端也，而亦□□乎是为记之□同中见人。

（缺）石补□、石维□、张□、（缺）、（缺）、郭登杰、延辉、郭镇、石维□、杨恒溶、徐名生、蔡育生、延调律、（缺）。

康熙三十三年十一月二十日立石

4. 施地碑记

（1）碑刻简介

此碑刊立于清乾隆十九年（1754）十一月，为记事碑，无碑阴，碑

刻规制为 133cm×54cm×12.5cm，现为立碑，保存完整，字迹存在少许漫漶。

（2）碑文

【碑阳】

碑额：无

碑名：施地碑记

乡贡进士吏部拣选□□里人王竣功山甫撰

砥洎城之有三圣庙，以议城事奠城守，凡里人之岁时祷祀于兹者，皆赖神之庥以庇焉，不有主者，何以无费事哉。庙旧有后滩园田八亩，供住持饘粥之资。频年沁水迁徙不常，尽沦入□波流瀁洄之间。住持徒众无以自赡，则相率而去。诸岁在甲戌之冬，候选布政司理问张君居一，慨然割家田十亩，以充其费。维时城长张君太和、郭君沛思、嵩华暨家大父怡园公众议金同复命。故道士吴本壮之徒杨合仁使修其旧业，以奉祠事。咸谓张君之功不可以不传于后，而庙祀兴复之由，不可以莫之考也，是以属余记之，是为记。

岁进士候选布政司理问里人张存恭暨男太学士生昌基金妆地藏十王圣像，施地十亩，坐落老君沟，计地四段。上八亩，南北畛，东西至姚姓地界，南北至沟。下二亩，东西畛，东至石姓地界，西南至沟心，北至崖根。

住持：杨合仁立石

玉工：李金玉镌字

大清乾隆十九年岁次甲戌十一月吉旦

5. 施房碑记

（1）碑刻简介

此碑刊立于清乾隆二十二年（1757），为记事碑，无碑阴，碑刻规制为 128.5cm×49.8cm×11cm，现为立碑，保存完整，字迹存在少许漫漶。

（2）碑文

【碑阳】

碑额：无

碑名：施房碑记

城门口后铺一所，并铺前地基一段，系王禄原业。禄故后，其赘婿李秀承业，始加修理，今崇德居是也。其房东至郭宅，西至王世凤，南至石姓，北至路。秀于乾隆十五年十月初七日病故，其妻于乾隆二十二年六月二十一日□病故。两家并无子姓。王禄之长女嫁王门者、李秀之女与其夫李永年及秀姨兄张□山同议，将所遗崇德居施于三官庙，永远为业。俾住持经理房资，时节与两家照料坟墓，焚挂纸钱，立石为记，以垂永久。

同中人：王德兴、冯如京、李玉金、王世奇、王世凤、闫肇业、尚友禄

住持：杨合仁立石

玉工：张九义铸

大清乾隆二十二年岁次丁丑八月十五日

6. 重修砥洎城三圣庙记

（1）碑刻简介

此碑刊立于清乾隆五十六年（1791），为记事碑，碑刻规制为167cm×58cm，现为壁碑，保存完整，字迹存在少许漫漶。

（2）碑文

【碑阳】

乾隆庚戌之春，重修砥洎城三圣庙，其秋讫工。明年正月，道人李本元携其徒侣赵合智谒余文为记。余年来不与外事，又方归自京师，罔悉其颠末。因问庙建之由，则曰莫详所始，其见于碑志者则在前明成化戊子。逮入国朝，因时补葺，而陊剥莫甚于今。问其兴作之程度，则曰殿庑前后悉彻而新之，两隅斋寮则拓基崇庳，诸神像饰则设色涂金，丹檐楹，甃道路，焕若改观矣。问其材力所出，则曰縻白金三百有奇。其募诸镇之商贾、居人者

十三四，其邮致于远方懋迁者十六七。问其谋始之人，则曰沛思郭君广咨于众，议以克合，遂躬其责，而约斋张君司要会，王张原诸君董工役，道人亦自以夙尝居此，罔敢避劳怨，以溃于成。苟无文述之，何以示诸方垂来者乎！余唯洎城之中屋庐榔比，杪无隙地，而庙当其冲，且置公所于西陲，征事询众者恒于斯，往来游息者恒于斯，岁时伏腊饮河献酬者恒于斯焉！忆余垂髫时，国家太平无事，历百十余年矣。岁时丰登，民物恺乐。苍颜白发之老尝十数辈优游散步于此间，每炎天月夜，杖屡而来，扳古今，道故旧，缅缅可听，见者莫不加敬，而后生小子左右立侍，罔有敢于疾言邃步者。斯亦足以见风气之古，而人心之淳也。仍岁以来，庙废不复理，人迹亦遂罕至，廊宇之间积粪壤而鼠鼯鼪矣。而故老凋零，末由矜式。时语及于先民之仪型，亦或藐然不以为意，岂其渐积而势使之然欤？抑亦所以维持补救之者，恃乎其人耶？夫庙貌鼎新，人心振起。自今以始，父老子弟朝夕游处于此者，绎往事，缅淳风，憬然以思，矍然以兴，只肃明神，敬恭桑梓，相与同心共济，以追老成敦朴之遗，以成吹豳饮蜡之俗，岂不美欤！故乐叙其会作本末，□刻诸石，若□□□□之□名及所输财如□则举列于碑左云

己酉科拔贡候铨直隶州州判里人王右文撰

儒学生员里人郭都书

募化各省布施开后：

州吏目刘元钧募银廿二两，从九品王远功募银廿二两，附贡生郭惠募银十七两，监生王圻功募银十七两，许德彰募银十六两五钱，冯世德募银十两零八钱，张存道募银十两，张易募银十两，监生延荣斋募银十两，凤台县王恒裕募银五两、钱二千五百四十，监生原学信募银五两六钱，原绍颖募银五两。

本寨绅士居人布施开后：

张府犒工三次，庐陵县知县张敦仁银十五两，平遥县教谕张广基银三两，附贡生郭思银三两、木三段、钱一千三百七十、纱帐一挂，附贡生张集

银四两、钱八百、纱帐一挂，监生张依仁银四两、钱八百、纱帐一挂，监生原学信银四两、钱八百，张存道钱二千七百，生员郭天福、张易各银二两、钱四百，监生王圫功、张克友各钱一千四百五十，原志鹏银一两、钱五百，延务海钱一千四百，张绍基、监生张崇基各钱一千三百二十，生员酒锡爵钱一千三百一十，增生蔡龙文、监生张希纲各钱一千二百五十，生员郭天德银二两、钱二百，增生张希咏、监生张励修各钱一千一百五十，王填功银一两、钱一百五十，石用中、石致中钱一千一百五十，延杰钱一千一百五十，张望崇钱一千，王增功钱九百，李连钱八百五十，张仉银五钱、钱三百，张承武、蔡凤章各钱八百，监生张式好、礼生张良思各钱七百，增生张淇斐钱七百七十五，礼生原绍武钱七百五十，监生王昌文、生员栗大奎、陈际运、原绍颖各钱七百，生员蔡虎臣、监生王建猷各钱六百七十五，石敬中钱六百五十，生员张令文银五钱、钱一百五十，张普钱六百廿钱一口，杨国推、王满库各钱六百。

7. 重修城门楼收使列后

（1）碑刻简介

此碑刊立于清道光十六年（1836），无碑阴，碑刻规制为88cm×36cm×8.7cm，原应有壁碑，现为躺碑，保存较差，已裂成两块，字迹存在少许漫漶。

（2）碑文

碑额：无

碑名：重修城门楼收使列后

【碑阳】

张居安、酒惟式、郭性宜、蔡敦和、张颐德、原存诚、石知止，以上各捐钱三千文，张省训、王树滋、原存朴、王立沼、申炳章，以上各捐钱二千文，王万青、王颖庄、原敬恕，以上各捐钱一千五百文，张明恕、张世德、张卫先、卫伯元、王名杨、张培忠、原荣、毛永和、成均宗、闫世和、栗兆祥、杨温、席正宽、龚彪，以上各捐钱一千文，张文炳、张清介、赵天成、杨肇远、张子幹、张毓荣、石宗理、原广田、陈旭明、霍树茂，以上各捐钱五百文，栗璋钱五千文，以上共收钱五十九千五百文。

开工工竣敬神香纸使钱八十文，砖瓦石头使钱七千八百八十文，灰埒土水使钱六千八百零三文，白杨木一根使钱八千文，钉绳铁杴缸等物使钱二千三百六十八文，匠工小工钱二十五千一百六十文，油匠工并颜料使钱二千五百文，犒工谢匠使钱五千七百六十文，□□□□张纸使钱二百十三文，（缺）三官庙茶水（缺），立壁记使钱一千七百文，以上共使钱六十一千七百七十三文，净短钱二千二百七十三文。

原□□、郭性宜、秦张氏

道光十六年九月吉旦立

8. 补修西城并两瓮城东西围墙壁记

（1）碑刻简介

此碑刊立于清咸丰三年（1853），为收费使费碑，无碑阴，碑刻规制为75cm×36.6cm×11.5cm，原应为壁碑，现为躺碑，保存完整。

（2）碑文

【碑阳】

碑额：无

碑名：补修西城并两瓮城东西围墙壁记

收使开后：

收文社公项钱八十千文，敬神开工钱七十二文，砖瓦石头钱廿二千零六十文，灰埒橼绳钱十五千二百四十六文，买水送灰渣钱六千八百九十八文，杂费钱二千四百七十一文，匠工小工钱二十九千一百卅文，犒工谢匠钱五千文，石壁刻字工钱一千二百文，以上共使钱八十三千零七十七文，除收净短钱三千零七十七文。

积庆堂认讫

大清咸丰三年九月吉日公立

9. 不二门

（1）碑刻简介

此碑刊立时间不详，无碑阴，碑刻规制为 98.8cm×49cm×12.5cm，原应为壁碑，现为立碑，保存完整。

（2）碑文

【碑阳】

不二门

岁在甲□孟□吉日□

（五）黑龙庙

黑龙庙是砥洎城的至高点，在这里曾经发生过周期性的雷击现象，更有小黑龙美丽的传说："参差雉堞俯清流，人在蓬莱最上头。仙气飘飘风拂拂，不惟忘暑亦忘忧。"居高临下，可观远山近水；清风习习，又享安逸祥和，聆听故事，观景抒情，可谓休闲消遣之地。

黑龙庙内现存4通碑刻，其中3通可识别。

1. 重修黑龙庙碑记

（1）碑刻简介

此碑刊立于清康熙二十二年（1683）十二月二十六日，为记事碑，无碑阴，碑刻规制为 190cm×68cm×10cm，现为立碑，保存完整，字迹存在少许漫漶。

（2）碑文

【碑阳】

碑额：重修黑龙庙记

碑名：重修黑龙庙碑记

承德郎户部贵州清吏司主事体齐张茂生撰

承德郎浙江严州府通判子立王嘉植篆额

候选州同知里山杨大酉书丹

今上御极之二十三年，海宇荡平，凡邦国郡邑，百废俱兴。吾镇寨之黑龙神庙亦于是告成。余生也晚，不能溯庙之创始何年，第闻诸父老，佥云：明壬申癸酉间，流氛肆虐，朝不保夕，镇人士为避寇锋，计就寨垣而扩大之。维时财力匮乏，神庙仍旧。庚辰岁，蹉使松石王先生，纠集乡曲，复谋营缮，上祀黑龙神，下龛大士，南向北向，位置天然，兼以黝垩丹漆，栋宇巍峨，允称壮丽。堪舆家言，镇之来龙自樊山由艮转亥，至蚪蛤山下，结聚村落，而庙居其巅，高插层云，俯临深渊，屹然天堑形胜。因是烟火辏集，人文蔚起，科第联翩而出，贸迁化居，挟泉刀而至者，踵相接也，盖罔不莅神庥云。迨康熙己未秋，霪雨浃旬，沁流鼓浪，寨堉倾圮，而庙亦随之。镇人士佥谋鼎新，金钱之费，或均派诸地亩，或取给于捐输。适余□之岁，曾以丁先王母艰，踉跄旋里，目□庙废状，窃□庙不修□神不安，神不安则灾祲易生，寨不固则人不安，人不安则室家堪虞。日佐首事，诸君子劝勉董率，越甲子而始竣事，余方复补版署首事，诸君子缄书至京师，属记于余。余闻之，凡民可与乐成，维与虑始，则首事之难也。又闻之，靡不有心，鲜克以终，则垂成之难也，且也聚壤成岱，集服成裘，□物力之难也，千钧之鼎非一□能□□□□努非一臂能开则任事之维也。今诸君子不惮劳瘁，委曲告成，直追松石先生之胜，厥以懋哉。将见农服先畴，士习旧德，务本业而操奇赢，诚居然一大都会也，君子谓神之荐馨罔怨恫也，人之安堵弗播迁也。诸君子之朝于斯，夕于斯，聚国族于斯，子孙绳绳振振之无替也。予固乐观其盛矣，是为记。

总理修庙工程：候选州同知王仁深、候选州同知张磷、候选鸿胪序班郭

璋、生员石维城、生员原琬、生员王崇怀、乡耆郭鹏举

司催钱谷：生员石维鼎、生员李春申、生员延调羹、生员延允谐、李时耀、翟养德、生员张珮、延□

司钱谷：张拱极、王泽洽

司饭局：生员石补天、生员原达、张裕、杨恒溶

值日监工：生员栗殿桂、生员王熙凤、生员郭圻、生员蔡育生、生员杨大经、生员石□、赵命新、岳承华、石维风、郭登盛、龚承垣、梁济民、阎三聘、延谅、蔡育滋、张环、王邦柱、张式仲、张三奇、张璐、张培生、张堡生、刘升运、□□

计开收银数目：

修东城原存留银六十五两，范学易本利银八十二两五钱，张宅银四十两，王宅银三十五两，杨宅银八两五钱，郭宅银一十二两五钱三分，张宅地基价银一十三两二钱，马林王窑价银二十两，原□□窑价银三两，石昭银一两，曹显高窑价银三两，赵民顺窑价银三两，张奇顺银二两，以上共收银二百八十八两七钱三分。外收张环砖四千四百，公议许后北敌台西路□上修理。

计开出银数目：

木植使银五十二两九钱七分，砖瓦五万零五百，甬瓦□大瓦□并脚钱共银四十四两二分，石灰□八百二十驮，河石□五百驮，埽□一千驮，共银十二两。塑匠银四两，画匠银三两九钱，油匠银三两一钱，买正脊银五两，配垂脊、琉璃瓦共银九两，铁钉银五两，买家伙杂使用银五两三分，上梁□□赏银七两，木工七百七十八，工银三十一两八分，石工一百一十九工，并碑璞二□石等项，共银五两九钱四分，土工一千七十工，银二十四两八钱七分，饭局米面钱共银六十八两二钱，做饭工银五两四钱，选日祭神谢阴阳银一两，倾销折银一两二钱，谢土银三两，东窑一座顶算北第三□，以上共银二百九十一两九钱九分。

玉工：原□文刊

大清康熙二十二年十二月二十六日立

2. 补修黑龙庙壁记

（1）碑刻简介

此碑刊立于清乾隆四十三年（1778），为记事碑，碑刻规制为 90cm×44cm，现为壁碑，保存完整，字迹存在漫漶。

（2）碑文

【碑阳】

碑额：无

碑名：补修黑龙庙壁记

砥洎城为一镇之元首，其北巍然杰出，势若头角者，则黑龙祠上踞焉，下临深渊，鱼龙出没，神威显赫，有感□□。岁久习常，人心玩忽，殿宇尘封，炉烟冷寂，署月风高，不过为居人披襟乘凉之所，而神之精爽，几莫知何处凭依矣。乾隆戊戌岁大祲，去年无禾，今夏无麦，五月垂尽，而秋种尚未入土。遍祷山川，杳无应验。忽六月十九日傍午，浓云密布，白昼欲晦，一声霹雳。有龙自神座而起，突屋而升，有顷，又一霹雳，一龙沿庙后墙而起，凌檐而上。其时在庙被震者三四人，莫不颠仆昏绝，甚者至于衣裂履碎，发焦肤炙，及逾时而苏，各称无恙，则并不知雷轰电掣之为何若也，灵矣。神乎其刚而无虐，乃若是乎。先是邑城张明经以祷雨之策献邑侯，作纸龙六七，陈坛以祭，亦孰知真龙之潜伏，固自有在而蛊蛊者，盖莫能测也。从此澍雨迭施，农事霑足，神之威灵耀人耳目。即至愚入庙，无不凛凛，其尚敢有狎而玩之者，谁耶？神宇宜葺，神像宜新。工竣勒石，为叙其事，寔俾后之，诣是庙者，知神之显圣，固有如此者。

里人张章　志

施财芳名列后：

盐店、翼兴店、有恒店、张洽，以上各钱四百，复生店钱一百四十，福兴店钱一百六十，（缺）张存道、张□好、原志鹏、原学信、王崇质，以上各钱三百，张大勇、原明远、张履坦、原文铎、张广基、王君幕、原结洙、王昌文、原□鋯、□天福，以上各钱二百，延志心、王承龙各钱一百六十，杨国凤、蔡虎臣、石用中，以上各钱一百二十，王道熙、王道□、孙天德、（缺）张良思、张绍基、张令文、张沛基、张希□、酒锡□、原文□、原□五、原□□、□城张二宅、王贵、于正海、张□、陈际运、李明先、李圣先、延务海，以上各钱一百，翟经元钱八十，石全中、王满库各钱八十，张成基钱三百，张章、张昌基、郭惠各钱四百（缺）以上共收钱十一千二百，画工钱七千一百，匠工钱二千三百，砖石灰（缺）□共钱二千一百四十，以上共使钱十一千五百六十文。

龙飞乾隆四十三年岁次戊戌仲冬吉旦

3. 补修黑龙庙并采霞宫碑记

（1）碑刻简介

此碑刊立于民国十六年（1927）八月，为记事碑，碑刻规制为75cm×39cm，现为壁碑，保存完整，字迹存在漫漶。

（2）碑文

【碑阳】

碑额：无

碑名：补修黑龙庙并采霞宫碑记

捐钱芳名列后：

王凤仪捐钱八千文，郭从周捐钱六千文，原茂林捐钱五千五百文，张士仪捐钱三千文，王凤鸣捐钱二千□百文，王凤瑞捐钱八千二百文，张思余、张光傅、张□芳、（缺）、刘儒林、张冕周、张兆青、张廷瑢、延德礼各捐钱一千五百文，张仲顺、李锦武、原鉴堂、陈小旦、卓王□、张家麒、申德□、亓□各捐钱一千文，张廷臣、张真、马保玉各捐石灰一百八十斤，茹鹤林、石均平五家各捐工一个，段海芦捐工两个，张其昌捐工两个，王永山捐钱七百文，王凤□、王永民、王义昌、石右全、石统杰、车至昌、阳修竹、曹锡祯、张耀林、□□□、□□□、□登□、□辂殿、□增瑛、□增伦、□□翰、□□□、□□□、□□□、茹□法、郝士杰以上□家各捐钱五□□，林县王全吉捐工十五。

收张□余存三官庙公项钱七千文，收本寨花户捐钱六十三千四百文（缺）一百三十三千四百文。

出头发铁钉钱十一千七百二十□，出罗头土灰绳钱二十一千四百七十□，出猫□□木板础瓦钱二十一千三百文，出木匠工钱七十四千四百十一文，出敬神花费钱四千□□□，总共出钱（缺）

玉工：□全吉

中华民国十六年八月立石

（六）文昌阁

文昌帝君，又叫"梓潼帝君"，民间和道教尊奉为功名大总管，是主管人间功名禄位之神。唐代科举制度产生以后，文昌星尤为文人学子顶礼膜拜。文昌阁一层前两个龙头水嘴，寓意"鱼跃龙门"。古人云：一登龙门，身价百倍。从民间信仰角度来看，砥洎城小小的弹丸之地，出了四位进士、十三位举人，和文昌阁、黑龙庙是分不开的。他们赶考前夕，都要到文昌阁顶礼膜拜，然后到黑龙庙待上一宿。砥洎城形似金龟，而黑龙庙是龟头，寓意"独占鳌头"。

庙内现存碑刻 1 通，为刊立于明崇祯十一年的《"山城一览"图》。

1."山城一览"图

（1）碑刻简介

此碑刊立于明崇祯十一年（1638），碑刻规制为 90cm×63cm，现为壁碑，保存完整。

（2）碑文

【碑阳】

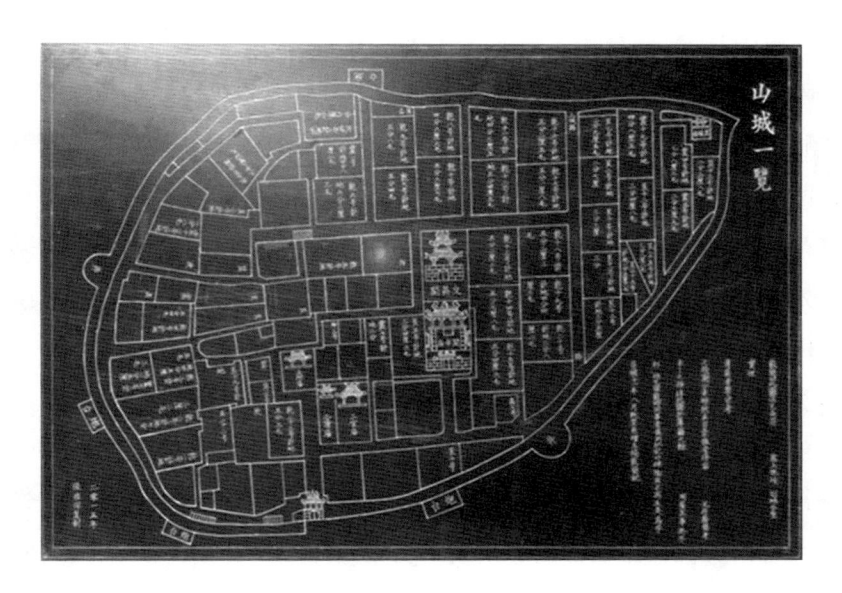

（七）关帝庙

关帝庙内供奉关圣君（关羽），关公的忠义、神武、仁信等品质集中了中华民族的传统美德，体现了民众的社会愿望和理想人格，千百年来得到世人的拥戴，崇为"武圣"，是横贯儒、道、佛三大教派的神职。

关帝庙现已改为民居，门口现存可识别且完整的碑刻3通。

1. 创修后瓮城并水门楼碑记

（1）碑刻简介

此碑刊立于清顺治十六年（1659），为捐资碑，碑刻规制为215cm×71cm×24cm，现为立碑，保存完整。

（2）碑文

【碑阳】

碑额：无

碑名：创修后瓮城并水门楼碑记

顺治十年正月二十一日开工，至本年十一月止，创修后瓮城并水门楼所用银两，照依城内地亩公派，每地一分派银六两，共计地二十八亩九分五厘七毫，该派银一千七百三十七两四钱二分，除众人未完银三十三两二钱六分五厘外，实收过银一千七百零四两一钱五分五厘。

外收：文昌会猪价银二两四钱七分三厘，土地会银一两零二分三厘，南城会银二两一钱五分，又南城会银二两，白龙驹银九两八钱二分，城南石维藩地基内剖银三十五两六钱五分，延密、王余玺辩论道路银七两九钱五分，李应祥□□银三两，铸佛坊犒劳工匠余银一两一钱零五厘，延进玉、李成文辩论房价银二钱五分，众人工罚银四两五钱五分，张宅预出修城地亩银一十五两（抵修后城地价迄），以上十二宗共收银八十四两九钱七分一厘。

二共通收银一千七百八十九两一钱二分六厘，既开修城物料工匠一切等费，开工祭神、修搭浮桥、犒赏工匠、点纳粮银、回答各坊、管饭盒酒、赏钱等项共银二十两零五钱八分。

（因碑靠墙太紧，不易辨识。略）

【碑阴】

大清顺治十六年岁次己亥二月吉旦

钦敕福建都转盐运使司运使行道臣事前浙江处州府知府户部广西司郎中王崇铭捐修后瓮城银一百二十两

又修尊文馆施会约银一百两

总理首事

庠生：杨桂、石含章、杨载简、张振奇、延芳声、蔡正民

乡耆：郭顺高、翟明高、白含章、石现瑞、张升元、王凤章
等公议立石

【碑侧】

在碑的侧面刻有"本寨丈地原尺"。整个"尺子"大约 155 厘米，从上到下大致分为 5 段，第 1 段有 10 个小刻度，每个刻度大约 3 厘米，大致 31 厘米；第 2 段没有小刻度，大致 31 厘米；第 3 段没有小刻度，大致 30.8 厘米，有"本寨丈地原尺"6 个字；第 4 段没有小刻度，约 31.5 厘米；第 5 段有小刻度，大致和第 1 段长度相等，31 厘米。

							31cm	本寨丈地原尺（30.8cm）	31.5cm	31cm

2. 修寨効劳执事姓名碑

（1）碑刻简介

此碑刊立于清康熙三年（1664）十月，为功德碑，无碑阴，碑刻规制为 210cm×72cm×16cm，现为立碑，保存完整，字迹存在漫漶。

（2）碑文

【碑阳】

碑额：无

碑名：修寨効劳执事姓名

举议修寨福建督粮道前巡抚陕西部院　张瑃

辛卯科举人署灵丘县儒学教谕事　王步阶

庚子科举人张齐仲

总理修寨事宜提调一切工程：介宾生员杨载简

协理修寨总管工程：生员张振奇、官监王仁深、石维邦、耆士郭顺高、生员杨桂、介宾生员石含重、张升元、生员延昌期、生员延其生、官监张璘、延调鼎、耆士白含章、石现瑞、郭显高、生员延芳声、贡监王仁洽

管理收支食米事宜：杨时新、延洗。

值日监工：生员延如璧、生员石孕华、生员张振名、生员石维城、生员王崇铎、生员刘余芳、生员蔡定民、生员杨施仁、生员王崇镗、生员李春甲、生员延昌运、生员郭登杰、生员白玉柱、生员延调夔、生员原达、生员王敷玉、延宏义、张明伦、张楷、张启元、栗元勋、赵景洋、张燦、成其勋、吴志相、郭忠藩、王民乐、栗□茂、李得育、延栋、延权、王成魁、闫时和、石维新、翟养仁、张奇顺、延有孚、翟育才、常允光、张元棋、张一乾、延弘图、石现璜、龚烟、翟展彩、蔡彦民、张毓宣、原养性、翟明盛、赵煌、郭卫城、潘汝清、王聚魁、曹兴宗、延有量、延士科、杨时兴、翟凌高、王然、杨时盛、柳旺青、席日洪、郭洪、蔡聚民、张式仲、李时耀、贾星魁、原大鹏、延士程、原迪、王乾中、延琛、延浩生、张次仲、延调元。

十二坊派饭催收输米：

三圣坊：杨世德、刘大复、原养性、赵世芳、延士科、王宗□（缺）

铸佛坊：赵景洋、栗继正、栗生、石生羡、延谅、王□（缺）

神右坊：王福厚、李应期、成其勋、冯有忠、和信、李□（缺）

街市坊：延戊生、生员许士宗、郭忠藩、席日洪、张奇源、延德□（缺）

神左坊：李登雨、张元初、高尚义、郭洽、栗灏杨（缺）

镇溪坊：张宪祖、王彦民、张元祺、原大鹏、赵明顺（缺）

文林坊：延厚、王□□、李争洪、吴志□（缺）

通沁坊：延辉、延有量、延□、赵才兴□（缺）

临沁坊：曹泉、杨旺春、潘汝□、曹兴宗（缺）

佛岩坊：张明伦、璩明德、常金义、张鹏选（缺）

玉泉坊：张毓宣、张尧雨、张明高、张□凤（缺）

玄阁坊：卢从信、延□玉、刘弘道、闫永亨（缺）

□□□匠工（缺）

木匠：闫永亨、闫汉□、闫汉英、赵明库

石匠：原养浩、原养文、原□□、□□□

玉工：范□□、范奇□

康熙三年十月吉日立

3. 补修西北城墙碑记

（1）碑刻简介

此碑刊立于清康熙十三年（1674），为记事碑，无碑阴，碑刻规制为213cm×74cm×22cm，现为立碑，保存完整，字迹存在漫漶。

（2）碑文

【碑阳】

碑额：无

碑阳：补修西北城墙碑记

康熙六年，秋雨连绵，浸塌西北城墙一□。于七年二月初七日开工修理，本年十一月内工完。修过石城墙一面，南至卜窝铺齐，北至北敌台齐，长一十三丈五尺。又重修黑龙庙上盖并砌城门内路一条，北至土地庙后，南至城门内。又安东南敌台下碾磨，其磨原系延应隆一门祖业，因寨前缺大磨，社中借用。其一切所资银钱，俱系寨中公物变价，又村中收米折价，今□所卖公物与收米折价，并费□银钱数目一并开列于后。

计开公物变价并收杂项银钱列后：

后瓮城门楼二、三两节计九间，未有棚板，公作价银四十五两，又后瓮城墙上空地基一分，公作价银五两，卖与张璘承业。东城第一号砖窑一座，照原定价七折，作银十一两九钱，卖与酒嘉宾承业。东城第二、三号砖窑二座，并西城酉字号砖窑一座，照原定价七折，作价银三十五两，卖与郭登傑承业。东城第六号砖窑一座，照原定价七折，作银十一两二钱五分，卖与杨载简承业。西城辰字号砖窑一座，照原定价七折，作银十一两二钱，卖与郭鹏举承业。西城申字号砖窑一座，照原定价七折，作银十一两二钱，卖与王聚魁承业。西城戊亥字号砖窑三座，并窑前地一厘三毫，照原定价七折，作银三十两零九钱五分二厘，卖与王仁深承业。西城石维邦西房后地一长段计地一分四厘八毫，作价银三十一两零八分，卖与石维邦承业。此瓮城署字号砖窑一座，照原定价六折，作银十一两五钱七分二厘四毫，卖与马范驰承业。北敌台公所三间，公作价银三十两，卖与张环承业。后瓮城北墙小道下空地基一块，计地一厘一毛七毫，照原定价七折，作银二两四钱五分七厘，卖与张辰奇承业。北城璩明德□后空地一小段，计地三厘零四丝，作价银九两，卖与璩明德承业，□□折价钱□十七宗共钱十二千一百九十三□□□四两二钱零四厘五毛，□未折价银十一齐共得银五两三钱三分五厘，收栗继正铁碾管心一根，重七十五斤，平年钓一□□□□□作银七钱七分，七□□城关帝会除修城门内公所并一切公费外净下剩银一十六两□分五厘六毫。买砖并埽石工匠麻绳使□二石九斗六升半，黑豆一斗□二石三斗二升□□，作银六两三钱四分八厘六毫五丝，以上十七宗共收银二百八十两零二钱一分五厘一毫五丝。

开销列后：

开工祭神刀头香烛锞酒使钱三百二十五文，作银一钱一分二厘。收埽八千六百六十八驮担，使脚钱六十三千七百一十五文，作银二十二两一钱七分零七毫。收塘土，使脚钱三十九千五百二十一文，作银十三两六钱二分八厘。收河石一万八千六百九十七驮，使脚钱一百一十二千零八十六文，作银三十八两六钱五分零六毫五丝五忽，抬大石七百七十二工，使脚钱七十一千二百五十文，作银二十四两五钱六分九厘。

土工二千四百二十二工半，计（缺）；共收吴自聘石灰二千八百五（缺）；买砖并杂色共作砖九千九百（缺）；买铁枕□头枕鐷柄水桶木（缺）铁钉鑪□橡校泥包桑木杂毛（缺）分九厘七毫五丝七忽；□砖瓦并修镶整旧钉打兽钓（缺）□五分九厘□□□□□盖赵醋（缺）□分七厘□□□□并补修黑龙庙（缺）五十九工养□□□一百一十六工□□□赵厨造饭二银并□□共（缺）一百香烛只锞使银四两三钱四分八厘五毫七□。

以上十三宗共使过银二（缺）□□□六两二钱一分，酒（缺）木三十石工□除买（缺）千开外净余未二十七（缺）四石□六升除（缺）。

效劳执事姓名：议举修理事宜黄岩县知县张齐仲

总理一切工程：介宾生员张振奇、生员张拱宸、石维邦

协理工程：候选州同知王仁深、候选州同知张璘、介宾生员石含章、介宾生员杨载简、介宾生员酒嘉宾、生员延其生、生员石维城、生员延昌运、生员延调羡、张式仲

监理造饭：生员石现瑞、石补天、原养性、王聚魁

直日监工：生员杨桂、生员蔡定民、介宾生员刘余芳、生员□春甲、生员杨施仁、生员原□、生员刘□连、耆宾郭顺为、耆宾□含□、龚□、□□□、石□、□□□、张□、□裕、张延气、□维凤、延调□、□□□、王□、□□□、王兴（缺）

康熙十三年岁次甲寅十一月谷旦立

（八）东坪庙

东坪庙现为晋城市重点市级文物保护单位，是润城古镇的制高点和心理依托。东坪庙由于建在山上，依地势共建有四层，从坡面登至二层为东坪庙的山门（天一门），三层供奉有财神和山神，正殿和戏台高居四层，处于古镇之制高点。

庙内现存新中国成立以前的碑刻10通。

1. 重修饰神像创建月台记

（1）碑刻简介

此碑刊立于明万历二十八年（1600）十二月，为记事碑，有碑首，碑刻规制为174cm×60cm，现为壁碑，保存完整，字迹存在漫漶。

（2）碑文

【碑阳】

碑额：碑记

碑名：重修饰神像创建月台记

玄帝庙创建不知何许，经之以风雨，渐以复隍重修，则张公曰诏、闫公曰思恩首举事也。工告成，而进忠裴公、应周柴公率众会人舒资易神像而金饰之。无何，而正殿两楹前创建月台。可成献礼者，君隆张公、志政延公为首，已凡三易人而苟完，以此知土木之不易易也，而募缘督工道人卢全秀终始一心，真可谓金石不渝。因聊记之，后有作者可识此而论次云。

计开施财花名于后：

生员郭时中银一钱，张克兢银一钱，杨朴银一钱，张一元施石，杨之栋银一钱，张焕然银一钱，蔡葵银一钱，省祭曹思敬银一钱，曹时行银一钱，延宾银二钱，张国鑑银一钱，栗清银一钱，王继周银一钱，曹时科钱六十文。

一会闫思恩、裴进忠、柴应周、孔尚义、安朝甫、闫思敬、张云、延时表、马国诏、芦光先、赵登科、杨梯、王□才、延特庆、王一清共施钱五千三百文，杨子通男杨柏章、杨柏桂舍庙地一所、西殿后地一块。

一会张君隆、延志政、杨柏章、延汝华、王继现、王思明、曹仲林、成好隆、延一孟、延恭、张进才、杨朝甫、刘志刚、李三锡、杨一清、延合文、王靠山、延一桂、延合兴、王自安、吴邦山、杨思盛、延时训、李正山、延林祥、卫思共施钱二千七百文。

一会延进成、延进甫、卫得运、郭希珠、朱家贤、郭时政、蔡献、延进文、延进明、曹志秋共施钱一千文，郭希珠外施银二两。

一会张应合、王廷隆、张国太、延继秋、延闻清、王翰童、王一能、杨继宝、张守义、潘福旺、杨思恩、赵崇先、延国保、许应先、马朝阳、都孟登、张汝凤、梁昌共施钱一千二百文。

一会张国钦、白邦信、翟朝国、延贞、延杏、延奈、栗□鸾、白国山、杨汝安、郭希通、郭鸣鸾、张天可、柴应诏、柴应周、张顺孝、闫一凤共施钱一千五百文，张印弼钱五十文。

一会延尚文、延福、吴应雷、翟应春、曹大寅、王进宝、栗大蛟、曹大祥、曹希□、潘国宝、延景松、王湖、王隆、冯进祥、延时敏、栗继祖、杨思宾共施钱八百文。

一会杨思安、成国乡、杨思正、郭西名、王尧通、延仕明、梁名正、崔天禄、延合文、王得顺、郭西现、王国明、杨思鸾、成家友、刘萃亨、延兴、连时兴、弋守仁、卫君尊、王左、李孟云共施钱三千三百文。

一会王思会、延进成、芦一中、梁一山、郭希珠、曹上宣。

一会范克贵、曹世秋、都崇成、茹兴、刘山、芦国山、王□成、曹光兴、刘□、范克和、曹一果、张有庠□山墙二坐，卫得运素爷一尊，郭时正素爷一尊，杨大仓素爷一尊。

白巷里李大琦施银二钱，张全施银一钱，李印川施银一钱，李栋施银一钱，卢□兴施银一钱。

女善人：曹门杨氏银一钱，曹门张氏银一钱，郭门茹氏银一钱，左门张氏银一钱，曹门延氏银一钱，杨门王氏谷五升，杨门石氏谷五升，王门李氏银一钱。

（缺）张登云、王荣先钱二百文，白巷李玉忠钱一百文，翟君宠钱一百文，翟朝登钱五十文，刘善里原思弟施银二钱，张尧德等施钱二百文，芦进忠银一钱，梁一川银二钱，蔡九宗银一钱，张天爵钱一百文，郝尚甫银一钱，□明雨银一钱，裴崇□银一钱，张应宣银一钱，高堂钱一百文，刘一支银二钱，成孟夏银一钱，董思友银一钱，原得宝等钱一百文，芦明正钱五十文，延道钱五十文，李世介钱五十文，宋得银钱五十文，正虎小钱五十文，张祥纸二刀，侯尚贤纸二刀，延仕安钱五十文，延世光钱五十文，延世好钱五十文，张国良钱五十文，常勇钱三十文，吴崇先钱三十文，郭仲春钱三十文，崔人禄钱三十文，王争光钱三十文，延景川钱三十文，路印槐钱二十文，杨思正钱二十文。

本村女善人：杨门张氏金一百张，梁门宫氏金一百张，王门梁氏金一百张，张门李氏金五十张，董门延氏金五十张，董门连氏金五十张，延门茹氏金三十张，延门李氏金三十张，连门延氏金三十张，延门于氏金三十张，卫门李氏金三十张，延门裴氏金三十张，延门杨氏金三十张，杨门李氏金五十张，郝门延氏金三十张，杨门张氏金五十张，张门王氏金五十张，翟门焦氏金五十张，翟门延氏金五十张，马门王氏金五十张，张门曹氏金三十张，王门杨氏金三十张，延门李氏金三十张，曹门延氏金三十张，董门常氏金五十张、钱一百文，翟君兴妻钱一百文，张门柴氏钱一百文，潘印宿钱二十文，毕天贵钱二十文，□思介钱二十文，吴继松钱二十文。

立碑共使工钱一千九百文。

刘善玉工：原思弟刊

社首：张君隆、延志政等，募缘道士：卢全秀，门徒：杨真鸾、郑真合、栗真尧、孙王冲洲、翟增坛仝立（土工：杨仕登）

万历二十八年十二月之吉

2. 重修神路塎院碑记

（1）碑刻简介

此碑刊立于清顺治四年（1647）五月，为记事碑，有碑首，碑刻规制为218cm×86cm，现为壁碑，保存完整，字迹存在漫漶。

（2）碑文

【碑阳】

碑额：施财芳名

碑名：重修神路塎院碑记

润城镇东坪有玄帝古庙，创建已历年多，不无故宫离黍之忾，即时有虔修香火者每嗟壁宇之颓，路径之芜。有能义举补葺者谁？会首张应琦、杨自仲、魏加教、杨自全、王然、延有孚等于顺治丙戌岁，敬发善念，率众输财，买地修路，破石塎院。自全会首谋诸阖会，又于三门下创建黑虎神殿、妆塑圣像等。工不数月间，而院宇重新，神路建正，左右上下倏尔改观，爰是神妥人安，岂不美哉，是功也。其钱帛虽资于会众，而苦心经理者，实应琦一人力也，厥功告竣，勒石以志不朽。

延鹤矗钱五百，张孚□钱一千六百，张毓宏钱五百文又施石窝，庠生张毓芳钱二千五百文，王余春钱一千五百文。

白含章、张明典、张明伦、张坤元、张升元、刘朝山、王余魁、张登雨、杨臻、范才金、王民乐、石现璜、赵兴元、石维邦、杨建春、王登明、栗茂、常金城、延宝一千五百、李争洪、□明德二千文、酒思雨、张所学一千五百、延有量、延文启、吕自洪、原大鹏、李争友、杨自强、孔兴选、栗嘉、王加正、曹士朋、卢国周、延芳谟、栗升、王崇法、赵之杰、李□智、杨□泽、张明□、遴汝清、杨寿岗、张尧春、闫明和、曹明春、陈有才、成福全、赵国顺、王崇新、吕思法、延权、翟养德、王德芳、王正、王得才、李得相、赵国清、会首常金义、栗整，以上各施钱一千文。杨□春钱八百，张应祖钱八百，王一□钱六百，李承□、延明奇一千□、翟永强、吴一秀、延尧臣、延栋、卢从贵、□□得、都加兴、杨仓、梁束、□伦、甄尔□、延大江、张文科、栗义、延阴、许士宗、魏加明、黄加臣、王步文、甄自禄、贾胜禄、李春荣、□加志、成旺、蔡□兴、延祝、□展彩、翟育才、李加元、延思雨、□启、魏□魁、□谅、张士明、李士安、延朗、胡加佑、许壮、侯思顺、张崇兴一千文、延禄远、杨世彦、潘汝洪、卫后凤、杨争春，以上各施钱五百文，刘加臣、孔□仓、茹德才、吕奇、岳天德、□盘、马□寰，以上各施钱四百文，王凤章、白龙驹、翟建羡、郭清、周于彩、郭时荣、李德育、王凤庭、王来宾、蔡保民、岳承华、茹天祐、延立迁、张一兴、茹登魁、白如彩一千文、栗思强、郑体有施钱五百文、蔡尧民、张相、李福全、张金旺、陈加理、王国宝、张所文、成加志、张欲立、延儿升、王承魁、杨一正、王加才、栗旺、杨时兴、崔国旺、梁启元、延新明、王九士，以上钱三百文，乔来、张明升、延定、杨世德、毕前近、杨九旺，以上钱二百文。

延海□钱一千，□养讼钱五百，张尧亲钱五百，一文会□一千一百六十三文。

会首：延进步、王崇先等施钱四千文，会首李承文等施钱二千文，会首石忍等施钱二千六百，会首王问明、蔡俊民等施钱二千文，马化龙钱一千文，裴玉桂钱一千文。

总理会首：杨自仲施钱五千文，延有□施钱三千文，魏加教施钱十千文，杨自全□管饭七（缺）施钱十千文，张应琦施钱六千六百二十五文，共钱十千文，王然施钱（缺）二十四（缺）共钱□千文。

玉贞观道士：□和丰施钱五百文，□必施钱三百文，孙□通施钱五百文。

计开使用于后：

买庙前下地十段，计地四亩八分一厘，使钱十一千文；因修路费用不足，揭钱二十千文二十二个月，出利钱十六千五百文；与王得旺工钱五千三百六十文，人工共费过二十四千七百零一文；买砖石共使钱十二千四百九十六文，脚钱共使钱五千七百五十五文；买石灰九十二石并脚钱九千三百九十，买房木植并脚钱三千七百五十六文；□内□米一石一升半，使钱八千一百二十；又饭菜钱二千六百九十文，与玉工算帐犒劳钱四千三百四文，开光共使钱二千三百七十五文，与常栗两会送盒钱二千二百二十文；修黑虎殿□瓦□并脚钱七千六百二十三，塑圣像金妆颜料共钱六千九百文；木匠土工共使钱七千六百三十五文；又与石匠工钱共使钱三十千文，与油匠钱一千文；又与塑匠、买铁丝等费一千四百八十八文，外补□□路灰石使钱四千文；与石匠开碑工钱六千文；以上共费过钱一百七十二千三百一十二文，收阖会并施舍布施一百七十二千三百一十二文。

但有乡亲阖会人等做饭之家居无上碑，但□会首管账之家把会钱粮收之以手，使钱买米买面，会中所有布施十千，又送至管账之手，难以阖会出利，以十千以五千收之以手，管帐账不明，男盗女娼，在应会首居要钱粮，明白存心，存心千万，难为一人。

玉工：原养志、原养栋

顺治四年五月之吉

3. 重修元武庙碑记

（1）碑刻简介

此碑刊立于清乾隆十七年（1752），为记事碑，碑刻规制为182cm×73cm，现为壁碑，保存完整，字迹存在少许漫漶。

（2）碑文

【碑阳】

碑额：无

碑名：重修元武庙碑记

润城，阳邑巨镇也，居民稠密，商贾辐凑。其东有坪，旧建元武庙，沁流环匝，四山屏列，又斯镇之胜迹也。岁久剥落，黄冠闫合瀛居之，晨夕礼诵，与饥鼪穷鼯啸呼应和，一旦饰腱持铃为兴复计，乡之信善及旅是乡者，咸欢然输金共襄厥事。于是刳朽蒉秽，庀材僦工，经始于乾隆辛未之春，落成于壬申之夏，重饰正殿，恢崇两庑，改建山门，特起奎楼、春秋、灵官诸阁，他如元坛、山神等宇，以及钟楼、廊舍，俱属一时鼎新，金靓荧煌，檐牙完整。事虽踵旧，而功倍创始焉，请记于余。余闻之神圣人所不语，吾侪学圣人者又乌乎记，虽然《书》不云乎，鬼神无亲，惟德是依，则夫惟神庇庥吾民，惟民报德其宜也。矧夫元武居北方之尊，大帝立圣人之极，而奎宿诸神之祀，载在典章，罔敢或斁者乎、然则是庙之重新也，神所凭依，将在是矣。以视深山空谷，徒为幽栖闲止之地者，其相去不径庭耶，若夫神之聪明正直，惩恶祸淫，无或假借，令不肖者知惧，而于善者或解其厄，或降以康，神功冥默，帝力何有，其所从来者远矣，固非区区世谛，文字所得而语也。兹特详其兴复之因与夫捐资之姓字，用以垂久云。

文林郎内阁中书知宁晋县事陈贲懿恭撰

泽州府儒学廪善生员张树佳敬书

捐资芳名：

贡生张书募银六十两，张府银二十两，刘宅银二十两，候选县丞卫敦临银十四两，监生□易青银十四两，张昭先银十□两，监生延位银八两三钱，复生店银六两，贡生张存恭银六两，张作肃银五两五钱，监生张士清银五两，贡生郭惠银五两，岳麒凤银五两，张作琯银五两，赵瑢银五两，天锡号、张作相、张作宰、张贯先、张尚先、张履清、聚盛锅店、新盛锅店、西兴锅店、东兴锅店、晋字锅店、西聚锅店，以上各银四两，翼兴号、永盛号、兴盛号、统盛号、聚昇店、许坤章、曹荣、曹营，以上各银三两，张从先银二两五钱，日新店、候选主簿卫宪典、生员延多学、监生曹居易、张怀仁、魏世樑、张克明，以上各银二两，王金桧银一两钱，张毓起银一两钱，张功烈、□沟□□贵、王廷佑、屯城潘振基、万顺店、晋顺号、王君弼、张作型、贾思逊、刘润体、生员张圆，以上各银一两五钱，积善会延五锡、延沛都、和自发、石献徵、魏世樑、岳麒凤、王瑞、许坤章、张秉烈、赵瑞、马文华、梁建业、石鏽、郭銮、赵瑢、吴学信、李法玉、刘儒，以上共银二十七两四钱，兴顺铺、四合号、柏沟靳有和、李瑞、原文铎，以上各银一两二钱，韩守福一两一钱，翼城卫良、常金垚、生员延国柱、晋泰号、三义号、增盛号、集成店、资盛店、万盛面店、真泰面店、新盛面店、刘四宅、蒿峪马印江、柏沟王廷佐、廪生石佑、生员杨师孟、生员成鸣世、张毓伦、郭珆、于在洙、张毓坤、延进昌、张振先、王成、栗瑞、翟养琳、张克勤、王金海、和自发、王几、王朝兴、王镕、张作正、王美成、王萌生、张作盐、酒模、张文斌、张怀志、张怀伍、梁仲、张志清、梁永顺、刘儒、石镗、徐道□、李兴旺、刘贵禄、李明玉、郭銮，以上各银一两，翼城高永禄银九钱，郭有余银四钱，上店布客八钱五分，顺义麻铺、生员郭锡龄、延沛都、蔡喜年、杨贵宝、李有恒、闫肇业、吕桓，以上各银八钱，德聚号、聚生堂、孔三宅、北阴延清泰、协盛号、马有汉、张作标、张又先、延文星、杨德顺、梁廷佐、傅玉环、范起禄，以上各银七钱，道人延合正、郭教武银五钱，延淳银一两。

经石钰募：

徐州义盛号、泰盛号、继盛号、太和店、公盛号、大增号、郭义顺、郭兴生各银一两，世公号、张绍尧、钱信成各五钱，侯复性银三钱。

经梁佑生募：

李世旺、轩得才、范隆亭、吴法、路朝彦、宋喜敏、吴得正、秦治国、王周、李要还、陈文禄、常世泰、杨世昌、张朋与、冯位、冯耀焕、李沛、李世福、范天爵各银三钱，合兴面店、王君佐、杨秉章、李恒延、张伊禄，以上各银六钱。

余列右碑。

4. 重修元武庙碑续捐资碑

（1）碑刻简介

此碑刊立于清乾隆十七年（1752），为捐资碑，碑刻规制为192cm×72cm，现为壁碑，保存完整。原无题名，据文意而加。

（2）碑文

【碑阳】

陕西武洪道、河内徐天民、曲沃董作韶、翼城柳生贵、生员吉斌、生员李伯贤、宏生堂、郭庄李子银、丰盛号、留善茹太兆、北音延世福、马山李玉金、候选训导王嘉樑、生员延周典、监生王道煜、监生延大禄、监生张存恪、花店布客、晋兴酒店、卢复祥、成仪、张作资、张作珠、姚应璧、王喜民、张坤烈、张顺、杨联芳、张子云、张子文、张作桂、张懋先、延芳葵、郑金周、张会先、杨春棠、沁水张文宰、李生仁、集成号、翟进全、韩福贵、刘希秀、蔡得年、吴从善、王瑞、张毓丛、五福号、和义铺、延士金、蔡贵、高文禄、栗真、张岐先、张通先、张奕清、张本清、王成法、王仲法、翟金元、王永法、曹淇、延仁、张栻、张财贵、霍有玉、李积、吴如国、赵一清、王安国、李玉昇、李九伦、延福本、张洪钧、王思章、李九运、张櫹、杨喜祥、侯印玉、冯贵、梁武、刘文聚、姚守旺、卢孝乾、王魁宗、王永瑞、常法遇，以上各银五钱，韩守印五钱五分，翟养玉四钱五分，留善韩文玉、张毓丛、闫桧、陈瑞、卫斌、五色号、万兴号、魏世植、李正法、延大信，以上各银四钱，和合号、张秀林、张重金，以上各银三钱五分，河内宋礼、洪上范怀印、郭谷陈绍宗、原法、贾庄郭进宝、上佛于仙境、中庄李若盘、北音延士宣、李泽、延振基、李天成、留善茹国珍、恩贡生刘观光、介宾张万言、生员栗世泽、生员蔡垲、生员石什、生员吕调阳、生员成丰发、生员栗佐、附生延纬旋、张作勋、原锡印、延九如、赵丰、张受祉、张克恭、张作为、栗培洽、礼生梁廷臣、大成号、张作永、司琢、杨成仁、蔡时年、延承祥、成估、郭锦、柴守业、窑沟王居易、翟先进、杨士宏、王玉宝、郭有、马文俊、柴继宗、延什、陈有库、延豫亨、张士忠、柏沟王锡成、延锦章、冯宽、黄志起、龚鑑、王教宗、原进财、刘敦如、李延生、乔天佑、卢秉正、范美才、王在田、刘敦昌、安文和、公顺号、永盛号、道人刘本元、任福金、田丰谷，以上各银三钱，金兴号、魁盛号、背坡原钦、原成章、张幕先、郭印、郭存义，以上各银一钱三分，延芳馥、孙兰玉、王佐有、岳麒凤、张秉烈、杨自法、张钦烈、张怀信、张积、李沛、徐长生、赵璿、卢玉盛、徐有生，以上共银五两。

经延五锡募：

清化义合号、万顺号、同兴号、义盛号、郭太和、赵君佐、路能容、路怡菴、连念兹、赵光华、程子书各三钱，义顺号、复兴号、永盛号、义来号、泰兴号、同盛号、瑞利号、王超凡、牛怀天、赵君甫、苏吉庵、马文灼、赵严伯、顾民新、原汉章、路明庵、牛名章、张宸芳、秦永贵、王委公、张雍聚各二钱，门世居银一钱。

经张作肃募：

清化赵煜银五钱，茂盛号、永昇号、秀兴号、全义号、全通号、新顺号、太顺号、臣太号、天顺号、秀丰号、润盛号、同义号、全盛号、赞育号、顺义号、兆兴号、双和号、用兴号、太和号、毛兴隆、靳君锡、赵君卜、赵景东、高静菴、路通四、赵楚、王帝居、赵虎文、贾子云各三钱，资兴号、明山号、东盛号、瑞盛号、通兴号、义盛号、杨字号、长兴号、兴隆号、文盛号、隆盛号、隆兴号、义成号、昇亨号、东文盛、合兴号、文兴号、赵生瑞、路含公、孙建公各二钱。

经延淳募：

清化义兴号银五钱，万顺号银五钱，锡盛号银四钱，复盛号、魁太号、瑞盛号、纯盛号、魁盛号、永兴号、连志淳、高玉岐、樊九成、米楚璧、路㻞、孙资深、赵君锡、闫应遴、高子昇各三钱，玉盛号、淳茂号、元字号、公盛号、和兴号、太全号、正兴号、隆盛号、秀盛号、东山号、丰恒号、大兴号、起盛号、协太号、永兴号、韫兴号、义兴号、珍顺号、源兴号、太顺号、晋兴号、焦漠甫、赵子太、原岱、王仁合、韩晋公、逯秀姜、李永盛、侯客菴、闫辅君各二钱，义顺号、公和号、兴盛号、太盛号、广兴号、永茂号、太兴号、聚兴号、六合号、魁兴号、合义号、太和号、合盛号、隆太号、光盛店、连志学、谢执中各一钱。

经延生心募：

清化瑞盛号银五钱，魁山号、贾书升、董松环、延魁山、宋隆亭、连厚菴、侯密、赵圻、路兴周各三钱，侯乐公、宋君辅、闫应璘、高华西、王统一各二钱。

经赵琳募：

清化申贯三银一两，李公盛银五钱，刘会先银五钱，顺利号、桂盛号、荣盛号、永兴号、含盛号、崑源号、和兴号、金顺号、双兴号、萧傑吾、徐岐伯、恒兴号、连桧如各二钱，合盛号、元盛号、福兴号、万盛号、义和号、顺兴号、天成号、万金号、恒太号、同义号各二钱，兴盛号钱五分，增益号、公顺号、魁盛号、万兴号、公盛号各一钱。

经赵琭募：

清化公兴号、叶其隆、郭章、路登云、同兴号各三钱，上魁号、魁吉号、永成号、关永兴、赵允光、赵宗孔、义盛号、起昌号、茂字号、建隆号、资盛号、君盛号、冯字号、万兴号、元太号、方盛号、全顺号、新顺号各二钱，临盛号、全盛号共三钱五分，恒太号、通玉号共三钱，三义号一钱二分，永瑞号、正盛号、全盛号、凯兴号、兴盛号、三和号、孙必敏各一钱，翼城连增美、李毅播各二钱五分，生员延准、王如梓、王神头、郭宗惠、贾庄郭晋兴、郭应海、郭应堂、龙窝李进有、李进阳、李进端、苏家岭王怀、王芝左、郭谷郑应德、王村延正祥、背坡原淳、曹堆栗锦、刘永明、张克让、万顺店、晋兴号、赵让、王芝庭、卫进法、酒广居、延梓如、翟先茂、李凤林、魏世琪、王恺、郭存仁、黄得存、韩进福、徐印生、栗世旺、韩永兴、李明旺、段禄君、史官、张四、吴承祥、范子良、张作库、范资本、曹正元、李昌有、马小差、王思举、马世雄、裴仁贵、刘万成、刘学时、王成甫，以上各银二钱，张成法一钱五分，关帝会许秀、李沛、李茂先、王之佐、王永法、王育生、梁全忠、杨贵宝、王子龙、张志清、杨秉相、王思举、杨自法、宋天佑、张全、王正、王克明、延文星、刘贵荣、史籍、栗仲元、延林、卫天福、闫斗金、贺永德、蔡秋、翟先登，以上共银三两五钱，赵生、旺顺店、贾文才、王乾金、张合成、延有利、王宁国、杨文志、王□明、赵兴、郭济周、曹永明、王文进、王礼法、司林、崔永福、延禄、王拴柱、王尔侠、李世法、延轸、樊和润、蔡永吉、延俊、李福运、郝财、郭镇祥、杨群、成国顺、康洪章、孙□才、吉有望、张怀正、孙文金、董锁、张怀友、张乾璧、李福孩、孙四、王秉公、韩兴阳、王有良、周黑旦、栗来、李天锡、成宝山、席文展、冯建、何志发、李世兴、石吉星、石建、和迎、夏四、樊和生、王斗成、刘义、秦其松、樊□五、王文来、王周、韩守禄、贺永德、曹克林、李银、苏学之、张玉有、侯印德、司秀、曹世成、王豆子、王小年、翟贵、张作月、茹印龙、曹永月、李烈、延尽心、樊和瑞、曹正元、成兴、原进才、郝旺、李其安、延贵兴、郝宝全、夏六、霍保洪、曹世全、栗正、宋守成、冯周、毕学成、焦三、郑有信、曹兴、吕中正、李齐、王进□、司□、吕顺阳、王文贵、延兴春、延同汉、常顺、梁小虎、张小成、王起，以上各银□钱，张辉先银二钱，张迎春银一两。

以上共收银五百六十七两六钱八分，又本庙柏树卖银一百一十二两五钱，二共银六百八十两零一钱八分。

使费列后：

树株、椽檩银一百二十两零六分，砖瓦、石灰银一百三十五两零二分，木匠工银八十七两七钱五分，石匠工银三十一两三钱一分，油画、颜料并匠工银六十三两三钱五分，抬树木、石头并小工银六十三两一钱六分，伙食、杂费银一百二十五两三钱七分，门环、钉铁银一十四两四钱九分，栽树并做桌椅银一十五两二钱八分，开光、设醮、酹神立碑银二十六两五钱八分，共使银六百八十二两三钱七分，长使银二两一钱九分。

住持认讫

督工社首：卫良、王君弼、孙兰玉、张克勤、张作珠、张作相、岳麒凤、张士清、张赋烈、石鏞、郭鋬、张尚先、王萌生、张履清、张扬清、赵瑢、王永法

住持道人：闫合瀛

玉工：成文星银五钱

大清乾隆十七年岁次壬申孟秋朔旦　　勒石

5. 新塑关圣奎星并制暖阁桌帐记

（1）碑刻简介

此碑刊立于清乾隆十七年（1752），为记事碑，碑刻规制为104cm×52cm，现为壁碑，保存完整。

（2）碑文

【碑阳】

碑额：无

碑名：新塑关圣奎星并制煖阁桌帐记

润镇庙貌云列，而春秋奎宿两阁，昔人数举而未竟其事。岁辛未，缘是庙山门倾圮，有事于改筑。念坪居镇之巽方，且襟王屋而带，沁流饶有仙霞

飘渺之致，不禁谓然兴叹曰：阁之崇也，宜在兹乎，但工既浩大，所费不资，同事诸公辄有中道匮阙之患，余爰是更劝同心，十二人于随众捐金外，再倾箧资，共勤盛举。其关圣奎宿两神妆颜肖像以及供帐神龛，皆出自锡等之力，并未敢假借众募之纤毫。两神并奉一宇一阁，两擅其名，益取其俭，而能备用，以完先辈未竟之志焉。呜呼，风开赤面，振千百世之纲常；笔点青云，育亿万年之灵秀。行见人文蔚起，国士挺生，维神福荫无穷，而诸君子乐善之心不与垂无尽也，即显庵张扬清谨记。

总计塑像并神龛桌帐共使银三十八两三钱六分五厘（十二家均认）

捐资姓氏：郭宪龄、聂全、延五锡、赵琳、张作肃、延淳、刘儒、延养心、赵瑢、延生心、赵瑸、张扬清

住持道人：闫合瀛

大清乾隆十七年岁次壬申七月吉旦镌

6. 创建东坪庙照壁记

（1）碑刻简介

此碑刊立于清乾隆二十三年（1758），为记事碑，碑刻规制为93cm×54cm，现为壁碑，保存完整，存在个别字迹漫漶。

（2）碑文

碑额：无

碑名：创建东坪庙照壁记

元武庙自乾隆辛未重新已臻美备，所缺者照壁一座尔。元斋卫君既已协勤大工而于此，犹若有歉然者，归鞭将指之日，祖帐适设于兹，乃发愿曰：余若蒙神福佑，再仰金颜，倾出己资，补此不逮。时君身膺重疾，祸福不测。众虽心窃善之，而未敢卜其所志之必酬也。旋里经年，一日返旆，果尔病退身安，实如所祝，众无不欢欣感叹。而君遂慨输己橐，鸠工集料，不数日而灵山洞府之前，巍巍乎增一屏障矣。夫神道元远，非可意度，而福善祸淫理有固然，如卫君之乐善无已，以此为自天佑之吉，无不利也，不其宜

乎。公翼城人，名良，元斋其号也，众咸嘉其绩，而不欲泯其传也，为余述其巅末，而代为之。序次如左。里人张章记。

乾隆戊寅年中秋吉旦，张扬清、石鏽、岳麒凤、常金垚、姚兴、张作肃、赵瑢仝勒石

住持道人：闫合瀛

7. 补修东坪庙记

（1）碑刻简介

此碑刊立于清乾隆五十一年（1786），为记事碑，有碑首，有碑阴，碑刻规制为220cm×82cm×19cm，现为立碑，保存完整，字迹存在漫漶。

（2）碑文

【碑阳】

碑额：无

碑名：补修东坪庙记

东坪庙重修于乾隆辛未，历今三十余年，殿屋复穿漏，神不可以栖，且居是庙者，饘粥不给，无以为焚修计也。于是道士赵合儒持缘，走大河南北，将谋乡人之懋迁彼土者，乞募于众，以葳厥事，晚宿山庄不□于盗，尽携其□装以去。往返一月余，踬跐行千余里，仅得白金七十余两以归，不足则请于社众募诸本土，又不足，则伐庙柏若干株，前后计共得二百余金。鸠工庀材，倾者起之，漏者补之，经始于乾隆四十七年之春，落成于秋，凡六越月而工毕，复以其余资，买田若干亩。神妥其灵，人敬其事。社老人曰：是不可以不记，于是乎记。

赐进士出身吏部候选知县里人张敦仁撰

儒学生员永齐杨天赐书

捐施芳名：

张道昌银八两，□□□银六两，（缺）张存愈、□□爵、□守廷、杨广信、卫栾、卫顺卿、监生卫守怀、监生张和、靳盛号、监生卫守基、生员

卫凌云、生员张希龄、□□□□□、李戎褚、张延玡、李鸿业、□文钺、王元昌、□□瑛、申万秋、申万锦、卫绪先、王太全、生员卫殻雷、程九龄、生员曹登科、陈玘、杨逮、张宗溥、泰兴号、裴云程、冯尉、刘稳、张称、生员杨如楷、田岐山各银三钱，申万笄、郭大生、杨广仁、卫宇厚、延宗政、张楚、万盛号各银二钱，集义号银二两，张淳、冯世德、蔡智各银一两。

经赵於中募：

周口常恒昇银二两，赵中聚银二两，曾万兴银一两、钱五十文，陈中兴银一两五文，陈永兴、师福盛、石有和、李小五、张广盛、□□□、□□成各银一两，崔天德钱二百文，成顺兴银一两，张恒方、赵恒各钱五百文，王双兴钱四百五十文，李景山钱四百文，岳顺轩钱三百文，张义有、樊仰伦各钱一百八十文。

经双兴号募：

水屯延齐成、张双兴各银一两，谭信成、张广益各银六钱，李天成、张玉正、吴孝信、蔡积成、梁和、李修裕各银五钱，郝万兴、杨元顺各银三钱，延复盛银一钱。

经张浩、魏敦志募：

李得禄银一两，吴公裕、霍集义、张集义、兴泰号、潽泰号、吴永太、魏和兴各钱八百文，李沛银五钱，杨钟万、延文会、张浩、吴贯、张向阳、和合号、魏永兴、延天樟各钱四百文，张永兴银五钱，祁有亮钱三百文。

经蔡浦募：

熊珂钱一千文，永庆店银一两，成三、蔡浦各钱五百文，杨同智、刘松、宋世章各钱二百文。

经赵瑸募：

清化路宅北店、和合铺、公聚号、路乡魁各银五钱，通盛号、公兴号、徐厚巷、连献廷各银三钱，潘元兴钱二百五十文。

经赵有恒募：

吉丙全钱六百四十文，杨旺钱五百文，李善、宋有义、孙阴、李隆业各钱四百文，刘□□、苏怀、王有玉、程万里、程继宗各银五钱，张嵩银五钱，刘柱银三钱，赵福银三钱，王福银二钱，王顺银一钱，王兴笄、吕大忠、王存礼、石宗成、王忠、翟如义、岳顺轩、段绪、戴官论各钱二百五十文，侯岐福钱一百五十文，文天禄钱一百文，霍世瑛钱二百四十文。

本镇：崑玉盐店钱三千文，复生店、隆盛店各钱一千六百文，永盛估衣钱一千三百文，晋兴号、元兴号、复盛店、健兴店各钱一千二百文，魁顺店、正成店各钱一千文，有恒油房银一两，新太号、合兴号、增盛号各钱八百文，三泰号、晋泰号各钱六百文，永成号、玉盛号、沛兴号各钱五百文，广信号、合盛号、宝兴号、公顺号、玉太号、李恒振、三盛号、万盛号、□□堂、王好仁、彩兴号、宏远号各钱四百文，复裕号、济世堂、延务海、公成店各钱三百文，文化楼、准兴号各钱二百四十文，张奎先银五钱七分，韩天元、锦华楼、韩永兴各钱二百文，新润号、兴顺号各钱一百五十文，和思忠钱一百文，州吏目刘元均、徐道生、赵敦信各银一两，闫吉昌银五钱，王恒、曹际太、延国珍各银三钱，监生杨稳钱二百三十文、监生张永清银二两，生员张久中银一两三钱，监生张作瑞、验祭张齐先、生员张瑞先、张涟清、监生张布清各银一两，张作居银六钱，张依素、张依璞、张依瑜、验祭张义先、张侠清、张树琪、张树萱各银五钱，生员张淇斐、张作宰、生员张宗先、祀生张作□、张吉光、张作兴、张殿清、张树筠各银三钱，黄思宽银五钱，王兴□□二十二，□□□□□□。

以上收布施银九十二两七钱一分，收布施钱四十七千七百七十文，又合作银五十三两零七分八厘，本庙出柏树得银六十五两三钱七分七厘，二共收银二百一十一两一钱六分五厘。

使费开后：

椿杨树二株并抬工，使银一十一两二钱三分八厘；宝瓶、砖瓦、钉铁、灰埽、绳麻，使银十九两九钱八分八厘；木石工、抬工、小工、油匠、伙食，使银二十一两二钱九分一厘；出外化缘川费并做缘簿、内外请客等项，银二十四两五钱二分八厘；死质到官道口上地五亩，壘金庄地四亩，马山地三亩，使银九十八两，契三纸存庙；庙中旧有峪沟小流，坨地三亩，山神头地四亩，附记；犒劳匠人、置地、写契、酒饭，并买磁器、铁器，使银七两一钱八分七厘；栽树、竖碑、换狮头，使银十四两五钱五分；彩画、颜料、工匠，使银一十四两三钱八分三厘；以上总共使出银二百一十一两一钱六分五厘。

赵合儒与徒延教宽做工四十五工，本庙出树兴词使银二十一两二钱六分。

张氏合族认讫

总理：张作宰、李佩、徐道生、杨滋、赵敦信、张怀瑜、张又先、张宗先、张齐先、张作□、张瑞元、张涟清、张扬清、张养清、张允中、张俠清、张树筠、张依仁

住持道人：赵合智、赵合儒，徒（缺）

玉工：黄思宽

时大清乾隆五十一年岁次丙午九月吉旦勒石

8. 重修东坪元帝庙碑

（1）碑刻简介

此碑刊立于清道光十二年（1832）七月，为记事碑，有碑首，无碑阴，碑刻规制为 188cm×73cm×20cm，现为立碑，保存完整。

（2）碑文

【碑阳】

碑额：重修东坪庙碑

碑名：重修东坪元帝庙碑

余观夫少城胜概多在东坪一山，而东坪胜概尤在观上一阁。远则析城、望莽罗列，近则沁水、樊溪环绕。山麓则居人稠密，商贾辐辏，烟火者盖数千余家（翠眉、好蛤亦皆襟山带水，但不若兹山之独揽其胜，且其地有幽雅之趣）山水登临之美，人物都邑之盛，虽未媲于金陵、钱塘，以吾晋方之，与摩诘之辋川、表圣之王官谷，盖亦伯仲之间耳。惟是历年既久，风雨摧

残，将有崩圮之虞。而大殿、春秋阁、西庭与黑虎、灵官等殿，亦皆崩圮可虞，岌岌不可以终日，则备观美者犹后，无以妥神灵而泯怨恫，是则有心者之所大不安也。本镇濚迴延君目击心伤，慨然兴修葺之念。一人独倡于先，假亲友以募于四方，谋社众以募于本土。更联育之闫君、族祖容斋为同伴，三人者勠力同心，朝夕部署督理，越五月而工告竣。于是，向之崩圮可虞者，今皆焕然一新矣，则安神灵而壮观瞻，不大有赖于斯举也哉！其效劳姓氏与施财芳名，均不可没其美也，是宜勒之贞珉，垂诸永久云。

鸿雪张型仁沐手敬撰并书

首事：延发渊、翟福裕、张作芳、原柏、张裕仁、张裕清、闫天械、许国和、延墨林、张近仁、张是穗、延煜章仝立石

乡地：张玉先、张树椿、延瑞成

住持：常永伦，徒：张元法

玉工：张松

木匠：常培爽

大清道光十二年岁次壬辰孟秋之月吉旦

9. 润镇东大社关帝会起水扮故事碑记

（1）碑刻简介

此碑刊立于清道光二十九年（1849）四月，为记事碑，碑刻规制为150cm×65cm，现为壁碑，保存完整。

（2）碑文

碑额：无

碑名：润镇东大社关帝会起水扮故事碑记

四月初三日，恭逢显圣王白龙尊神圣诞，润城大社于是日演戏礼祭，祈四时风调雨顺，五谷丰登。东大社关帝会复起圣水一道，派扮多妆故事，甚盛举也，其相传固由来久矣。第此事旧虽派有章程，而扮无定限，或三五年一起，或七八年一起。随人意办，殊非善法可以长久示后也。今阖会公议，

按以十年一起，每逢闰四月年复起。所扮故事及一切村中摊派不同者，悉照旧账，开列于后：润镇十二坊，每坊派扮高妆故事一抬。惟文林、三圣、镇溪、佛岩、玉泉五坊，除扮高妆外，复扮步下故事各一路；元阁、临沁、佛岩、铸佛四坊，除扮高妆外，复扮金鼓各一路；神佑坊除扮高妆外，复糊纸围伞十对；临沁坊除办高妆外，各家虔备花灯一盏；以及夜间铁花派于炉上，烟火派于后滩菜园，威风鼓派大庙前，云橇派于河东，神杠派在镇夫头，蓝旗派在镇剃头铺，惟围伞十四对系会中公举围长三位，在十二坊内採扮。砥泊城昔办大故事一路，因什物失落不能办理，今与在镇铺户捐资，为一应化销之费。至北音虽系外村，亦属润城地方，派扮故事八音；留善、王村与润镇素相往来，凡遇起水彼此帮助，不必开载；其余四外临近村庄有八音会者俱系会中备书，敦请助水。此皆旧账所载，诚恐年久废失，今泐诸石碑后，有所考云。

阖会同立石

时大清道光二十九年闰四月吉旦

10. 补修东坪庙正殿奎阁并门外花墙石梯碑记

（1）碑刻简介

此碑刊立于民国十一年（1922），为记事碑，此碑刻在《补修东坪庙记》的碑阴，有碑首，碑刻规制为220cm×82cm×19cm，现为立碑，保存完整，字迹存在少许漫漶。

（2）碑文

【碑阳】

碑额：补修东坪庙附志碑

碑名：补修东坪庙正殿奎阁并门外花墙石梯碑记

吾镇之有东坪者，为岳神山支脉之所，自出翠眉山干脉之所盘旋也。古有玄帝庙，配以各神，而庙宇辉煌，神功显著，诚一方之保障也。况夫樊川蜿蜒其右，沁水绕流其前，峰峦叠翠，松柏争荣，风景清明，触目皆是，犹吾镇名胜之地，为高人游览之所也，当勿庸述然。历年既久，补修者不知凡几，数十年来风雨飘摇，檐牙崩落者有之，墙壁倾颓者有之，当日之装潢美丽，今则寞无所存也。忽于壬戌之夏，正殿后墙又为积水所侵削，将有倾倒之虞。光显张君等有鉴于此，商于众曰：此墙危险如此，若不急时修理，恐殿宇全覆，其钜工钜款何以筹集，事未可缓也。佥云：庙外古柏成林，不若砍伐数株，易资兴工，以工济工之为得也。于是伐庙外西边柏树十二株，易价之洋二百圆。张君不辞劳瘁，鸠工庀材，弥月而工告竣矣。将见庙貌之庄严，节棁之华丽，焕然一新，是不仅可以壮观瞻，正所以期妥侑也。籍志碑阴，以垂永久尔。

四等嘉禾章第二届众议院议员樊振声敬撰

国立山西大学校肄业生张葆模书丹

本庙柏树十二株卖大洋二百元，换钱三百四十五千文。

使费开列于后：

出买木料钱七千五百文，出买砖瓦猫头钱四十五千六百文，出买石灰钱二十一千五百文，出买大小铁钉钱七千六百文，出买头发架绳钱九千九百文，出买红土皂矾钱三千八百文，出开光酬神钱十六千文，上共出钱二百七十五千一百文。

出买水钱二十千零五百文，出杂费钱十二千五百文，出木匠大小工钱七十千文，出油匠画工钱四十七千二百文，出立碑工钱十一千文，出本庙茶水钱二千文。

除出实存钱六十九千九百文。

总理人：金色一等张光显

社首：村长栗秉鑑、银色二等张秉璧、村长王世溶、张秉衡、张秉福、村副张光裕、张秉成、贺玉山、张爱民、韩朝宝、茹宏庸、李启元、张福贵、延太平

木工：蕉业农

画工：张永福

玉工：李中和

住持：韩锦德

中华民国十一年岁次壬戌闰五月吉旦

（九）玉贞观

玉贞观位于润城村东南，地处东河南岸，未知其创修时间。玉贞观原供奉玉皇大帝，现观内破败不堪，殿宇被当作他用，山门与山门上"玉贞观"三字仍存。现在玉贞观内部存有可识别碑刻2通。

1. 重修药王祠碑记

（1）碑刻简介

此碑刊立于清乾隆四十二年（1777），为记事碑，现为躺碑，保存完整，字迹存在漫漶。原无题名，据文意而加。

（2）碑文

【碑阳】

镇之翠眉山，旧有药王祠宇，其来久矣。戊辰岁，邑人王永珍捐银十四两，李永年捐银十七两五钱，李贵年捐银十四两，赵瑸捐银六两二钱，张继贤捐银六两六钱，道人赵含智捐银六两七钱，创建药王殿神阁三座，又置买田地四亩五分，其地在□□□□□□□地□□□分，其地南北畛计地□段，东至小道，南至水沟道，西至庙地齐，北至水沟□□□□□中地□□□分，其地东西畛计地□□东至水沟，南至延姓地根齐，西至翟姓地齐，北至延姓堰齐，四至以里，上下土木石相连，同心协力，非敢以云善举也，一点微心，聊以自书耳。

张继贤、王永珍、赵瑸谨识

李永年、李贵年

住持：道人赵合智

玉工：黄思宽

乾隆四十二年岁次丁酉仲春谷旦立石

2. 补修文林亭碑记

（1）碑刻简介

此碑刊立于清光绪三十二年（1906），为记事碑，现为壁碑，保存完整。原无题名，据文意而加。

（2）碑文

【碑阳】

是亭之名文林者，盖以每岁四月初三日文林坊于□白龙尊神祀事。毕则少长咸集，以享神惠，亦盛事也。迄今历有年，所祀事之不修久矣。然祀事虽不修，而亭存犹得以志之，而可复焉。若即听其倾覆，而古人作亭之意几乎没矣。于是谋之一坊□而补葺之。庶乎！因亭而祀事可举焉。

施财芳名列后：

杨逢吉、李麟华、成沄、延新泰、王凤坪、王体忠各捐钱二千四百文，申肆好堂捐钱一千六百文，延景运、李四端、杨光彩各捐钱一千三百文，刘永怀堂、延东阁各捐钱一千文，李忠、延德成、李河各捐钱八百文，王更来捐钱七百文，曹福生捐钱六百文，张接科、成启瑞各捐钱四百文，李培、翟锁各捐钱三百文，延南方、杨福昌、成睿、杨毓秀、翟成樑、史明各捐钱五百文，吴锦华、翟福年、张成、席法印各捐钱二百文。

右共捐钱三十一千六百文。

买材料使钱二十千零六百文，出匠工钱八千文，出油画钱一千文，出勒石钱一千文，出茶水钱一千文。

总理：李麟华、杨逢吉、成沄、延新泰、王体忠、王凤好仝志

大清光绪三十二年清和月重修壁记

（十）街巷

街巷中发现碑刻 8 通，多漫漶不清，其中清晰可识别的有 1 通。

1. 补修观音堂壁记

（1）碑刻简介

此碑刊立于清嘉庆二十四年（1819）七月，为记事碑，现为壁碑，保存完整，字迹存在漫漶。

（2）碑文

【碑阳】

碑名：补修观音堂壁记

镇中十字路口旧有观音堂，不知□自□时并无遗碣可考，自明万历九年始重修之，迄今□百余载，风雨剥蚀，栋宇彫残。会中好善诸公佥曰：□者□□庇民也，庙者所以妥神也，是不可□不新，乃鸠□□材，择日经营。庙之左右居人无不倾囊倒橐，踊跃□□因其旧而补葺之，不匝月而功告竣焉，于是雕镂丹雘之辉，藻采琉璃之盛，焕然观美。较昔之庙貌，法相倍□庄严。乡人岁时伏腊，相与礼拜于貌座□下则□□法雨普照均□获福无量矣。今将首善乐输之名□捐柱础□甓之资，勒诸贞珉以传永久云。

郡庠生许国华敬撰

施财芳名列后：

（缺）孔尚功、孔尚德、延荣信、樊海、栗世业、栗世积、李有美、杨泽、王烈、延□乡、延天顺、马魁武、杨儒林、李沛兴、杨炎林、延维礼、石鼎先、□明□各捐钱三百文，石世英、孙源、□□洪、张鑑、王兴杨、孙振业、吉永安、张连魁、王多福、王英、曹保□、杨德全、杨尽善、王九贵、于保堂、杨久锡、王多□、张时□、潘银、段君安、张树纯、广进宽、霍辛午、郭发、倪九魁、曾朋霄、张世瑞、张志□、司□、张守午、□美玉、王恺各捐钱二百文，天源号、张小润、吉九如、赵荣茂、延观清、吴玉和、延和顺、王大润、栗兴泰、柴多枝、郭映槐各捐钱一百文，王道捐钱一百文，（缺）延□君、张□□、李□芳、□□昌、□世和各捐钱二百文，杨君爱捐钱六百文，李建茂、杨永锡、曹琮、延□和、石大海、于□□、杨□、延□、高魁（缺）杨淳钱五百文（缺）房租钱（缺）五十二千九百九十文。

□石灰砖瓦树株并卜风板，共使钱十五千六百零一文；□□□□并皮交鳔□马，共使钱三千九百零六文；□□□□□并□银硃抬石，共使钱一千七百六十九文；□□字工青石□经绳，共使钱六千四百四十文；匠工并油画匠又并小工，共使钱二十四千六百七十四文。（缺）钱六百文以上共使钱五十二千九百九十文。

大清嘉庆二十四年七月谷旦

（十一）其他资料所获

1. 无题名墓碑

（1）碑刻简介

此碑刊立于唐大和八年（834），为墓志铭，以下碑文来源于润城人张家庆所存该碑拓本。

（2）碑文

【碑阳】

若阎浮世界各已荣华，生死轮回归于苦海，四大□不无常，一切众生有于浮土泡幻之事。色即是空，遍代流传，孝行之本，合拊崇矣。故述题言。

维大唐泽州阳城金谷乡土门里小城村，因大和八年，岁次丙寅十一月乙未朔八日甲寅，太原郡王，祖讳宾，婆讳郭氏，父讳铨，母讳旁氏，本贯晋州岳阳县遥城乡尺壁里上义坊人也，顷逢时乱失邑，移乡泽州阳城数十年矣。素无官宦，孝悌传家，兄弟义居，□之语，上下和睦，又□阃训。伏惟亡考，性同竹马，行直如弦，抚下无偏。□元和六年，寿终归于逝水。伏维亡妣，闺仪有责，妇德可观，志贞良以守节，性敏慧而恭睨，何鄙膏盲之瘵，二竖祲焉。针不可达，药不能痊，奄从风烛，魂归下泉。未赴安厝，权殡丘园。长男王叔清及诸兄弟小□旻、神、佑四人，□罪逆深重，不自死灭，上延考妣，号天叩地，不能堪居。用此吉辰迁殡。发棺榇而哀恸，葬魂魄之平原，卜其宅地安厝□田，谨陈祭奠，愿灵歆焉。礼制以毕，伏维降宣，乃谓词曰：西占沁漾水，东阜近高岗，北倚大神庙，南观道路傍。

2. 题石氏佳城记

（1）碑刻简介

此碑刊立于明天启四年（1624），为记事碑。碑刻内容来源于阳城地方学者所作书籍《润城砥洎城》（未刊稿）。

（2）碑文

【碑阳】

曾祖讳鑑，生三子：伯兴、仲冻、季和。仲配马氏、继郭氏、继裴氏，宅于阳城化源坊焉。关之东关圣帝君庙后，其祖茔也。追成化初卜居润城镇。寻而公卒，于嘉靖十七年输价银二十五两，卜葬于刘善原家坪。公始立其祖焉。子四：伯从表、仲来凤、叔鸣凤、季周凤，来凤乏嗣，从表之子蕴珍继焉。女二：长适白巷里杨蒲，次适郭谷举人卢守经。自此分为四支，迄今七世矣。世族悠长，子孙繁衍，计共得八十余丁。但恐世远则易忘，派多则易乱，良非长久计也。三世孙蕴玺，竭追远裕后之恩，为反本寻源之计，一旦语族人曰：诒谋燕翼，为可继乎！于是四支忻然乐从，有财者输资，有力者效劳，恭竖一石，祖孙父子，昭穆序列，庶支众流，总一派之衍长，本一源之畅茂，瀚海朝宗，万翚护干，勒之他山，以志不朽云。

天启四年清明前二日

裔孙玺等文

3."施财芳名"碑（关帝庙）

（1）碑刻简介

此碑刊立于明崇祯十年（1637），为记事碑。碑刻内容来源于阳城地方学者所作书籍《润城砥洎城》（未刊稿）。

（2）碑文

【碑阳】

举人王崇铭大榆树二株

总领首事

生员张一元膳绒袜，生员杨桂银一两，生员石孕华钱二十文，生员石含章银四两，宣大委官阎景阳银三两，下佛生员刘天章银五两，下佛刘思敬钱五百文，南留杨吾素钱五百文，沁水孙自考钱五千文，沁水樊懋勋钱三千文，沁水霍朝相三千文，沁水刘炳钱三千文，沁水孙浚钱二千五百文，翼城侯汝谦钱一千五百文，翼城高峪钱一千文，翼城王拱和银五钱，解州介登桂钱一千文，怀庆朱正色钱一千文，怀庆秦士敬钱五百文，怀庆贺应钢钱二百文，高平李之用钱五百文，孟县邓好文李子敬等，共钱二千三百，香客靳起梅银一两，泽州晋国兴钱三□，清华黄元桢钱五百，以上共钱四十六千。

（略）崇祯十年二月开工至十一年五月竖碑

【碑阴】

"支销实数"碑

杨宅银一百两，崇祯□年祭神会社银二两，□美泉□房三间四椽，价银二十二两，拆房送水脚价共□三两，买孔寨□成氏大白杨二株、青杨柳树十一株，共价银一十一两，以上俱经前次首事之手。

崇祯九年五月岳承荣搭大梁等厦净工钱三百五十文，崇祯九年十月祭神会社银五两二钱八分九毫，栗从周正殿椽飞价银一十八两六钱，延鹤口树价银五两，又椽板等共价银六两，马一春干椿木板四叶，价银三两四钱二分，延争贤口坯二千块，原工银五百六十文，连时复砖瓦等件共银一十两七钱六分六毫，原养志等二次破青石，工钱六千七百二十五文，卢福昌等抬洪上等树，脚钱一千六百八十文，武先买米一石，使银一两八钱（送社中备诸位饭食用），栗道口又取谷黍菜做诸匠饭食，共钱一千二百一十七文，李争口牌赏钱一百文，以上共使出银一百两零七毫。

砥城钱七千七百二十五文，崇祯八年原养志等破青石一百五十二块，净工食银一两八分，岳承荣等抬青石共工银一千七百二十五文，卢福昌等砍树抬大梁，共脚钱四钱二百文，以上共钱七千七百二十五文，二项口俱经杨宅并前次首事之手。

（略）

崇祯十年二月开工至十一年五月竖碑

4. 创建关帝庙貌记（关帝庙）

（1）碑刻简介

此碑刊立于明崇祯十一年（1638），为记事碑。碑刻内容来源于阳城地方学者所作书籍《润城砥洎城》（未刊稿）。

（2）碑文

【碑阳】

自有开辟以来，世运人情其变迁，不知几千万状，于斯矣，而忠义一脉如日月之经天，山河之壮也，亘今古而不磨。是故帝王得之而治，圣贤得之而教。夫妇之愚不肖得之，而可以与知，能入水不溺，入火而不焚。此物此志也，纪传所载，忠臣义士代不乏人。有与时俱泯，或久而渐以湮灭。惟神威灵显赫，自国都郡邑以及遐陬僻壤，王公大人以及编氓田妇，莫不尊敬。何以得此哉？汉纲沉沦，权奸谋逆，不知忠义为何物。有三人焉，义足千古，死生以之，如缕不绝之，威仪犹称汉官，谁之力耶？当其对天地、质鬼神，有以光日月、贯金石矣。腹心手足与同一体，史称忠而有礼，三代以下曷多见焉。繇汉迄今，上下数千载间，法象现世，若亡若存，皆大有功于社稷生民，历代累赠其最显著。期我大明亿万载无疆，景运空谷之声随响而应，日月之影即物而存，神武较前代更光。又何以久而弥盛哉？盖人心不死，直道长存，即奸雄黠杰不至，泯灭殆尽。斯民也，王代之所以直道而行也。不将与天地无穷极哉？曷观辞曹书乎？日在天之上，心在人之内。夫昼夜者，天地之光生也；死生者，吾人之昼夜。贞明不息，则天之日、人之心也。右今大道理神语提醒，岂勇略足慑服群雄已乎？殆所谓浩然之气，直养无害，至大至刚，配义与道。若权谋诡计，虽可以得天下不为也。忠臣义士焉足与之并驱耶？又何疑塞天地、横四海，终始宇宙也哉？杨氏朴曰：神之徽号，繇侯而王，繇王而帝，而天尊崇隆至矣。三家之村建有正殿，兹镇数千室，曾无正位南面特庙专飨乎？此人心郁勃，创建庙貌而不可遏也。居民铁冶，治生日中，贸易子母、刀锥之息，□争无虚日。好勇斗狠悍然不顾，罹刑罚而不悛也。语之以神威惕然畏惧，不怠敬事之念。盟神解纷不知气何以平。谚所谓护国安民非无稽矣。此人心郁勃，欲建庙貌于市也。岁壬申，流寇数万骑荼毒诸村落，是镇更惨，残黎泣神。筑城避寇之作矣，告竣后晏然安居。凡有血气心知孰忘神庥？此人心郁勃，定建庙貌于寨也。物随缘备，金从愿输，无事强求，何须力索乎？惟收钱谷、分派饮食，出入支销有票、有领司事手押兑算，若合符节然，锱铢尺寸不爽也。工起于丁丑年三月，落成于八月。鼎建正殿三楹五椽三门，五楹四椽两廊各四椽，工椽刻山画藻，焕乎可观。神像俨然，正位南面，散冕其章，肃然起敬。可以祭、可以飨矣。其始也，予倡众和在寇祸未有之先，其既也，众倡予和在寇祸既有之后。其督率工作、综核物料，兼催钱谷者，生员张尧兢、礼部儒官杨桢、乡祭酒延文英也。分司其事以出纳钱谷，黄岗县典史曹时正、乡祭酒蔡藩也。司颜料，锦衣卫造器官延宣也。石灰、塘土诸杂料司之者，乡祭酒延鹤翥、杨化虹、延文俊也。司书记、通应酬，察院承差张重新也，又皆兼催钱谷也。分催钱谷供饮食，十二坊各有从事。其在三圣，则生员张文辉、冯建美也。铸佛则赵景灏、石现瑞也。神右非杨化龙、栗泰，神左非梁承蕙、延祚远，孰司之？谁为街市者？杨化新、杨如桂。谁为镇溪者？延争光、王一珍是也。通沁何人？斯延时整、延鹤翼。临沁何人？斯卢承材、延鹤季其人也。张国祥、延尧俊，所谓佛岩。张坤元、白含章，所谓玉泉。不其然乎？文林有延密、杨英。玄阁有李大纯、王德明。非异人任也。而备器致用，延鹤先、王金魁。何惮烦焉？为经之营之始终以之，傥云不才朴耶。一乡共事之雅有如斯。输金芳名镌石永垂不朽。

敕授阶承德即顺天府大兴县知县丙午举人杨朴撰

后学增广生员杨载简书

崇祯十一年戊寅仲夏吉旦

【碑阴】

润城镇砥洎城

建树首事：延宣、延文英、张尧兢、曹时正、张重新、延文俊、延鹤蠹、蔡藩、杨化虹、杨桢，仝为本镇乡官。

杨朴施银一百两，男生员杨载简金妆神像五尊，又施树木：

大榆树一株，长二丈八尺、粗六尺，干白杨木一根，长一丈一尺、粗二尺二寸，大白杨树一株，长三丈一尺、粗四尺五寸，柳树一株，长二丈八尺、粗二尺四寸，大白杨樑一株，长一丈八尺、粗五尺五寸，椿树一株，长一丈六尺、粗三尺三寸，大白杨树一株，长二丈三尺、粗四尺五寸，柳树一株，长二丈三尺、粗二尺，大榆树一株，长二丈二尺、粗五尺，干榆树一株，长一丈、粗二尺，柳木檩二根，榆木檩二根。

崇祯十一年戊寅仲夏吉旦立

5. 关帝庙铸铁狮碑记（关帝庙）

（1）碑刻简介

此碑刊立于明崇祯十二年（1639），为记事碑。碑刻内容来源于阳城地方学者所作书籍《润城砥洎城》（未刊稿）。

（2）碑文

【碑阳】

关帝庙创城于丁丑岁，□首事社□为会首，以司血食。既请会聚，忻然乐从。凡遇祀典，无不合力同心，各输诚敬。一岁已终，计费多许，所积余钱，铸铁狮一对，重七百五十斤。一切工价等用费，过铜钱五千余。合镌于石，以志不朽。

会首：杨化龙、杨山、王余魁、郝加相、翟永强、延□迪、张元棋、王之桂、晋国兴、柳加盛、杨英、龚烟、杨景隆、石现璜、赵景洋、延玺、李应期、田养新、杨时新、吴之道、翟凌高、卢文理、王凤章、曹凌云、卫聚民、郭养德、梁济民

崇祯十二年庚午仲夏吉旦

石工：石思民

金火：栗纥清

道人：栗真觉

6. 明故承德郎大兴县知县贲闻杨公及元配赠安人王氏合葬墓志

（1）碑刻简介

此碑具体刊立时间不详，因杨朴去世于明崇祯十三年（1640），此碑应最早立于该年，为墓志铭。碑刻内容来源于阳城地方学者所作书籍《润城砥洎城》（未刊稿）。

（2）碑文

【碑阳】

公讳朴，字贲闻。少孤且贫，赠公捐馆舍，弟桢在襁褓，太安人织纴不足供饘粥。赖外大父张某扶持，安全之，大父殁，几不能朝夕。自负米就学虎谷，与余事苋铭先生。公颖悟绝伦，笙箫搦管便韵，虽家徒四壁，昂藏磊落。余少公七岁，谬悠不能属词。辄流览《史》《汉》，深相期许。已饩廪阙，归授弟子室自养。既补博士弟子，越一岁，始有室，复与余结社海会院。丙

午同举于乡，余糠秕在前，公凡五上春官不报。以太安人春秋高，选得胙城令。胙田下下，苦砂碛，弥望萧条，率多不毛之地。栋宇痺陋，文献荒落，簿书窜冗，赋役杂乱。有司无可奈何。人与地更坏，吏既无良法，邑日就敝窳。公条上其事，发仓廪，振赢乏，正经界，清飞诡，稽户口，均力役，免瘠赋，琐细靡密，手口拮据，设诚致行之，邑编审剂量，无毫发爽：某里某牛若干角，骡若干蹄，车大小若干辆，悉知其数，人咸服其神。然赈饥时，躬编下里业，私识手证之，人罔知者。期月胙有起色。御史大夫廉其治状，谓汤阴孔道，驿传凋敝，吏因缘而奸利，遂换县。汤阴岁省无名之费以万计，既无废事传傣征解诸杂徭役，甘苦上下多寡贫富之数，罔不当父老意，未尝饰厨传媚，冠盖费省往十三四，粲蔬简洁，客至如归。三韩告陷，黔蜀齐鲁交讧，赵魏轮蹄如织，所过将士奢索蹂躏，率鼓噪辱其长吏，公储蓄刍糗，具而有法，各厌其意焉。湖卒最犷悍，亦晏然去。西京兵逃为乱七百余骑，官兵无敢格者，邑人士惶惧，思尽室以避，公亟止勿动；躬自登陴，宣谕恩威，诸叛卒窥设备严整不可犯，下马罗拜。以往，东道既梗，冠盖尽趋河朔，他邑请益，郡刺史无以应，独汤阴取诸前节省站银，裕如也。赵藩宗某，结恶少椎埋为奸，己党益众，有司不敢问。公密画，赞兵使者焦公蘅芷用其计以安。府库积余数万金。郡守张公华阳亦以用公言，疏上，得抵邺所属俭岁田赋之半。大抵以龚、黄、卓、鲁之心济以桑、孔、陈、刘之术，疲邑坏县皆有起色，然惟公能行之。干敏精核，他人不能也。

枢辅孙公恺阳、邹忠介公南皋、御史大夫曹公真宇皆谓公可大用，冯公礼亭、丘公毛伯以卓异荐。海内知者，如左公浮丘谓公今刘晏，仓卒迁瀛海郡丞。公既治邑为善地，有阴图汤阴者，既以台使者从士民扳留，未即去；复以公名籍甚，谓可治兵，量移戎政幕，比计典，卒中考功之法。盖权有力者窃铁之疑，遂计中之耳。

逆珰用事，杨、左诸君子毙于狱中，余谪酒泉，公镌级食于家。比戊辰今上御极，诸君子向用，余赐还，再为御史；公出补京兆幕。无何兵兴旁午，大京兆刘公念台廉公才，荐补大兴令。羽书交驰，时日迫剧，一切军需督趋如星火，公咄嗟告办。嗣以给谏杨公沁湄疏劾贪吏，某反噬，沁湄疏辨，孙公拱阳诸君子谓某有私谋，疏上恐有不测，持其章趋仆归里，某伺于路，夺诸公复沁湄书以闻，孙公获罪，波及公，又镌级去。

公生本享年七十岁。初娶王氏，邑庠生复本女，辟垆佐读，事媢姑以孝闻。先公卒，赠孺人，再赠安人。今次子仲君载简，即以公所自择某月日，郭于所自治宅兆，王安人合窆焉。呜呼！生死之际，亦既皎然明白矣！公为弟桢治千金之产，太安人爱少子，曲承太安人意。丙午得镌后，尽色养之孝，殆三十年。太安人寿九十，足报居约时洴澼洸之苦。既以经济十二三施之官，复治其家，轮奂突然。大木值数十百金，询之，自既廪后积束脩之馈，拱把而上约得百许钱尔。善耕瘠田，邻壤才亩获五六斗，以为常，公辄再倍之；诸僮仆老稚愚黠皆能尽其用。壬申、癸酉，以流寇之变，杀掠殊惨，里西北偏高阜，三面濒河，公相度高下，量方广得若干亩，计亩敛直费数千金，筑砥洎城，屹然金汤，此不朽之功也。

张慎言曰：噫嘻！贲闻，用世之才也。为人强忍有心计。以余观古名臣，如刘晏领度文盐铁转运使，权万货轻重，使天下无甚贵贱，而物常平，自言如见钱流地上。然核其实，无他谬巧，尝曰："王者爱人不在赐予，当使之耕耘织纴，常岁，平敛之，荒年，蠲救之；又时其缓急而先后之。每州县荒歉有端，则计官所赢，先令捐某物、贷某户，民未及困而奏报已行矣。善救灾者，不使至赈给，赈给少则不足以活人，活人多则国用阙；国用阙则重复敛矣。"至哉，言乎！陈恕立茶法，召茶商各条利害，恕第其等，裁捐而轻重布之。赵开为转运，悉榷茶买马之害，其大指亦不过苏茶之困、惠茶商而已。遂收息至一百七十余万缗，买马逾二万匹；置钱引务兴州鼓铸钱引两料通行，初才一百五十万有奇，后添至四千一百九十余万，国收其利，民无怨言，盈虚之算，岂不在人哉！使当时能用贲闻居淮扬间，理盐法兼鼓铸，又或理秦蜀茶马，便宜行事，何讵不如刘晏诸君子？仅仅施之两邑，口碑脍炙，未竟其用，惜哉！余既志之，不能不三致慨云。

张慎言撰文

7. 清故福建都转盐运使司运使心盘王公墓志铭

（1）碑刻简介

此碑刊立时间不详，据碑文，王心盘去世于清顺治十四年（1657），此碑应最早立于该年，为墓志铭。碑刻内容来源于阳城地方学者所作书籍《润城砥洎城》（未刊稿）。

（2）碑文

【碑阳】

心盘讳崇铭，少精敏多智计，读书刻厉强记，为文闳挚有波澜。年二十八举于乡，屡试礼部不得意。国初诣京师，受选知永年县，多循政。未几，用直指曲沃卫公荐，擢户部主事监宝源局。收罗废铜供鼓铸，胥吏欲缘以为奸，黠不可制。心盘患之，乃牒司农增设旧员共事，圜法振肃，卒得报代去。寻奉敕分榷浒墅关税，通商裕课具有科条，满一载奏报数余于额。司农多其能，请敕再理一载，复余于额。还部，历员外郎中，升浙江处州知府。处山郡荒瘠多伏莽，心盘闻之悒悒。余曰："第当如作秀才时，不则赍橐以往耳。"心盘连额之。比至郡，首先筹画歼抚积寇。居五年，廉干有声能，不负予规戒。以俸荐深次，应擢副使，适无缺，暂迁福建盐运使。虽浙、闽相距不远，而心盘在处坐畏暑毒，岁辄病疟。及抵闽，书来云恐不得复见。久之，闽安克复书又来，不言病，反自多其转饷功。无何，讣音至，余且信且疑，盖因其前有恐不复见之语，而信其后之不言病且自多功也，必有志于建树，非以远地不相宜自颓废者比，而遂赍志以没。呜呼惜哉！心盘为人，性若急卞，口期期不休，而中实洞直无他肠。材计有余，动自称负，而措诸事为类沉细周匝约己，自下弗敢为径情。与余交多年，所言激切无忌讳而亦雅听受，余言所谓朋友责善之风庶几有焉。乃今先弃余以去，故亦余之不幸也夫！故亦余之不幸也夫！心盘以顺治十四年十月二十八日卒，年五十八。以某年月日葬某地。高祖讳付。曾祖讳□兰，祖讳永泰，二世俱庠生。父讳琯，赠中宪大夫、浙江处州府知府。母延氏，赠恭人，初聘延氏争光女,未娶卒;娶申氏,封恭人,九皋女。恭人生二子、二女。子仁深,官监生,娶赵奇珍女;仁洽,庠生,初聘沁水张忠烈公子庠生道润女,未娶卒,娶御史杨公新期子庠生蜀材女。女,一适泽州鸿寺丞范四知子庠生和衮,一为余子方厚妇。侧室汪生一子仁濬,聘工部员外郎杨荣胤女。赵生一女,幼。孙三人:嘉植(仁深子)、嘉桢、嘉楫(仁洽子)。孙女二人。

铭曰:"心盘之师伯氏曰琦,及其二祖困约劳思。四世一经于焉奋迹,学成而宦章施显奕。既显厥功克死厥官,号以丈夫不愧豪贤。沁河之湾山拱其形,维室万年继续孔宁。"

白胤谦撰文

8. 润城里六甲张氏祖茔世系碑记

(1)碑刻简介

此碑刊立于清顺治十五年(1658),为墓志铭。碑刻内容来源于阳城地方学者所作书籍《润城砥洎城》(未刊稿)。

(2)碑文

【碑阳】

甚矣,祖功宗德不可忘也!予始祖分甲之由,谱牒失传,大约葬于此茔者甚众。今幸于六世祖碑知八世祖讳全,七世祖讳璿。八世祖有弟讳大用,为太学生、乡耆;有侄讳刚、讳福;有子讳璿,允兵房吏。正统六年重修社庙,暨景泰三年壬申建乐舞楼,大用祖倡率之力居多,而全祖捐资亦较众有加,两碑俱在庙中,可推考算年月。八世祖全寔生于洪武初年,系本镇之素封大户也。然全、璿及大用、刚、福五塚皆茫不可寻,岂明代有禁或金报富户之恐故,未敢竖碑耶?抑土陷碑裂也?即不然,茔在他处,年久无传也,是未可知也。呜呼!里鲜弦诵之家,乏青衿,俗尚俭,固渐渍遗忘,此璿之追本而不能不三至叹也。兹茔中碑碣昭者,为六世祖讳徐用,弟讳演,于成化四年戊子,曾从父命施建三圣地基,正德七年壬申,廪生郝兰记其事。五世祖世岩有丈夫子四,益光大吾宗。当嘉靖三十五年丙辰,偕仲子讳廷富建今存前院客厅；三十八年己未伯子讳廷锐建顷存后院客厅；仲弟讳世美楼居亦壮，家业亦丰，累世勤俭，俱见于斯。惟琇四世祖讳廷贵，系叔子，性豪达，不治家，人产亦丈夫子四，厥德懋焉，始卜葬于镇东石家坡。递传曾祖讳永库，伯祖讳自强，祖讳自立，父封文林郎陕西道监察御史，讳念祖，克承先志，耕读商贾，修业而息之，田宅甫饶。从兄綦绪、从叔振奇、叔振名，前后蜚声黉序，箕裘罔坠，载传于琇记九世矣。联登两榜，早掇香芹，度年量力，悉窃踰涯。仰赖祖宗功德，夙兴夜寐，罔敢自安。今琇终先君三年，丧服阕赴京，因诸同族约，凡我族属沐祖宗积善之庆以有今日，使徒知鼻祖之名，罔寻鼻祖之墓其可乎？我张氏葬此茔者甚众，想鼻祖亦在此不远也。嗣后，年年寒食、七月十五、十月初一，同力祭敬如礼。倘各赴新茔拜扫，亦必公约日期，无废此典。凡兹附近诸茔，遇有荆棘则剪除之，无使滋蔓；遇有水孔则填塞而疏通之，无使罅漏总期。保护先茔，永培地脉，用慰祖宗泉下之灵斯可矣。诗云："孝子不匮，永锡尔类。"曾子曰："慎终追远，民德归厚矣。"愿与吾同宗共勉谨记。又曰：予族在胜国嘉隆万历年间，人多寿考，生齿亦繁，敦伦务本号里中巨姓。及崇祯壬申癸酉，流寇发难，有殁于刃者、水火者、瘟疫者。洎庚辰辛巳年，异常亢旱，粒米如珠，则有毙于荒者，甚至不自爱惜死于嫖娼者，及流落它乡而不返者。呜呼！寇疫乃气运使然，余则人事之有未尽也。恭遇太清定鼎，时和年丰，凡我子侄幸得瞻依祖宗庐墓所愿，存天理，畏王法，孝弟忠信，勤俭交修，爱敬此身，为祖宗之孝子贤孙，共保勿替，后之人监观于此，尚知勉乎哉！

顺治十五年岁次戊戌十一月吉旦

大理寺少卿陕西道监察御史癸未科进士九世孙琇谨识

9. 河头茔本支（润城里六甲张氏）世系碑引

（1）碑刻简介

此碑刊立时间不详，据碑文，此碑当立于清顺治十五年（1658），为记事碑。碑刻内容来源于阳城地方学者所作书籍《润城砥洎城》（未刊稿）。

（2）碑文

【碑阳】

润城五甲六甲分祖未详何年，然考之墓碣，元朝至正十五年乙未，及明宣德丁未、成化辛丑以来，祖茔多葬于此，迄今垂三百有四年，世称宗有以也。厥后若延若和，若杨若李，卜葬亦多，形势蜿蜒，土脉深厚。茔内原无衢路，每为豪恶辈乘便行走，屡禁不止，深有损于地脉。且道路中射于居民，亦甚有害。堪舆家之言良非无据。顷集众公议口理众茔，地段复旧。至于往来行走，乃照庙前古道通行。又各茔远近不同，子孙兴废不一，既我同姓比邻，何忍听其倾陷，被人暗自耕犁弗为保护？嗣后如遇恶辈擅开茔路，及盗耕犁古塚者，许在茔子孙同村落人禀官，依律治罪。庶天理克全，而地理之效灵矣。愿与同志者共守之。谨记。

谨按河头村西山古塚五大段，南北以坟为界，计地十七亩三分有奇，为余五甲六甲张氏祖茔，十居七八，自元朝至正十五年乙未迄今戊戌，三百有四年。族大人多，塚稠棘茂，以致水冲土塌，碑石埋没，考证无凭。然祖宗泉下之灵，耿耿如在也。予每积诚感悟，若八世祖并七世祖塚，在此勿疑者，寤寐彷徨，存乎寸心耳。且据六世祖讳徐塚碑，凡葬随其下者，俱用○圈注于讳旁；后来卜葬于石家坡，并后墹及刘善大坪者，俱用口圈注于讳旁；又有分葬于沙坡者俱用△圈注于讳旁；先封君卜葬于下佛村西墹，口用口圈别之。总期后世子孙追寻坟墓者，孝敬有加，笃亲睦族，在此一举矣。因开列世系于左：

河头别支世系引

谨按八世祖讳全，有弟讳大用，有侄讳刚、讳福，姓名谨见于庙中碑阴，墓石无传，不敢悬序，顷于万历元年，岁在癸酉寒食日，族曾祖讳舜臣等，为上世立有坟台，乃知其曾祖讳清，祖讳月、讳世禄、讳世杰云。查讳清者，与予六世祖讳世岩者为雁行，相传至今，礼让未衰。兹询清祖及月祖世禄、世杰等塚，似在上堰，茔内无碑可考。自诸祖以下，随葬于此，俱用○圈记于讳旁；其后卜葬于刘善大坪者，俱用口圈记于讳旁。后之子孙，当知报本为重，如前公约至祭，凡遇茔前水孔，则填塞而疏通之，无使灌穴。庶先灵魂魄得安，后嗣康宁有望。讵可曰，同宗共祖之人，视为漠不相关也哉！有志者其勉之。

10. 润城夫子庙碑

（1）碑刻简介

此碑刊立于清顺治十六年（1659），为记事碑。碑刻内容来源于阳城地方学者所作书籍《润城砥洎城》（未刊稿）。

（2）碑文

【碑阳】

中大夫刑部尚书侍经筵前吏部左侍郎兼内翰林国史院学士纂修副总裁官县人白胤谦撰文

赐同进士出身□苏松地方兵备兼理粮储水利农务江南按察司副使前户礼工科左右给事中翰林院吉士沁水王纪纂额

赐同进士出身工部虞衡清吏同即中白巷杨荣胤书丹

盖昔先王之教人也，自王公国都而下及乡党闾巷，莫不有学其学也。将使之内自得于心以成其性，居无倍容，出无越行，而后推其余及于天下国家。是以天下国家赖之，非有所赖于天下国家，取为声名荣利之地而已也。去古既远，斯义弗明，每有豪杰之士，少试于学，长能自成其材，不务求进，期免于贫而止矣。甚者学而未成，辄希心外物以济其不材之欲，抑更下者。凡此皆末世之人，心狃于其俗，以枉其性，未尝深入于学之中，以古道振觉之而然也，是尚得为夫子徒欤？于此有人焉，好学而无枉其性，躬行孝让，于己以修明先王之道，磨砻迁化其乡人，俾相亲睦，为善传之于后人，尚得指而数之曰："是乡也，实产若人。"岂不亦贤乎哉。

润城，县大镇，四方道路所冲出，商贾杂集，游手不农之徒、狡狯哗□为士者，百一其间，宜不免近利市三倍。然过其门闻通读之声，揖其人肫然退然，类未失为驯厚者居多。方之于县，殆谋诸野而获焉。自明迄于今，发迹者数见，文献相续，浸浸未沫。地旧有夫子庙，创自庠士延人秀等，然狭促不足耸瞻视。顺治十五年戊戌仲春，镇人士杨敦仁等十一人告于大理张公，爰汇材鸠工，拓其构而大之。以某年干支某月报完，请记于余。余以夫子之道广大而悠久，海隅绝徼咸知钦崇之。然州县之吏，或玩视宫墙为不急，俾沦于草莽；又怠意春秋之祀，往往而有顷，奉上明诏，有能率修学宫者悬以酬叙之格，仅乃应之。润城数千室，为士者不过百一。乃能奋然相劝于兹役，尊学率礼，克称天子谕意而非以邀恩，即张公其人好学而行古道，克树教于乡之人者，亦于斯可睹焉。故悦为书之以纪，并勉其后之学者，胥不愧为夫子徒云。

时顺治十六年岁次己亥孟冬吉旦立

11. 张瑃覃恩诰封碑

（1）碑刻简介

此碑刊立于清顺治十八年（1661）正月初九，为诰封碑。碑刻内容来源于阳城地方学者所作书籍《润城砥洎城》（未刊稿）。

（2）碑文

【碑阳】

奉天承运，皇帝制曰：恩彰下逮，勉笃果于群寮；家有贻谋，本恩勤于大父；用溯源流之至，爰推论綍之荣。尔张自立乃地方赞理军务兵部右侍郎兼都察院右副都御史，张瑃之祖父，植德不替，祐启后人，绵及子孙，丕彰鸿绪；休贻大父，聿观世泽。兹以覃恩赠尔为通议大夫巡抚陕西等处地方赞理军务兵部右侍郎兼都察院右副都御史。於戏！垂裕孙谋，已沐优渥之典；崇褒祖德，用邀锡类之仁。贻厥奕祚，佩此新纶。制曰：一代褒功，劝酬示后，再世承恩，崇奖及先。绩既懋于公家；宠宜追于王母。尔巡抚陕西等处地方赞理兼都察院右副都御史，张瑃祖母石氏，尔有兹谋，裕及后昆，念兹称职，端由壸教。爰锡褒义之贵，用覃恩赠尔为淑人。於戏！溯其家法，爰劳既殚先图，贲乃国章，昌融益开来绪。永承不赞，用席隆庥！

诰命

顺治十八年正月初九日

12. 补修东西三处城墙并□城门

（1）碑刻简介

此碑刊立于清康熙三年（1664）十月，为记事碑。碑刻内容来源于阳城地方学者所作书籍《润城砥洎城》（未刊稿）。

（2）碑文

【碑阳】

顺治十八年六月商议，十月开始动工。立碑时间为康熙三年十月吉日。碑的主要内容：

寅字砖窑。西城下新修子字砖窑一座，丑字砖窑一座，寅字砖窑一座，卯字砖窑一座，郭忠潘买价银十六两。巳年未字砖窑三座。

买大松椽七十根并杨椽檩门校等件共使银八两七分九厘，木匠共五十八工并赏号共银六两四钱二分六厘，石匠共一百八十四工并赏号共银二十两七钱二分七厘，土工共一千四百九十二工并赏号共银五十三两八钱七分九厘，后城安碾铁管心、箩筐工并谢土共银二两六钱九分四厘，以上十二宗共使银一百四十七两九钱一分四毫。

罗头、麻绳、窑门□框共十副，共银九两七钱。

东城大水道窑拨给成其德，原买昆字号价银二两。后城锻石磨、城门楼铸钟、北阁悬匾，共使银三两。支给梁廷秀守门工食银十五两，支给李上童守门工食银五两二钱。

统共五大，总共出银七百七十九两七钱三分五厘五毫。

13. 巡抚陕西兵部右侍郎兼都察院右副都御史伯珩张公墓志铭

（1）碑刻简介

此碑刊立时间不详，据碑文，张瑃去世于清康熙四年（1665），入葬于康熙六年（1667），此碑或立于 1667 年，为墓志铭。碑刻内容来源于阳城地方学者所作书籍《润城砥洎城》（未刊稿）。

（2）碑文

【碑阳】

公讳璘，字伯珩，与余生同里，山西阳城人，少余十八岁，同年举进士，辱为莫逆交二十余年于今矣。窃谓公其人立心制行，虽求之于天下之大不能多有比。不幸以王事劳瘁，终于闽。輀还，子茂生传其遗命，称余生平知己第一，使为志铭记其墓。余受之，泣曰："吾责也。虽病惫安所诿负。"遂志。公幼抱宿慧，为儿不好戏。方数岁，大父教以总章数法，辄能通晓。大父奇之，遣从舅氏延生芳声。学读书，一再过，终不忘。尤奇者未受讲训，授笔辄能成文。年十五补邑诸生，十九举于乡，二十联捷登第。国初授知原武县，年二十二。原武县小瀑河，经兵燹后，城中居民仅数十家，男女半裸，日不再食。河以南数里虽隶县版内，尚多伏莽观望未服。公至，加意缓辑之，渐乃复业。又察其地之荒芜与人户死徙者，申请蠲除其赋累，务与民休息。凡征比钱谷及词讼，惟用诚心感化，未尝严刑。县驻防成兵复值禁旅往来河上，阻舟停泊，公并竭力运筹供亿，赖无赟事。他政尚多，壹归于清静爱民，残邑为之起色，载赵户部明远去思等文中。乃其自奉，则疏食布衣，无异寒士，衙舍不蔽风雨，从未闻有一物遗寄其家。居之三年，凡七列荐，剡行取入朝，考选陕西道御史，出按四川。蜀自献贼作乱，民屠戮殆尽，王师开土，止收保宁、顺庆二府，余尚诸逆盘据。公与巡抚李公国英鼓励将士渐次恢廓，龙安、潼川相继归化。时文武官多委署，公每接见即谕以洁己爱民，勉图实授。其治兵者谕以束兵守律，又体简书盐电兼举之命，招流移，劝开浚，务储本计。又会同抚臣请拨牛种五万给散兵民。本年奏报，除接应军需外贮粟六千八百有奇。又疏催学臣以兴文教，颁宪纲以肃吏治。十年，草昧之地因公耳目一新。适有暂撤巡方之命，尊奉入都。会世祖皇帝亲政，甄别诸御史，公同十六人俱留用，差次应视蹉淮扬、随蒙召见太和殿，天语申诫严切。盖淮扬素号膻途。闻诫愈益悚惶忧，忧形于色。受事后冰檗自矢，尽革从前陋习，择吏之诚谨者数人供役，余悉裁退。凡权贵人过淮扬，请谒概绝。察旧弊，奸商贿通蠹胥，引盐额勋外，公行夹带，杂以私贩，致地方售盐实多销引则寡，下病贫商，上亏国课。公立法严禁私贩，遇告获即按其罪如律，但不得蹈袭往辙多所牵引，波害无辜。乃亲诣仪真抽掣引盐夹带之数，以充公饷，计十三万。归朝廷法即行，而盐之累年滞塞坐困商灶者，咸获变售，因得完解正课并带征积逋溢额二十三万有奇，实前此所未有。复命部台，考覆交章，上其异等，法当褒嘉，吾师河阳薛宗伯先生亦特疏求请奖廉。奉旨：某实心任事，不愧风宪法。寻擢大理寺丞，迁顺天府丞，再迁大理少卿。公念少失怙，故母延孺人尚寄殡浅土，疏乞改葬归里。适丁太公艰，服除，仍补前职。缘随驾南苑，世祖面询往者按蹉状。俄升本寺卿。复遇上亲阅大僚，嘉其操守清介，特加一级。未几，转工部右侍郎，督修合祀坛。寻奉上传，改兵部右侍郎兼都察院右副都御史巡抚陕西。抚臣兼理兵民重务，前此皆用亲旧大臣。公膺世祖特达之知，感激图报，济河而暂。首伤法康，以警贪墨，文武将吏，望风震慑。抵任后益谨防范，绝包苴，薪水之费按季取给于家，期不以一物累民。诸属皆承风丕变，秦人颂之。未几，两直指再撤督府，移川诸务，萃集于一身。公随时裁决，案无留牍。复小心敬慎，靡敢恃智矜能。凡事必虚公延访，锐意举行，俟有成效，则让善于人而已不居，以故人人乐为之用。往例抚军亲丁挂饷多取资标营，公但携僮仆数人，羸马数骑，自为赡养。本标旧拨四川降将十馀员，俸给不足，往往庭谒慨叹。公察，绝屯田地计口拨给，以示鼓舞安反侧。上疏言各府岁征解藩司饷，宜贮本府库，就近兑给境内兵马，既省解运之苦，兼咨饱腾之实。

又临巩兵奉调西宁，部议饷运军前。公疏请用西宁额赋抵销，或有不敷，方令临巩折征赴彼召买。复虞临巩近边，请移汉兵镇标驻秦州，使兵得就食，民免变折，以为建威销萌计。汉中驻平西王藩旗兵，凤翔岁运米豆二万，价脚约费四万有奇，民驰驱云栈千六百里始达军前。公请除汉中额赋办纳不敷者，藩司按期发价召买，亦如西宁例，凤属则照岁额折解藩司。俱奉旨可。此皆随地通变，酌盈济虚，必使兵民两利而后即安。时因饷缺，允部议各省地粮亩呱练饷一分。庆阳、延安、平凉诸州县临边贫瘠，旧额正赋原不以亩计而练饷必计亩征之，数溢赋外，民苦敲扑，至有焚庐而走者。公特疏乞罢，疏虽留中，旋奉特旨永停各省练饷。宁夏甘肃延绥三抚旧止典兵，会有抚臣不摄军务之旨，议裁三抚。公念边方要地，虑奸宄乘虚则封疆多事，疏割所辖临洮、巩昌、庆阳、延安、平凉五郡民务分求三抚。欲存饩羊，旧号弹压邪萌，而实则各属地近钱粮易于稽覆，即刑名盗案亦得速结，省民间往返会城数千里谳鞫之苦，尤为便计。至弭地方大患如贾风贵、王奇等挟妖术煽众，潜通竹溪山寇约举为乱。公密授方略，刻日就缚。再如朱君应、董易等勾引诸番，谋为不轨，公行河州营将，要路伏获。论定止于逆犯伏辜，不忍株连以负朝廷好生德意。后坐是镌级。又招徕开垦荒地九千馀顷，疏通郑白二渠水利，清覆漏造钱粮五万有奇。计公在秦二年，善政种种，载党相国崇雅李朝邑楷碑文内。

久之，自以早入仕途历华显，志存退逊，有自劾不职简贤代任一疏，未蒙谕可。亡何，用甄别降调福建督粮道参议。去之日，秦人士攀辕号泣，追送数百里不绝。闽省经海逆披猖，军饷岁数十万，胥于储臣取办。先是商贾入闽，出纳维艰，遂相率裹足，致米价腾踊，将士枵腹。公至首通商贩，四方之枭，不招而集。且旧弊舟舶挽运，入仓有斗斛诸费，民间数钟仅致一石。公悬厉禁，兼核侵渔，而下之漏卮以塞，上之羡润以革。藩督抚镇咸服其才守过人，馈储倚以无匮。然公拮据二载，忧劳骨立，屡以病呈督抚代题乞体，得旨允放。嗣因交代延迟数月，疾势增剧，竟卒于闽之官署。病中自为年谱，及临终，遗命教诫其子弟，言后事纤悉必周，从容不乱，得正命焉。盖公天禀既优，尤得力于学。幼则沉潜举业，中则精练吏事，喜览典故，诸书随人，访纳问途于已经，既大就其功名，间亦究意理学。又以其聪明所及，旁涉五行堪舆之说，自言天地人道三才相合而成理与数，不可诬也。其论术数，亦必援合修德施报之成迹，而弗诡于正。义谓人能于五伦中遭逆负屈，真心忍苦，不求人知，即此是阴德。与余交，折节过礼，同朝数年，饶有相成之益。在淮扬，适余奉使江南，公故就仪真仅一江之隔，遣吏邀余至再，余辞避不赴，曰："此一往不独人疑浼公，实恐疑我，我亦不受浼也。"公遂止。后同官法司议狱，资其指牖平反者颇多。御史王秉衡案误执另议，实余冒之罪，公勉从之。及世祖面诘，公正告曰："议出尚书。"上就以其言重诘臣谦，臣谦引罪。虽卒坐此降职，要对君不敢不诚，公与余幸俱无愧也。令甲诰命三品，例不重给。余为吏部侍郎，遇覃恩，各官俱加一级，给与新衔诰命。会升尚书，部题封典不及，盖误以三品封已得，而忘其应给从二封也。部中怙过，委令余自请，余质诸公，公曰："第俟尚书封何如？"余心知其意，不可遽止。及公为工部侍郎带加一级，旋改巡抚，部题职衔误落去之，公亦不言。余询之，曰："难于自辩，如公曩日耳。"公为人老成沉重，常以忧勤利物为心而自处欿然。遇事从容不苟，筹度中节。以斯扬历中外，饶有经济。与人宽裕和平，务崇大体，好称人善不称人恶，而人亦不敢干以私。余无状，素取友于乡国天下之中，靡敢掩人之善。而独于公，信其有纯全之美，无忝古名贤，故作诗有"道若生安"之语。人或诧余所言之过，然余言之始终不易，非谀也。

卒之日闽省兵民如丧慈母，四方僚吏故旧部民，闻之无不悼惜。讣至家，乡间老少哀泣无亲疏，胥以失公为不幸。云张氏其先以忠厚力穑传家，世籍润城六甲。据公世系牌，自八世祖全下始可叙。全子璿，璿生徐，徐子世岩，世岩子廷贵，廷贵子永库，永库子自立，公大父也。性豪迈，治家勤俭有法识。公于襁褓中慨然有高门之望。后亲见公登两榜，筮仕中州。没赠通议大夫巡抚陕西兵右侍郎兼都察院右副都御史。大母石氏，赠淑人。父讳念祖，初封御史，赠通议大夫巡抚陕西兵部右侍郎兼都察院右副都御史。母延氏，累赠淑人，行详余作合葬墓文。继母成孺人，公事之以孝悌。官监生璘，同延淑人出，公友爱甚笃，宦游四方，家政悉委之。又庠廪生璿，先卒。时公在闽，尚不知。暨玶待之，与璘同，每家报中必询问其所与游处并学业进退，以为忧喜。一妹归王举人步阶子某，奁送有礼。娶曹氏，白巷乡者学信女，累封淑人。一子茂生，恩荫生，余第三女妻之。二女，一归山东布政司参政沁水王君纪子官监生锡五，先卒；一受杨举人拱明子千顷聘，未嫁卒，拱明亦卒，公遗命尚令其家为千顷完婚，照视其成人。孙二仔公命名任余所名。孙女一，幼。公生于天启四年甲子十月十一日，卒于康熙四年乙巳十月二十日，年四十二。康熙六年丁未三月二十二日，葬于润城东庄北阴之原。公自卜兆铭曰：遇则早矣，而积残以砻之；用则大矣，而艰逖以投之。爰经爰纶，克树有显名；既清既忠，亦庶知其仁。呜呼伯珩，可谓生荣死哀矣。然生者孰与死长，允斯人其可亡。

白胤谦撰文

14. 清福建盐运使松石王公墓表

（1）碑刻简介

此碑刊立于清康熙七年（1668），为墓表碑。碑刻内容来源于阳城地方学者所作书籍《润城砥洎城》（未刊稿）。

（2）碑文

【碑阳】

清故钦敕福建都转盐运使司运使行道臣事松石王公墓表

前进士原任刑部尚书吏部侍郎内翰林国史院学士纂修副总裁官眷年弟白胤谦顿首拜撰

赐同进士出身广西平乐府知府眷弟杨荣胤顿首拜篆

赐同进士出身原任山东登州知府武进后学徐可先顿首拜书

余友心盘之墓，余尝志之而才诸幽垂十年所矣。厥嗣仁溁、仁治既大治其阡垄，石器胪备，观者壮之。今皇帝康熙戊申，始得其知府时覃恩诰轴，乃录其副镂载丰碑，别凿石虚其阳。谒余求为文，表其遗行。余曰："孝矣二子！然何所加于制辞之荣？"二子求不已，曰："愿即用其幽者，而施于显足也。"呜呼！心盘得不谓之显欤？安所事余文？虽然继今以往，交游日尽滋，至于不可知文之，固吾责也。始余束发为诸生，识心盘于润城，攻苦士也。寻与应州试，心盘则俨然居首选，人曰其伯父重寰先生之教云。重寰者，讳琦，盖名宿。岁丁卯，余滥乡举，而心盘在焉。时心盘之王父在堂，亦用青衿，老闻报携后，喜谓继志得人，逾月而逝。又闻其先曾王父亦诸生，及心盘凡四世矣。以斯知心盘之学，非自心盘始也。余既得交心盘，相从公车十余载，多其业之淹熟而尤勤历不倦，恒自谓弗及。顾其迟廻偃迁如余，窃亦疑之。后逢术者于逆旅中，期余今日。谓心盘曰："纵不经蕊榜，亦当黄其腰。"心盘作色曰："使吾获绾半纶，何弟出流辈下！"而伺其意，稍稍厌公车矣。国初乃就选为令，得永年。永年，广平首邑，号沃饶。心盘至属，大兵驻牧，糗粮刍秣，蒸薪草刬之属，动以万计，咸取给俄顷。心盘厝置，冈不秩秩得所。阅五十余日始起营去。于是，心盘治永年，率多循政。未几，用直指荐，擢户部陕西司主事。举前驻牧费抵销正赋二年，其人戴至今矣。寻督铸宝泉局，增炉选铜，惩其惰者，得羡二十三万。已监浒墅关税，岁额十一万，心盘筹权有方，遂浮于额。部主者以为能，留监二岁，获税三十万有奇。历福建司员外、广西司郎中，升浙江处州府知府。府居括苍山，土田垎塙，顽梗多盗。心盘至，极力整顿，久之，盗就抚，荒渐合。诸所为剔猾胥，制悍兵，饰孔庙，讲六条，除火耗，禁私帮，善政种种，处人便安之。其地产松石，心盘见而悦之，因取以自号。在处五载，廉干有声，凡四登荐剡。遇世祖皇帝亲政，恩科赠父如其官，母延恭人。丙申春，迁福建藩司，宜行，适守道缺，委心盘代摄。其时岁侵，寇发众数千人。处属七邑俱无城，兵不满千，日夕报数惊。心盘鼓饬将吏，率旅往斩其渠魁三十，协从散释，而地复安堵。乃捐俸开庚，赈其饿者，俾免于沟壑。迨夏麦熟，始卸事具装如福省，处人攀辕卧辙，涕泣送之。乃抵福会，闽安用兵，路阻塞，帮期停滞，商皆束手。心盘询知之，乃建议陆运，详直指得允行之而课裕。又闽安兵需舟楫，当事檄委造船四百余，不三月而办。比闽安克，论其功在叙列，而心盘以不习水土，加之劳瘁致殒，实顺治十四年十月丁酉，年五十八。仁溪奉其柩返，葬于阳城县王村里沁河之陆。其未卒前，遇皇太后徽号覃恩，当赠王父母、父母二代诰命，尚未布及，是在仁溪等。呜呼！以心盘之才，强敏有智计，乘时遘会，自奋于功名，无不立见其末，可称豪杰之士矣！然而贵跻三品，累仕华胙，于向所期许者，亦竟酬矣。恶得不谓之显欤？且自心盘显达，人或伟其志能，诧其命数，甚归之于地气，而不知攻苦勤厉之力与其家世传学充备，而推衍之，其实半予人，半予天，皆不可□也。因为之表其迹，拜考论所由来，昭揭于墓，使人知之无过辞。其他可述者，别见于余文，不更入。心盘讳崇铭，字心盘，晚乃别号松石。

康熙七年菊月谷旦

15.郭氏穿井壁记（城西井屋）

（1）碑刻简介

此碑刊立于清乾隆四十年（1775），为记事碑。碑刻内容来源于阳城地方学者所作书籍《润城砥洎城》（未刊稿）。

（2）碑文

【碑阳】

西城在沁之湄，辛巳涨河，城崩厥后，屡为修筑，而工大力绵，一时未竣。乙未年六月，复冲码头。惠同堂叔敬承增补，督工之暇，又议穿井汲水之便。于是相地夺形，照左右旧式，余城墙七尺，并城内路五尺，又宽筑一尺，共计一丈三尺，之后尽属郭氏基址。即于此地穿井，幸得甘泉。建井厂房一座，上奉井龙、河伯尊神两家。共费钱一百四十千文。为记颠末，稗后有考云。

乐畊山人郭思识

乾隆四十年前十月吉旦

嘉庆二年六月，郭姓将此井捐合寨公用，此记。张绍基、王圻功、张依仁、原介亭、栗郭荣等仝证。

16.重修润城镇东岳庙记

（1）碑刻简介

此碑刊立时间不详，据碑文，重修完成于清嘉庆九年（1804），此碑或立于该年，为记事碑。碑刻内容来源于阳城地方学者所作书籍《润城砥洎城》（未刊稿）。

(2) 碑文

【碑阳】

润城东岳庙，在镇之中，居民环列数千户。岁时展礼，春秋祈报，莫不于是乎在前三门，门三涂，楼峙其后，神之居在五重，端冕秉圭，俨如古王者之仪。议者谓五岳秩视三公，章服之盛，非僭也。《书》曰："岁二月，东巡狩至于岱宗，岱始也，宗长也。万物之始，阴阳交代，故为五岳之长。"彼嵩华恒霍，特庙记一方而已。神则祀宇遍天下。而其声灵赫濯，亦较诸他岳之感人为尤盛。故乡人之奔走威福者，罔不惴惴栗栗。知者敦其诚，愚者启其敬，忠者坚其志，奸者沮其谋。善心以生，欲心以窒，猗与盛哉。记曰："使天下之人，齐明盛服，以承祭祀，洋洋乎如在其上，如在其左右。"其斯之谓与。然岁久而庙不治，亦非所以栖神明而怀恪恭也。岁癸亥四月，乡诸君有事于庙者，共议修葺，佥推予兄伯纯综治其事。而诸君为之左右赞襄，鸠工庀材，越期年而工告竣。自殿堂以下，毁者举，圮者易，漫漶者以鲜以洁。歌舞之台，斋湢之所，宋瘤桼梲，瓴甋罘罳，焕焉为之一新。僧寮厨灶，穿碑断碣，莫不修治。事既集，适予伯兄来游江宁，因俾予为文以纪岁月。予惟朝廷设官分职，以治于明，崇神立祀，以治于幽。官修其职则民安，神妥其灵则民乐。幽明协赞，和气熏蒸，而雨旸时若，是以庶草蕃芜。百谷用成，田野无水旱之忧，居民绝疫疠之疾，蔼蔼融融，以共乐我国家无疆之福。神之赐，亦未必非诸君一念之诚。有以感之也。爰为纪其事而系之以辞曰：巍巍岱宗，造化钟灵。一理宰斡，一气分形。柔行刚峙，镇地以宁。岳长曰宗，岁交曰岱。名冠诸山，神钦百代。赫赫明明，下民是赉。其蓄莫测，其施靡量。片云寸石，甘雨八方。功既洋溥，厥报宜彰。有庙在润，岁久弗饬。众兴善举，同心协力。人不匮劳，事底兑集。殿宇廊庑，耸卓萦回。高下中度，不骞不卑。神气所发，流通于兹。郁郁松楸，丸丸桧柏。树之丰碑，昭神之德。四方永赖，报记不忒。

张敦仁撰文

17. 重修润城东岳庙碑记

（1）碑刻简介

此碑刊立时间不详，据碑文，重修完成于清道光六年（1826），此碑或立于该年，为记事碑。碑刻内容来源于阳城地方学者所作书籍《润城砥洎城》（未刊稿）。

（2）碑文

【碑阳】

庙之祀，咏于诗，载于书，见于戴记与夫史册之文，姑勿深考。而东岳之庙，多建于民间，又果何居？且自通都大邑，以至穷乡僻壤，春秋祈报者多祀也，则又何说？或曰：东方物之始生，西方物之成熟。意帝命率育之功，尤其莫之与京者与。抑又考之公羊子曰：触石而起，肤寸而合，不崇朝而偏雨乎天下者，泰山之云也。夫云一起而遍雨乎天下，是神之膏泽遍寰区。而祈报者之祀之，义固有所取也。吾乡旧有东岳庙，其创建无可稽考。后之扩而大者，在前明万历时。规模宏敞，气象庄严，乡里称极盛矣。历年既久，屡有修补。嘉庆癸亥岁，伯兄梅村，曾倡义劝捐。改舞楼，增客舍，而正殿、拜厅等处，尚完好不甚损坏，是以未敢轻动。二十年来，风雨飘摇，木朽土颓，岌岌乎有倾圮之虞。同社者于是愈谋修葺之。正殿、拜厅、官厅则重新之，两角殿与舞楼、三门并玉泉厅，则补葺之。惟是工费浩大，先募诸同社与本镇之士商，不足，乡之客游者，又从而募于他方焉。约费在两千余金。诸君子亦云劳且勤矣。经始于道光甲申之季，新成于丙戌之仲夏。今特立碑以记其事。其施财之名，与土木之费，是宜正勒诸石，以垂永久云。

张敦仁撰文

三、大箕村

（一）村庄简介

大箕村位于泽州县南部，北距晋城市区15千米，2001年，由原大箕乡和南河西乡合并而成。东与金村镇、河南省交界，西与南村镇相连；南与犁川镇、晋庙铺镇相接，北与晋城城区毗邻。地势西高东低，状如大簸箕，故名大箕。大箕村是大箕镇人民政府所在地，207国道横贯南北，交通便利，人口密集，商业贸易繁荣，是全镇大村。

大箕村是一个人文荟萃的历史重镇，位于大箕村西的小寨，原为王泰来所建，是进出秋木山庄的必经之地。明清以来，有欧洲神父前来传教。据说庚子事变后，有两位荷兰籍神父在大箕躲避，并在此建立了圣母玫瑰堂，建筑在一块大岩石上，岩石形如海龟，人称"真龟探水"。总兵寨的石崖上有一题记，冠绝古今，谁也不清楚那些字是如何刻上去的。关于人文环境，大箕曾经有"南阁老，北总兵，当中加了个窦朝廷"之说。南阁老是王泰来的主人、陈廷敬的亲家王自振，四代为官，四代阁老；总兵是卫正心，四代武官，四代总兵。古话说："夸官不用到大阳，夸富不用去大箕。"现在的大箕仍然有王家与卫家当年商业繁盛的遗址与商铺名号。

大箕现有玉皇庙一座，当地人也称为大庙，保存碑刻23通。除去漫漶严重的，本书收录16通。在村西迎旭桥头保存碑刻2通，在村西保存有一面摩崖石刻。此外，还有2通墓志铭和祠堂碑记。

（二）玉皇庙

玉皇庙坐落于村西北侧，规模较大，庙宇朝向为坐北朝南，为明万历四十二年（1614）建造，本为三进院落，后因历史变迁，现只存中院和后院两进院落，前院已改造成为幼儿园，中院也曾作为中学使用。现存的玉皇庙规模为清康熙、乾隆年间两次重修所建。现存碑刻23通，除去2通现代碑刻，5通漫漶不清与原碑文散佚，2通因嵌入墙体无法记录的碑刻外，还有14通保存较完整的碑刻，以及戏台两侧石柱柱头的文字。

1. 补修西楼□戏楼记

（1）碑刻简介

此碑刻刊立于清康熙五年（1666），为记事碑，碑刻规制为151cm×51cm，现为壁碑，部分漫漶。

（2）碑文

碑额：重修碑记

碑名：补修西楼□戏楼记

常闻创者无□□□□□者，继创而起者也，无因而□者更址构材□迎功固□于回，继创而起者，完墙补修因之功有所记□□□权回之□义然义然矣哉，□□玉皇庙崇台广厦，一时其瞻，其中院东西各建楼五楹，坐南向北者，有歌舞台一厅，钟楼居其左，鼓楼峙其右，昔人创之，历有季所不无□□□东廊□经修□宇□之□西□□□以益圮有心者□击□而怆心为募诸同社计得□锱百金庀材鸠工，曰久□造而且□钱帛有人董□□有人不西月间□然者其栋宇也□□者其□□也□□□□□□达者，其户牖堵级池丹朱金碧，焕然改观，因之之功□□于创有□□也，事竣，云之贞珉非曰□示成劳也，盖

以俾继起君子□数之修而油然□□□□之□□□□□

  郡学生□□□李际开薰沐谨撰并书

  捐资姓氏

  敕授明威将军福建汀州镇标旗□守备卫正心银二十两

  吏部候选运判卫培元银一十二两

  庠生王宪禹银五钱，同社赵永官银五两，赵永禄银八两，孔弘猷银三两，卫九余银二两，孔从周银二两，李思开银二两，王崇信银二两，孔承芳银二两，王宪伊银二钱，孔弘魁银二两，卫养性银二两，卫养和银二两，范高明银二两，卫箐青银二两，侯昌国银二两，王茂盛银一两五钱，郭思孝银一两五钱，王宪荣银三钱，李学颜银一两，□相明银一两，□君美银一两，王布儒银五钱，孙士□银一两，王崇俭银一两，□崇□银五钱，王加友银五钱，王□大银一两，李□七银五钱，王曰可银五钱，李学伊银三钱，王元全银三钱，□宁银三钱，陈国奇银三钱，徐有德银三钱，马献德银三钱，王□银一两，常怀□银三钱，李加□银三钱，赵一兴银三钱，王景夏银二钱，王宪柳银二钱，王治强银二钱，王国秀银二钱，王资治银二钱，李班银一两，李长盛银二钱，李汝明银二钱，樊天□银二钱，齐加□银二钱，高有金银二钱，□隆银二钱，孟进壮银二钱，张福银二钱，王□瑞银三钱，张弘道银二钱，苏□尚银二钱，王登俊银二钱，邱世雄银二钱，□自成银二钱，李守□银二钱，王□登银二钱，郑重光银二钱，李际□银三钱，翟计□银二钱，史珍美银二钱，李国正银一钱五分，王建成银一钱五分，□□莹银一钱五分，李学皋银一钱，卫从□银一钱，李□银七分，李□开银□一□，□□□银一□□，王斩□银五两。

  □□徒王通□徒孙郭宝兴、马宝印

  油烛会银五钱，南顶会银一两，东顶会银一两，堆金会银十两八钱

  □峪村住持道人张静虚砖□五百

  首事：卫养性、李思植

  督工：王资治、孔从周

玉工：郭三近、闫九仅镌

康熙五年岁□丙□菊月吉旦立石

2. 大箕东西两社公议严禁行窑碑

（1）碑刻简介

此碑刻刊立于清康熙十二年（1673），为记事碑，无碑首、碑座，碑刻规制为100cm×40cm，现为壁碑，保存完整。原无题名，据文意而加。

（2）碑文

碑额：无

碑名：无

大箕东西两社公议：本乡庙东后河关系一乡风水，连年行窑，每遇堪舆，俱说于今不为禁止，必至损坏龙脉。因用关夫子堆金神会银三两，买到王允朝荒坡地三亩，东至王后堂，南至王宪桠，西至河北，上至王龙亭，下至北窑界，五至明白，永为公业，立有文券，首事人收存。其地左右、前后一带山坡，将所有窑口俱行填塞，日浚如有人仍前开行窑口，合乡公告本州太爷案下，以损坏风水论罪。为此立石以垂不朽。

首事姓名列后：

王允韩、王之桢、李际隆、李际开、成于乐、王勒钺、卫汉超、赵震甲、李璀、卫培元、王宪灏、王宪侨、王道真、王梦星、王宪熹、卫养性、王宪柳、王宪沉、王宪琦、卫若青、王珽

康熙十二年岁次壬子六月吉日立

3. 妆绘土地尊神并改路记

（1）碑刻简介

此碑刻刊立于清康熙十六年（1677），为记事碑，无碑首、碑座，碑刻规制为96cm×48cm，现为壁碑，保存完好。

（2）碑文

碑额：无

碑名：妆绘土地尊神并改路记

从来有衰必有盛，自然循环之理也。吾乡土地殿居庙之正中，无创建重修碑记可考。当吾世而殿宇虽不至颓坏，然丹青剥落，圣容敝垢，询之父老，鲜有能记忆其盛美者。同乡卫君平侯讳若青，登癸丑武科进士。其宅第之前，历岁迎神，经行旧路也。后以兵荒频仍，东西各设一门，制颇狭小，銮舆伞盖难通往来。平侯君于旧路之南，相距数武，别辟一路，施其地基之属己者，其不属己者买而平治之。视旧路为加阔焉，言于众曰：以路易路，于事亦得其平。奈返衷难自慊何？乃鸠工命匠，举土地殿之剥落者丹垩之，敝垢者维新之。父老之无能记忆其盛美者，一旦焕然改观。费约十数金，不可谓非平侯君之德于功矣。工竣之日，佥谋伐石，以记其事，俾后之人晓然于土地之殿之新也，盖有以也。

康熙岁在丁巳仲夏中浣之吉

郡学生：松涛甫、李际开谨识

同社：李学伊、孔弘魁、王之桢、王崇信、李学皋、王崇俭、孔弘猷、王勅钺、王宪度、成高明立石

4. 金妆五瘟神像记

（1）碑刻简介

此碑刻刊立于清康熙三十四年（1695），为记事碑，碑刻规制为69cm×47cm，现为壁碑，碑身保存较好。

（2）碑文

碑额：无

碑名：金妆五瘟神像记

古帝王之治世也，郡县以致庶民聚处之所，必立神庙，盖□□□□也。赖神庇焉。故祈报有处，祭享有时，所在皆然也。吾村大庙有瘟神，躅灾释

厉，其庇民之情更为甚切矣。无何历年既久，风雨之所摧，碱卤之所蚀，久皆为之损废矣。昔之辉煌者，今仅存□□□矣！予甲戌年三月由沧返里，众人为予言，不觉悚然动而惕然不安矣。遂捐资修饰，并其殿宇亦为之修缮。兹告成矣，余撼寄数行而□□□饰之，由然此所费□□□不□□为此颁言乎。要亦使同村之人□□勉为继修之志云尔。

康熙三十四年五月

里人卫其乐识

5. 大箕大庙五瘟殿东庑记

（1）碑刻简介

此碑刻刊立于清康熙三十七年（1698），碑刻规制为57cm×45cm，现为壁碑，落款被挡，碑身保存一般。原无碑名，据文意而加。

（2）碑文

碑额：无

碑名：无

大箕大庙五瘟殿东庑为禁王、马王、药王尊神合祠，不知建于何时，亦无碣记可考，第为历年所风雨剥落，神像威仪无复存矣。乡人李文奎慨然有念，欲为装饰，顾力莫能独举，因募化乡之绅士以及养性之家，各捐资财，合一堂上下之神而金妆之，又复增制神龛、格扇，其门窗户牖更为黝垩，焕然一新。告竣之后，使乡之人有求即应，感而遂通，岂非厚惠欤。余高其义，故为记云。

康熙三十七年岁次戊寅四月吉旦

郡庠生庞弼撰并书（后加刻庞弼章）

捐资姓氏列后：

卫汉超银二两，卫□道银一两，王崇信银五钱，王宪柳银二钱，王道久银一钱，李果琎银一钱，孔闻乡银五钱，赵崇高银五两五钱，卫自相银二两四钱，李呈素银二两四钱（后面部分碑在墙里，无法识别）崔芝旺银一两，王文举银六钱，张世友银六钱，卫自金银五钱，王必珍银四钱，宋天相银四钱，刘成盛银四钱，□□保银□钱，宁□□□□，成必旺□□□，王加□□□□（后面部分碑在墙里，无法识别）

6. 本庙关帝殿重换亮槅记

（1）碑刻简介

此碑刻刊立于清康熙四十四年（1705），为记事碑，碑刻规制为47cm×35cm，现为壁碑，保存一般。

（2）碑文

碑额：无

碑名：本庙关帝殿重换亮槅记

尝闻革故更新盖有之矣，以新易故，未之前闻。然本庙关帝殿旧制门一窗二，墙壁坚厚，金容幽暗，凡所祷祝，有失观瞻。于是住持黄冠马子启募于虞臣王君者云，即慨然应诺，作为己任，先输己资，转募同心。未几，而善资钦积，命公输之徒乃解木鸠工，不日告成，遂更亮槅六扇，妆饰一新，由此而神明愈仪其威庄严，更增其色。凡乡人祷祝者，无不称扬，曰美哉轮焉，美哉奂焉！所谓工成，而善不可泯，以启后人之所继云尔。

河台痴庵王阳宁书记

康熙四十四年蒲月中浣三日之吉

7. 关圣帝君祀典记

（1）碑刻简介

此碑刻刊立于清康熙五十年（1711），为记事碑，有碑首，无碑座、碑阴，碑刻规制为160cm×59cm，现为壁碑，部分漫漶。

（2）碑文

碑额：难离舍

碑名：关圣帝君祀典记

庙祀之礼，所在都有盖春祈秋报之大典也。然修祀贵诚亦贵恒，诚则神有可凭依，恒则神有所永赖，尝读子思，子曰：质诸鬼神而无疑夫人□□□□神而□□而□□神始为鬼神之所凭依所永赖者也。凡神皆然，而况于关圣帝君之义凛水霜，忠昭日月者哉？志则陈寿撰之，节则潘氏论之，麟炳千秋，烁兹来师。其忠魂常响应人间，世是以所在庙而祀之。吾乡庙祀其来有□□□□或□□□□□□君素含等欲永行端祀礼，谋诸同志，量捐金资，积零成整，名曰堆金，权子母之术，利其用也。计盈绌之数，留其余也，轮会计之司，重其事也。斯□也□□顺治十七□所□积□□行亝祀六日□□沼沚之毛蘋繁蕰渗之采聊以祈凭依，永赖之万一云尔。呜呼！使后兹之，可继永，无穷之举，即后此之，不可知而存，此无穷之□□□□□□□□镌请□□传不朽以□□之□诸鬼神而无疑者。

郡学生枚公甫司升相薰沐谨撰并书

条约：

——□□□□□曰主有簿籍首事者收掌，轮流出放月利，以三分为率，不得妄为增减。

——五月十三日、九月十三日、三月二十日供神三次。计本年所获利银量为费用，勿致伤损，本银以为永远之谋。

——会□□□定□□□十四□请历来首事之人，齐集大庙，将三项所费银钱眼同算，明有不明者，许当面指谪其酒席宁俭勿奢，不得任意侈靡。

——会□执事□□轮流其交代，务要现银，如有欠账，即着本季首事者承保，如本钱不能全完，即将本年利银，务要计完。如不计完，首事者赔佃。

——会□□公□□□剩利银，积之会中式修葺庙宇或为一切功德布施之用。

——会□□□□□□□□，管损坏者，本人补赔，私借出会外者罚银五两，入会公用。

执事：

（缺）刘□元、李□□、李□进、□农甲、李思问、王之桢、王几开、孔从周、成于乐、王琚、王宪柳、王宪灏、卫养性、李思植、李际开、卫若青、王道直、李际亨、王宪侨、王梦星、孔弘魁、王珽。

捐资：

（缺）□□王宅两门公议施伙地大椿树一株，卫正□、赵□官、□□、王允、王宪□、刘天□、贾时□、王自□、□正心，以上银二两，王□谏、卫九余、李□颜、赵永禄、孔复周、董衡、李学伊、马登程、贾□剀、成沛然、成廷翼、王域大、李思□、闫加兴、王崇兴、王岁盛、刘天爵、孔弘猷、李琎、王宪熹、孔弘魁、王域瑞、成于乐、王宪侨、卫养性、王勅钺、韩建业、王琚、范高明、刘君羕、王加友、卫养和、陈嘉陞、成必达、翟世芳、卫若青、王轩氏，以上银一两，王允淳、王畿辅、孔承祐、孔□传、王宪□、李□恭、王建极、李際隆、李际开、王珽、郭思孝、卫从正、翟学能、翟思文、樊天植、张弘道、司光明、桑隆、甯加惠、王希魁、卫圣统、成启运、□时尚、杜兴旺、窦□□，以上银五钱。

康熙五十岁在丙午菊月上浣之吉

　　住持道人：王通垣监勒

　　玉工：郭三近镌

8. 妆绘泰山神像并墁前院志

（1）碑刻简介

此碑刻刊立于清乾隆九年（1744），为记事碑，碑刻规制为50cm×38cm，现为壁碑，碑身保存较好。

（2）碑文

碑额：无

碑名：妆绘泰山神像并墁前院志

玉皇殿东北隅有碧霞殿二间，其始之创立远不可考。自康熙庚辰岁金妆后，于今数十年矣。历来风雨飘荡，瓦脊皆颓。于乾隆庚申年吾乡诸善士捐资重修，而所谓碧霞殿者，焕然一新。惜乎！神像之未饰，犹同尘埃也。于是□泰山会诸会友，触目伤心，慨然将堆金会所获之利倾囊而出，共襄盛事。但于绘饰神像外，颇有余资，复将前院鸠工补墁，约费三十余金。功竣，属余作文以记之。余见其好善之诚，乐施之殷，而喜为后世劝也，于是乎书。

郡庠生韩筹撰并书

姓氏列后：

李文著、卫建统、李之美、李有禄、王泽广、王必通、张广益、张珺、王自德、性华、王福荣、贾建汉、王嗣立、原□伦、张复仁

乾隆九年岁次甲子仲夏下浣之吉

9. 重修大箕村玉皇碑记

（1）碑刻简介

此碑刊立于清乾隆十年（1745），为功德碑，有碑首、碑座、碑阴，碑座规制为77cm×63cm×32cm，碑刻规制为231cm×75cm×22cm，现为立碑，保存完好。

（2）碑文

【碑阳】

碑额：重修碑记

碑名：重修大箕村玉皇碑记

古以神道设教，虽所以愚民，实所以诱民也，后世沿而从之，愈趋愈盛，其不当祀而祀者，所在皆有矣。虽然，有功于国者则崇之，有庇于民者则祷之。虽其神之有无未可知，而所以申其恭敬仰报之心者，必假立庙以将之也。况玉皇大帝之尊隆，而为三十三天之统率者乎。泽郡之西南大箕村，旧有其庙，不知创之何人，建之何代，父老之传闻久矣，掩没而弗彰，惟于残碑断碣之中，知自大明正德七年间，有李君讳旺者，已重修于前万历四十五年，□王君讳简字崑冈者，复重修于后。苟非神之有灵，感

人心而显，响应何以绵绵不绝，历数百年如是哉？是知一方之保障，百谷之丰登，民康□异群跻寿域，无非神力为之也。故同里之人心，日久而日诚。

独是大明以至于今，多有年所，风飘雨零，渐就颓坏，暮鼓晨钟之际，瞻拜者为之悲叹，游览者不胜嗟讶。每欲改而新之以昭庇佑，又虑工程艰巨难以图成。于是日复一日，年又一年，更不觉几历春秋矣。兹因阖村善士踊跃□前，共相唱和，并力鸠工，材木瓦石不日而集。或补其旧，或创其新，历年之暗淡无色者，一旦焕然夺目也。要皆神灵之默运，人心之竭诚，故浩大之工于以改观，而垂后焉。原有清风之阁，改为演戏之楼，鼓乐有棚列于左右。其再进也，为大院焉，厢房分配十间。土地神居正殿，至于春秋阁、东角楼、西角楼、三清、大士各有攸宇，而最后乃为玉皇大帝之宫，实为斯庙神明之主，法像威严，供品罗灿，无不照耀辉煌，一一鼎新革故。是诚斯村之巨观，而亦一乡之福荫也。

今于乙丑孟夏之吉，鸿工告竣，殿宇落成。里中诸君问记于余，固不敢妄赘一辞，惟因其所造者以志□□。俾人知神所当祀，不可任其飘落，以亵尊严也。是又□有望于后人云。

诰授中宪大夫乙卯科副榜候补主事加四级纪录二次卫楷撰

国子监附监生王僎书

大清龙飞乾隆十年岁次乙丑孟夏吉旦阖村公立

【碑阴】

李□昆、李忠、孔尚贵、郭加礼、孔衍庆、孔衍祥、孔衍福、赵兴旺、董小骡、王自忠、卫如贵银一两五钱、成全、成其孝、董现有、张文斌、程文举、程文变、李明全、闫光斌、刘进现、孔衍左、梁楷银一两、李呈奇、任凤鸣、王忠、李升高、刘应、刘星明、王小柱、程新德、程自兴、耿新常、时玉通、卫中贵、王其栋、程中州、赵二官、程自章、毛鸣福、李升朝、王维元、卫见福、马龙、孔成、王洪仁、张自金、李文奎、王玠、成有信、王柱、成荣、王元富、和合号、董光福、潘喜才、牛文玉、李廷尔、和金玉、司永昌、李斌、郭建富、司来、刘浔运、边存富、范载上、张凤鸣、王之贵、郭加和、王法、酒进才、王玉章、翟文友、刘立奎、郭兴仁、王连、郭彦龙、焦高锁、王小焦、李石外、王加才、王加喜、李□、庞正□、□有才、□有明、王昌会、王玉会、李真、袁彪、常良佐、庞正礼、焦元、王贵、郭兴鲁、郭进玉、王全、刘兴旺、边有富、张明法、王宣、成其全、李进现、郭兴福、郭其富、马进才、王平、张明堂、王禄、王洪宣、王瑞、陈锡、王廷贵、董照、焦养林、李三贵、马聚义、郭兴禄、闫小高、郭文元、段朝福、马得功、李忠、王浔其，以上银一钱，李兴祥银五分，郭正君、孔圣轩施梆树一根，晋君凤、陈有禄、赵库、古可德、李式渭、原守业、孔顺。

首事：太学生李第、王润、太学生王克基、卫武

督工：王会极、太学生任钊

住持：卫复性、张复仁、王冲建、刘复昆、申复仑、王本慧，捐银五十两

木匠：郭正君

石匠：酆光裕

10. 补修玉皇殿并金妆神像记

（1）碑刻简介

此碑刻刊立于清乾隆三十年（1765），为记事碑，碑刻规制为75cm×48cm，现为壁碑，碑身保存一般。

（2）碑文

碑额：无

碑名：补修玉皇殿并金妆神像记

吾乡玉皇殿不知创自何时，而法相庄严，殿宇巍峨，询一庙之主宰，合村之保障也。但历年久远，屡修屡废。自乾隆二十六年补修后，经今数载，风雨飘摇，庙貌剥落。乡中诸善士触目动念，各捐己资，爰将玉皇神像妆饰

威严，神殿补葺完备，工竣而嘱余为文以记之，予□嘉其好善之诚而乐为之记云。

丙辰科举人候选知县李升庸沐手谨撰

捐资姓氏：

世德堂钱七百七十文，玉树堂钱一千一百文，灯火会钱四百二十文，史宁静钱二千文，王成烈钱三百四十文，陈宁钱一千文，募化钱四千文，陈聚昌钱一千五百文，刘福钱一千六百五十文，张玉钱一千文，李自仁钱一千五百文，陈有才钱一千五百文，韩禄钱八百文，和金钱六百文，张云之钱二百文，王兴玉钱二百文，古正忠钱二百文，李德门钱二百文，孔兴邦银三钱。

住持：刘复昆

乾隆三十年岁次乙酉八月上浣之吉勒石

11. 补修□□□□□□□□高禖三清菩萨□□□□□□土地三仙□□□□玉各殿及两廊房改换高禖殿□碑记

（1）碑刻简介

此碑刻刊立于清乾隆三十五年（1770），为记事碑，碑刻规制为159cm×58cm，现为壁碑，碑身部分漫漶。

（2）碑文

碑额：无

碑名：补修□□□□□□□□高禖三清菩萨□□□□□□土地三仙□□□□玉各殿□两廊房改换高禖殿□碑记

玉皇庙□吾乡□上□□神莊□其未乡人□春秋□□□□□殆不可兴□□□□□碑志如

神勇大帝高禖尊神□历数十载□明风雨而补修功缺焉罔闻神像□□□□免于倾圮零落也□乡人陈宁寿不忍坐视□于各岁春杪共费善念群□□□□□□经营□劳募化者瞻土木□费趋事□□□功倍□□何而□相庄严□□□□

□视□□倾圮零落□□相□□夫人□先趋福而浚可获福□□□神必先有庇而后可施庇于人。今诸君以小□□而□一乡□福不数□而成千□□庇将见乡人没不啬土田桑麻□乐业□光天化日□中矣□风俗尚忠义□□子孙获□□□□□□□宁普赖□固一人□松祷□□□□□□□福□庇者欤□勒数言咏志不朽后之起者应有鉴于斯文。

敕授儒林郎河南布政司经历加二级卫熊章沐手谨撰

李友白敬书

捐资姓氏：

署直隶汝州事□师县正堂王（缺）捐（缺）

河内县正堂范（缺）捐（缺）

汝周□补（缺）

□师县□补厅吕（缺）捐（缺）

常□□捐银□□，□天成捐银二□，□□同捐银三两，□□号捐银□两，□□□、□□□、张□□，以上三人共捐银四两，李□忠、李□□、吕西有、□□文、□延□、□熹□、李□升、赵□举、吕元□、□□、王金顺、赵世祥、王□贵、赵正辰、郭复林、高□、侯成祥、王胜、杨永松、吉大林，以上各捐银□两，许国柱、贺绍先、萧张韩（缺）共捐银（缺）、□洪纶（缺）、周毓芳、杨玉林、□乾元、□长青、张□菴、□□隆、王子林、刘崇礼，以上各捐银五钱，熊英杰、池天福、□和、□德、孙国宁，以上各捐银一两，汲邑李发远、刘王章，以上各捐□□□，李鼎玉捐钱一两，本村世德堂捐钱五百文，王树堂捐银一两，洪兴、丰恒行、永和□，各□□捐钱八百文，□□□捐钱五百文，□□山、□静巷，以上二□募化钱四千五百文，王加□捐钱八百六十文，张□□、王□□、□□□，以上□□捐钱□□□，□王募化钱四百文，□□□、□才、□宗荣、贾□捐钱二百八十文，晋元□、全盛号、生生号、大生号、梁良、李尧某、卫□□，以上各捐钱一百八十文，□开运、刘公兴、李明富、赵玉，以上各捐钱一百五十文，李□□、张□松、三合号、郭贵荣、刘一视、王□斌、□金库、□发尧、和应祥、原洪道、张德富、王耀先、李惠、张明月、张德□、李德明、张金义、张子秀、李友直、□□贵、□□□、□□□、□□□、王大□、吕广禄、□□福、张孔华、徐顺，以上各捐钱□□□，□盛□、聚宝斋、全顺号、郑太和、王□□、王廷□、□□旺、□宗□、张□喜、卫锦、王图思、常得国、李明兰、王福、庞松魁，以上各捐钱八十文，郑全福捐钱七十文，卫昌、李得昌、周明、焦宪珺，以上各捐钱五十文，任子全捐钱四十文，卫丹山捐钱一十文。

首事：陈宁、王至善、李克让、陈聚昌、韩禄、原福、古正忠、王兴玉、刘福、陈福盈、张玉、李自仁，以上共捐钱七千五百八十二文。

住持：申复苍，徒：刘本□捐钱四百文。

大清龙飞乾隆三十五年岁次　上章摄提格花月谷旦勒石

12. 施地记

（1）碑刻简介

此碑刻刊立于清乾隆五十八年（1793），为记事碑，碑刻规制为110cm×52cm，现为壁碑，严重漫漶。原无题名，据文意而加。

（2）碑文

碑额：无

碑名：无

吾乡于郡为西南，□大箕□形名也，前大守钱□未□鹿田续郡□博积群书谓箕为棘□□大箕固大棘即春秋□□棘□余不知其然□然固巨乡也，乡有庙，祀玉皇，盖古里社□曰大者似别乎其□也。庙既大宜有人马□□之以勒焚□而□□□有其人则宜为之谋其养皆□□不可□马者。庙固旧有田亩□□流食其人而□去事者有年矣。今又得诸善信施田合十九亩□继此□□毋□毋有所□□□则庙之□□□□瞻□□者□端心□□而祀□□□而不驰□必□□善信施田之力也□其善又可没耶。首事者属余记，因记。

□□列施者之名氏并所施田于后□□□为乐善功一以俾后有所稽焉。

郡庠生李毓崇拜撰并书

常村里五甲孔兴□、孔兴周、孔兴肆、孔兴□、毓□、毓璘、毓琏、毓□传习

施坡地五亩五分，洞一所（缺）

大箕里上五甲王东海王新盛施坡地六亩五分。

神泉里上五甲王七门施坡地四亩。

西社市棚会陈□三、李经纶、和映祥、陈洪亮、张永泰、古今环、王喜□、张永禄、李自新、王承烈、陈具昌、王明先施坡地三亩。

以上地亩四至俱存社簿内。

大社首事：李克儒、王曰然、韩禄、□毓岱

住持：郭□顺

玉工：杨□□

乾隆五十八年岁次癸丑五月二十五日勒石

13. 施业记

（1）碑刻简介

此碑刻刊立于清道光十二年（1832），为记事碑，碑刻规制为69cm×38cm，现为壁碑，保存完好。

（2）碑文

碑额：无

碑名：施业记

盖闻天道无亲，惟善是与。故乐善好施，德无不应之理；而轻财义举，天无不报之条。吾乡经纶李公者，克绍先志，慷慨好施，遵父遗命，谨将上集口店房一所，内计马棚三间，破土房七间，市房三间，退座三间，栅栏外厕坑一个，店内地基一块，计地八分，每年贴备卫姓粮钱一百文。其店房东至李姓墙，西至王姓地，南至官河，北至卫姓落漏，一至陈姓落漏；市房东山翅至王姓退房，后檐至王姓落漏，东北房后檐至街心，房内与李姓伙山墙

一道，东南一至王姓。数至以理，情愿施入玉皇大庙。具见父子同志，乐善聚于一堂，神人共悦，功业垂于千秋。其善行可钦，应垂不朽之年。爰立碣石，以昭感格之诚。是为记。

同总理首事：李济美、白永宁、张遐龄

同三班社首：刘廷献、王德仁、李陆之、李恩元、王永禄、贺功、史克顺、卫太和、王膺恩（撰书）、李宗伦、古有年、白永绥、赵有仁、李士俊、李振芳、李□高、李浩、贾守智

同住持：王教中

玉工：王有堂

道光十二年岁次壬辰夏六月吉旦立

14. 捐资碑记

（1）碑刻简介

此碑刻刊立年份不详，为捐资碑，有碑首、碑座、碑阴，碑座规制为73cm×56cm×32cm，碑刻规制为226cm×73cm×22cm，现为立碑，碑身保存完好。原无题名，据文意而加。

（2）碑文

【碑阳】

碑额：万善同归

碑名：无

捐资姓氏开列于后：

卫楷银一百两，卫焜章银一百两，卫封沛银六十两，王镗银三十两，王催银三十两，王廷拱银二十两，王戴、孔兴峰，以上银十八两，陈广嗣银十五两，王协、刘志义，以上银十四两，全世儒银十三两六钱，卫建伦、王克用，以上银十二两五钱，王克基、孔衍齐、张允铎，以上银十二两，李第银十两，赵义聚银八两，卫杞、郑邦彦、孔衍绪、成楚，以上银八两，成俊银七两五钱，任昌嗣、王必扬、王克复、孔尚登、丰恒号，以上银七两，孔

尚霖、李克明、成文宪、孔尚科、王图云、郭正君、薛永，以上银六两，义合号银五两五钱，王佑银五两，生生号银五两，李升彦银四两五钱，李升缙、吕挈、王克经、华山会、刘愈琨，以上银四两，卫武、王必通、王高成、王图大、李克绳，以上银三两五钱，李竺、王润、王泽益、王立统、王垂统、日增号、德浮号、周肃，以上银三两，王悦银二两八钱，隆兴号银二两七钱，陈广生、刘必昌，以上银二两六钱，李升秀、集成号、王珖、王其凤、王朝乡，以上银二两五钱，陈攀荣银二两四钱，王邃、候奉羍，以上银二两二钱，窦槿、王宪颜、王铠、王谟、李允谦、裴自寔、窦彭卜、吕任重、广聚号、闫贵、王兆麟、六兴号、王金陵、张□扬、得顺号、王必顺、申儒、王会友，以上银二两，李生荣、王愢、张信、焦正，以上银一两八钱，陈允信银一两七钱四分，李呈能、李舟福，以上银一两七钱，李升会银一两六钱，陈六吉、李钧、程治安、焦美兴、李自忠、李升献、义德号、冯世□、王福荣，以上银一两五钱，韩泽生银一两四钱，聂思旺、耿玥、贾廷□、孔圣轩、史进、王泽溥，以上银一两三钱，王道生、李玉、李九福、程治福、孔敬文、孔文明、李忠、时现荣、陈福存、赵才、王德、陈良玉、王秉懿，以上银一两二钱，李升节银一两一钱五分，王富、张君用，以上银一两一钱，仁和号、成永光、焦慕密、张继轲、王鸿林、郜应武、时可荣、李英、王训、广善堂、李才能、张面铺、王寀、马成蛟、王尔炽、卫才鼎、闫继泗、王希号、续兴号、孔衍祚、孔衍昌、佰泰号、原守伦、张君、贾玉、杨益荣、王继匂、焦养孝、原守金、王思立、王东木、王世礼、李升宦、陈信，以上银一两，高义成、广兴号、李成章，以上银九钱，王义文、董思魁、靳文忠、陈云文、王朝勋、王克綦、崔成龙、成瑞、王高仁、王高礼、张起高、王珏、李铮、李升伯，以上银八钱，牛文元银七钱五分，崔玉之、张全禄、张锦荣、耿明福、庞大玉、牛国顺、张其贵、范有禄、成准、李升权、孙冲、王俊、白玉美、王正邦、王全铺公捐、张瑞、袁进忠、张洛、王秀、王尚礼，以上银七钱，王自爵、张兴、李升怀、靳文孝、王自详、葛万年、卫加显、王可真，以上银六钱，神泉里首甲地方李自桂、陈凤、李际洪、刘可用、永裕号、张玑、成正太、韩筹、张君惠、白天培、崔国光、翟崇、晋三异、李升禄、谢恒足、王果、卫才喜、谢恒盛、成正全、姚玉堂、张君弼、尚懿谟、金七政、王克己、孔传殷、卫如秀、李呈虎、王世袭、郭进忠、司克昌、李发生、焦浆房、郭进玉、王思昌、翟鸣芳、王玉章、张继组、卫天玉，以上银五钱。

【碑阴】

王元银八十两，乐输堂钱银二十七两，天锡号银四两，张廷玉、马遇禄、孔尚甲、任勇、王维元、孔衍贵、孔孝、焦崇会、杨兴、王守金、郝广大、史寅、张成、郑福、李佩、李□、赵文成、王彦荣、王同、晋福太、李守洪、崔忠、宁茂、郭自金、苏继武，以上银五钱，王可用、张克昌、张安、贺白荣、郭连、李明忠、张廷弼、李升富、李升乡、白进忠、王世昌、孙衍富、杜九乡、聂秀之、吴兴、焦养林、成才、秦得龙、贾良法，以上银四钱，苗嗣楫、崔大关、高拱辰、原躬珩、洪兴号、胡荣前、郭广大、徐有福、陈月祥、郭进祥、李升牧、李升松、孔兴国、郭玉吾、王良、刘凤龙、张端、郭贵荣、张廷钧、马进忠、张金、司昌贵、张思明、王有福、韩栋才、王顺、张纬绩、孔贞介、陈允新、成功、陈加祥、孔强、董成瑞、王得奇、卫之苹、李呈瑞、王□、张万喜、卫才贵、赵广得、卫才广、李自卓、陈育民、李富、郭有福、刘信、王锡伦、孙永太、张松、王克正、王尔贞、徐进全、李才润、孔尚策、王能、李德源、王自太、王有才、张金库、郭兴有、王洪屋、王世华、庞正元、马德云、赵元、张恒、李升祥、李升得、卫九龙、刘本法、贾永信、白治国、郭进禄、刘贵、白进孝、李之悦、张还金、任晋国、宋文魁、王凤、李文、孔尚爵、王端、秦廷会、闫光瑞、任世爵、赵显荣、卫星弼、董佩、王必金、王必恭、赵显富、卫有金、马祥、张贵、李秀、卫官、李勋，以上银三钱，牛法兴银二钱五分，崔君宠、成佩、陈廷汉、王怀生、韩大治、富正、贾永礼、王建勋、李如鲲、卫建兴、成洪林、李成、马朝汉、任进德、訾重华、李沛、张琏、王世甫、张斌、司全、张广业、韩自贞、双隆齐、王自孝、张景公、崔文高、陈兴法、李自贵、孙永祥、卫芳、成玠、孔衍如、孔锡顺、卫才明、泰兴号、李明德、郑得富、李明建、同兴号、桑茂林、张卿、郭进金、陈有义、李克忠、孔贞麐、靳有德、张金重、孙发荣、陈育、王建禄、连旺、李玉沛、翟中、焦生喜、边有信、李升堂、姬明山、郭加贵、卫英、赵世成、张权、焦美真、成正得、陈良栋、卫采生、马聚财、李之怀、王正福、王万斌、卫克俭、邰君石、郭如通、武建、王福、王自得、陈立信、原进成、崔成标、成琏、张廷才、马可会、郭自来、李廷玉、王栋、程永兴、王来、陈自□、王素、卫中太、王标、李克孝、王沛锡、司汝、卫荣、王洪太、王遇春、刘正宗、卫如国、张福遇、时奉光、李贵福、秦加木，以上银二钱，马海、王集，以上银一钱六分，曹自福银一钱五分，王加才银一钱二分，赵广生、富现、李其昌、卫才华、富大粲、郎相成、石昌，以上银一钱。

15. 戏台前西石柱（右柱）① 柱头

（南侧）创建舞楼□文

　　□□奉礼以诚敬为本统领以谨恪当先□宜之理准格□□之道，不易舞楼一所，历古渐远，亦无□迹掌神王文□统领众维头创建修盖，连名能尽□礼之方及许创建修盖舞楼亦无砖瓦木植，不敷善□□统领□神下殿，游于各处贤乡□同普化，不拘多寡，将施主主姓名书写石柱之中，以表善士之意，权忻鼓舞后□□诚神事美不美哉。

　　大明庚戌年春季月辛丑上吉日石匠陈彬，男陈鹏、陈鹤

（缺）王思温、王思忠、王记方、王彦诚、王彦祥、王长□、王仕威、郎聚高、陈贵、陈广、陈林、陈□、刘志刚、王深、李□

　　（东侧）庙施主众人：□□、□王思仪（缺）刘诚、张□、王志学（缺）郎聚、王思礼（缺）王六、陈七、张二、刘海、刘□荣、陈□□、孟十七、王刚、王五、陈广、王思□、□□□、窦□成、王□、王完、李□、王仕

---

① 石柱三面有字，分别是南侧、东侧、西侧。

林、窦四、王廿二、王四、王志祥、王益

（西侧）上大箕施主：王赟、王仕真、张杨、王内方、王廿三、武七、王十二、王景方、王四、王贵、陈福、王宗、王则、牛□、王一

下大箕施主：王二、王景□、武一、郎得新、郎贵、王景春、武四、王四、王大刚、韩□、苗三、王好、王本□、李凤、王一、刘五、王益

16. 戏台前东石柱（左柱）① 柱头

（南侧）□□西江月

□古源流，社庙迄今□□殿宇存焉，舞楼颓毁，□重鲜，耆老同心，起□建石柱，重新并置四用，永立擎□天，当年享赛，供神仙众人，随心萍愿□神郎聚□。

书写人：李普献

总维那头：王思温、王宗诚、李景钊、王志方、李林、王文□、王文贵、王敏、王仕兼、王仕贤、王聚道、刘亨、翟怒、李财

（东侧）（缺）秋墓凹施主，南谷施主，翟拳、翟九、翟刚、刘亨、尹九、王刚、翟人、郑文著、马钦、马祥、翟俊、申荣、王廿三、郎七、翟四、翟钦、翟廿、翟泰、翟宗政、王士□、郎七、翟五、翟善、王中、翟小四、郎庆、翟□（缺）王□、郑四、翟十六（缺）张好

（西侧）姜家庄施主：王景、王十□、王二、李本、王仕威、王一、王五、王仕□、王十、王本

（因戏台修缮，在柱子上增加雀替，抠掉了部分文字，据上下文判断，此处应为村名）施主：（缺）王仕诚、赵景亨（缺）王彦昊、王仕忠（缺）王彦亨、王仕直、王廿四、冯一、王彦祥、李志学、王著、冯二、王刚、张钦

---

① 石柱三面有字，分别是南侧、东侧、西侧。

（三）迎旭桥

1. 卫公创建迎旭桥记

（1）碑刻简介

此碑刻刊立于清康熙十二年（1673），为记事碑，有碑首，无碑座、碑阴，碑刻规制为315cm×100cm×27cm，现为立碑，碑身保存完好。

（2）碑文

碑额：卫公创建迎旭桥记

碑名：卫公创建迎旭桥记

尝考王政，修理桥梁道路所以通往来、利行人也，而大箕迎旭桥之营则异是。箕之水口有天然石桥，去石桥东数十武，即今迎旭桥建处也。桥高二丈八尺，阔一丈六尺，长则以六丈计。其上环砌石栏，虽不可云蝘蜓插天、鲸鲵跨海，而迤焉，屹焉，则固非潢泽是处之桥梁所得而媲其美焉。家于箕者，功名富厚，踵常相接，堪舆家犹谓：水自石桥而东，一往无所收束，灵气涣而弗聚。乃作桥之议于是乎起。但工费浩繁，尚□如其有待也。余友卫公翼中，以福建汀州镇标□鼓守备荣膺覃恩，晋阶明威将军。公平日肝胆遍海内，义气薄云天，解衣推食，不欲天壤间，稍有缺陷者，矧宗党戚属萃处于斯，而顾不急为之所耶？迨解组旋里后，于村之西则葺汤王庙矣；于村之东若南则建两浮屠矣；于村之西北通郡城往来径，则修崎岖以便行旅矣；于村之四围则筑墙以防盗及虎患矣。且也，村之极东旧有土台，所谓内龙沙者，于其上创立文华书院，其工程始末详载普宁令段子兰公撰记碑中。书院之役甫毕，而造桥之工旋兴，凡鸠工庀材，毅然身任其事，工役之费计一千二百金有奇。于壬子之秋九月经其始，于癸丑之夏六月观厥成。向□涣而弗聚者，宁尚虞其一往无所收束哉？独是"旭"为日出之义，取以名桥何居？盖日之方旦，阳德之亨也。故《天保》之致祝曰："如日之升"。而此桥有以迎迓之。君子将以卜箕之亨也，岂仅通往来、利行人，如寻常所谓桥梁道路云者。

癸丑维夏，余膺承之建宁之命，缘赴任之便，取道经泽，适迎旭桥落成日也。箕□亲友数辈嘉翼中公之德，多翼中公之功，以德与功不在一二人而在千万人，不在一二世而在千万世，恐心旌铭之不能昭兹来许也，属余为文，勒石寿世。嘻！余何能文，以素与翼中公友善，故不惮乐记其事云。

皇清康熙十二载岁次癸丑六月廿六日建

中宪大夫福建建宁府知府孔斯和撰文

郡贡士李采书并篆额

乡人王允谐、李学伊、李珊、王宪伊、王宪荣、王炎、孔承芳、王之桢、李学皋、孔弘猷、李思问、王崇□、李际隆、王宪度、王宪柳、李际开、张光玉、王宪灏、王宪沆、王宪侨、王道直、刘君美、王璇、□□□、孙士奇、王崇俭、王泽远同立石

玉工：李时和刻

2. 修桥记事

（1）碑刻简介

此碑刻刊立于清康熙十三年（1674），为记事碑，有碑首，无碑座、碑阴，碑刻规制为245cm×77cm×21cm，现为立碑，碑身保存完好。

（2）碑文

碑额：迎旭桥捐财记

碑名：修桥记事

尝谓人生斯世，进而树绩朝廷，退而安全梓里，皆求其实有裨益，不必徒邀虚名也。□昔承命兮，闽南闽、西秦，蹇蹇匪躬，虽有故乡风土之思，不遑暇，及洎请□□等边，居林麓日，与乡父老绅□图所以裨益。吾乡者，振兴其事，议于天然桥右迤东，营建一桥以为水口，锁钥计费不资会都□

友□严子继之、余子子长等，以蕆务持□，吾郡予募请捐金，诸君子乐为从事。年余工竣，谬辱乡父老，绅士树石以多予功，予则何功哉？功在出资诸君子焉，镌之贞珉表其姓氏，并以明建桥之后。予之志予之事非予之功也，若夫大桥之命名，以及形势之高阔长短，载之孔太守动□记中，兹不复赘。

康熙十三年岁在甲寅七月上浣吉旦　　□□□卫正心谨识

捐资姓氏：

兵部候推守备余元复银一百四十两，兵部候推守备严维梓银一百四十两，兵部候推守备杨炜银三十两，吏部候选经历胡继璋银三十两，原任处州守备王国安银三十两，吏部候选州同崔士仁银三十两，敕授明威将军福建汀州镇标旗鼓守备卫正心银二百五十五两，庠生王之桢银三十两，信士陈昌言银三十两，朱锦银三十两，王宪柳银十两，董纯银五两，李琎银十两，余光黼银十两，张丕杨银三十两，郜光斗银二十两，戚相明捐走道地一段，辛丑科二甲武进士余光作银五十两，滕骁□卫守备石子固银三十两，□□□城县知县陈攀龙银三十两，陕西略阳县知县马茹□银三十两，广东普宁县知县段澡银三十两，武举人张明士银三十两，□监监生张永亨银三十两，田□蔚银十两，余法祖银十两，牛学颜银二十两，张可秀银二十两，王瀛海捐走道地一段，□秉令银三两，崔士德银二十两，孔弘猷银二十两，王伦银二十两，王宪荣捐走道地一段，丘山银二十两，任□绪银十两，聂养初银三两，李学皋银三两，关焕银三两，苏正阳银三两。

（四）村西摩崖石刻

1. 大箕摩崖石刻

（1）碑刻简介

这是一处摩崖石刻，位于大箕村西、大箕河南岸的石崖之上，本碑刻集将其计作碑刻。勒石于清康熙四十五年至五十四年（1706—1715）。整片摩崖高170cm，宽430cm，分三段，文为陶自悦赞美友山主人的诗句，部分漫漶不清。

（2）碑文

山路平吞野，溪光远接天（缺）

友山先生一世豪，少年勋业轻萧曹。思亲忽罢封侯志，白云飞绕行山高。州城大宅旷不处，还向故山寻素侣。千古交情孰久要，惟有山灵默相许。距山筑园名友山，友山先生乐且闲。啸歌有时互响答，风雨不变真容颜。友山得泉山顶泻，我友心期倍潇洒。伯牙鼓弦钟期听，世间那更知音者。重楼复径相回旋，游人往复迷洞天。蓬莱方丈金银阙，谁云富贵非神仙。我亦青山旧知友，荷衣犹挂门前柳。愿乞友山作主盟，云关他日来重叩。

毗陵自悦题

（五）墓志铭和祠堂碑记

1. 明故文林郎四川道监察御史述文王公墓志铭

（1）碑刻简介

碑原在大箕村，勒石于明崇祯五年（1632），张慎言撰文，《晋城金石志》收录。文中较详细地记载了明末东林党人与宦官魏忠贤斗争的情况，有较高的史料价值。王允成（1573—1630），泽州大箕人，字述文，万历庚子（1600）举人，曾任南京御史，《明史》有传。碑今不存，本碑刻集录自《泽州碑刻大全》。

（2）碑文

皇帝既即位，明年用御史牛翀玄言，即日下所司起原御史王允成为四川道监察御史。翀玄疏云:"熹守御宇,逆珰魏忠贤、客氏表里为奸,熹宗几不自保。我皇上以孑然之身,寄妇寺之手,其势诚危,满朝慑于逆焰,相视莫敢言。允成独能虑远防微,坚先帝友于之爱,折奸宄窥伺之谋,究能保护圣躬,入承大统。则允成功在宗社不小。因犯逆锋,重遭贬斥。祈鉴孤忠,从优起用。"上览奏恻然改容。因下科简原奏可闻。其疏曰:"窃闻皇五弟之母亦已即世,则虽付托得人,而饮食之节、出入之防,能无万一之不周乎?'唐棣之华,萼不韡韡。凡今之人,莫如兄弟。'手足之重也如此。陛下于皇五弟,天性之爱,无解于心,凡所谓保护之者,亦当更加恳至。丰枝强干,足消窥窃之奸,此深根固蒂之道也。"允成此疏,其忍逆计国家之大故,为后日徼宠之地乎?且曰:"丰枝强干,足消窥窃。"方起草时,客魏之奸如草术勾萌,尚未甲拆。允成之及此也,何居?且疏又曰:"慎内旨,杜旁落。"指及妇寺,娓娓无已。无何,乙丑、丙寅之间,岌岌乎殆哉!允成之识渊矣!先是,起废无虚日,独于君若或尼之。

君刚直嫉恶严甚,喜者、忌者,邪正将中分焉。在留台时,章且接踵,北诸君承响望风耳。然奸人亦稍稍侧目,计无中之。曹郎某以父中考功法,谬谓君主南计,且有嗾之者。疏既上,南北交章为君理,坐某以挠乱察典之法。未几,魏忠贤势益张,矫旨用事。群小聚族而谋曰:"可藉而用也。"嗣是,水火分门,左右各袒。要人既快意恩仇,颐使群小,群小亦谓富贵可取诸寄。如倪文焕劾周公顺昌为魏公大中托孤;梁梦环媚客氏,指及中宫,以墨法中何公士晋。实以何在垣力主梃击之议,异何者力能嗾梁使为之?诸如此类,未易更仆数。诸君子骈首就逮,死对狱者凡若而人。鬼薪城旦,姑谓未灭。如述文等为世所指名,既嗾某等论劾,矫旨欲籍其家,尚谓君等无死法,异日可借口实。拟以国法中之,系圜土,冀快所欲,为《要典》之议起矣。

凡三案,君留台疏皆及之。男子张差狼突大内,狙击青宫,异议蜂起。忠愤之士欲竟其狱,私之者曰:"此癫也。"差一癫人耳,乌知九阍之内有宦者庞保、刘成乎?君谓:"穷狱者维君臣之大义,主癫者保父子之至情;然君等主癫，其心公私之者，途径他出矣。"鼎湖再泣，熹宗在邸，李选侍居然乾清，拟移哕鸾，礼也。时诸言者，但倡言移宫尔。门以内言者乌得以问之？群阉利其有移，顷微闻造次，群小遵以凤嫌借端煽动，举朝愕然。君谓："未登极以前，礼当避乾清而移哕鸾，既登极以后，情当安选侍而存簪履。"中外得君议，翕如也。光宗大渐，法不当峻补，进红丸者以庸医之罪罪之，足矣。核者方持他议，时既辱赏赉，更预告以归，群议嚣然。远迩中外揣摩愤恚，君谓无生他议，启后世之疑，薄罪红丸，重君父之事。诸如此，持论何如乎？时言待罪班行，值大宗伯持议严，欲追论三事，坐当事者以法。言以冲主在御，二圣大故方新，不宜兴此大狱。又谓秩宗公正发愤，重忏其意。时方下廷议，言谬草疏以闻，大略与君前论无甚牴牾。

时论亦误谓言疏近是《要典》。议既坚，台垣承望风旨从臾良，函敕诸臣分曹编纂后先诸疏，群太史字栉而句比之，断章爰比，锻炼周内，期当要人之意而止。述文诸君皆与焉，言亦厕名诸君子后。时词林有借微罪而去者，有濡毫仰日而太息者，亦有原效铅椠区区冀得一当者。书成，冠以圣谕，告九庙，赐宴秩宗，赏赉白金文绮，进级各有差，中未易缕指，当先巧迎则以杨公涟、左公光斗为阱，推诸人而纳其中。杨公涟曾疏二十四罪，逆珰切齿，余则引绳批根，率传会此义，其大指也。屡遣官颁郡国，且谋再嗾言者指《要典》诸臣罪，缇骑四出。闾门以逮周公顺昌故，民鼓噪杀缇骑，沉诸河。都城西南隅灾，数里外屋瓦皆飞，颓垣坏壁，震压男女死者以千数。珰意甚恶之，群小亦有戒心，君等遂幸免，止一意下所司，令以赃败为胥靡白粲矣。言既戍酒泉，郡守蜀人某持君甚急，使者日几辈至，守欲索赂不赀，时郡县诸大夫皆中言，道路以目，无敢居其间，君坐是愤懑且病。戊辰春逆珰磔，群小窜伏。日从臾《要典》者，负芒刺不自得，私念中所载爰书则出许显纯手，群小所矜局"大章巨论"同弁简端，则崔呈秀也。崔、许既辱尚方，诸臣厕二竖后，意殊踧踖。遂疏曰"《要典》当删"，又某曰"宜更修之"。太史倪公元潞，以当年分曹秉笔之臣，良迫于不得已，其仰日太息可念也，为诸君子良苦，兼亦令群小自安，抗疏曰："焚之。"便得旨遽付于烬。乃又有哭《要典》者。时列名《要典》如述文等，自谓是非较然明白，或删，或修，或焚，或哭俱任之，夷然不屑也。且谓："今日以往皆余年，敢复有冀幸哉？君子拔茅连茹，依日月之末光。"述文独稽启事。圣意方向用君，且锐意吏治。当今贪墨满天下，君以遗直，指斥贪吏，万物吐气。乃先是，垂死如线，及遭逢圣世，有不起之忧，岂非命哉！君生平刚直沉毅，介然有不可犯之色。在南台，肃如也。其指归于维持公道，保全善类。在诸君子中领袖孚号，是其所长。其他孝友睦姻．在乡党尽反诸贵人所为，未易殚缕，止识其大节，关消长邪正之数者如此。

　　按君状：讳允成，字复我，以赠公号文泉，永言孝思，号述文云。世籍泽神泉里之土门，继迁大箕。曾祖寿官仲名，仲名伯子曰武，武五子，叔曰筒，为诸生，是为君父，以君贵累赠文林郎广东道监察御史；母任氏，累赠孺人。君为长子，万历甲午入郡学，为诸生；庚子举于乡，第十九名。凡四上春官，不报，遂就除目，得新乐尹。当三辅孔道，疲甚。君偕计风慨于中，比至，曰："所不起此邑者，有如水！"颜其门曰："砥操必洁必严，苟取半分雷击；听断其难其慎，枉冤一命天诛。"邑中三年一日也，新乐既有起色，调繁获鹿，两邑道里相望，治获鹿如治新乐也，皆尸祝之。丙辰报最，赠赠公如其官。己未行取暂拟刑部主事，庚申授南京广东道御史，以覃恩实授，再赠赠公如其官。在台些知无不言，言无不尽，章疏岁无虚月，刻有《留台奏议》若干卷。戊辰春补四川道御史。时中外正人君子日望君早出，仰副知遇，惜哉！距生于万历癸酉十一月三十日，卒于崇祯庚午八月初九日，得年五十有八。元配李氏，永庆女，累封孺人。男二：长宪荣，庠生，娶生员段丕光女。次宪适，庠生，聘恩贡张光先女。副室李氏，出女四。长适鸿胪寺鸣赞司邦业子，郡廪生司化民。次适户部尚书孙居相子，邑庠生孙如壁。孺人出。次字儒生成炳然子成端，次字河阴县知县苗有土子苗咸宾，副室李出。孙一，世勋，聘举人丁泰运女，宪荣子。今将以崇祯壬申二月二十八日葬于祖茔之次。谨按状而序之如此。

　　张慎言曰：往言在台时，一君子自白门来，言讯之曰："南诸君何如？"

曰："独王君述文无大小率敬惮之，他不知也。"说者谓君太刚，过于嫉恶，恐祸至，且太刚则折。臆，人患不刚耳！至祸福，命也。世之熟软侧媚祸不旋踵者，可胜道哉！今述文归复于土，言既述如前，且以诗为铭，识其墓道焉：呜呼！乙丑丙寅岁前后，谁送太阿在珰手？珰持魁柄不自由，利刃仍为媚者有。公在南床凡几时，隐然公论皆归依。在南遂令南者重，几障百川而东之。上及乘舆下妇寺，危言侃侃何曾讳。中间国是方纷争，公盎持论扶元气。平者元气赖以扶，危者亦足杀其躯。天下垂异《要典》就，五年以前君在无？吴门之变继以火，不然死不止杨、左。嗟哉诸臣良可哭，垂死偷生君与我！厥言中者皆不幸，幸而中者保圣躬。迟之几年章再上，天子瞿然为改容。遗直留今事圣主，指贪斥酷何足数。胆识曾经生死间，善类清议快听睹。嗟嗟！世人且笑君太刚，须眉峭直挟风霜；嫉恶无乃过于甚，人将中之且不祥。宁甘不祥无龌龊，不可不刚不嫉恶。世人媚恶且不刚，双眼虽存眼光落！重为告曰：脂辖岂保终无错，君岂不见前年秋，媚珰首领膏神锷！

2. 大箕王公墓碑

（1）碑刻简介

此碑刻刊立于清雍正十年（1732），碑刻规制为142cm×58cm，保存完好，本碑刻集录自《泽州碑刻大全》。

（2）碑文

清康熙丙辰科赐进士出身诰赠资政大夫户部浙江清吏司郎中加六级累赠光禄大夫工部左侍郎加七级王光王公神道

赐进士出身翰林院庶吉士年眷侄孙孙人龙顿首拜题

雍正十年岁次壬子仲春下浣吉旦

四、上庄村

（一）村庄简介

上庄村位于山西省晋城市阳城县东，润城镇东北，与中庄村、下庄村古称白巷里。村中有庄河，自东而西穿村而过，过永宁闸进入中庄、下庄，最终汇入樊河。以庄河为界，南北均为山脉，村庄坐落于河岸之上，地势南北高，中间低。

清同治《阳城县志》记载："阳城山县，僻处随隅之所，生即无珍异奇瑰足号于天下，且地多高岩深谷，少平畴沃野以资播艺，即稼穑之利民犹难之。"该地农业经营困难，但是有着丰富的矿产资源，《中国矿业志》记载："本省山西铁矿以平定州盂县自潞安州至泽州阳城者最著，其开采似始于二千五百年前，迄唐弥盛。"贫瘠的农业和丰富的铁矿资源促使该地手工业的兴盛，商贸迅速繁荣起来。上庄村个体商业极为发达，永宁闸上的捐资姓氏之多体现了这一盛况。

经济的繁荣促生了文化的发展，当地流传着"郭峪三庄上下伏，举人秀才两千五"的说法，上庄村最著名的人物是王国光。王国光，字汝观，号疎庵，明万历初期的政治家和财政家，历世宗、穆宗、神宗三帝，从事政治活动达四十余年，对明王朝的"万历中兴"起到了积极的促进作用。他撰写的《万历会计录》是大学士张居正推行"一条鞭"法改革税赋制度的理论依据，后成为明清两代田赋的准则。因官居吏部尚书，故有"天官"之称，王国光故居被后人称为"天官王府"。目前天官王府作为国家 AAAA 级景区，不断地为上庄村带来经济效益。

上庄村共有碑刻 28 通，其中永宁闸 5 通，炉峰院 17 通，北庵庙 2 通，新发现的墓志铭 3 通，村民家中 1 通。内容涉及上庄村的经济、宗族、信仰以及乡村生活的方方面面，对于我们从事历史乡村聚落地理乃至其他乡村研究都有着至关重要的借鉴作用。

（二）永宁闸

永宁闸建于明初，闸下石板路为古代进庄唯一通道，二层祀关圣帝君，高达数米的闸坡抬高河床，保护河街两岸建筑基址，避免河水的冲刷。据现存碑记及阁内花梁题记记载，创建于清乾隆十九年（1754），嘉庆、道光、咸丰年间曾经修缮。底层为砖石结构券洞，券宽7.4米，西券口高6.3米，东券口高5.5米，券下用砂石块铺墁。东西两面匾额分别书"钟秀""水绕云从"。二层为神殿，面宽五间，进深六椽，单檐硬山顶，屋顶翻新，七檩前后廊式构架，殿内部被分隔为东西两殿，分别供奉观音和关帝。永宁闸是古代进村的关卡。该闸集宗教、风水、水利和防御功能为一体，对保护上庄村的安全至关重要。阁西侧南墙存7通碑，5通古代碑刻，皆为捐资碑，2通现代碑，皆为记事碑。

1. 捐资碑记

（1）碑刻简介

此碑刊立于清嘉庆三年（1798），为捐资碑，有碑首、碑座，无碑阴，碑刻规制为190cm×74cm，现为壁碑，保存完整。原无题名，据文意而加。

（2）碑文

【碑阳】

碑额：永宁闸

碑名：无

重修施财芳名于后

王缙、王澄沂水募化：

长弦号钱一千五百，永顺当、永祥号、韩同兴、柴太和、李大全各钱一千，杜通兴钱七百五十，李永利、孔福顺、刘义利、陈恒隆、孙振兴、傅元吉、葛万利、葛和合、靳公裕、靳公茂、长兴号、刘亨锦、马恒盛、刘亨昇、王万胜、孙聚盛、郝议盛、宋双华、韩同兴、同茂号、宋永兴、崔新盛、顺兴号、新兴号、合兴号、公合号、公兴号、南双盛、北双盛、同顺号、新兴号、原荣增、李大华、刘炳德、刘致恭、王可杰、魁盛号、西新兴各钱五百，同盛店、同盛号、徐纶音、傅延龄、专华生、柴广信、张义吉、王天成、裴合隆、万顺号、王显义、公盛号、公兴号、梁公安、公遵谟、张温各钱二百三十，牛立洪、公元、聚魁号、张贵荣各钱一百五十，公诵、郭兆安、殷士新、杨德各钱一百，收银二十七两四钱一分，换钱二十六千七百四十一文。

王正理阳埠募化：

魁兴号、永兴号、敬生店各银一两，义和行、聚兴行、王步瀛各银五钱，同盛店、合成店、大有号、贾汝霖、王玉成、复兴号、刘德盛、魁太号各钱五百，晋盛店、宋兴盛、兴盛店、义久店各钱四百，泰和店、礼盛店、兴盛号、合盛店、福盛店、德顺店、北德顺、隆兴号、西隆盛、协太店、端盛馆、王兴盛、北隆盛、天宝斋、吴广益、陈茂盛各钱三百，天成店、同心店、世兴店、连全盛、赵重、华兴堂、刘恒盛各钱二百，孙学才钱一百，收银十八两六钱□□，换钱十八千一百四十五。

赵秉仁、柴永庆槐店募化：

王天顺钱一千二百，延久成、范协盛、吉丕宗各钱一千，赵□泽、李孔元、刘维三、马步青、常可铎、李德盛、李有蕙、曹丰裕、许隆宗、南洪盛、李锦源各钱二百，赵秉仁、柴永庆各银二两五钱，柴永瑞银二两，收银十七两一钱，换钱十六千三百六十九。

王培载夏镇募化：

□城店昇源典、源裕典、恒茂典、恒盛典、滕县盐店、兴基典、致和典、盐行、洪茂店、聚魁典、温有勇、恒顺典、庆成典、天成典、藤荫典各银一两，收银十六两，换钱十五千五百五十二。

牛香固始募化：

雷信基、雷兴隆、垣顺典各银二两，和通珍、马通源、老万顺、支升恒、永成典、广发典、同太典、广大典、广顺典各银一两，收银十五两，换钱十四千二百五十。

贾克敏、王绪协周口募化：

美盛号钱九百六十，义盛店、准兴号各钱五百，王贻上、诸景曾、胡延渭、汪济千各银三钱，延英钱四百七十，复祥号钱四百六十，永兴号、成盛号、义合号、新大号、李君隆、王天福各钱四百五十，杨寅钱二百八十，吴德铭、卢公陶各钱二百七十，陈振亭、张毓恭、陈玉玺、各钱一百八十，王绪协银七钱五分，贾克敏银五钱，收银九两，换钱八千九百七十二，又收钱一千一百七十。

王润诗募化：

张兴盛、李禩成各钱一千八百，师福盛钱一千三百五十，永盛玉、霍天锡、永兴号、史凤鸣、顺兴号各钱九百，赵敬伏、李师龙各钱五百，协兴号钱四百，收钱十千零八百五十。

集大昶、李廷瑶朱仙募化：

隆太号、君兴号各银一两，卫隆兴、岳义和、王魁兴、潜太号、兴太号、张太茂、三盛号、复盛号、盐盛号、南永瑞各银五钱，太和号、卫永清各钱四百，珍成号银四钱，张天澍钱三百，元兴号、同义号各银三钱，收银七两五钱，换钱七千三百一十三，又收钱二千五百二十。

王瑠募化：

开太号、大成号、于学孔、合兴号各钱一千，许简齐钱八百，刘万顺、祥瑞号、徐殿杨、李永顺各钱四百，王□□，收银十两零三钱，换钱十千零二百七十九。

王玘东明（募化）：

通德店银一两，永昌号、永盛号、义和号各银一钱，祥茂号钱五百，复盛号、鸿庆典、通顺典、统合典、翼盛典各银五钱，保合号银四钱，如盛号、东义和、东复盛、隆兴号、南公正、义合号、义隆号各银三钱，北公正银二钱五分，晋魁号、王文进、西义和、美合号、鲁合兴、同义号、南义和、隆太号各银二钱，收银十两零二钱五分，换钱九千七百三十七。

王起甫周口募化：

王继和银一两，张存诚钱五百，王德溶、焦珀、李淋、复美号、三盛号、刘宗璧各银五钱，张天洽、赵秋、王茂全、任怀文各银二钱五分，王起甫银二百五十，收银五两四钱，换钱五千二百二十八，又收钱二百五十。

王思勤□固募化：

顺兴店银一两，元盛典、晋兴号、公盛号、马育英、恒兴号各银五钱，恒盛号、公兴号、柴芳斋、三益号各钱四百五十，东山号钱二百七十，收银一两零五分，换钱九百二十，又收钱四千四百三十。

柴元照莒州募化：

马又斌、永茂号、王秉武、梁清□、□蕙英、梁公濬、魏振铎、李承吉、王膺绂、刘君重各钱五百，收银五两，换钱九百二十九。

王瑶遂平募化：

李其昌银一两，郝公盛□□□、□□□、张广□、秦开太、韩裕盛各银五钱，收银四两，换钱三□□□□。

王思良颍州募化：

□公义银一两，李有兰、延天□、石顺义各银五钱，王思良银一两，收银三两五钱，换钱三千三百二十五。

王有本赤仓募化：

田聚顺银二钱八分，杨义、刘聚各钱三百，任协成、张恒兴、王贵云、庄士杰、胡振仁、刘大周、矣正官、李广兴、王贵各钱二百，刘忠、何龙章各钱一百，收银二两七钱八分，换钱二千八百八十。

王金富募化：

李大顺银五钱，李荣盛、李合顺各银三钱，李敬、司聚兴、西三太各钱二百，李成志、有信号、刘在君、东三太各银二钱，张钟、李耀如、李隆昌、协太号各银一钱，收银二两二钱，换钱一千八百九十一，又收钱七百。

徐有禄募化：

郑庄银二两二钱换钱两千零二十五，刘彬银一两换钱九百三十，东李家山社捐钱一千，史家庄社捐钱九百六十，披甲它社捐钱八百，刘家庄社捐钱六百，马沟社捐钱五百，史裕栋钱四百，王思中钱一百五十五，王□清钱七千七百，徐绍□、徐照□各钱□千五□，延文奎钱一千六百，王瑞□银五两换钱十八□，王□银，赵□□、王□□各钱五十五，王长年钱□□□，柴元照钱□□百□□，刘汉瑞钱一千□□，马大发钱一千六百，王缙钱一千四百五十，刘统元钱一千三百，邢翰章钱一千二百，王澄钱一千，王瀚钱九百八十，□文佐钱九百五十，邢建章、王有本、牛立基各钱九百，李预吉钱八百七十五，王用钱七百三十，王子端钱六百五十五，王有□、张存□□□五□，□□、杨大□、□九星、卢志□、王梦弼、牛蕃、李廷瑶、王才各钱四百五十，王贵清、□耀荣各钱四百四十，□□伦、王□□各钱四百，□公义、王□聚各钱三百，李□仁、□□臣、李清山、王思恭、徐有禄各钱二百七十五，王梱钱二百七十，王朋钱二百一十，张正全、马□昌各钱二百，柴永顺、崔久发、张克守各钱一百九十，李合孔、栗文霞、李永昌各钱一百八十，李成功、赵兴财各钱一百六十五，于有水钱一百□十，王端、刘□各钱一百，牛傑钱八十，王金发二十六工，郭均禄十一工，原祚均十工，王从顺九工，张柱成七工，崔铁拴、徐荣宗、王九环、王伏、王赐海、刘伦、王太清、张鲁、王小建各六工，□□英、□得官、□□有、□□□、李大孝、张□法、□□福、□□□、□□□、李□宽、□□□、□□□、李□□、张□、王武□、王文□、张□官、侯白、王清、王小金、王玉、吴发□、马文、潘兴壮、翟海山、梁永和各三工，邢熊、崔宝、史晋唐、张绍前、王克成、王从金各二工，王赐全、□兴山、王立端。

以上收银换钱一百三十九千□百一十一文，收钱九十三千三百一十五文，卖寨砖得钱十五千一百四十文，三宗共收入钱二百六十八千三百六十六文。

使寨石四百二十五丈八尺，和尚出□募化做缘簿觅人工盘川钱十五千零五十，运埽工钱四千九百七十六文，从十万零七千四百□□三十八千六百八十五文，条石一百九十六丈六尺，钱九千八百三十文，抬石六百二十二丈四尺，工钱三十七千三百四十四文，碎石工钱四千四百七十六文，折砍砖石工钱七千六百九十四文，枕钁水桶大秤罗头钱二千八百三十二文，香纸杂费钱六百六十九文，碑石钱一千二百四十文，抬碑工钱一千四百文，石匠九十六工钱九千六百文，合龙口礼钱三百，土工二百零九工钱十四千六百三十，工头小工四百一十九工半，钱二十三千四百□十三文，谢匠并犒劳钱二千□百七十一文，打马□闸钱八千文，补底数钱二千七百文，闸工共使出钱一百七十五千四百二十文，重修南庵钟楼厨房庙坡使寨砖一万八千个、条石五十丈，钱二千五百，灰钱六千六百三十七文，木柱寸□门□二千七百五十，土钱四百三十八文，□□□水圳钱一千四百七十三，抬石工钱一千八百二十四文，石匠二十二工钱二千，木匠一百三十四工钱十三千一百，土工四十二工钱二千九百四十，小工五百五十五工钱三十千零九百五十九，折砍运砖工钱九千零三十五，铁物件钱一千二百零二文一应杂费钱一千零四十文，谢匠犒劳钱一千九百七十五文，共使出钱七十七千八百七十九文。补修北庵门□垣墙灰钱一千六百五十一文，门板钉钱三百二十五，匠工钱八千，小工钱六千，犒劳钱二百一十文，共使出钱十千零二百四十六文。以上通共使出钱二百陆拾叁仟五百四十三文，出入顶补净余钱四千八百二十一文，染碑刻字竖碑一应使七千七百，除余钱长使出二千八百七十九文。

徐绍宗、王思勤、赵文佐、延文金、柴永瑞、徐照宗、邢翰章、王理清、王长年公赔

云峰戒僧：达淮，徒：通培、通增

嘉庆三年葭月

2. 补修永宁闸记

（1）碑刻简介

此碑刊立于清嘉庆七年（1802），为捐资碑，有碑首、碑座，无碑阴，碑刻规制为130cm×57cm，现为壁碑，保存完整。原无题名，据文意而加。

（2）碑文

【碑阳】

碑额：无

碑名：无

张学礼、张正理、徐照字、□元□、□□□、王润根、延文金各银二两，王玘、赵俊普、马大发、王瑁、王金发、王增各银十两五钱，王沛栽、王理清、王澄、荣永庆、王瑞、王琮、王淦、王缙、王蕃、徐有禄、施有义、王瑞甫、王有本、王子端各银一两，王文佑钱七百、牛立基、王□兴、柴永顺、李久地、王朝栋、□□□、张存金、王长年各钱五百，□□□、张大伦、王有耀、李慕伦、王芸生、王长聚、陈其积、王惠元、王思良、崔久发、柴永祥、王琏、李预吉、王用、王克成、王开泰、刘统元、王永德、张正全、窦鹏、窦如壁、李建尧、王端、王祥、王玠、马九昌刘芳各银五钱，徐荣宗四钱五分、柴元爵、张克守各银四钱，邢翰章、王绪协、王通、王允纪、刘太仓、王润环、潘兴旺、于有水、王乐、卢宏太、栗文霞、王思和、王梱、马素玉、贾永福、李有士、张茂先、张福荣、王璨、吴发库、王润、李合孔、卢耀荣、延九星、杨青、王湛、赵兴邦、王桂清、刘汉瑞、茹惠章、翟□山各银□钱，王正茂、王梦弼、李钦祖、秦茂林、张伦、杨吉庆、张存魁、张存体、邢浩章、王时杰、王世基、李法才、李永昌、王壮太、王守富三钱，陈有照、王文奎、李清、邢师周、李玉孔各银二钱，崔宏礼、田子太、卢得官、梁永和各六工，邢师颜、郭均禄、潘兴堆、王月、常太生、张遵法、王润松、刘满才各五工，郭京永匠工三工，李泽匠工五工，王怀仁、王奎先、卢志尧各四工，卢志全三工半，赵兴财、原声达、王赐海、詹锁、王从顺、王从金、茹遵臣、王武清、张兴茂、于湘、郭兴山、张柱成、邢师孟、王立端、王宇各三工，王凤占、王金全、闫正公、张绍官、马存玉、王泽、王大有、徐魁宗、张福昌、王九环、王福根、刘近泉、李□□、柴永□、王思□各二工、王思伦、王雨□、王文□、王□、李□、□大升、马□、李□□、卢志英。

以上收银八十二两五钱五分，换钱六十七千二百七十八文，收钱一千七百文，二宗共收钱六十八千九百七十八文。

买灰两万八千七百八十斤使钱十一千五百七十六文，买锅筒锛使钱三千六百四十八文，抬石二百六十九丈四尺使钱三十二千三百二十八文，石工三十八工使钱四千五百六十文，工头三十二工使钱三千八百四十文，小工六十八工使钱五千四百四十文，碑石一块使钱五百文，买枕钁罗鼓使钱一千一百八十一文，杂费使钱九百九十六文，买砖使钱五百文，刻字使钱一千四百二十五文，谢匠酬劳使钱六千二百文，以上共使出钱六十六千一百九十四文，除使净余钱二千七百八十四文，券上换椽使用。

总理：王引伸、刑翰章、赵文佐、王珇、王正理、王理清、王澄、王璔、茹有义、王有耀、徐照宗、杨大伦

工头：王金发

戒僧：达淮

玉工：郭京永

嘉庆七年蒲月吉日立石

3. 捐资碑记

（1）碑刻简介

此碑刊立于清嘉庆二十三年（1818），为捐资碑，有碑首、碑座，无碑阴，碑刻规制为132cm×58cm，现为壁碑，保存完整。原无题名，据文意而加。

（2）碑文

【碑阳】

碑额：无

碑名：无

嘉庆二十年补修关帝阁石闸施财姓氏并一应花费开列于后：

王长发钱四千，徐照宗钱三千，赵文宝、王安各钱二千，徐淇宗、王子端、牛藩各钱一千五百，杨大伦、延九叙、王楒、王维谦各钱一千，王运泰钱九百，王朝栋钱八百，王玘、王廷彦、李有均、王开泰各钱八百，王有本、马随发、刘芳各钱七百，王理清、王时伟各钱六百，王会图、翟海山、赵诚和、梁永和各钱五百，牛升、王文佑、潘兴堆各钱四百，王广基、□魁元、贾成女、李交泰、柴学魁、张存才、王□、王桂清、栗文霞、曹民和各钱三百，陈有照、王开运、李通玉、王道平各钱三百，王丹林、王□□、刘太仓、□茂林、张凤翔、王土山、□全德、王文魁、王道生各钱二百，延九发、茹松亭、李孟锡、王明生、王思睿、柴学孔、王文洲各钱二百，王豫钱一百五十，白守礼、田子□、王正都、王长基、邢牛□、张悦、常永修、田子富各三工，王怀礼、王福雨各二工半，王魁□、王九环、崔金瑞、宋有根、席珍、成万会、赵兴财、张时、王怀仁、王惠元、原声遥、王法中、赵天宝、张遵才、□子兴、王双□、王廷瑞、王□□、刘□财、侯宝根、茹松元、马刚玉、郭寅、闫□、芦忠各二工，芦补□工半、王文德、张□□、王德□各一工，李发润钱二百，□□□□碑做工少付钱□□。

以上共收布施钱三十八千四百五十文，又收春补余钱五千七百五十文，二共收钱四十四千二百文。

石匠二十二工钱二千六百四十文，木匠六工十千□七百八十文，抬工一百三十九工钱十五千二百九十文，小工五十五工钱五千零三十文，工头三十九工半钱三千九百五十文，犒劳钱六百文买□一万八□脚钱使钱七千四百三十五文，买石头使钱四百文，碑璞钱九百五十文，配旧□瓦猫头一百四十六□，使钱八百八十六文，铁器□□收□□□杂费使钱一千二百八十文，买檩一根使钱六百文，少数补囗钱三百三十文，以上共使钱四十千零一百九十一文，除使下余四千零零九文。立碑石匠二十六工钱三千一百二十文，砖灰钱六百文，小工三工半钱三百一十五文，零星钱四百二十文，敬神谢匠钱九百二十文，余钱使讫长使出钱一千三百六十六文，俟明年春祈还补。

总理王理清等仝立石

嘉庆二十三年十一月吉日

4. 捐资碑记

（1）碑刻简介

此碑刊立于清道光十五年（1835），为捐资碑，有碑首、碑座，无碑阴，碑刻规制为187cm×76cm，现为壁碑，保存完整。原无题名，据文意而加。

（2）碑文

【碑阳】

碑额：无

碑名：无

重修永宁闸捐财芳名列后：

柴学信吕潭募化：

泰和店捐钱三千，裕泰囗、复兴正、九如典、囗凤鸣、三太典、尉恒囗、太和豫、春秋典、囗兴泳、囗时愈、杨世则，以上各捐钱二千，张中和、杨祥囗、福裕号、囗囗厚、悦来店、谦盛店、囗太中捐钱一千，史运水、史珉、席有仁各捐钱五百，席有道捐钱二百，连尊堂捐钱四十千，徐仰山捐钱十五千，栗文霞捐钱十千，杨大伦捐钱七千，芝树堂捐钱六千二百，王长富捐钱五千五百，王安、王道生、王斗南、牛昇、囗广义各捐钱五千，赵振绪捐钱三千，赵连璧、延增重、王时伟、王新亭、刘囗各捐钱三千，王支端、张存才各捐钱二千五百，王九环、徐囗宗、如松盛、刘统安、翟昌

□、牛维刚各捐钱二千，王正荣捐钱一千七百，王魁元、曹民和、王思春、王福端、王立基、李法润、王永端各捐钱一千五百，王有本、王橧、王梓、王明生、王丕信、柴学信、王道平、茹松林、段守良、孙景太、□文选、王正都、韩金权、张遵才、王怀仁、李有□、陈□□、刘大□、王长基、王承基各捐钱一千，原振仁捐钱七百，王玉成、王政修、李□□、李授孔各捐钱六百，柴学□、马尚忠、尚留保、原来有、李三银、梁法、梁满、芦志全、詹宝根、王得柱、王禄、王文德、芦□恺、秦茂林、王万瑞、宋有仓、李廷端、李全德、齐应声、□忠、王正魁、李通玉、王廷彦、马宝林、蔡永法、王文成、郭攀荣、王□元、闫九昌、王庆瑞、李孟太、李有常、王文□、□济、王□端、□□章、赵丙乾、李金锁、张九诚、王梗、陈□□、延进阶、徐广基、潘正全、三□兴、□国□，以上各捐钱五百，□自春捐钱四百五十，张广财捐钱四百，张□□、崔二凤、马喜□、王福□、郭小苟、赵小撰、茹松元、段群虎、李孟兴、李□光、□□□、王宝、王诚中、王三元、王家林、李廷贵、潘正士、李芳施石一块，崔科□子富各捐钱三百，樊尧唐施钱二百七十，刘振□、王立□、刘太、于洋、王□生、芦运福、潘文均、张凤□、马壮法、赵永法各捐二百，张月捐钱一百八十，张氏捐钱八百。

总理：王有本、王理清、扬大伦、王魁元、王开泰、王淇宗、王正福、赵振绪、王特伟、茹□□、王道生、王□新、王龙图、王实□、王文端、王梓收布施钱二百四十六千五□七十八文，收地□钱廿七千六百七十六文，收卖玉皇庙树钱八十六千八百五十文，收□□□□庙补石堰钱十千文，买丈石五百五十五文，使钱六十四千四百文，买乱石使钱廿八千一百六十九文，买灰使钱卅八千五百六十三文，木石匠工头使钱五十三千四百一十文，人工使钱一百一十一千八百六十文，拉石车脚使钱五十一千六百九十文，补修券檐头庙舞楼使钱四千二百七十文，玉皇庙砍树钱十六千□百四十大文，敬神犒劳使钱卅一千零八十一文，□□□□使钱廿四千九百文，吕滩做缘簿赔银数脚钱使银二千六百九十文，买炭修路零星等使钱十九千一百一十五文，立石碑砖灰匠工使钱九千五百九十八文，石槽三项使钱九千文，以上共使钱四百七十一千□百文零四文。

　　石匠：王宝、潘大钧

　　工头：梁满

　　大清道光十五年三月吉旦日立石

5. 捐资碑记

（1）碑刻简介

此碑刊立于清咸丰九年（1859），为捐资碑，有碑首、碑座，无碑阴，碑刻规制为192cm×77cm，现为壁碑，保存完整。原无题名，据文意而加。

（2）碑文

【碑阳】

　　碑额：无

　　碑名：无

补修永宁闸并闸旁卷窖葺补南北庵花费捐输芳名列于后：

李心田封口募化：

万源典、兴泰典、人和典、和兴店、三和店、恒盛同、世德典、天元典、增盛号各二千，同义店、致和店、德盛店、通顺诚、吕裕和、元泰号、敬盛典、福源坊、文运合、程公盛、永协号、吉大兴、四美店、荣盛店、正裕号、裕丰恒、傅元兴、李恒盛、裕吉福、广和贞、长盛泰、祁合盛、申永盛、万源永、元泰信、元亨永、聚义昌各一千。

刘统安太康募化：

丰裕魁二千文，全发店、司人堂各一千五百，存诚号、晋元号、同兴号、生泰号、广裕德、永裕远、聚兴和、延聚发、久长兴、成德号各一千。

茹静山漯河募化：

同心店三千文，毛继成二千文，天元店三千文，聚兴店、三合店、泰兴店、久兴德、三义店、生泰店、永泰号各二千。

王懋德汴城募化：

蕴茂典、公茂典各二千，泰茂店、广泰典、广义店、广聚店、广成店、天德店、顺平局、丰豫店、日升昌、协裕店、豫兴店、昌泰店、德庆店、隆泰行、元和泰、昌泰贞、恒盛昌、恒兴茂、大德玉、福通店、三和麟、周万聚、三立店、福豫店、聚盛泰、庞芙卿各一千。

茹珊周口募化：

新盛和、四千文、同升店、三合丰、董泰和、保兴店、永和荣、丰盛允、雷正兴、复兴德、忠信成、人和德、庆顺生、广顺隆、大来恒各三千，正顺隆、永盛大、统顺合、双合和、通义元、仁义祥、义合公、魁泰公、协泰公、昌泰恒、宝泉涌、德泰合、义和久、舒盛合各二千，天兴合一千二百。

牛维铨修武募化：

晋昌典各四千，会川典、积义坊、全顺坊、世德店各二千，星源合、天兴店、后兴店各一千，丰源合、李余庆六千五百，贾凤鸣五千八百，王庆龄五千文，王时伟、王金兰各三千，王家相、延大振各二千五百，王进基两千文，王有强、徐仰山各一千五百，赵百忍、茹临泉、王芝树、茹贵、茹质、王履新、牛维通、牛维铨、王世荣各一千，王进忠、刘统安九百文，栗振铎一千文，王栻、杨维涌、杨映渠各八百，王自新、陈蓝田、徐青云各六百，马儒麟、徐建基、王锦端、牛维正、张金安、冯允谦各五百，刘士魁、秦玉山各四百，张显三百三十，王极、王尉、赵秉芝、王吉甫各三百，王正逢、许鼎铭、牛春荣、牛维杰各二百，王立志十五工，崔和发十三工，董福林十二工，宋辛未、原道旺各十工，侯有起、李广明、陈九兴、梁小润、张海云各九工，树德堂八工半，王纶、梁满九工、庐兴聚、田正国各八工，王柏、邢国智、王长贵各七工，李梦勤、李德、李廷贵、潘正锡、王家栋、王小润各六工，李景林、王标、王维新各五工，韩接玉三百文，闫成泰、李孟泰各四工，李小群、柴学魁、王履端、李谷丰、段小□、张旺宗、胡根环、原来有各四工，王顺才、王朝瑞、杨恩科、王庆端、王廷彦、徐成基、张喜林、崔根云、王永新、冯林、王狗拉各三工，马瑈聊、卢小狗各二工半，张崇礼、郭治、王广泰、廷聚元、张兰香、□仁三、王□椿、王喜成、常景存、李贻清、马毓莲、王德元、□文选、徐五瑞、王蝉、原群有、张随、王贵各二工，王海五工，梁九润、马义、庐兴旺各二工，宋小仓、王接科各一工半，李玉书、尚马橛、翟锦梅、王云山、王维纲、□通、张□纪、田双端、梁八润、段小圭各一工，王永旭二工，张祥云三工。

以上共收布施钱二百五十七千零三十文，买石灰钱三十四千三百零三文，买乱石钱九千五百六十文，买砖瓦坩钱二百二十七千五百三十八文，买麻绳铁器钱七千一百三十文，买土钱一千一百零四文。

收卖杨柏板钱四十千文，买拨头石钱十三千二百八十八文，石匠工钱十六千八百文，觅小工钱一百一十二千二百八十八文，买王日新地一亩七分钱八千五百文，还杨姓钱四十五千文。

收六年、七年、八年社中余钱七十四千一百七十文，买桶瓦檐头钱十一千六百零一文，木匠工钱二十三千八百一十文，帮修庙坡大路钱七千文，买池院门前厕坑一百钱六千文，作缘簿钱一千二百八十八文。

收六家缘簿除赔银树净长钱五千五百五十六文，买木料钱十二千三百二十八文，油匠工钱七千八百文，栽松柏树四千零一十七文，还敬信堂钱六十五千文，请缘簿客钱九千三百零六文。

四宗共收钱三百七十六千七百五十六文，出鏁包麦根钱三千五百文，颜料钱七千九百零八文，买王法汤荒坡一块钱二千五百文，还元兴隆钱二十二千文，税契钱一千零二十文，匠人酒钱□千文，工头酒钱五百文，立碑一应花费钱三十二千八百五十六文，共八宗共使钱四百九十五千五百四十三文。除收净短钱一百一十八千七百八十七文，庙有碑记王庆龄捐钱一百千，余短钱社中补出。

总理：庠生王吉甫、庠生王廷璧、王进基、茹临泉、赵百忍、从九王家相、庠生王宗一、李余庆、王履新、杨映衢、祀生王锦端、祀生王庆龄

玉工：张旭

木工：李良田

工头：梁满

大清咸丰九年岁次己未季春吉日阖村仝勒石

（三）炉峰院

上庄炉峰院，又称南庵庙。因建于村南香炉峰上得名，坐南朝北，由关帝庙、三教堂、高禖祠和马房组成，占地面积1786平方米。创建年代不详，现存建筑为清代风格。西院为关帝庙，东院为三教堂。关帝庙为一进上下院，中轴线上由北而南建有山门（舞楼）、拜亭、关帝殿，两侧有妆楼、看楼、配殿、耳殿。王国光少年时曾在此读书。明清两代"南庵晓钟"和"炉峰夕照"均是王府八景之一，为一方名胜。目前保存有旧碑17通。

1. 重修三教堂记

（1）碑刻简介

此碑刊立于明万历十八年（1590），为记事碑，有碑首、碑座，无碑阴，碑刻规制为170cm×69cm×23cm，现为立碑，碑身部分字迹漫漶。

（2）碑文

【碑阳】

碑额：无

碑名：重修三教堂记

宣圣继往开来，功昭宇宙，阙里一祀，万世宗师焉。明兴益□□学统一圣真，家诗户书，庶几三代之治。都邑里闬，像而礼之，乃参二氏祀为三教。夫佛生周昭王时，韩子谓后汉其法始入中国。□□□□然常寂为真，空洞不虚为实，广大不荡为际，教人清心静欲，归于无为。老氏当景王时仕周，为藏室史，著书传于世，皆借物以明道，因时世习尚就以谕之，史称李耳。无为自化，清静自正，岂其与吾道判若水炭，固引吾儒而异端哉？古今道一而已，安得而三之？盖一为三之宗，三者一之分。故曰推一而万，则事无非真；混万而归一，则真无非事。今圣贤心法，载在六经，不过一民心、同好恶，令天下平耳。二氏即与我不同道，不闻谆谆焉教人暴戾恣睢以戕此心，亦不闻谆谆焉教人趋淫毒正以拂此性。假令天下而尽率二氏也，则清心静欲之治，自化自正之谊，天下岂足平哉？且佛法孔孟时尚未有也。老氏曾仕周，其子孙相继至汉，犹振振必非去君臣、离父子者，孔孟所谓异端，谅不为二氏云也。乃释老者流过为崇尚，故其言易至于诞，而读者未得其所以言，辄群起而绌之，不复参究，是以学释老者亦复绌儒学，皆过也。乃挽世尤有可慨者焉，偶睹一班，辄居全觉，独取只字，自标法门，胡其谲也！羁鞍仁义，缨璪道德，驾言堕黜，自决含珠，胡其妄也！欲以耸摄其党与？令天下欢欢然，交臂而拜，同声而赞，彼于二氏之旨，亦岂能闯其藩篱，究厥奥窔邪！甚且易实践□清谭，变绅绎为号叫，转心斋为口斋。十人为伍，百人为群，踵于白莲，托于无为，此又二教中之大罪人也。且孟氏称尧舜之道，孝弟而已矣。必其人入孝出弟，始可尧舜，未有终日闭门诵孝弟二字，即可跻尧证舜者也。彼释老者流，匪直蠹人亦自蠹也。然其初岂与吾道尽畔哉？溯流穷源，毋令二氏道终晦焉。

庵旧址山上半观音头，正德间迁于此。年远圮坏殊甚，祖母田淑人率众新之，半出己资。祖母时年八十有三，不辞寒暄，日三复省试，遂成中堂。堂左右两楼，金榱碧栋，翚飞鸟革，视昔益光大焉。丙戌春正月经始，十逾月乃就。财不绌，人亦不困，若或使之者。于是祖母呼余纪其始末。余方憾二氏之道不明于天下，其流弊毒人心甚深也。因表而出之，效金诸善男信女书碑阴。

里人王溥著并书

大明万历十八年岁庚寅冬十二月二十二日树

2. 合社会议

（1）碑刻简介

此碑刊立于明万历三十九年（1611），为记事碑，碑刻规制为190cm×

78cm×23cm，现为立碑，保存完整。此碑应有碑阴，但碑靠墙而立，碑阴无法查阅。

（2）碑文

【碑阳】

碑额：无

碑名：合社会议

父老相传，庙之兴废关一方盛衰，往事可鉴已。自庚子之灾，节次兴工，十年乃就，计费金钱千余缗。创之甚费，而成之甚艰，人惟不知其甚费、甚艰，且不知兴废所关甚大，慢易心生，渐至亵玩。以神庙为亵玩之所，则何所不至。庚子之灾皆由于此。盖神为一方主御灾捍患、锡福降祥。祀典重焉，不思一方士民输财效力以崇庙貌、供牺牲，仍给僧徒代为焚修，此何为者也？诚恐事神不谨，遇有灾患，神不加意，况肯惠之福祥，独不见连岁饥馑乎？此皆人情亵慢所致，犹借口不□□□□然更不见近日科名落莫乎？子弟痴（缺）有人□□□□□一木并一应器具者，听诸人耳用，勿论其他公事私事，亦向本庙闲房办理，不许在神殿内扰□□□□杂坐簪□交集歌呼笑□□为不恭，甚至寝处其中，跛立箕坐髦髮褰裳，后生小学画墁四壁，作害尤甚，或造作纸□乱人出入，秽气薰蒸，木屑纸条堆案，披地清净之处，易为垄断之区矣。以上所戒，若仍前冒犯，合社父老鸣鼓攻之，或者不敢折之以言，亦当诽之于心，人即莫敢谁何？神能降之殃咎，凡我同社，共相体亮，以造一方无疆之福，幸甚幸甚！

明万历三十九年辛亥七月廿七日社首王□吉等立

3. 白衣菩萨会碑记

（1）碑刻简介

此碑刊立于明万历四十七年（1619），为记事碑，有碑首、碑座，无碑阴，碑刻规制为97cm×53cm×22cm，现为立碑，保存完整。

（2）碑文

【碑阳】

碑额：无

碑名：白衣菩萨会碑记

白衣菩萨会自万历三十二年起至四十七年止，除三十一年会钱挂袍使讫外，净会银十七两零五分六厘。塑小像、修东楼、买树、油正殿、画供桌、墁院、修路，共使银九两一钱一分六厘。圆会念经共使银三两六钱。立碑共使银八钱七分。余银三两四钱七分，修庵门外砖墙使用。

随会人众开列于后：

梨树坡三人：王门杨氏、王门张氏、王门杨氏

水泉头三人：王门于氏、王门曹氏、王门于氏

磨头五人：王门李氏、王门李氏、王门张氏、王门秦氏、王门常氏

西院三人：王门张氏、王门樊氏、王门杨氏

大楼上二人：王门曹氏、王门范氏

南河五人：王门陈氏、会头王门李氏、王门刘氏、王门李氏、王门杨氏

西沟一人：王门赵氏

西头一人：王门延氏

东头一人：王门栗氏

尼僧：曹如松、余如爱、陈明来、陈明福、张明财、张海泉

张旅镌字

王田书丹

万历四十七年五月十五日立

4. 新修关圣贤庙序

（1）碑刻简介

此碑刊立于清顺治十六年（1659），为记事碑，碑刻规制为86cm×56cm，现为壁碑，保存完整。

（2）碑文

【碑阳】

碑额：无

碑名：新修关圣贤庙序

古有功劳于世者，生则爱之，殁则祀之。虽至数千年之后，抚其榱桷，尚发讴吟思慕之心。况在关帝君生气禀烈，沁人心骨。盖历晋隋唐宋元明，无不人人而尸祝之，世弥久而思弥深也。南山古刹原有圣贤祠，在本院西南角，形势卑甚，诸凡乡献参谒，俱环曲迁就，不得长跽而顶礼之，有心者实共恫焉。丙戌岁，余会同里人始以议修举。历丁亥，于原殿后扩基启宇，立正殿三楹，乃迁神像，神亦若欣然而就居焉。随即建左右辅房各一间，对南戏楼一座，东西厂廊，缘地广狭，庙成厦第，是时门犹未构也。越癸巳，踵事增饰，崇起正门，而庙貌之规模亦然以立矣。兹之役先后十年许告垂成，人事方竣。

神休将继此锡焉，里人曰勒石以记，余亦终不得辞之，以序云。

时顺治十六年岁次己亥正月吉旦

奉直大夫户部胡广司主事王润身谨题

5. 续修庙前舞楼记

（1）碑刻简介

此碑刊立于清康熙三年（1664），为记事碑，无碑首、碑座、碑阴，碑刻规制为96cm×57cm，现为壁碑，保存完整。

（2）碑文

【碑阳】

碑额：无

碑名：续修庙前舞楼记

关帝庙貌太略既竣之后，里人因时修筑以酬神德。自顺治丁酉迄夫辛丑，凡五年矣，所未快者。院宇逼窄，每一飨献则俳优侏离，弗克展其技也。是年因山城前修大士阁，议及南北两庵，悉有补葺，欲渐次经理襄兹舞楼之工，而会首马世俊及王腾聚极力向总社五家酌瓦木匠价等费，更设法化缘，催工督力，仅逾两月而告完。盖五家者，有祥符、楷符、宗灼三翁，以暨不肖龙皆于其中，而始终于俊聚经画者，唯吾叔发身翁居多，亦犹之同会唯众而效力者，俊与聚为专也。顾兹役垂成，劳者有劳，施者有施，余亦从而识之，以扬其盛世云。

康熙三年七月吉日邑庠生王人龙谨记

三圣会银五两三钱

施主姓氏：

王门蔡氏同男人彦银二两，王涛、王燧、王煜、王煌、王顺宾、王因民，以上五钱，王祥符、王宗炳、王广生、王敬身、王立身、王发身、王惠彰、王仁、王祈祚、王□、王麒、王玉樑、赵三俭、王秉福、王正科、刘光福、郭权、张礼、粟自旺，以上三钱，王惟元、王世垛、王楷符、王祚启、王腾发、王腾起、李应星、史养厚、□冲斗、马惟相、赵之秀、□登谏、刘永清、韩义、吴正坤、刘继朋、马奉全、王师俊，以上二钱，王卫俊、王惟一、王惟宁、王省身、王应昌、王人豪、王人杰、赵天真、赵一章、贾时春、赵福兴、史学左、张加兴、龚好义、牛百祥、王喜、崔廷训、王来路、赵弘兴、张小长，以上一钱，王加禄、徐三保、王连科，以上六钱，刘永成、窦汝林、曹福安、马大祥、常时太、□如起，以上钱五百，黄加喜钱四百，马自起、马自修、马自立、王应诏、王应诰，以上共钱五千，外使过旧会银十一两七钱。

会首：王腾聚、马世俊各施钱两千，马世俊长使钱十八千二百、银二两一钱

石工：张旺、豆准三钱

6. 重修南庵碑记

（1）碑刻简介

刊立于清康熙四十六年（1707）十二月，为记事碑，无碑首、碑座、碑阴，碑刻规制为147cm×52cm，保存较好。

（2）碑文

【碑阳】

碑额：无

碑名：重修南庵碑记

南庵不知创始于何代，无碑记可考，无父老传说，至今不知经几岁月矣。而水路壅塞，墙垣塌毁，柱梁朽烂，檐瓦星飞，金身坐风雨之中，圣像居土泥之内，焰光损坏，彩色迷离，若不重加修理，其塌毁殆，有不可胜言者矣。幸吾家有鸣玉者，乃曾祖天官宫保公六世孙肯斯之子也。目观凋残，奋然慨任，于九月经始十二月告终。将水路之塞者通之，墙垣之颓者培之，梁柱之朽者撑之，檐瓦之破者换之，一切大事无不中钜。然而力难独理，有族孙禹臣者，乃侄丁酉科副榜贡生巫一之子也，辅助鸣玉而左右之。是以庄严圣像，补塑金身，光辉朗耀，彩色鲜明，油画殿宇，糊裱窗棂，阶台重砌，墀院复平，欣然改观，焕然一新。游览者喜添眉目，瞻拜者肃起虔诚。余因羡鸣玉之才气、勇敢，识见精通，乃作数言，一以表扬鸣玉重修之功，一以鼓舞后人继起之勋，故乐为之记，而镌诸鼎钟。

卧云庄子沐手题于南庵炉峰之次，时年八十一岁，施银一钱、木材四根

后学王琠谨书

康熙四十六年十二月初六日立石

布施人工做饭姓氏开列于左

诰封一品夫人陈太君施银五两、地十亩，其地郭峪坡六亩、东沟四亩，文券大社收执，碑石一块、阶石二条；淮安分府陈大宅施银一两；巩昌分府陈二宅施银五钱；平阳府客人郭文焕银二钱；高平县张懋施银二钱，张炟施银五钱；润城镇张戴先施银五钱。

王晞旦银一两、饭十二口，张鹏起银一两，王江砖一千五口，王恽饭四口，李奇盛饭四口、吉成虎饭六口，各银五钱，牛淳饭十口、银四钱，王堂饭八口，王谦饭六口，张伟饭银一钱五分，赵纪鼎饭二口，张久焕饭七口，延得贵、茹鸣凤、茹四凤、茹世卿、王泰交饭四口、各三钱，又代□银□

两、邢玉贵、王佐、王玉田各饭四口，徐起月各二钱五分，王居安、王邦、王多三、栗顺、刘文斗、于易、张端、张其受、王之至各饭四口，王鹏搏、王钟各饭二口，王琢饭六口，马国生、延成法各二钱，阳城县乔万生施银二钱，张奇玉银二钱三分，王奉保、周自亭、李调、王广各饭二口，柴自润、崔岱、曹腾蛟各饭四口，杨世通、张秀、茹进珍、茹进金、延士顺、王秀、曹章各一钱五分，卢太有、刘广信各饭四口，王定各一钱二分，王敦伦、王矩、王玉正、王芳、王时、王□土、王烺、王士坤、王永彰、王应中、王苊、苏沛霖、张贵显、李遇阳、吴三阳、马乾、张官爵、王瑅、韩应泰各饭二口、各银一钱，王汉儒、王世玉、王交太、王怀琦、王容、王宪、王应诰、苏万祯、柴真、李秀、樊应通、刘国名、张景秀、张发祥各饭四口，王炘、王钺、赵纪荣、王承运、王从芦橡一根，吴自起、王汉臣、王裕民、李有仁、璩秀昌、王伃、李依、张纯运各一钱，王攀云、李宁迁、马国珣各饭二口，王奇中、王建中、王玉贵、李从福各八钱，马自起牛毛五十斤，王自法牛毛十斤，刘广秀六木工，徐起德饭二口，王美中各三木工，马奎斗三石工，王良田二木工，刘善原捐银一钱，杨逢春瓦二千□、戏银三两、饭银二钱，柴坤银一两、□饭银一钱五分，王熊飞、王祚億、王锡祺、王灼、王嘉栋、王世均、王世绩、王世望、王世见、王世宏、王武臣、王怀壁、王怀玉、王垍、王所、李式通、赵钟、赵贵、王世瞪、王得禄、常守德各饭一口，王祚顺、王玉升、王世封、王贡、王锐、乔容、王永太、王宣、吉养贵、王士、王在、赵顕、王□、王永成、翟万程各五分，王正心银二钱、工二工，潘印章、王美、张栋、郑得仁各一工，王永兴、王昌运、陈国享、李进德、李国义、张家印、刘广庆、李文蔚、王□臣饭一口，闫四、马自修饭四口，刘正法、刘正奇各五工，杨文庆、郑有珍、闫三、柴自法、闫春、卢发旺、赵君法、刘贵、郭延、李文轩、刑玉秀、侯伦、张守典、王之容、王理民各四工，田进贵、靳尚新、倪保、王在民、李春宴、王正才、王正身、张福、赵兴饭四口，王爱民、刘进才、和宾各三工，右文会银五钱，张太运、刘广金、卫伦、王稷、王钦各饭二口，马壮、王聘、张有玉、王明亮饭四口，李亮、王广椽一根，郭永固、张青之、王阳民、李有志、赵大、王广重各三工，王撰、上官印、张初各饭二口，倪伦、上官琪、李文用、李印生、邢玉祥、李坤、马铎、张□贵、王永昌、张三泰、张才贵、孙得仁、刘进贵、王好全、王秉正、王兴、李文元、施铎、郭顺、李文正、王纪之、王进保各二工，樊小香五分。

以上共布施银三十七两七钱。

砖瓦灰并脚钱使银十两八钱八分半，木植使银一两九钱七分半，炭并脚钱丁布绳银砾石青纸面油等项使银二两六钱七分，油匠使银八两钱，木匠工银四两五钱，金装圣象并金牌对使银七两，立碑使银一两二钱五分，开光神羊戏澄油鼓乐妓女使银四两六钱五分，通共使过银四十一两七钱二分除过布施银三十七两七钱，长使出银四两零三分。王鸣玉赔讫外谢匠一应酒食费用。

王禹臣、王鸣玉仝完痘会会首栗顺、马国生、茹进孝、□□□均赔饭每口系一日

住持：寂顺、性奎、性乐

7. 补修高禖祠施财碑记

（1）碑刻简介

此碑刊立于清乾隆三十二年（1767），为捐资碑，有碑首、碑座，无碑阴，碑刻规制为72cm×47cm×20cm，现为立碑，残缺一半，保存一般。原无题名，据文意而加。

（2）碑文

【碑阳】

碑额：万善同归

碑名：无

补修高禖祠施财姓氏开列于后：

下庄李久泰银二钱，中庄王择善银一钱，王诚、栗宏秀银五钱，王修己银四钱，王文斌□三百，徐永庆、崔禄、闫顺、卢壁坤、牛广德、马自纯、

王承业各银三钱，王宣、李师□、王昌、王用、王瑛、邢瑞、牛广聚、王可福、徐永亨、徐永泰、贾岩、赵奎玉、王润、王廷、王培生、赵应坤、王琪、杨之武、王之□、卢本、李得官、王经和、赵晏□钱一百七十，李秉介钱一百五十，徐永德、李道德各银一钱五分，李若祥、王□□、王思义、王思温、王□清、王成、茹福泰、王可仁、刘体仁、刘吉、王慕尧、曹时成、李金锡、王成育、李灿、宋癸成、张□元、王可□、王环、王存义、赵珩、张美全、于□□（缺）叶海□、赵□禄、李□□、王继初、王耿、吉守□、曹在□、张□□、金顶会布施银五钱，以上共捐银十一两九钱，又钱一千二百七千文。

执事：廷士理外施桶瓦十个，王锦、郭有义、王赐福、郑国宝、王达栽、廷士奇各银一两，王宝银八钱，刘忠、王永吉、王久惧外施桶瓦十个，王尔清、茹□□、李慕□各五钱，张柱外施□□四十个，王梦熊各四钱，外施□一根（缺）

以上二共捐银廿五两九钱五分□，合钱廿二千零五十七文，又钱一千二（缺）

买灰八千五百六十斤，使钱二千五百六十九文，木料使钱一千零六十（缺）九工半使钱四千二百零八文，外觅小工土六十六工使钱二千八百零五（缺）文勒石一应使钱一千六百廿一文，犒劳匠人使钱一千一百文（缺）

以上通共使出钱廿三千三百廿七文，外使修关帝庙余砖一千四百（缺）

乾隆三十二年闰七月吉旦立石

8. 重修炉峰庵拜殿舞楼以及墙垣施财碑记

（1）碑刻简介

此碑刊立于清乾隆五十三年（1788），为捐资碑，碑刻规制为100cm×57cm，现为壁碑，保存完整。原无题名，据文意而加。

（2）碑文

【碑阳】

碑额：无

碑名：无

重修炉峰庵拜殿舞楼以及墙垣施财人工于左

王理清钱二千零七十，王增一千四百二十，王正理一千三百三十，徐永庆、徐永泰各一千一百五十文，王思伦大椿树一株、二工，王长年大方砖四个、二工，王纪各九百文，梁元照八百八十五文，王润根八百十六文、二工；茹有仁七百七十，王友兰、赵文佐各七百二十，延文金六百三十，王文佐、王文佑五百九十五文，王克成五百七十五、二工、椿树二株，刘忠五百四十，刘宗万五百三十，徐奎宗四百五十，杨大伦四百五十、二工、槐树一株，王引伸四百四十、稳兽一对，王思懋四百三十，牛广德四百二十，王修德四百文，王琼三百六十，王光慎杨树一株，王永亨、王文魁、王子端各二百七十，陈自理二百四十二匠工，芦壁坤二百五十文，刘汉瑞二百六十文，王有辉二百二十五文，延九星、栗文霞、马九昌、徐有禄、王玘各二百七十，李灿二百六十，王瑛、杨克昌各一百八十、三工，邢建章二百文、五工，马大发二百五十，牛□□三斤，赵兴财二百二十，王思贤一百七十，王聚、柴永祥、芦奉全、邢翰章、王用各一百六十，杨兴诗、王桂、茹遵臣各一百八十、一工，王可福一百五十、八工，王赐海二工，王澄、翟天保、王沛栽、张存金、张存体一工，茹兴各一百，李牧羊、马元兴、王灿、延玉章、柴永顺、牛存智、王淦、王兴有、马自昌、马素玉四工、王学修各九十、十三工，王永纪一百五十，王梦弼一百四十，窦凤槐树一株、一百八十，张永兴一百八十、二工，芦奉强一百七十五，王恂一百二十，王兴秉、牛存信、李进贤、李广元、柴永庆、贾岩、李道德、张正全、于有水、李慕伦、李慕信、牛杰、崔久发各八十，张克守七十五、三工，张兴发七十、三工，闫克勤六十，王福、王端、韩琪、韩科各五十，原作均八十五，王又德八十，王继和六十，张绍□五工、七十五文，马纯玉、赵信、王宏绪各十工，柴世发、芦克成、李进五、王文焕、王朋、郭君禄、范淂年、张鲁各七工，王金龙、王从金、王从顺、徐永爵、陈福旺、侯林仓、李朋、王太清、张柱成、张福荣各五工，王真、李大学、何自玉、梁有和、张克有、徐荣宗各三工，橡一根，胡金甲、吉存保、王立端、冯赐金、□秉介、赵珩、潘兴顺、王更、吴发库、达淮师、王子禄、吴发金、闫正宽、王润发、王清、王应槐、张□佑、侯虫、张耀先、李有均、刘得财、邢□章各一工。

计开本庙粮马：王尚莹一钱一分，王煜三钱八分二厘，炉峰庙一钱九分六厘，王复志一钱四分二厘。又开马沟应贴本庙粮钱：崔明一百七十，马炳玉六十，马熙玉五十，马闯二十，马斗十。

共收钱三十千零二百九十一文，卖杨树栏杆旧铁器砖进钱十七千八百三十六文，收四年、七年余社钱北庵租谷池院房资进钱廿六千二百二十八文，收寨砖一万六千三百五十个，以上三宗共进钱七十四千二百五十五文。

瓦方砖木植钉绳家具使钱十四千七百二十八文，拆扻驼砖抬磨刻碑使钱八千五百五十文，抬石土漆椅银硃香□使钱三千三百七十六文，四七年贴粮茶水犒劳匠人使钱二千五百零一文，木石匠工工头使钱三十一千五百八十文，土工小工使钱十三千二百四十文，酬神谢匠使钱八百五十文，以上共使出钱七十四千八百二十五文，除收进净长使钱四百七十文。

王思伦、王长年均赔

木匠：茹有仁

玉工：曹良臣

工头：王学修

总理：王久慎、王用、王瑛、徐永泰、牛广德、邢翰章、王引伸、王纪、王之英、王理清、王文佐、王琮、徐奎宗、栗文霞、王子端

社首：王可福、王克成、芦壁坤、王润根、王思俭、赵文佐、王长年、杨大伦

里人：王珠沐手谨书

住持：戒僧达淮，徒：通培

清乾隆五十三年六月十五日仝勒石

9. 重修关帝殿施财碑记

（1）碑刻简介

此碑刊立于清嘉庆十四年（1809），为捐资碑，有碑首、碑座，无碑阴，碑刻规制为167cm×70cm×16cm，现为立碑，保存完整。原无题名，据文意而加。

（2）碑文

【碑阳】

碑额：万善同归

碑名：无

上庄重修关帝殿施财姓氏并一切使费开列于后：

王正兴募化：

复源号银二两，永兴号、奎兴号、□□□、□□□、□□隆、□生典、□□□各银一两，□□□、□□□、□□□、杜全益、发兴号、锡盛号、□顺号、义久店、北德顺、信元□、晋盛店、义盛店、□奎店、合成店、□盛店、福盛行、立盛号各银三钱，通毓店、悦昌店银二钱，世兴厂、奎盛店、全兴店、瑞盛店各钱二百，以上共布施银十□两五□□钱□千二百文，除捎银□净得银十八两□钱。

王□募化：

广生号、路□兴、李琳、公兴号、水祥号、元兴号，集大号、永兴号各银一两七，王长发银十六两七钱，徐照宗银八两，赵文芳、王安各银□两，延九叙、张绍宗各银五两，北音王墜、高随发、徐淇宗、牛藩各银四两，王新亭、王□玘、王有本、王瀚、王子端、柴永顺、王通、王开泰、刘芳、张正全、徐有禄、赵诚和、贾克敏各银三两，王瑞、王理清、王朝栋、王增、杨大伦□施庙后□□一块，王文佑、牛履生、王瑞甫、王振端、李有均、王瑸、李廷尧、王道平、茹松亭、王永端各银二两，窦如璧钱四千四百文，王克成、王正兴、李泽、王萃大、王祥、王时杰各银一两五钱，马久昌、王梦弼、栗文霞、崔久发、刘统元、王桂清、邢建章、于有水、王贵、马素玉、王奎元、贾永福、王琛、王绪协、延九发、李显祖、王长聚、梁永和、郭君禄、张克守、卢恺、李合孔各银一两，李有士钱八百，潘兴堆银七钱，李青山、王鸣洲、柴永祥、潘兴旺、崔金甫、刘满时、王怀礼、王文洲各银六钱，王壮太、张崙、王文奎、王福端、刘太仓、王武清、王德柱、王润松、茹惠章、王运转、侯保根、王德成、张茂先、王惠元、田子富、王乐、赵兴财、王正都、李玉孔、卢宏太、王福雨、赵玉瑞、张绍德、王芸生、李发润、翟海山、王建典、宋赏各银五钱，张崑、孙宁各钱五百，席珍、席秉智、田子太、尚子兴、王奎先各银四钱，马刚玉、原声达、原声遥各银三钱，吴发库、张兴茂、常圪怔、邢国仁、王怀仁各银四钱，马尚温、于祥、王步洲、王孝、栗根各银三钱，王朝正、王福根、张绍官、李法旺、刘续昌、王福随、刘太、卢志全、闫正功、常永修、张斗、郭兴山、张双全、张小全、王全责、茹松园各银二钱。

以上共收布施银二百一十五两五钱，钱三千二百八十文；收北庵旧存银二十九两九钱八分；收卖旧檩橡钱二千三百六十文；收十一、十二年余社钱十一千；收十三年广□社钱四十四千五百廿文；二宗□银□百四十五两四钱八分；四宗共钱六十一千一百六十文；杨树八株使银四十六两，钱六千七百文；方橡六十五根，使银二十一两四钱五分；瓦□一□使银一两七钱，出息银七钱五分。□工五百八十二工使银五十八两三钱；六宗共使银一百二十八两二钱。除使下存银一百一十□两二钱八分，换钱九十九千六百八十八文。出石灰钱七千二百三十文，石匠工并石条钱十七千五百文，土匠三百四十八工半钱四十一千八百二十文，铁匠工并铁钱六千八百四十文，砖瓦□方砖猫头滴水并运脚钱二十三千□百八十文，油画匠工钱十八千二百七十文，十应抬工钱十五千六百文，□□□洛头担灰筛铜锁钱九百四十二文，麻绳席炭土扫灰钱五千零四十八文，宝瓶一座钱六百文，犒劳钱六千零八十文，杂费钱四千五百五十五文，碑□并刻字磨碑钱八千四百五十四文，请和□并茶水钱二千五百五十文，十四宗共使钱一百六十五千九百七十五文，长使钱五千一百二十七文，俟本年秋报社钱□足。

王天才同子万仓施到庙西侧坡场房基一处，有施券社存同典主赵永顺。

总理：王瑞、徐照宗、赵文芳、王理清、李预吉、马随发、王引伸、王玘、王增、王文佑、王时中、王长发、刘统元、王有本、王安、王瀚、王子端、王道平、杨大伦、徐淇宗、柴永顺、王振端、茹松亭、延九叙

工头：张克守

画匠：史金枝

木匠：李泽

石匠：潘兴堆

大清嘉庆十四年二月吉旦立石

10. 补修炉峰庵碑记

（1）碑刻简介

此碑刊立于清道光十一年（1831），为捐资碑，有碑首、碑座，无碑阴，现为立碑，有残缺。原无题名，据文意而加。

（2）碑文

【碑阳】

碑额：无

碑名：无

吾村炉峰庵为春秋祈报之所，而地宇狭隘，犹古制也，社众公议出□□得□百（缺）金。于是拓西偏地址，重修关帝殿、白衣殿、舞楼、山门、庙坡，增修五瘟殿、两配殿、香亭、两看楼、上下戏楼、鼓棚、戏房、院窑四眼、马棚四所。是役也，经营两（缺）敢没其功也，爰勒石以志。

廪生王豫泰书

总理：监生王理清、栗文霞、杨大伦、增生王会图、监生王开泰、赵振先、庠生王麟图、监生徐照宗、监生王□发、官生王有本、王安、曹民和、

王魁元、徐淇宗、王瓆、监生杨大来、王璐、张存财、官生王长富、赵振云、王立基、王熊端、柴学魁、王永端、王壮泰、庠生王龙图、茹松亭、庠生王道平、王时伟、马尚恭、庠生王斗南、延进基、牛维纲

道光十一年岁次辛卯孟春（残缺）

杨大伦周口募化：

□□□捐钱□千，杜飞顺捐银四两，□□□、尉恒足、尉恒德、尉永裕、熊正泉、师福盛、杨永盛、高合兴、信合义、彭同顺、大来店、德盛绪、舒盛合、如恒和、隆盛亭、泰来庆，以上各捐银五两，兴盛行捐钱三千，陈和顺、聚隆行、谢恒祥、谢恒丰、谢恒济、谢恒茂、谢恒聚、谢大成、杨维新、王如松、东协兴、福泰永、赵聚和、王天□、王大顺，以上各捐银二两。

牛藩同邑募化：

□旗捐银六两，□会捐银二十六两，增生行捐银四两，道真和捐银二两，恒来店、双合义、源泉店、恒广店、信泰店，以上各捐钱二千。

赵振光柏树□募化：

盛兴店捐钱五千，赵庆祥捐钱五千，胡□魁捐钱四千，曹万盛捐钱一钱，增胜店、临潼店、方国举、隆盛恒、温克春、张聚盛、张建中、和合公、马挊、柴义盛、□礼、贺夫兴，以上各捐钱二千，□之元、□广、张克礼、胡策、王永贞、李正、刘天成、张勤省、方国钦、刘玉、马平、张克惠、刘怀礼、魏珍、孟显、周□祖、马自法、方绅，以上各捐钱一千。

陈有照太康募化：

晋六吉、郭同裕、□交□各捐银八两，尉济□、杨全义各捐银五两，□□店捐银四两，□□泰捐银三两，□□□捐钱三千，□□丰、王永泉各捐银二两。

杨大泰东阳募化：

永新德、永新典、万益典各捐钱二千，赵东山、永和东、德义诚、永新明、永新东、永新发、永新成、王□、恒盛正、冯永盛、东升典、仁和店、

源生店、恒裕永、永兴□、永升典、张世华、李怀白、陈玉和、向文□、王德盛、杨学义、元兴号、孔聚魁、永有号、董有、□益号、翟布敏、□顺号、发兴号、公兴号、和生号、王□□（缺）

11. 无题名

（1）碑刻简介

此碑刻刊立于清同治十三年（1874），为捐资碑，有碑首、碑座，无碑阴，碑刻规制为157cm×65cm×19cm，现为立碑，保存完整。

（2）碑文

【碑阳】

碑额：流芳百世

碑名：无

甲戌仲秋吉日

清郡增生（官章）振基（号）履平樊公布施银洋一百元整

阖村仝立

12. 无题名

（1）碑刻简介

此碑刻刊立于清同治十三年（1874），为捐资碑，有碑首、碑座，无碑阴，碑刻规制为160cm×66cm×13cm，现为立碑，保存完整。

（2）碑文

【碑阳】

碑额：流芳百世

碑名：无

咸丰己（缺）

奉祀生王庆龄捐钱一百串整

圁社仝立

13. 重修关帝庙

（1）碑刻简介

此碑刊立于清光绪三十三年（1907），为记事碑，有碑首、碑座，无碑阴，碑刻规制为184cm×65cm×15cm，现为立碑，部分漫漶。原无题名，据文意而加。

（2）碑文

【碑阳】

碑额：流芳百世

碑名：无

炉峰关帝庙古刹由来久矣，历季既多，风雨摧残，而水路壅塞，墙垣塌毁，柱樑朽烂，檐瓦星飞，金身坐风雨之中，圣像居土泥之内。村中父老目睹心寒，若不重加修理，殆有不胜言者矣。于是远方募化，本处捐资，积零星之款济燃眉之需。壬寅季春，经始十月告成，塞者通之，毁者补之，朽者撑之，破者换之，是以昔□□殿宇□辉□未，得焕然一新，聊可谓小补云耳，乐输君子勤劳善士，均未敢没其功也，爰勒石目志。

邑庠生李瀛洲沐手谨书

徐象□□□□募化：

敬修堂、□当典、□盐店、治兴恭、玉盛长、永泰店、益顺裕、公兴□、□□□、□□□、义聚店、泰来店、益盛店施银四两、庆昌店、□□□、□□□、广泰店、公盛和、无名氏、恒兴号、东义和、德源成、同聚福、□□□、□□□、□□□、福源泰、馨益泰、蚨丰永、□□城、□□□、□□□、聚兴店，以上共施银四十两。

徐丕贤小店募化：

袁松岭施钱一千文，同和□、□□□、□□□、□□□、□□□、元泰坊、和泰坊、裕盛合、天顺成、□□瑞、德□和、魁兴永、保和堂、德泰坊、泰盛炉房、东张店各施钱二百文，张昌□、□□□、□□□、□□□、

□□、段金花、段国文、张抡果、张父玉、张抡保、张瑞云、豆五常、豆普、赵洁庆、张金堂、张明德、□□□、□□□、□□□、张同栋、福泰恒，共施钱四千四百文，以上共施钱八千六百文，扣□钱五千九百三十一文。

本村募化：

樊瑞甫施钱二十千文，□□杨萃堂施钱□□千文，□□王维勤施钱□□，赵德梓施钱五千文，乡饮王维温、监生李培都各施钱四千文，□□□、□□□、□□□、□□□、王朝栋、王维镛施钱两千七百文，延运登施钱二千五百文，王占中施钱二千文，王天锡、王维良、王占荣、徐象履、徐象益、王天庆、王逢山、□□□、□□□、□□□、□□□、□□□、翟桃成、卢金山、王天□、李忠山、王季伦，以上共施钱八十七千五百文。

本村施工姓氏：

徐象豫施工十八个，张海云、□□□、□□□、□□□、□□□、□□□、□□□、张□□、茹功茂、韩德福、牛三元、牛序田、陈启麟、王聚庭、刘安、□□□、□□□、□□□、□□□、□□□、□□□、王维通、王□、李□□、马平安、王堆山、王天保各施工八个（缺）

以上各路募化银四十两，钱五千九百三十一文，本村施钱八十七千五百文，入卖树三株、板二付，钱十八千七百文。

买神袍二件、张宫灯十四对使银四十两，买槐树一株、瓦兽头、□□□架使钱六千文，买石灰一锅三千文（缺）锅二口、麻绳八斤、对鼓两对、更锣一对钱十六千五百文，买大案板一面、斗二支、担砖脚力泥色布灯油芦席使钱四千八百八十文，买贴小工米八斗八升半使钱六千一百廿文，木匠工二百□□□□□使钱三十七千□□□十文，小工一（缺）神合龙口并一切杂赏使钱四千三百六十五文，买碑璞并抬碑使钱四千二百文，石匠刻字工使钱七千文，石匠酒钱五百文，磨碑黄胦笔墨使钱五百文，贺碑化□钱二（缺）

后附本社地基开列于左：

道光十四年买到邢国仁香炉台坡场一处，其地东至本社地基，西至沟心，北至坡根区齐，南至沟心。四至以内只有对门小地两块尚属邢姓，余尽属社业死价，大钱□一千文。道光十四年买到王维（缺）地九亩，鱼池房屋在内（缺）场根齐，东至赵姓房根齐，北至蔡地根齐，南至沟心，□五□□内内外□□死契卖□□本社为业，价银二百五十五两，计地六段、场一面、园墙周遭。咸丰元年王履新施到沙坡山神庙寸园地基，内中□柏树（缺）不许砍伐。咸丰年买到王日新□□□中地□，东至池院墙根，西至水□□，南□□地□□齐，北至□齐，死价大钱八千五百文。咸丰年买到王法汤闸口下路南地堰下坡场一段，东至社地，西至水沟，南至地堰根齐，北至河心，价大钱二千五百（缺）

总理：樊□□、杨萃堂、赵德梓

社首：王维镛、冯甫□、王继伦、王志其、牛福田、王进山、李培都、陈佩铭、王朝栋、王占先、杨辅清、王占中、茹功茂、王天庆、王象法

石工：程宝成

木工：赵阳

庙祝：李师山

大清光绪三十三年岁次丁未仲冬吉日

14. 无题名

（1）碑刻简介

此碑刻刊立时间不详，为捐资碑，有碑首、碑座，无碑阴，碑刻规制为160cm×68cm×15cm，现为立碑，保存完整。

（2）碑文

【碑阳】

碑额：无

碑名：无

太学生王其□捐钱五百串整

阖社仝立

15. 创建高禖神祠记

（1）碑刻简介

此碑刊立时间不详，为记事碑，碑刻规制为 176cm×70cm，现为壁碑，部分漫漶。

（2）碑文

【碑阳】

碑额：无

碑名：创建高禖神祠记

创建高禖神祠记

里人王泳沐手代书

《诗》：天命玄鸟，至而生商。盖简狄以玄鸟至之时，祈于高禖而生契，若自天而降下耳。故《月令》曰：玄鸟至之日，以太牢祠于高禖。天子亲往，后妃帅九嫔御。祈嗣之礼，所从来旧矣。余以为人之祈神，当自祈其心，神之应人，实因材而笃。东吴袁了凡先生著《祈嗣真诠》十篇，始改过积善，中聚精养气存神，而终之以祈祷。了凡先生□欺我哉！其言曰：予气清而禀弱，若之嗣夙讲于星占术数之学，知命艰于育，且安之矣。后游建康之栖霞，遇异人授以祈嗣之诀，谓天不能限，数不能拘，阴阳不能阻，风水不能囿。信而行之，果生子。夫吾人□□□□聚精养气存神而改过积善，正其聚养存事也，是真能祈祷者也。祭祀忏悔持咒诵经，不过祈祷之文尔。余所云自祈其心□□□□此之谓：人苟崇其真，修其文，无不验矣！了凡十篇□在可按而求之，况虔祷神圣，见像作福之念易生，更庙貌尊严，斯念愈益□□□□莫可止遏，此高禖神会之所由起，祠之所由创建，□□灵感格之若斯也。会起自万历丁酉正月十七日，余与同志二三人□□□□于南庵高禖祠中，期以二簋用享，乃不约而至者□□□，因立会约。每月朔望二献，至正月十七日一总献，俱不事煲大而□□□□生子者施银一两，悬匾一面。神圣应感，不踰年而咸□□□孙皆俊秀聪颖，众颇异之。至今十有六年，计施资财四十余金。万历□□□，神庙大工兴，尽彩高禖神殿，及妆饰圣像，用银十两。又□□药神庙三门落成，用银二两。而南庵高禖神祠则因仍其旧殿制□□□□□傍无院宇瞻礼，更无高禖圣祖像，止圣母三尊，年久□□正议聿新之期。余惟会中银两尚多，不及今改创后益因循□□□□□□院东楼四间。尼僧如松募化，所成本小而工不坚，如□□愿以此基改建圣殿，移东楼于旧殿基次，亦两便之道也。会议□□□□□□五月吉旦，遂用东楼基创建高禖神殿四间，中三□□高禖神像四尊，南偏间塑风善圣母一尊，即将旧殿基重修尼□□□□□□楼一间，前后灿然一新，视先光大几十倍矣。计费□□□三十余两（缺）

会首里人太学生王元桢撰文

明万历□□□□吉旦

16. 上庄登科及第名录

（1）碑刻简介

此碑刊立时间不详，有碑首、碑座，无碑阴，现为立碑，保存完整。现所录碑文极有可能为上庄登科及第名录碑，轻微漫漶。现所录内容并非原碑全文，原碑有部分被后人所修碑座遮挡。原无题名，据文意而加。

（2）碑文

【碑阳】

碑额：无

碑名：无

进士：

王国光，明嘉靖癸卯科举人联登甲辰科进士，历官刑部尚书两京户部尚书抱神宗御极持进光禄大夫太子太保吏部尚书赐麒麟服玉带侍经筵，崇祀乡贤；

王叔陵，明嘉靖戊午科举人登乙丑科进士，历官正议大夫资治尹整饬大梁道清军兵备副使兼理河务川南右参政转湖广左参政，诏进阶二品；

王徵俊，明万历壬子科举人登天启乙丑科进士，历官亚中大夫整饬宁前道兵备副使监督学政山东右参政，甲申遭逆闯之变，身殉国难，尽节忠臣，崇祀乡贤；

王润身，清顺治乙酉科举人联登丙戌科进士，历官奉直大夫户部湖广清吏司主事；

王兰彰，清顺治乙酉科举人联登丙戌科进士，授官文林郎山东济南府阳谷县知县。

举人：

王遵，明成化甲午科亚元；

王道，明嘉靖丙午科举人历官奉政大夫户部陕西清吏司郎中；

王兆河，明万历壬午科举人，拟授别驾；

王洽，明万历乙酉科举人。

贡生：

王化，明嘉靖辛酉岁贡官河南汝宁府固始县儒学训导陞南京卢州府巢县儒学教谕转鄢陵王府教授；

王雍熙，明万历丁亥岁贡，官山西平阳府万泉县儒学教谕；

王如春，明万历乙巳岁贡，官湖广承天府当阳县儒学教谕，以子徵俊公贵，诰赠文林郎陕西西安府韩城县知县；

王溥，明万历乙酉岁贡，官山西平阳府临汾县儒学教谕署本府大宁县事；

王楷符，清康熙癸丑岁贡，官山西大同府山阴县儒学训导；

王万化，清顺治丁酉科副榜贡，候选知县。

官生：

王兆渠、王于皋

武举：

王永彰，清康熙丁卯科举人。

贡监：

王兆星，官崇府右长史；王兆云；王准；王元桢，官江西南安府经历；

王龙御；王复绘，候选县丞；王恽，候选县丞；杨进，候选州同知。

生员：

王昺，以孙国光公贵，诰赠光禄大夫太子太保吏部尚书；王于；王淑曾，侯门教读；王淑艾；王兆行；王厚；王笃斐，廪生；王冲，孝子，奉旨建孝节坊；王洋；王津；王沛；王于瞻；王奭孙；王好善；王衡俊，廪生；王师俊；王永康；王祥符；王拭符；王奎光；王尧日；王兆官；王兆佳；王鹤翔；王如夏；王淳，增生；王济；王公用；王鸿编；王益孙；王吁俊；王相俊；王相文；王惟玄；王楫符；王元枢；王国士；王尧风；王兆民，廪生；王端；王笃恭；王如秋；王治，廪生；王泽，廪生；王涛；王于尹；王步夔；王荣孙；王图俊，增生；王升俊；王铎；王槐符；王祚启；王元杰；王家，增生；王敬身；王发身，乡饮介宾；王若暄；王鹏程；王宗烨；王人龙；王人杰；王煜；王威，武生；史学左，廪生；王宓；王卿；王廷；王广生；王惟宁；王宗煃；王煜；王大受；王昭；王世封，奉祀生；史学曾；王修身；王凤仪；王祚永；王广居；王宗焜；王惠彰；王炯；王世垛；王邦，奉祀生；王标，增生；马化麟。

儒士：

王公举，鸿胪寺序班；王渤；王公荐；王公选，布政司知印；王湛；王玉胤。

杂职：

王聪，赀郎；王淑乔，侯门教读；王淑吉，太常寺绎自生；王元桂，怀庆道守备；王鼎恩，赐寿官；王淑景，恩赐寿官；王遴俊，候选县丞；王重光，七品散官；王鹤鸣，恩赐寿官；王位时，遵化守备。

邑生王琨沐手书

17.修建关帝庙捐资碑记

（1）碑刻简介

此碑刊立时间不详，为捐资碑，碑刻规制为95cm×58cm，现为壁碑，保存完整。

(2) 碑文

【碑阳】

碑额：无

碑名：无

修建关帝庙两次布施姓氏并列于后：

张道湜（北水乡官）银十两，王润身银十六两，王涛全男广生、广居共银十四两，王龙御银八两，王祥符银五两五钱，王槐符银三两五钱，王祚启大格四扇、银一两五钱，王宗烨、王宗煋、王世堔银七两，王于瞻格七扇，王楷符银一两五钱，王与善银一两，王元相、王蕙彰、王腾霄，以上银八钱，王腾法、王腾起、王腾凤共梁一根、柱一根、银六钱，王省身、王敬身、王祚永、王衍祚、王丰祚、王家，以上五钱，王立身、王诚身、王发身，以上二两，王莊银八钱，又银四钱，王正科、王元槩、王准、王浦彰、王福田、王天德、续思让、张礼、文黄，以上五钱，刘光福银一两，赵卿银五钱，王栻符梁二根，王应科银二两，王惟时（郭谷）银一两，王惟玄、王惟宁共梁一根，王沾榆一株、钱五百，王之茂银一两二钱，梁惟新、赵三俭、王之兴，以上银一两，王相文、王泣、王浚、王惟一、王鸿编、王师俊、王洵、王元桂、王元枢外铜瓦二百，王元格、王凤仪、王位时，以上三钱，王衡俊、王宗、王元杲、王祚远外梁一根，王纉绪、王敦伦、王兴善、王人龙，以上俱二钱，王人豪银三钱，王人杰地基一块、银二钱，王明兴、马惟相，以上一两五钱，王顺宾、王加禄、曹福安，以上八钱，王惟经、王秉福、王怀瑾、王甸、李起阳、张天义、路怀玉、杨岐、豆汝林、茹和玉、刑世法、贾之法、郭权，以上五钱，徐一保同男徐明方银三两，张首已、冯自成、王科、王孝、王正奇、王家喜、孙自成、李显通、祁弟、原汝会、晋可贵，以上五钱，秦希朗、姬应魁、尚冲斗、杨嵩、李德、张财旺、张汝禄、王自明、王昌、李天德、张景良、刘光乾、王宗才、王宗达、韩自明、王昌胤、王度彰、杨四、李元旺、李文、王宏伦、王之莫、吴正安、吴天祥、郭天才、田文全、王立凤、王文字、王重宝、牛百祥、张有义、□登见、许邦奇、王喜、李成家、王奇、王来路，以上三钱，张志仁、王有□、王闰、张梦登、张梦选、杨恒、杨当、张秉贤、钱有余、马随群、刘正平，以上三钱，赵一章、马天祥、裴养旺、季四、李旺、郑四、聂进才、缑腾龙、张国明、李显名、赵凤旺、吉君好、王奉善、王国升、杨自旺、李元兴、郭象升、李国顺、王宏宪、杨九法、马奉金、苏惟贤、王来、王秉德、吉珠、吉成名、王秉义、盖邦典、陈一节、王玉佩、高岑、侯希全、王坤柱、郑复兴、李化、郭九奇、郑大科、牛自成，以上二钱，张志□、黄加喜、高五、原□、郭登科、赵光彩、张永泰、茹广玉、张崇喜、李壮、毛自起、史敌强、马之林、栗自旺、王家成、王翠田，以上二钱，王翔凤、田凤翔、王壮、刘永成、王昌功、牛重兴、赵加福、王墨、王玉统、李承兴、王忠、王命、王节、王子望、赵弘升、赵天真、赵福兴、黄加禄、柴之法、王廷玠、田可见、侯希全、茹彩凤，以上二钱，王廷赁房银一两，王有印银五钱，段植生银三两。

会首：王益孙、王有才仝男王连科银十两，王腾聚银三两，马世俊仝男自起银八两三钱

尼僧：海朝、海玉、海道、积旺

石工：张旺刊石

（四）北庵庙

北庵庙位于村中偏北，与炉峰院（南庵）相对，曾为该村香火鼎盛之所，现因缺乏修缮，已经破败。

1. 金妆太清诸神圣像暨修补诸二卧碑记

（1）碑刻简介

此碑刊立于明万历四十二年（1614），为记事碑，现为壁碑，保存完整。

（2）碑文

【碑阳】

碑额：无

碑名：金妆太清诸神圣像暨修补诸二卧碑记

吾邑崇仙庵代不可遡，元道士夷然、子寔重建之，递今上丁未岁三百祀，三圮三复，迩来相续□绩，庙貌焕然。洵邑中一无上法界云，殿中太清面关帝、真官，两环峙焉。夫太清道德变化，真官鉴察贞淫，其功德与关帝鼎立，以禅于世日者。太清真官犹属土偶，宁王圣感召有两灵夹耶，持神之显，为孔赫人知，而畏默为麻庇人食而不觉耳，何异乎？金土殊观也，甚非所以妥神灵，迎祺祉也。家君训北海抵里目击而□悯曰：神为一方主宰，御灾捍患，祈福降祥，式嘉赖之，故人不吝选胜地、捐重资、拓规模，而光大焉者，意可知也。兹仅仅作如是相则新其宇而弁髦，其神孰与？尊其神，而朴陋其宇者，犹可答灵贶于万一也。用是日图藻彩，苦无绘工竟不果。苦河东马君、王君，两年丈以绘土谋走。余家君跃然曰：太清之游西土，今工自西来，倘亦神之意旨也耶，遂募缘金妆，已而玉皇、三官如焉，□一切未就绪，咸次第举之。不期月余，南北左右王映金辉趋□其中者，□乎！在无上法界矣。今而后庸肆其功德以保厘我邑人，我邑人世世奉祀，勿敢堕此，□事神康民，岂不两无负哉？

明万历四十二年十二月吉

晋进士邑人笔峒居士王徵俊谨识

计开

社首：

王如春施银五钱，王国儒施钱一百，王升景施银十两，王鹤鸣施银一钱，王□□施银二钱，王兆河施碑胎一个，王如夏施银三钱，王兆星施谷一平石，王□运施钱一百，王厚施钱一百，王□文施钱一百，王执中施钱一百，王如秋施银二钱，王□莫施银二钱，王兆佳施钱二百，王溥施银六钱，王公用施银一钱，王□施银二钱，王业施银二两，王洽施银□钱，王泽施银一钱，王弼施银一钱，王洛施银一钱，王勃施银一钱，王升俊施银一钱，王济施银二钱，王微俊施银二钱，王好善施银二钱，王佳善施钱一百，王洋施银五钱，王□俊施银一钱，王□俊施银一钱，王汝夔施银一钱，王□施银二钱，王□□施银二钱，王若瑜施银一两，王廷□施银二钱，王□□施钱二百，王宦施银二钱，王修身施银三钱，胡来玉施银五钱，李克□施银五钱，曹积姜施钱一百，曹□善施钱一百，栗有量等施钱四百五十，王国操施钱五十，邢友、郭尚忠施钱一百，王文明施钱五十。

计开女善人

西院：王门裴氏施金一百张，王门张氏施金三千二百张，王门延氏施金一百张，王门韩氏施金一百张。

梨树坡：王门杨氏施金五十张，张门王氏施金五十张，于门王氏施金五十张，李门王氏施金一百张，王门杨氏施金五十张，王门白氏施金五十张，王门李氏施金三十张，王门张氏施金一百张，王门闫氏施金五十张，王门□□施金一百张，王门李氏施金五十张，王门李氏施金五十张，王门樊氏施金一百张，王门杨氏施金五十张。

西河：王门李氏施金五百张，王门□□施金一千张，王门李氏施金一百张。

西圪塔：王门李氏施银一千张。

南河：王门杨氏施金一百张，孙门王氏施金二百张，王门原氏施金二百五十张。

后头：王门闫氏施金四百张，王门刘氏施金三千张，王门□氏施金一百张。

□□：王门计氏施金三十张，王门延氏施金五十张，王门赵氏施金三十张。

□□：王门焦氏施金二十张。

尼僧：明住施谷八平石。

画工：垣曲县　李秦

木工：泽州徐蛟

石工：沁水县张启德

仝立

2. 补修关帝殿捐资碑

（1）碑刻简介

此碑刊立于清乾隆三十二年（1767），为捐资碑，现为壁碑，字迹漫漶。

（2）碑文

【碑阳】

碑额：无

碑名：无

补修关帝殿施财姓名列后：

王允慎钱四百五十文，茹芝钱一百八十文，□庆□钱八十五文，马九如牛毛十斤，刘宗万橡一根，王宣钱二百二十文，茹含章钱八十三文，王自成钱八十五文，王斡橡五根。

会众：

徐永恒钱一千二百文，木头一□，王城钱八百文，闫顺钱四百五十文，张柱钱四百五十文，王文杉钱四百文，王芝英钱三百文，王宝钱一千五百文，栗□秀钱四百五十文，□士□钱四百五十文，马天顺钱四百文，李□伦钱二百七十文，张永□钱一百七十文，以上共收钱八千□百七十五文。买灰一千六百□□□四百四十八文，钉五斤钱一百卅二□□□□□□十文，匠工八工钱六百八十文，小工□□工钱六百文，油匠钱一千八百文，金妆圣像钱□□□□□□□匠钱二百五十文，十应杂费并□□□□百八十五文，以上共□□千□百七十五文。

乾隆卅二年十月初十日

总理徐永恒、王宝仝勒石

(五)墓志铭

1. 芥长志铭

(1) 碑刻简介

此碑刊立于清康熙七年(1668),为墓志铭,现为躺碑,保存完整。原无题名,据文意而加。

(2) 碑文

【碑阳】

碑额:无

碑名:无

佛书以人身为不易得,仙言以人生为最易失,孔训以人品为最难修。常读三门经录,不觉差池。所语万物在天地,草木昆虫皆有终始逆顺,然而不视其境,则觉我彼云泥。佛老以人身为难,安知飞走者不笑夭乔者之蠢蠢也!草木卒时,兽止齿落,人之夭殇寿考未不同之。吾儒曰:夭寿不二,修身立命。大哉言乎!余为孔门弟子,朝夕斯学,羞言庄生《齐物论》。若以此躯为万物尊,冀与天地同久,我无是也。慨余王氏四公为可考本源,至曾祖公国光,官三公,继一品。夫人曾祖妣卫生孝廉祖公,兆河为嫡次子,配大参张公升女,生长子庠生考公于尹,配沁水韩银台公范女,生祚启,名祖命也。外伯南司农张公慎言字之开美,后自号芥长。启孩提多病,父善歧轩,赖以有生,垂髫父背,母子为命。祖年榆景,抚我孤呱之子,尽见含酸之曲。辛亥岁及壬戌,犹念儿抚孙,回孙致母。是冬,祖仙矣。启子孑一身,出而应人间事,入而伴孀母啼。冰炭未作,世上风波屡到门中,左支右吾,偷生旦晚。丁卯,与晚叔于瞻分爨而调,时叔已为故太宰长子,官生兆渠祖公嗣,无何,大祖母裴氏缢绝中堂，一时言者，后渐移责于余。余甫二十有奇，不谙时宜，初以两叶转寻柯斧。事少定，余纎得太宰遗润，竟成见睍之冰也。始银台公以曾参不杀人挺身招雪，公无何逝，沁水苍场孙公居相出而代不平鸣，公无何戍。启之二天既坠，志以必死自期。幸大司农张公慎言赐环归里，难为排纷与解。时覃怀王公所用兵巡冀南而定其案，始蒙解网，方得全生。此后体庇仍在之庐，家食仅存之亩。己巳，为博士弟子，壬申应考，几同庶姓。秋月，西兵入境，萱亲荆室预携两子走县避之。余临期逃奔王村西山，几被锋镝，仓遑中忽闻招语，有如亲熟，追声而往，得山窟藏之。越日，走县见母，含悲强喜以慰慈颜。癸酉，天行，余中毒，梦只身嬉游至一鸿宇，金碧辉煌，灯青众侍，坐王者俯几捡籍毕而谓余曰：汝当死。复阅册云：若有一事，尚得若干活。瘳而少瘳，榻初下，母疾作，遂号沉疴，以至长往。我以赤身之至病起之甫当此大事，勉竭心力，克襄子道。终天余恨，自揣良多，因念顷神，生还余者，以父母未同穴耳。后此奇荒迭至。庚辰，家不给食矣。甲申，西兵再渡，破晋入燕，潞泽勒输，扑比之惨，今古以来未见载籍。巧谋余者，几为同阱。祖功宗德之厚，幸保无伤，从斯寒灰枯木将终身焉。我谓佛以有身为大启思，身在何乐？仙以长生曰贵，启以生不如速朽为慰，以永年快快，我所不作此痴痴想。吁！启王氏华胄耳。他人不胜不可得，启复不可一朝脱，或本寒而冒暄，若冰虫不可语夏乎？抑质羊而不奈皮之虎也？愚而自用，不喜听不平，名绅高士爱如嗜痂，余则不胜噱噱。年方长而白日数舞象，沉酒不敢骂座，傞傞态时一见之。既苦酒，复事茶，每龙雀团舌，余三百片而止久焉，婢亦解煎，一吸数碗。笑以水灾噬人者，不知味也。所在所居乱摊图史，有闲展卷，以毕斯世，非欲傲邺侯敌二酉。由圣贤修道之教，将取夫天命之性，不能身入室，亦可管窥豹。心手俱困，小集三四常朋郊游，可尘谈，可后之止地，故难逆卜。四十无闻，不足畏矣，念古达观多自志者。我生万历壬寅年二月二十一日，兹四十有四，谢世离群，不可预期。娶本县廪生杨公宝女。生长子大任，娶杨公宝仲子廪生杨道光女；次大受，娶本里庠生杨于廷女。女一，许泽州庠生陈昌期之长子。孙登能，大任出。天虽禁富与贵，烟云水石鱼鸟花香我尽奢取，待我之厚，我自幸之。清狂内鄙较量间，可以志，亦可以铭。

铭曰：一介王生，为冢宰孙。处非其世，生亦未辰。少不力学，长无成名。毁者固众，誉亦有人。他难我易，众喜独嚬。赢生之性，丛垢之门。方壮如老，念老知兢。书真载实，自撰志铭。留遗孙子，掩土镌珉。

明崇祯甲申春仲王祚启自记

按公志自撰于崇祯甲申岁，余于顺治甲辰给假归里，踰岁公病，余就省焉。公授志于余，托之校阅刊石，文中自记详悉。盖公天性颖悟，少习举子业，未获成名，而持家立身，大有古君子风。至于取与之间，一毫不苟，尤为当世罕传。其制行可风，难以备述。余何能赘一词，止就其未及载者补之。公卒于大清康熙四年正月初六日午时，享年六十有四。自卜茔地于本村窑则沟。公之两子长女长孙自志已著矣。次女适润城庠生石补天，殇亡。长孙堂即登能也，娶润城庠生杨施仁女；仲孙方，娶本里庠生李天维女，大受出。长孙女许沁水庠生孙云锦子，殇亡；次孙女未字，俱大任出。季孙女尚幼，大受出。曾孙一，训富；曾孙女一，俱堂出。以公之德，宜福寿绵永，胡为遽然长逝也。噫嘻！

赐进士出身钦授翰林秘书院检讨奉敕纂修明史辱婿陈廷敬顿首拜续志并书

大清康熙戊申春仲谷旦

2. 清故力汝王公暨杨孺人合葬墓志铭

（1）碑刻简介

此碑刊立于康熙三十二年（1693），为墓志铭，现为躺碑，保存完整。原无题名，据文意而加。

（2）碑文

【碑阳】

碑额：无

碑名：无

阳城冢宰王公国光有子孝廉公，兆河孝廉公有子于尹，为邑博士弟子，员生祚启，蜚声泮序，读书终老于乡，有古人行义，二子皆学书不成。长即君也，盖自冢宰公起家，家无白衣。君虽困于耕染，擩载籍往，为迂阔高论，不合挽近世之言，以故不谐于俗，褒衣席帽，踽踽自好识者，以谓不愧王宫保家子孙也。自其先君以坟史为田圃，以楮墨为膳庖，键门忘饥，雒诵不问生业，旧产零落，及君而益贫至不举炊烟。君故泰然不以屑意，老而益自坚致豁如也。喜医方术，禁方予之。其先君为人治病多验，及药物甚良，不取人直。予尝与私坐。语娓娓意入甚，固知君不谐于众也，然予再居京师十年，余见君刺者一二，予以是益重，君君孝弟出天性行朴而醇固而不鄙，可铭也已。君讳大任，力汝其字，生天启六年三月二十四日，卒以康熙二十九年十月七日，葬以三十二年十月二十七日，得年六十有五。娶杨氏，廪生道光公女，先君卒不再娶。子堂，娶庠生杨施仁女，女二，长冥配李知子象彭，次适庠生曹鼎祚子冲汉。孙三，长赐玕，娶庠生陈光世女，次赐琯，娶王谟女，次赐瑄，聘郭君贺女。孙女四，长适庠生韩嗣琦子铎，次许曹尔璠子伯美，次许张作金子立先，次幼未字。曾孙女一，幼未字，赐玕出。

铭曰：我瞻祠宇，昭赫王公，光岳气合，骏容熊熊，珠囊玉箱，孙子攸同，积书能读，身以终穷，穷不失志，嗟乎！昊穹王公，在天鸿朗，有融不恤，其孙不私其公，公侯必复，帝鉴惟聪，郁郁佳阡。我观其终金石消勒，文乎雕虫，斯理不灭，长游天中，短歌申臆，一喟临风。

赐进士出身光禄大夫经筵讲官吏户刑工四部尚书都察院掌院事左都御史加二级今守制眷弟陈廷敬顿首拜撰

兵部武库清吏司郎中加一级今守制眷弟陈廷统顿首拜书

不孝男堂孙：赐玕、赐琯、赐瑄勒石

康熙三十二年十月二十七日

3. 清故庠生芥长王公暨杨孺人合葬墓志铭

（1）碑刻简介

此碑刊立时间不详，为墓志铭，现为躺碑，保存完整。原无题名，据文意而加。

（2）碑文

【碑阳】

碑额：无

碑名：无

杨孺人者，故芥长王公元配也。公之先自其始祖讳四，历八叶至国光公，中前明嘉靖甲辰进士，累官至太子太保、吏部尚书。国光公生兆河，中前明万历壬午举人，兆河生于尹，庠生于尹生公讳祚启，表伯南宰藐山张公，字之曰开美，公自号曰芥长，生而蚤孤，诚悫厚重，事祖父母及母，以孝闻。既游黉序师儒，引重其所为诗若文渊粹，醇雅不以浮藻为工，遭家不造，诬构大讼，资产萧然，而公安之如故。其平居，质而俭，布衣数浣，蔬食豆羹，晏如也。晚好岐黄，求诊求药者无问寒暑昼夜，咸给视之。乙巳岁，以疾终于正寝，自为志。文多略以其近于自谀也，今故于孺人志，补及之。其生卒年月已载自志中，毋容再赘。孺人为儒官杨公宝之女，年十三适公，端庄谨朴，其大者佐公承重，尽哀尽礼，事姑饮食起居，皆曲体其心，不惮劳瘁，其祀先也。虽蔬果必荐，荐必诚，其天性仁孝然也。已而姑与夫俱染疫，孺人朝夕医药侍养弗遑。业劳疲而病矣，迨姑竟不起，扶病治丧不自知其病也。旋病，甚自度力弱，不能相夫子、理家政，纳妾原氏，待若手足。戊戌壬寅间，长子妇及仲子、仲女物故，开美公痛悼，方殷孺人百方慰藉，□阴为饮泣含，酸者，不知凡几也。乙巳遭公大故，力为办给丧事，钜细靡遗，诸如以勤俭治家，以宽厚接物，嘉言淑行不可殚述。孺人距公殁垂二十年，岁甲子，寿八旬。卒时谕其子曰：念人终必有志，志者志姓氏而已，吾卒后即志止志其为某之女某之妇可也。呜呼，孺人诚可谓知大义矣。孺人生于前明万历乙巳年十一月二十日巳时，卒于康熙甲子年七月二十六日午时，享年八十岁。子二，长大任，娶廪生杨道光女，次大受，庠生，娶庠生杨于廷女，继孙袭祖女。女二，长适诰封资政大夫经筵讲官都察院左都御史陈公讳昌期子赐进士出身资政大夫经筵讲官工部尚书加一级陈公讳廷敬，次适庠生石孕华子庠生补天。孙男二，长堂，娶庠生杨施仁女，大任出，次方，娶庠生李天维女，继亦天维女，又继杨玉印女，大受出。孙女三，长少亡，次适庠生曹鼎祚子冲汉，大任出，次少亡，大受出。曾孙四，长赐玗，娶庠生陈光世女，次赐瑄，聘王谟女，堂出，次赐铎，聘陈敏女，方出，次赐瑄，堂出。曾孙女四，长适庠生韩嗣琦子铎，余俱幼，皆堂出。元孙女一，赐玗出。兹以丁卯仲春十有二日，将启公圹而合葬焉。先乞铭于予，季子棋为说岩陈公婿不获，辞谨志其大略。如此乃作。

铭曰：人无生死，亦无寿夭，惟德斯存，苟其明德，如万派水，混混有源，传之千秋，以及百祀，延于后昆，松楸翼翼，佳城郁郁，以大而门体魄，安窀穸魂气，无不之以为福于子孙。

赐进士第资政大夫正治卿福建等处承宣布政使司布政使前内翰林国史院庶吉士年家眷晚生张沔顿首拜撰

大理寺左寺副眷晚生陈廷统顿首拜篆

归德府管河通判愚外孙陈谦吉顿首拜书

不孝男大任勒石

（六）村民家中

1. 重修三皇庙碑记

（1）碑刻简介

此碑刊立时间不详，为记事碑，现为躺碑，保存完整。原无题名，据文意而加。

（2）碑文

【碑阳】

碑额：无

碑首：无

三皇庙创世于前明成化二十年，至万历二十二年乃建殿宇，复凿石□。天启年间又增修扩大中□层，楼旁开石洞，壬戌落成，石刻可考。但历年既久，各处倾圮。虽有续修者，亦止缮完大殿，余工尚未暇及。乾隆癸未九月朔，□之祀神者十三家齐集斯庙，目睹凋残景象，慨然发愿，重新彼此劝输。捐资有差，又遍募一乡。于甲申岁二月初八日，鸠工庀材，补修□阁，重立石梯。石堰之坏者修之，墙垣之倒者筑之，门窗之缺者补之，路途之险者平之。尽去两院壅积，疏通泉源水道，加以黝垩丹膑，而庙貌乃焕然改观矣。工竟，将施财姓氏、物料工匠费用并勒石，以垂永久。

邑庠生王正已沐手书丹

江南苏州府吴县主薄曹力学施银二两，太学生曹居易施银二钱，张珍施银三钱，王泽善施银一钱二分半，王锦施银一两二钱五分，王宣施银一两，王武清施银一两，郭有义五钱，王承吉五钱，王辛钰五钱，王允慎五钱，徐永泰五钱，王铚仝侄尔清三钱，卢法样三钱，王两臣三钱，□敏三钱，延士□三钱，柴世亨三钱，王可福三钱，王思义三钱，李芳楒三钱，赵应坤三钱，马自纯三钱，曹时成三钱，王环三钱，牛广德三钱，赵奎元三钱，窦凤三钱，王继和三钱，杨金玉二两，王依仁二钱，刘应时二钱，王希曾二钱，马镗二钱，曹有法二钱，王赐福二钱，刘天贵二钱，王昌二钱，李道德二钱，徐永德二钱，司会二钱，邢瑞二钱，王之震二钱，王慕尧二钱，王引伸二钱，王存义二钱，王学修二钱，李得官二钱，崔禄二钱九分，李佩祖二钱九分，王著二钱，李启三一钱，王可旺一钱，王培生一钱，王可仁一钱，李金声一钱，王镰一钱，王环一钱，秦世爵一钱，刘体仁一钱，王思温一钱，张应方一钱，张宗元一钱，赵秉仁一钱，胡首庆一钱，李宗吉一钱，王德知一钱，李师伊一钱，李预吉一钱，贾岩一钱，韩珠一钱，王佑德一钱，杨有栽一钱，王朝国一钱，王玘一钱，赵晏云一钱，李进五一钱，宋法诚一钱，侯林仓一钱，柴毓莪六分，曹时贤五分，茹世俊六匠工，茹勋六匠工，茹芝六匠工，茹福美六匠工，王金璧四匠工，王自诚四匠工，茹才三匠工，张锦祥五工，王之桂五工，王之会五工，王保臣五工，郑国宝四工，张重臣四工，赵进端三工，侯世才三工，王安宁三工，李进喜三工，陈□三工，翟方鸿三工，卢凤强三工，闫信三工，张法成三工，邢润三工，王存仁三工，郭自随三工，王得才三工，王康宁二工，王顺民二工，王然清二工，王楚清二工，卢凤全二工，刘小珏二工，刘夏法二工，马九锡二工，张存义二工，吴道利二工，郭四二工，李廷福二工，赵信二工，吴泽二工，韩登二工，张克生二工，李秉介二工，王思孝二工，王浔重二工，于才二工，柴永祥二工，张著先二工，王小还二工，王大顺一工半，卢克成一工，王子中一工，王小壮一工，柴世法一工，王喜一工，刘玉甫一工，李智一工，吉守经一工，张文振一工，孙小□一工，刘葛氏一工，刘吉一钱。

以上共收布施银二十一两六钱六分五厘。

执事共捐银三十两零八钱，家使□价银三钱七分五厘，三宗收入银五十二两六钱四分。

石灰一万二千斤银三两三钱，木料银五两五钱六分五厘，瓦砖二千□百四十七□银一两九钱五分八厘，松十株银五钱三分，钉绳鳔纸一应家使银二两二钱二分五厘，木匠□十一工银七两二钱，石匠七工银七钱，油匠银四两九钱五分五厘，土工十四工银一两零五分，小工□□十三工银九两五钱六分三厘，塑神金妆硫璃神像悬匾鼓吹银四两五钱三分□厘，□立石玉工银二两，取铁匾做小匾加画工银，犒匠敬神外费银一两九钱三分六厘。十三宗共使出银四十五两三钱二分九厘，余银七两四钱一分一厘，本庙典地三亩用讫。

本年社首：王远栽五钱，会头督理王嘉泰二两，王锺硫璃兽二对，桶瓦滴水二百零八个，王正已三钱。

本会督理：徐永恒二两五钱，马天顺二两，栗洪秀三两，徐永庆二两，闫顺二两，王文彬二两五钱，张柱一两，王宝三两，延士奇二两，王之云二两，王诚二两，张永兴一两，李慕蕙三两。

玉工：于满贵一工

□□二十九年四月吉旦

五、皇城村

（一）村庄简介

皇城村位于山西省晋城市阳城县北留镇，处于太行、王屋两山之间的沁河支流樊溪岸畔，村域面积 2.5 平方千米。原名中道庄，据传因康熙皇帝两次下榻而改称皇城村。皇城村东有樊山，北有苍龙岭，樊溪河于村前流过。皇城村历经明清两代，形成了独特、多元的地方文化以及内涵丰富的名人文化，拥有规模宏大的城堡、官宅、商院结合的古建筑群，体现了封建社会等级森严的封建礼制。2005 年被住建部和国家文物局确定为第二批中国历史文化名村，2012 年被住建部、文化部、财政部确定为第一批中国传统村落。全村 350 多户，常住人口 1230 人。

阳城煤铁资源丰富，冶铁技术发达，且交通便利，推动了经济的发展。《陈氏家谱》中记载陈廷敬的高祖陈修："为人刚毅缜密，有志用世，竟不售，退而鬻冶铸，大富。"致富后的商人开始注重教育，建私塾、学堂，培养后代。明清两代，皇城村陈氏科甲鼎盛，从明弘治到清乾隆的 260 年间，出了 41 位贡生，19 位举人，9 位进士，6 位翰林，有"德积一门九进士，恩荣三世六翰林"的美誉。在当时，皇城陈氏为官者遍布全国各个地区，有诗文传世者达 33 人，其中尤数陈廷敬最为著名。陈廷敬，字子瑞，号说岩，晚号午亭，山西泽州府阳城（今山西晋城市阳城县）人，清代大臣、学者、《康熙字典》总阅官。他一生升迁 28 次，曾任礼部侍郎，先后任吏、户、刑、工部尚书，历任翰林院掌院学士，都察院左都御史，文渊阁大学士。陈廷敬既是康熙皇帝的老师，又是当朝宰相，是康熙皇帝的近臣、重臣，他为清王朝的发展，康乾盛世的形成，尤其是为康熙皇帝的文治武功发挥了重要作用，立下了显赫功勋。皇城相府即陈氏官宦宅居建筑群，按照明清惯例，大学士入阁办事就带有"宰相"性质了，因而陈廷敬的宅居就被人们称作"相府"。皇城相府建于明宣德四年（1429）至清康熙五十三年（1714），是一处城堡式古代官宦家居建筑群，如今是皇城村独具特色的旅游资源，为国家AAAAA级景区，皇城村也因此荣获"十佳文化旅游小镇"。

通过田野调查及对已有资料（栗守田编注的《皇城石刻文编》）的收编，发现皇城村共有碑刻49通。除去漫漶严重的，本书收录47通。存碑地点集中分布于皇城相府、紫芸阡、西山院三处。碑刻时间主要集中在明清时期。按照碑刻内容进行划分，可以分为墓碑（24通）、记事碑（7通）、捐资碑（2通）以及其他类型（16通）的碑刻。

（二）皇城相府

皇城相府开城门9座，城墙总长1700米，城墙平均高12米，大型院落16座，各种房屋640间，总面积3.6万平方米，距今已有近600年的历史。

1. 河山楼记

（1）碑刻简介

此碑刊立于明崇祯七年（1634），为记事碑，有碑首、碑座，碑刻规制为180cm×118cm，现为壁碑，碑身保存完好。

（2）碑文

【碑阳】

碑额：河山楼记

碑名：河山楼记

余家本泽州天户里人，自上世祖徙于析城东乡，寄居中道庄。山水形势颇属可佳，递传于余七世矣。余借陵泉之气，赖祖宗之庇，以崇祯甲戌

（戌）科成进士，其乡举则崇祯三年庚午科也。是年秦寇入晋已四年有奇。所在焚杀掳掠，惨不堪闻。每一听之，殊为胆寒。余乡僻处隅曲，户不满百，离城稍远，无险可恃，无人足守，日夜焦心，谋所以避之。爰遵老母命，与二三弟昌期、昌齐缔造一楼，其经始在壬申春王月，乃崇祯五年也。掘地为井，筑石为基，阔三丈四尺，厚二丈四尺，三间七节，高有十丈。石用三千，砖用三十万，为费颇奢。非先大人三十载心计节俭，稍有积资，曷敢创是举？至工匠饮馈之需，老母辛勤于内，期弟拮据于外，数月无有宁晷。兴第儿以是年四月念七日降生，高堂虽辛勤劳瘁，而色喜倍常。至七月砖工仅毕，卜十之六日立木，而十五日忽报贼近矣。楼仅有门户，尚无棚板，仓惶备矢石，运粮米、煤炭少许，一切囊物具不及收拾。遂于是晚闭门以守。楼中所避大小男妇，约有八百余人。次日寅时立木，无一物可祭，只焚香拜祝而已。拜甫毕，届辰时，贼果自大窑谷堆道上来。初犹零星数人，须臾间，赤衣遍野，计郭峪一镇，辄有万贼。到时节劈门而入，掠抢金帛。因不能得志于楼，遂举火焚屋。

余率壮丁百人镇静坚守。日夕站立雨中，所需饮食，俱余家供给。即幼男弱妇辈，每日亦各给以数米充饥。凡此皆出高堂老母亲为料理。期弟昼夜巡视，以严投堞口。齐弟昼夜宿门，以谨锁钥。贼虽凶恶异常，仅远远围望，终不敢近楼前。至十七日，期弟见其久围，恐有不虞，谋出楼往州求援。乘夜缘绳以下，忽腕力不胜从而坠地。余仰天泣曰："以十丈堕地，万无得生之理。"伊时心胆俱裂，悔恨无及。急命壮丁李忠，缘绳下去，赏银五两，将期弟用竹篓提上，问之尚能语。余抱首而哭，又不敢闻之老母，虑其惊惶不安。余昼夜上下楼中，一以御寇，一以视弟。过一二日渐醒人事，四肢了无恙，面上微拭有血痕。余徼天之幸，曲保手足之全，此心稍稍方定。寇仍日夜盘据以扰，至二十日午后方去。一时危险之状，焚劫之景，从古罕有。郭峪数千家，无不遭其毒手。余幸仗此一楼，完聚母子兄弟之伦，且全活数百人性命，家虽破而心可慰也。逡巡至八月间，无枝可栖，余奉老母暨家属，始移入濩城。期弟以再生之身，独不入城。谆谆以竟楼工为事。

至冬月，而楼乃渐就绪，且置弓箭、枪、铳、备火药，积矢石。十月内贼连犯四次，将薪木陆续尽毁。期弟率人护守，毙贼于矢石下者多人。数次所全活者不啻万计。余复仰天叹曰："期弟所以获免于堕地者，殆彼苍阴佑之，以全活兹多人也耶！"余因上公车复奉老母暨家属如楼居。远游之子庶可恃以无恐。即余今日甲第，想得力于此楼者实多，章句之文，夫何足云也？楼既成，余思所以名，而不得其字。图维久之，于癸酉中秋朔夜，梦会仙于楼上，因恳为题。

仙环绕周视题曰："河山为囿"。余再叩以"囿"字之解，复曰："登斯楼而望河山，不宛宛二大苑囿乎？"余觉而异之，暨旦登楼四望，果与所题之景肖而像，遂名为"河山楼"而并记之。

崇祯七年甲戌中秋后一日，修于石门旅次。时赴东溟，适馆于此。赐同进士出身文林郎知乐亭县事道庄主人陈昌言记。

2. 斗筑居记

（1）碑刻简介

此碑刊立时间为明崇祯七年（1634），为记事碑，无碑首，有碑座，无碑阴，碑刻规制为161cm×90cm×15cm，现为立碑，保存完好。

（2）碑文

【碑阳】

碑额：无

碑名：斗筑居记

崇祯五年七月十六日，流寇自长河入余乡，一日间遍塞十数村，焚杀掳掠所在皆然，而郭谷镇独惨。余家徼天之幸，得以楼免。寇连犯五次，终不能得志。族戚乡邻，所全活者约有万人。楼之坚足当一面，楼之宽可容千口。然而糗粮、包裹不能多藏。至于牛马诸畜，无可躲避，每遭杀掠。余日夜图维，思保障于万全。以为筑楼既有成效，则筑堡之效较然可知。且余庄坐落不甚阔，其庄人具属同宗，无难家自为守。于是聚族长而谋之，再四申说，晓以同舟之谊，期共筑一堡以图永利。无奈人藏其胸心，心有主，且多贵金钱而贱性命，竟成筑舍，良可太息！余计无复之，莫能相强，不得不就余所居址处自为修葺，然东、南两面地基系族人业，数传以来，若不肯相成。余恳亲友力求，破金多许，复兑以业，始克迁就。种种变态，思之可叹！然余止计成事，不更惜费也。爰于六年癸酉初秋念一日，举其工经营。量度周围约有百丈，高三丈，垛口二百，开西北两门，用铁包裹，门上各有楼。铁门之外，设有粗大木栅栏。每日拨后，看守无事，便于启闭。一切闲人往来，俱在栅栏外，不得擅入，以杜奸伪，即遇警亦便于疾闭，然后掩门可防不测。且可防寇之隐匿门阙下，难以攻打最为紧关。南虽设有门，而实填不开，以便后日修屋运木石料也。堡之东山最高，敌人据其上，我不利于守。乃于东墙上，覆以椽瓦，使敌人矢石不得从空坠落，而垛夫可恃以安守无恐，最为要着。东北墙上祀关圣帝君，东南角筑墩台一，祀文昌帝君。经纬佑护，繄维神是借云。计此工可费千金有余，搜囊括藏不遗余力。一钱一粒，皆出先大人所遗。余上公车日，工仅有半，其后，期弟督匠办理，不惜劳瘁拮据。至甲戌春，稍稍就绪，余进士报至矣。时盖二月念七日也。一时景况，颇有足佳，虽不敢谓地灵人杰，而残破荒庄庶几有起色乎！堡之西南有一泉，清洌可食，每涌丈余，从渠道流出，彻岁不舍，名曰："温泉"。可汲以井养而不穷。其利赖于堡者实多。且长堡既成，可以容人，可以畜物，五谷六畜俱不受灾。从此而谨门钥，练垛夫，设器械，备火药，储粮糗，积煤炭，以戒不虞，或亦保身保家之长计也。因题曰"斗筑可居"而作《斗筑居记》。

甲戌中秋十之七日，赴东溟任，因谒雨苍先生，驰驱夜半，抵遵化，阴雨零零，河水潺潺。信仆马所之，茫不识深浅，客子黯然不乐，因叹风尘危险，不如斗筑安平也。咸怀作记，俾我后人知余缔造之维艰，并知余作吏之不易云。

道庄主人陈昌言识

3. 斗筑居铭垂训后人

（1）碑刻简介

此碑刊立时间为清顺治十二年（1655），为记事碑，无碑首、碑座，碑刻规制为97.5cm×36cm，现为壁碑，保存完好。

（2）碑文

【碑阳】

碑额：无

碑名：斗筑居铭垂训后人

斗筑拮据，二十余年。创之不易，守须万全。阴雨叵测，侮余耽耽，牖户绸缪，日夕谨焉。徙薪曲突，明烛几先，勿谓一星，势成燎原。疏渠补漏，夏秋更专。勿谓一隙，蚁穴滔天。曝晒蔬果，登屋相沿。最损瓦舍，切戒勿然。僻兹一隅，水绕山环。鹪鹩一枝，茅屋数椽。风雨可待，俯仰托全。修齐敦睦，追溯本源。和气致祥，家室绵延。世守而勿替，惟我子孙之贤。

余家自明宣德四年移住中道庄，盖二百一十五年。赖上世先人多贤而显达，故能绵长至此。余作《斗筑铭》，凡百有三十一字，虽简朴不文，实保家至理。启佑我后人，深思远虑，触目警心，庶几与中道之河山并永云。

时顺治十有二年乙未季夏谷日

斗筑居主人陈昌言识

4. 顺治年陈氏牌坊

（1）碑刻简介

刊立时间不详，整个牌坊两柱单间，砂岩质地，坊额有四组斗拱，基座瑞兽环拥。

（2）碑文

【碑阳】

碑额：五

碑名：无

坊阳：

陕西汉中府西乡县尉陈秀

直隶大名府滑县尉赠户部主事陈珏

中顺大夫陕西按察司副使陈天祐

河南开封府荥泽县教谕陈三晋

赠儒林郎浙江道监察御史陈经济

儒林郎浙江道监察御史陈昌言

坊阴：

嘉靖甲辰科进士陈天祐

万历恩选贡士陈三晋

崇祯甲戌科进士陈昌言

顺治辛卯科经魁陈元

顺治甲午恩选贡士陈昌期

顺治丁酉科举人陈敬

5. 冢宰总宪牌坊

（1）碑刻简介

牌坊建于清康熙三十八年（1699），是陈廷敬官居吏部尚书时奉旨而建。整个牌坊四柱三间，坊额雕龙镌凤，基座瑞兽环拥。

（2）碑文

【碑阳】

碑额：无

碑名：无

中：

冢宰总宪

诰赠正一品光禄大夫经筵讲官刑部尚书陈三乐

累赠正一品光禄大夫经筵讲官吏刑二部尚书都察院掌院事左都御史陈经济

累封正一品光禄大夫经筵讲官吏刑二部尚书都察院掌院事左都御史陈昌期

戊戌科赐进士正一品光禄大夫经筵讲官吏户刑工四部尚书都察院掌院事左都御史陈廷敬

左：

一门衍泽

己亥科赐进士翰林院庶吉士陈元

壬子拔贡国子监学正候补行人司司副陈廷继

候选知县改补府同知陈廷愫

征仕郎广东廉州府钦州州判候补知县陈廷宸

奉直大夫刑部湖广清吏司郎中改兵部武库清吏司郎中加一级陈廷统

右：

五世承恩

湖广岳州府临湘县知县陈廷弼

甲子科举人拣选知县陈廷翰

江南淮安府邳睢灵壁河务同知加一级陈谦吉

甲戌科会魁赐二甲第十二名进士翰林院庶吉士陈豫朋

丁丑科会魁赐二甲第八名进士翰林院庶吉士陈壮履

6. 康熙帝御书匾联

（1）碑刻简介

此碑刊立时间不详，清康熙皇帝御书匾联时间为清康熙五十年（1711），保存于皇城相府正门阁楼之上，保存完好。

（2）碑文

【碑阳】

碑额：无

碑名：无

午亭山村

春归乔木浓荫茂

秋到黄花晚节香

7. 槐云世荫记

（1）碑刻简介

此碑刊立于清嘉庆二年（1797），为记事碑，无碑首，有碑座，碑刻规制为 160cm×91cm×15cm，现为立碑，保存完好。

（2）碑文

【碑阳】

碑额：无

碑名：槐云世荫记

此槐吾祖育斋公手植也，历今百有余年。枝茂阴繁，柯修干古，望之冉冉如绿云焉。辛亥岁，余护以石栏，重祖泽也。吾祖孝友性成，行义夙具，喜周人之难，扶人之危。凡缓急求佐者，辄邀坐槐下石，务如所愿。即偶遇囊涩，必婉转迁挪，以副所求，不使之怏怏去。及吾祖谢世后，每遇饥荒年岁与吉凶之过期无力者，呼助无门，咸曰："天不憖遗我公，而吾侪如失慈父母！"吾父遂辍读而述其民，而乡人安焉。昔王晋公祐，直道不容于时，引归自好，手植三槐于庭曰："吾子孙后必有为三公者！"已而子文正公旦，相真宗于景德、祥符间，为名臣；孙懿敏公素，以直谏事仁宗，出入侍从三十年；曾孙巩，好德而文，以世其家。后人簪缨嗣美，至今不泯。吾家世凉薄，不敢方晋公万一，而植槐之初意若或使之，则吾祖与晋公不依稀相似欤？此余小子所以望槐云而切霜露凄怆之感，叩槐荫而更深席丰履盛之惧也。自维家世何修，而吾兄道庄公起家侍御，督学江左，迄今桃李余芳，犹芳菲仕路；吾侄元，英年联飞，曾珥笔禁苑；或长子廷敬以菲材为密勿近臣，时蒙异数；三子廷继，行人待铨；五子廷愫，八子廷弼，行将为亲民牧；六子廷宸，金判粤东；七子廷统，赞理廷尉；九子廷翰，谬荐贤书；长孙谦吉，效用江浦。其他诸孙，有补博士弟子者，有幼而业儒者。於戏！吾祖德修于己报施于天。今日兰芬桂郁，矫矫铮铮，皆此槐之繁茂修古，有以荫之，即皆吾祖当日之缓急宜人，周旋槐石间，一片好行其德之苦衷，有以贻之也。夫如是，吾祖固吾家累世起家之人，则此槐下一席地，谓非吾家累世起家之地哉？然而吾家累世借庇于槐，而槐之受知于吾家，亦可为厚增幸矣。何则？吾家微时，无厅事可以寅宾也，槐下晋接周旋应人缓急，此槐固吾家亭榭也。及今日而处止园、斗筑之间，苍颜翠色，与画栋飞甍相为掩映，仿佛功成赐第，洒然投闲，以视道旁陇畔逐队楸榆者，霜宵横影，夜月栖鸦，其喧寂为何如？且余因槐而有感焉。明季吾兄宦游于外，余以耕读摄家政，铢积寸累，薄成基业，值陕寇流氛乡里，惊惶无措。吾度非筑楼以避，恐难保全。因是罄家所有，竭蹶修筑，工未竣而寇临楼下矣。时所在皆罹惨毒，而吾乡千余家赖以全活焉。至今人皆手额余。而抑知皆吾祖槐下之贻谋有以肇其基，而吾特绍乃庭而衍其绪哉！后之人愿世世代代亦绍乃庭而衍其绪，聿念尔祖，毋忽此槐，不致贻笑于召棠之南国，寇柏之巴东可耳。爰是树碣，以标槐之功，复作记以志槐之颠末云。

　　时康熙岁次戊辰初夏上旬孙昌期谨识

　　先高祖光禄鱼山公文

　　先祖盟洲公手录本也

　　元孙秉焯识

　　嘉庆二年秋恭勒于石

（三）紫芸阡

紫芸阡位于皇城村北部的静坪山上，乃陈氏家族墓地。占地面积1.6万平方米，主要有石牌坊、御书挽诗碑亭、甬道碑等，陈廷敬病故后也归葬于此。墓地的御制挽诗碑和御赐碑林镌刻着康熙帝为陈廷敬御制的祭文等内容。

1. 大明处士陈公孺人张氏合葬之墓

（1）碑刻简介

此碑刊立于明万历八年（1580），为墓碑，有碑首、碑座，现为立碑，保存完整。

（2）碑文

【碑阳】

碑额：碑记

碑名：大明处士陈公孺人张氏合葬之墓

陈公讳琪，字孟瑞，号南泉，世为泽州天户里人。自大父林始徙阳城县东裴里定居焉。父秀，陕西西乡县典史，历任八年，民立祠祀之。母王氏。长兄珏，直隶滑县典史，以子贵，赠户部主事。次兄珦，公季子也，生于弘治三年十月二十一日，卒于嘉靖三十七年九月三十日，享年六十九岁。太孺人姓张氏，阳城义官张公僖之女也，生于弘治四年七月十九日，卒于嘉靖二十九年闰六月二十四日，享年六十岁。子三，曰侨，娶张氏；曰修，娶李氏；曰信，娶李氏。女三，一适常梧，一适曹汝熙，一适省祭官范昺。孙男九，曰三晋，州学廪膳生。曰三乐、曰三接、曰三益，修之子也；曰三锡、曰三宅，侨之子也；曰三扎、曰三极、曰三近，信之子也。孙女三。曾孙男一，曰经济，三乐子也。曾孙女七。先是公及太孺人卒，男侨等葬于于家山祖茔之次。今于万历七年三月十六日，孙晋等葬于静屏山之阳焉。

万历八年春三月清明吉旦孙陈三晋等立石

2. 明故柏山陈公暨配李孺人合葬墓表

（1）碑刻简介

此碑刊立于明万历三十五年（1607），为墓碑，有碑首、碑座，现为立碑，保存完整。

（2）碑文

【碑阳】

碑额：墓志

碑名：明故柏山陈公暨配李孺人合葬墓表

万历乙酉科乡进士眷晚生王洽拜手撰

万历丙午科乡进士眷晚生杨朴拜手书并篆

柏山陈公与配李孺人后先相埸业廿余年，冢上之柏大矣。厥嗣广文君近叨一命之荣，而痛三釜之弗待，心怦怦动也。思为树贞珉以表幽德，乃命其侄茂才经济征文于余。念公之懿行，载在余父先大夫志中详矣，即复有所称说，岂能赞一辞？惟是广文之孝思不可虚，茂才之雅托不可负，乃源本其志而表之。按志，柏山公讳修，字宗慎，所居对西坪之柏山，因以为别号云。上世本濩泽天户里，曾祖讳林，始迁阳城郭谷。祖讳秀，秀攻诗善书，若出天授，为陕西西乡县尉，涖官十载余，有惠政，民为垒祀之。生三子，长讳珏，能传父业，为直隶滑县尉，以子容山公贵赠计部主政。容山公登嘉靖甲辰进士，历陕西副史，以方正闻，陈氏之族滋大。次讳珣。次父讳琪，天性明敏，所在作为辞赋，人多诵之。亦生三子，伯侨，季信，仲即柏山公也。刚毅缜密，谦恭孝友，父母钟爱之。命业举，期于用世，不售，退而鬻冶铸，非其好也。平居一言不枉发，一钱不苟取，一毫不浪费。与人交，不侮慢，亦不婥婩，而咸归于正。轻财好施，有弗给者辄出帑金、廪粟以赈其急，弗能偿者，即毁券不校。乡人以为岁星。御下有恩，不忍呵斥，以故乐其惠而服其义者，无众寡大小翕如也。父严急难犯，公委曲承顺，常得其欢心，处兄弟始末无间言，赏聚首一堂□酌相劝，语及家务，交相戒勉。陈氏先世虽饶于资，至公益充拓田庐，储蓄视囊昔远过，拟于素封。公虽废学，顾其教诸子则严，尝曰："汝盍学汝伯，汝父不足法也。"伯盖指副使公言。广文君益发奋下帷，屡试于乡，为博士有声。诸子力田服贾，克绍箕裘，公之庭训在耳故也。元配李孺人，白巷里右族尚宽女，年十七归公，庄重寡言，娴于礼度，事舅姑以孝谨闻。公适游，门内事犁然咸办，无一不当公意。相见如宾,有古梁孟风焉。抚诸子,备极慈爱,有过,不显责,但惨然不乐,俟其悔悟方释。于是诸子相戒,有不善不敢以闻。天性浑朴,御众以宽,女侍邻妇乐为之用,若尼巫辈惑以祷祀之事,辄屏去。尝多疾,暮年益甚,易簀时诸子问遗嘱,不答。固问之,则曰:"我见诸儿勤俭类若父,诸妇亦类吾,就木何憾?复何言哉?"遂逝。公生正德十三年六月十八日,卒万历六年十二月二十二日,享年六十有一。孺人生嘉靖元年六月十三日,卒万历二十年九月初六日,享年七十有一。子四,长三晋,以恩贡司怀仁县训,即广文君,娶张氏,恪女;次三乐,娶卢氏,光耀女;次三接,娶李氏,封推官竹庵公女;次三益,娶马氏,世美女,继王氏,继孙氏,寿官宦女。女二,长适裴四端,次适省祭官范极。孙男七,长经济,州庠生,娶范氏,宾相梅女;次经正,娶张氏,景州知州鸿盘公女;经训,娶范氏,省祭官克政女;经典,聘杨氏,格女,乐子;经邦,州庠生,娶张氏,省祭官登云女;经纶,娶张氏,继卢氏,庠生知至女,接子;经史,幼,晋子。孙女十二,一适先大夫王大参公子亡兄廪生治;一适庠生张胤祚;一适庠生李四友;一适庠生王公用;一适张嘉胤;一字卢知几,晋女;一适裴士彦;一幼,益女;一字王冢宰疏庵公孙男于召,乐女;一字李四壁;一字监生王兆星子于南;一字延庆知州张文吾子之灿,接女。曾孙男三,曰昌言,聘庠生王升俊女;曰万言,经济子;曰至言,经邦子。曾孙女一,幼,济女。王子洽曰:"史称姜肱之友爱,鹿门之夫妇,今古罕俪。"然姜肱寄迹陇亩中,未有显者,即庞公偕隐鹿门,非不超然物外,然螽斯、麟趾之盛渺乎未有闻焉。公在宪副公为贤弟,在广文君为贤父,在茂才诸孙为令祖,厥德邵矣,厥福备矣,岂庞姜二公所敢望哉?太史公谓:"人富而仁义附焉",又曰:"非附青云之士不能施于后世。"夫以公硕德,即终身田舍,犹当蜚声腾茂也,而矧其附青云乎?洵不朽矣!予故表而出之,俾后之采野史以光国乘者,将有考于陈氏之阡也!

万历三十五年三月清明日男陈三晋等立石

3. 陈氏上世祖茔碑记

（1）碑刻简介

此碑刊立于清顺治十一年（1654），为墓碑，有碑额、碑座，无碑阴，碑刻规制为 168cm×61cm×15cm，保存完整。据《三晋石刻大全·晋城市阳城县卷》，碑保存在陈廷敬墓地，考察未见。本碑刻集录自《三晋石刻大全·晋城市阳城县卷》。

（2）碑文

【碑阳】

碑额：陈氏祖茔

碑名：陈氏上世祖茔碑记

余先世乃濩泽永义都天户里籍也。其聚族而居者，则地名岭后之半坡沟南也。余七世祖后徙居阳城县郭峪中道庄，乃明宣德四年也。庄之东北距家七里许，有祖茔一区，名虞家山。阅余高伯祖孟壁公所载先人遗嘱中，盖云永昌坪也。其地山水环绕，风土深厚，为余七世祖讳林者而立也。林祖碑志俱无，其上世不可考。窃念高伯祖滑县公、六世祖西乡公，素娴文墨，即余曾叔祖容山公登进士第，何以冢无片石？非年久残失，则兵火焚毁也。沿流溯源，每怀靡及。后余督学江南，得后湖所藏黄册而阅之，则永乐十年所造也。详溯宗派，知林祖有兄曰岩，上之而考讳靠祖，讳仲名，仲名祖拨入河南彰德府临漳县籍。由余溯此是为九世。其详悉家乘不若也。余顺治九年夏，因省亲兼养疴里中，遍访远代遗墓，询之更老云："沟南迪将有古坟一所，相传以为陈氏祖茔也。"余疑未敢信，欲效韩魏公告墓开圹，寻其确据，又恐上世朴实，志铭未备，遂止而不果也。然坟之左右族姓之冢垒垒，族人居其地者尚繁。虽祖宗之位次、子孙之枝派，无由述叙，而更老相传无有异辞，则其为祖茔无疑也。目击荒烟积草，祭礼缺然，水源木本，能无戚戚于中也？倘当吾身而再委之，则益湮没而化为樵牧场，于追远之义谓何？今查其四至，勒石以垂永久。所遗赡茔地亩，另注簿籍，以备稽考。凡我后之族人经管见年里事者，即动赡茔地租谷治办祭品，务要虔洁。宜期定以清明，为率集众躬与其事，莫可废也。苟或废弃，则非我族姓自处乎不考而豺獭不如也。设租谷有余，则修葺墓所，无致为山水冲损。庶源深流长，根培枝茂，则后之视今亦犹今之视昔也。

计开祖茔四至：东至山根坡，西至堰头，南至界石，北至坡堰水沟

钦授浙江道监察御史加一级前崇祯甲戌科进士远孙昌言撰、廪膳生员昌期书

敕封翰林院庶吉士昌期植树四十株、奋志植树十株

辛卯举人元镌

大清顺治十一年甲午三月二十五日立石

4. 陈三乐墓碑

（1）碑刻简介

此碑刊立时间不详，为墓碑，有碑首、碑座，现为立碑，保存完整。原无题名，据文意而加。

（2）碑文

【碑阳】

碑额：皇清

碑名：无

诰赠光禄大夫经筵讲官文渊阁大学士兼吏部尚书加三级育斋陈公配一品夫人卢太君墓

孝男：经济、经正、经训、经典祀立

诰授光禄大夫经筵讲官文渊阁大学士兼吏部尚书加三级曾孙廷敬

5. 陈廷敬墓碑

（1）碑刻简介

此碑刊立于清康熙五十三年（1714），为墓碑，有碑首、碑座，现为立

碑，保存完整。原无题名，据文意而加。

（2）碑文

【碑阳】

碑额：皇清

碑名：无

诰授光禄大夫经筵讲官文渊阁大学士兼吏部尚书加三级赐谥文贞陈公暨配一品夫人王太君、太恭人李太君合葬墓

男：谦吉、豫朋、壮履

孙：寿樊、寿嵩、寿岳、寿华、师俭、名俭、传始、崇俭、传妫

曾孙：绍前、绍曾、绍先、绍基、绍农、绍寔、绍丰、法祖、耀曾、法曾、绍猷、绍鳌、法先、述曾、法芳

元孙锦章

同立石

康熙五十三年岁次甲午十二月十七日

6. 陈壮履墓碑

（1）碑刻简介

此碑刊立时间于清乾隆十六年（1751），为墓碑，有碑首、碑座，现为立碑，保存完整。原无碑名，据文意而加。

（2）碑文

【碑阳】

碑额：皇清

碑名：无

诰授中宪大夫日讲官起居注翰林院侍读学士加三级南坨陈公暨配孺人□太君墓

男：传妫、传始

孙：述曾、耀曾

同立石

乾隆十六年二月十六日

7. 陈名俭墓碑

（1）碑刻简介

此碑刊立于清乾隆三十七年（1772），为墓碑，有碑首、碑座，现为立碑，保存完整。原无题名，据文意而加。

（2）碑文

【碑阳】

碑额：皇清

碑名：无

敕授文林郎广东陵水县知县加三级雅堂陈公暨配孺人李太君、胡太君合葬墓

乾隆三十七年三月清明日

男：法于、法曾

孙：得铨、得勋

仝立石

8. 紫芸阡记（残碑）

（1）碑刻简介

此碑刊立时间不详。考察未见，据《文编》，碑刻被用作台阶，漫漶不清，今不知存于何处。

（2）碑文

【碑阳】

碑额：不详

碑名：紫芸阡记

先文贞公三子中，壮履齿最幼。自襁褓及成人，日随侍京□。进入仕籍，

□宧从外，未赏片刻离。依依膝下三十余年。先文贞公鞠育教诲，以父兼师，虽钟□□□而□则不少恕也。壬辰三月先文贞公（缺）

9. 紫芸阡跋

（1）碑刻简介

此碑刊立于清康熙五十三年（1714）。考察未见，《文编》未对此碑源流做说明，今不知存于何处。

（2）碑文

【碑阳】

碑额：不详

碑名：紫芸阡跋

癸巳冬，先兄大人文贞公卜窀穸于大端坪之阳，去静坪十数武。脉自樊山来，历于家山蜿蜒而北，至此则山势屏列，□□平详。从顶下视，形适居中□案者峨眉然，即曹家岭之右关也。吾家祖茔四处皆一气回环贯注，是阡之吉概可知矣。甫辟土，于兆侧得虚圹焉，中空洞无一物，云气蒸郁，凝膏如乳，累累下垂。四周则藤萝纠结，状类缨络，其色紫，其芬烈似芸。信地气钟灵，先示瑞应。余深幸文贞公之永安斯宅，以启佑后人也。因俾辈似名紫芸阡，谨书其事于左。

梅庄愚弟廷愫恭跋并书

康熙岁次甲午腊月上浣之吉

10. 紫芸阡

（1）碑刻简介

此碑刊立时间不详，现为壁碑，保存完整。原无题名，据文意而加。

（2）碑文

【碑阳】

碑额：无

碑名：无

紫芸阡

□愚弟廷统谨书

11. 紫芸阡禁伐树木碑记

（1）碑刻简介

此碑刊立于清乾隆三十二年（1767），为记事碑，现为壁碑，保存完整。原无题名，据文意而加。

（2）碑文

【碑阳】

碑额：无

碑名：无

紫芸阡，吾祖文真公之茔。松柏苍翠，华表森严，望之蔚然深秀，已历数十余载。差□观瞻，更有圣祖皇帝挽诗碑在□茔中。树株房舍，子若孙自应保护，世守勿替。余岁暮春，堂姪耀曾误伐松树一株，寿华等同堂叔观化公议，欲鸣□究处。耀曾追悔无及，迫切服咎。化等因念一株尚微，遽行声明，不免伤残。然不有劝惩，诚恐由渐而长，将来效尤益甚。兹将所伐树株□价，勒石□书，垂戒□久□自戒，之后如有□动一草一木者，察出送官□不孝治罪，各自凛遵，勿忽。

乾隆三十二年五月十六日　寿华、名俭司堂姪耀曾勒石

家长：观民、观化

12. 康熙御制陈廷敬挽诗碑

（1）碑刻简介

此碑刊立时间不详，有碑亭保护。原无题名，据文意而加。

（2）碑文

【碑阳】

碑额：无

碑名：无

大学士陈廷敬挽诗

世传诗赋重，名在独遗荣。
去岁伤元辅，连年痛大羹。
朝恩葵衷励，国典玉衡平。
儒雅空阶叹，长嗟光润生。

康熙五十三年十二月朔日　臣陈壮履恭摹勒石

13. 康熙御制赠陈廷敬诗碑

（1）碑刻简介

此碑刊立时间不详，有碑亭保护。原无题名，据文意而加。

（2）碑文

【碑阳】

碑额：无

碑名：无

览《皇清文颖》内大学士陈廷敬所作各体诗，清雅醇厚，非集字累句之初学所能窥也。故作五言近体一律，以表风度。

横经召视草，记事翼鸿毛。
礼义传家训，清新授紫毫。
房姚比点韵，李杜并诗豪。
何似升平相，开怀宫锦袍。

14. 康熙帝御制祭文碑（一）

（1）碑刻简介

此碑刊立时间不详，为记事碑，有碑首、碑座，现为立碑，保存完整。原无题名，据文意而加。

（2）碑文

【碑阳】

碑额：谕祭

碑名：无

皇帝谕祭经筵讲官文渊阁大学士兼吏部尚书加三级谥文贞陈子之灵曰：国家表式班联，必资旧德，登崇辅弼，实借端人。惟恪勤冈间于初终，则优恤无殊乎存殁。哀荣具备，典礼为昭。尔陈廷敬器资厚重，品谊深纯，妙选词垣，浒登讲幄。文章博雅，播令望于艺林；经史淹通，著芳型于翰苑。遂参加夫密勿，旋总领夫清华。遍陟列卿，长部曹而厘绩；允谐众望，虚政府以延登。矢志靖共，并仰老成之度；屡持文柄，弥坚皎洁之操。宣德意于丝纶，对扬有体；考秘文于图史，裁鉴无遗。盖在仕籍者余五十年，而禀忠贞者恒如一日。比念连章引退，俾就私第以赐闲；复缘要地需人，暂入黄扉而视事。方遐年之待享，何疢疾之忽婴。专遣侍医，往调良药，频加存问，驰赐珍羞，尚冀有瘳，俄惊长逝。特制御诗哀挽，用写眷怀；旋命皇子来临，躬行奠酹。白金颁于内帑，文木锡自尚方。谥以文贞，予之祭葬。呜呼！谟猷未泯，思风度以犹存；恩礼攸崇，勒鼎钟而勿替。尔灵不昧，尚克歆承。

臣陈壮履恭镌

15. 康熙帝御制祭文碑（二）

（1）碑刻简介

此碑刊立时间不详，为记事碑，有碑首、碑座，现为立碑，保存完整。原无题名，据文意而加。

（2）碑文

【碑阳】

碑额：顺祭

碑名：无

皇帝谕祭经筵讲官文渊阁大学士兼吏部尚书加三级谥文贞陈子之灵曰：惟尔文章宿老，辅弼良臣。浟陜纶闱，历始终而一节；参陪禁闼，凛夙夜以惟虔。晚节弥坚，謇謇匪躬之义；和衷共济，休休容物之怀。炳焉华国之文，馆阁资为矩矱，屹矣立朝之概，班联奉以仪型。方期享夫大年，何奄归乎长夜！缅怀劳绩，日笃不忘。申锡彝章，再颁牲醴。呜呼！轨范如存，眷旧之思罔替；恩纶重贲，报忠之典从隆。惟尔有灵，尚其来享！

臣陈壮履恭镌

16."恩赐闶器"碑

（1）碑刻简介

此碑刊立于清康熙五十三年（1714），为记事碑，有碑首、碑座，现为立碑，保存完整。

（2）碑文

【碑阳】

碑额：恩荣

碑名：恩赐闶器

康熙五十一年四月十九日晚，皇上轸念臣父病势危亟，命南书房翰林院侍讲学士励廷仪二十日早至邸寓问臣壮履："山西有杪板否？杪板用否？"臣壮履伏闻恩旨，感恸奏云："山西杪板不易得，多用柏板。昨晚臣父身殁，现今各处购求材木。蒙皇上念及周身，殁存顶戴。"及廷仪面奏时，上已知臣父身故。向左右近侍云："不意陈大学士遽尔溘逝，尚有不尽之言未得咨询。"感叹弗置。即遣畅春苑总管头等精奇尼哈番董殿邦，赍赐紫杪板一具。臣随同臣兄臣豫朋叩首谢恩，衔哀祗领。斧凿才施，香闻百步，色紫而文密,性坚而质润,洵人间之未有,而天恩高厚,为臣子所希遘者也。

康熙五十三年十二月朔日臣陈壮履谨识

17."特赐帑金"碑

(1)碑刻简介

此碑刊立于清康熙五十三年(1714),为记事碑,有碑首、碑座,现为立碑,保存完整。

(2)碑文

【碑阳】

碑额:恩荣

碑名:特赐帑金

康熙五十一年四月二十四日,壮履闻皇上御制挽诗一章,赴苑恭请御笔。上已遣乾清门头等侍卫副都统伍格、翰林院侍讲学士励廷仪、洗马张廷玉、修撰赵熊诏赉赐御书挽章至寓。更念臣父立朝清节,于常典外,特赐帑金一千两。又谕臣壮履云:"汝父病时,屡遣李玉来看。今汝父初殁,朕又即日出口,彼系近御之人,不便遣来向汝说之。"伏惟我皇上眷注旧臣,恩礼周至,不特臣父衔结重泉,即内外大小臣工罔弗感激自励,争图报效也。臣谨于营葬之日,恭勒贞珉,昭垂永久,以示臣父际遇之隆,世世子孙光荣无极矣。

康熙五十三年十二月朔日臣陈壮履谨识

18."叠遣近臣存问"碑

(1)碑刻简介

此碑刊立于清康熙五十三年(1714),为记事碑,有碑首、碑座,现为立碑,保存完整。

(2)碑文

【碑阳】

碑额:恩荣

碑名：叠遣近臣存问

康熙五十一年二月二十四日，臣父得疾卧枕，不能入阁办事。二十七日上御畅春苑澹宁居听政，问中堂温达等："陈大学士为何不见？"温达回奏："陈廷敬偶患二便秘结，不曾来，具有摺子。今伊子陈壮履在外启奏。"上云："二便不通，服药难效。坐水坐汤，立刻可愈。"即将坐水坐汤之法向陈壮履说知，俾回去如法调治。少刻，奏事员外郎□子、奏事双全传旨着太医院右院判刘声芳速往诊视。嗣后，御医日一至寓。臣壮履间日一至畅春苑启奏。四月初六日，赐御制良药一瓶，西瓜露一瓶。初九日早，中使李玉、翰林院侍讲学士励廷仪、修撰赵熊诏赍旨至臣父榻前些看病，问："老大人喜食何物，令尔子壮履奏请。"复备询臣父居官情况。时臣壮履因臣兄臣豫朋在前，未敢越对。中使云："汝系内庭行走旧人，旨意俱指名问汝，不必瞻顾。"臣壮履一一奏对讫，臣壮履随至畅春苑谢恩。未刻，赐出哈密瓜一、西瓜一，臣壮履叩首捧归。十二日，膳房官赍糟鹿尾、糟野鸡各一盒，关东密饯、红果二瓶到寓。传旨云："不必烦动老大人，交与伊子陈壮履。"并问："病体若何？"十三日赍瀛台红稻米一袋。是日，御医刘声芳启奏："陈大学士左腮红肿，中气甚虚。"随命声芳带外科二人，速看回奏。漏下三鼓，上犹坐渊鉴斋秉烛以待声芳复奏。又遣声芳及外科赍到御制圣药时，禁城严扃，命内务府总管知会兵部：速启城门送往陈大学士家，沿途如有拦阻者，记名回奏。十四日，遣内大臣公鄂伦岱、李玉、励廷仪、赵熊诏至榻前慰问，谕臣壮履云："汝父病体要紧，汝不必亲身启奏，每日但具摺子，令家人交与南书房转奏可也。"十六日，乾清门侍卫觉罗六格、李玉、励廷仪、赵熊诏至榻前，看视毕，另有谕臣壮履旨。臣壮履九叩祗受讫。十九日鄂伦岱、李玉、励廷仪、赵熊诏至榻前，传旨云："朕日望大学士病体速愈，再佐朕料理机务几年。若事出意外，大臣中学问人品如大学士，可代理内庭事务者为谁？"臣父伏枕感泣，一一奏对如礼。又谕臣壮履云："倘老大人身后，汝家中有何难处事否？朕自与汝作主，不必忧惧。"时臣父病已危笃，臣等肝肠寸裂，莫知所云，惟以头触地感激涕零而已。是夜戌时，臣父身故。伏念臣父服官五十余年，备员政府，供职内庭，蒙皇上知遇之恩，至深至久。自卧病以至易箦，复荷圣心轸念，日遣御医诊视，时命近臣慰存，上药特颁，珍味叠赐，优渥隆施，亘古未有。臣父垂危伏泣衔感入冥。臣等苫块余生，捐□难报。谨从悲迷昏瞆中追叙圣恩，昭示后人于不替也。

康熙五十三年十二月朔日臣陈壮履谨识

19."钦命亲王临奠"碑

（1）碑刻简介

此碑刊立于清康熙五十三年（1714），为记事碑，有碑首、碑座，现为立碑，保存完整。

（2）碑文

【碑阳】

碑额：恩荣

碑名：钦命亲王临奠

康熙五十一年四月二十日，皇上因臣父身故，不胜震悼。传谕中堂、九卿云"去年张大学士身故，今年陈大学士又亡，连丧耆旧大臣，朕心深为感恻"等语。二十一日特遣皇三子诚亲王率内大臣、乾清门侍卫、满汉文武大小诸臣齐至邸寓。臣豫朋、臣壮履易服跪接。皇三子暨诸大臣至臣父座前，陈设御锡茶酒二器，举哀致奠，行三叩礼随以茶饮臣兄弟，此盖慰问大臣之例也。臣等分不敢当，而哀毁之余，亦不能下咽，因固辞不饮。及出至外厅，臣等伏地恸哭，叩首谢恩，口奏："臣父蒙皇上豢养五十余年，异数殊荣，未能报称万一。今不幸奄逝，周身之具，皆廑宸衷。又仰荷特恩遣亲王大臣临奠，具见我皇上崇儒重道优待旧臣至意。臣父九泉之下感激圣慈，臣等生生世世难报涓埃。伏望转达下情，不胜哀感涕零之至。"

康熙五十三年十二月朔日臣陈壮履谨识

20."遣官护丧归葬"碑

（1）碑刻简介

此碑刊立于清康熙五十三年（1714），为记事碑，有碑首、碑座，现为立碑，保存完整。

（2）碑文

【碑阳】

碑额：恩荣

碑名：遣官护丧归葬

康熙五十一年七月十三日，臣豫朋、臣壮履匍匐行在叩谢圣恩，并奏明扶柩启行日期。十六日，奏事员外郎傻子、奏事双全传旨于大学士温达："原任大学士陈廷敬灵柩，八月二十四日送还原籍，着照原任大学士张玉书例，遣官住送。"行人司副臣沈一揆奉命护丧。臣豫朋、臣壮履扶柩出都，驰驿回籍。凡水陆所经地方，黄童白叟道路观瞻，莫不仰颂圣天子轸念老臣有加无已之至意。于十月二十一日抵钦赐御题之午亭山村。臣等随率阖门子姓，恭设香案，望阙叩头，具本奏谢讫。伏念臣父生荷殊荣，殁蒙优恤，光生一路，宠逮九原。臣父扃魄泉台，固已衔恩于罔极；臣等偷生草土，实难矢报于将来。恭纪皇仁，镌之贞石。

康熙五十三年十二月朔日臣陈壮履谨识

21. 康熙圣旨碑（一）

（1）碑刻简介

此碑刊立时间不详，为记事碑，有碑首、碑座，现为立碑，保存完整。原无题名，据文意而加。

（2）碑文

【碑阳】

碑额：诰命

碑名：无

奉天承运，皇帝制曰："锡类推恩，朝廷之大典；分猷亮采，臣子之常经。尔内秘书院检讨加一级陈廷敬品行端凝，文思渊博，简居词苑，奉职无愆。庆典欣逢，新纶宜贲。兹以覃恩，授尔为文林郎，锡之敕命。於戏！弘敷章服之荣，用励靖共之谊。钦兹宠命，懋乃嘉猷。"

康熙六年十一月二十六日

奉天承运，皇帝制曰："国家推恩而锡类，臣子懋德以图功。懿典攸存，忱恂宜勖。尔内弘文院侍读陈廷敬夙具干才，深通翰墨。初居词苑，奉职罔愆；继陟崇阶，小心弥著！盛典既逢，宠命宜被。兹以覃恩，授尔阶奉政大夫，锡之诰命。於戏！式弘车服之庸，用励显扬之志。尚钦荣命，益矢嘉猷。"

康熙九年三月初六日

奉天承运，皇帝制曰："褒忠表义，昭代之良规；崇德报功，圣王之令典。特颁恩命，以奖勤劳。尔日讲官起居注詹事府詹事兼翰林院侍读学士陈廷敬夙具干才，深通儒术。初居词苑，奉职罔愆；继陟崇班，小心弥著。克懋清勤之绩，允称文学之贤。盛典既逢，宠命宜被。兹以覃恩，特授尔阶通议大夫，锡之诰命。於戏！恩推自近，乃弘奖夫崇阶；业广维勤，尚克承夫宠锡。钦予时命，励尔嘉猷。"

康熙十五年正月十二日

奉天承运，皇帝制曰："褒忠表义，昭代之良规；崇德报功，圣王之令典。特颁恩命，以奖勤劳。尔日讲官起居注翰林院掌院学士兼礼部侍郎陈廷敬性资端谨，才识宏通。俾掌词苑，奉职靡愆；继陟崇班，小心弥著。克懋勤劳之绩，允称文学之贤。庆典既逢，新纶宜沛。兹以覃恩，特授尔阶通议大夫，锡之诰命。於戏！恩推自近，乃弘奖夫崇阶；业广维勤，尚克承夫异数。钦予时命，励尔嘉猷。"

康熙二十年十二月二十四日

22. 康熙圣旨碑（二）

（1）碑刻简介

此碑刊立时间不详，为记事碑，有碑首、碑座，现为立碑，保存完整。原无题名，据文意而加。

（2）碑文

【碑阳】

碑额：诰命

碑名：无

奉天承运，皇帝制曰："乌府阶崇朝著，实瞻乎邦宪；豸冠秩峻官联，首挈夫王纲。式贲新纶，用嘉懋绩。尔经筵讲官都察院左都御史陈廷敬操修端谨，学识弘通。正色立朝，克励公忠之节；洁身率属，还彰謇愕之风。振国纪以森然，殿中执法；肃朝仪而俨若，柱下垂绅。允谐司直之名，宜有酬庸之典。兹以覃恩，特授尔阶资政大夫，锡之诰命。於戏！考宪贞度，方严益励夫霜标；激浊扬清，端亮尚符于风采。承兹眷命，勉乃嘉猷。"

康熙二十三年九月二十四日

奉天承运，皇帝制曰："冠六卿而分职，必资民誉之贤；统八柄以驭臣，首重官联之治。惟抒诚而展力，乃锡类以酬庸。尔管理修书总裁事务吏部尚书陈廷敬器识渊通，才猷敏达。稽言考绩，功惩一守夫章程；举善兴能，甄叙不淆夫流品。累更华贯，率恪慎以持躬；浮陟铨司，益端勤而著范。崇褒宜及，茂烈攸彰。兹以覃恩，特授尔阶资政大夫，锡之诰命。於戏！抡才有序，凤标简要之声；励节无私，尚懋公忠之操。式承宠命，弥树嘉猷。"

康熙二十七年十月二十三日

奉天承运，皇帝制曰："五辞具听，诘奸首尚廉明；三典昭垂，敕法务存钦恤。兹惟弼教，是用推恩。尔经筵讲官刑部尚书加二级陈廷敬秉志宽平，律躬敬慎。典司邦禁，允惟折狱之良；恪守王章，克佐好生之德。权重轻而议律，泽逮囹圄；谨出入以谳疑，恩流嘉石。爰颁茂典，庸奖成劳。兹以克襄公事，特授尔阶光禄大夫，锡之诰命。於戏！民以不冤，懋尔平反之绩；刑期可措，成予惇大之休。尚祗服于训词，益勉修乎淑问。"

康熙三十一年九月初五日

奉天承运，皇帝制曰："司徒掌邦教，厚生乃以明伦；圣世首民庸，重农于焉裕国。克副度支之任，宜膺锡命之荣。尔经筵讲官户部尚书加四级陈廷敬品望端凝，才猷敏达。通源流以主计，聿昭画一之规；奉赋式以阜财笔，允播均平之政。量入制用，能殚力于持筹；酌盈济虚，乃陈谟而抒策。爰嘉丕绩，用贲徽章。兹以覃恩，特授尔阶光禄大夫，锡之诰命。於戏！积有原而藏有府，尚思民力之普存；食以寡而用以抒，永念国储之恒足。毋斁成绩，祗服宠恩。"

康熙三十六年七月十九日

23. 康熙圣旨碑（三）

（1）碑刻简介

此碑刊立时间不详，为记事碑，有碑首、碑座，现为立碑，保存完整。原无题名，据文意而加。

（2）碑文

【碑阳】

碑文：诰命

碑名：无

奉天承运，皇帝制曰："翼亮天工，象协三台之列；弘敷帝载，位居庶职之先。惟懋丕绩以酬恩，乃沛新纶而锡爵。尔光禄大夫经筵讲官文渊阁大学士兼吏部尚书加四级陈廷敬身修端谨，学业淳明；长直内廷，宣劳经席。典章练达，服勤匪懈于寅恭；器识渊凝，顾问时资于靖献。属在论思之地，参机务之殷繁；每抒钦翼之忱，佐经猷于密勿。崇阶早陟，弘奖申加。兹以克襄公事，特授尔阶光禄大夫，锡之诰命。於戏！启乃心以沃朕心，尚嘉猷之时告；慎厥位以风有位，期庶绩之咸熙。永劭休声，祗膺荣命。"

奉天承运，皇帝制曰："职在钧衡，元宰树中朝之望；宜其家室，良臣资内助之贤。式播徽音，茂膺宠锡。尔光禄大夫经筵讲官文渊阁大学士兼吏部尚书加四级陈廷敬之妻王氏柔嘉维则，淑慎其仪。言采蘋蘩，主馈佐和羹之节；克勤丝枲，相夫成补衮之勋。配令德于台司，表休声于壸则。崇奖用逮，懿轨斯扬。兹以尔夫克襄公事，封尔为一品夫人。於戏！象服是宜，聿著温恭之范；龙章载贲，弘敷雍肃之风。祗服荣恩，益光令善。"

初任翰林院庶吉士，二任内秘书院检讨，三任加一级，四任国子监司业，五任内弘文院侍读，六任翰林院侍读，七任翰林院侍讲，八任翰林院侍读，九任翰林院侍讲学士，十任加一级食俸，十一任翰林院侍读学士仍带加一级食俸，十二任日讲官起居注詹事府詹事兼翰林院侍读学士，十三任经筵讲官内阁学士，十四任日讲官起居注翰林院掌院学士兼礼部侍郎教习庶吉士，十五任经筵讲官起居注翰林院掌院学士兼礼部侍郎，十六任经筵讲官礼部右侍郎兼翰林院学士，十七任经筵讲官礼部左侍郎兼翰林院学士，十八任经筵讲官吏部左侍郎管右侍郎事仍兼翰林院学士，十九任经筵讲官都察院左都御史，二十任经筵讲官工部尚书，二十一任经筵讲官户部尚书，二十二任经筵讲官吏部尚书管理修书总裁事务，二十三任都察院左都御史，二十四任经筵讲官工部尚书，二十五任经筵讲官刑部尚书，二十六任经筵讲官户部尚书，二十七任经筵讲官吏部尚书，二十八任今职。

康熙四十九年八月十四日

（四）西山院

西山院位于皇城相府的对面，建于明代，为一层建筑，两进院落形制，砖木结构，是一组道教建筑群，规模较大，依山而建，为当年陈氏家族烧香拜佛祈求平安的场所。目前保存有 8 通碑刻。

1. 地藏殿补葺记

（1）碑刻简介

此碑刊立于清康熙二十五年（1686），为记事碑，现为壁碑，保存完整。

（2）碑文

【碑阳】

碑额：无

碑名：地藏殿补葺记

西山院旧制卑隘，余于戊午岁扩大上独。是地藏殿堤亏基地狭，山□洞□墁为台申学□积雨弥月添溃莫支，以致金神剥毁，群豫僵仆于地。余直击而悲焉。因谓住持僧慧峰曰："兴废墜补□□有事于民，社之所当为也，今地藏殿渗溃，若□汝□焚修上责而可苴观耶，我出其耶汝典其事。"于是凿渠疏水，曩出添溃，省坡平台而瓦覆之，使永无渗溃之患。菩萨秘密藏中□□所损不綦□与。工既告成，谓不可无文以记其事，恐岁久而为人不彰也。余慨撰以文记其巅末，其有助工助财者列名于后，永□没人之善。□岩慧峰者，可谓释子上有志者矣，盖典领上亦□人焉。

诰封资政大夫经筵讲官都察院掌度支□都御史

顺治甲申恩贡鱼山陈昌期撰

捐资题名：

陈鱼山施银六两，候补行人司司副陈廷继施银三钱，候选知县陈廷愫施银三两五钱，候选县丞陈琮施银二钱，原亨、张云桂、王宠锡、吉成虎、王印魁、贾燧各施银一钱，陈超凡、陈昌会、陈辅宜、陈若荣、王典、闫世美、肖崇兴、畅自明、裴润法、王国秀、司洪玉、常珮玉、王有土、李为美、张应槐、王有祥、马正禄、李满志、柴坤、吉珠、徐福工、赵自玉、肖崇禄、韩国旺、张得洪、吉成龙、裴如奉、卫国正、王有才、韩福、陈朴、李和美、韩思会、王满库、郭长住、卫自强、李进才各施银一钱，陈良俊、王印龙各施银八分，王有得、晋元声、王耀、李洪如、陈有宝、王景槐、郭长秋、陈有山、卫自成、陈治业、李若明、常三重、李自旺、赵金、于卞、张明孔、常作新各施银七分，陈司玉、李有、李兰、于贵、焦连芳、段有宝、梁永成、陈昌铉、张俭、田自祥、卫自保、范三志、田自福、赵珮、陈一坤、田自禄、陈瀁、司养玉、赵有成、侯相、陈良能、段进福、陈强各施银五分，柴祯施银四分，栗岗施银三分，贾俊、李才、梁广各施银三分五厘，王柱、杨然、延士祥、栗祯、曹明英各施银二分，王应奎等又施银四钱，太府陈门潘氏施银三钱五分，陈门王氏施银一钱，陈门马氏、陈门杨氏、陈门安氏、魏门李氏、贾门王氏、马门秦氏、陈门延氏、陈门张氏、陈门豆氏、王门王氏各施银三分五厘，典领贾□□、吉成虎、王印魁，以上共助银一十八两三钱四分。

西泠张湜、鲁纶氏书

康熙二十五年四月十三日立

2. 金顶会朝山记

（1）碑刻简介

此碑刊立于清康熙二十七年（1688），为记事碑，有碑首、碑座，现为立碑，保存完整。

（2）碑文

【碑阳】

碑额：金顶会朝山记

碑名：无

周制，仲春之月，天子命祝史祀五方上帝，为民禳祫黎庶从之而祈福。夫真武，朔方之帝矣。吾晋居宇内之北，而祈福于真武者宜焉。按图记，金顶在南楚之均州，古为武当县，区内有武当山，峻险高崇，异于众岳，峰首如博山状，旧名太和，又名太岳。后王分山镇抚，谓非真武不足以当之，卒易名曰武当。真武威灵昭显，明兴之际，幽□成祖克平祸乱，建黄金殿以报之，使天下之人皆奔走奉祠和会祈福，虽千里皆轻之。苟非真武之灵爽昭著，何可致此耶？古人有言曰："疾痛则呼母，穷窘则告天。"舍此则无所呼告矣。凡今之人有疾痛穷窘之患，必呼告真武以求拯救之。而神且灵应不爽，则人恃之以为天地父母矣，有不崇奉者乎？中道庄之会起于癸亥，余实率领之。在会者月每以三十钱为则，积资三岁而一往朝山修醮，香火之用取于兹，而人之路费不与焉。乙丑事竣而立有石矣。今年戊辰又满三岁，朝山如前，而仍将刻石以记其事。会人乞文于余，志其本末。嗟乎！吾自幼小时即知崇奉真武，今乃年登大耄，受国恩纶而子孙繁多，悉为仕官，每感真武点祐之仁，尝欲登武当而瞻像貌，前缘家累，后叹老耄，达寸之寤言已耳。兹以会人之请，谨书禳祫之由，以表神功之昭显。若以文谓之，盖余有愧也。其敛资出入并书于左，以备后之稽考焉。

康熙二十七年岁在戊辰三月上巳日

诰封资政大夫经筵讲官都察院掌院事左都御史甲午拔贡鱼山陈昌期撰

随会题名：

陈鱼山、陈昌会、陈璞、贾燧、王国秀、吉璸、王有土、王有祥、裴如凤、柴进福、阎世美、李福、王洪奇、司洪玉、裴润法、萧重兴、王应奎、赵自玉、常佩玉、吉成虎、陈超凡、陈辅宜、陈君荣、王成、陈斯玉、萧重禄、韩福、吉成龙、王珮、李自旺、徐福功、韩国旺、李满志、王宠锡、郭长春、魏国正、张得洪、张俭、陈司轴、陈门潘氏、陈门王氏。

收出开除：

共纳会四十一家，自二十四年四月初三日起，至二十六年三月初三日止，共纳会钱二十九千五百二十文，又收旧会余钱五百四十文，二共作银三十两零七分四厘；出放人身得利银十四两零四分八厘，又得除礼出色贯底银一两五钱九分三厘，以上通共收银四十五两七钱一分五厘。一切修醮、进香、雇人盘费、布施等费银四十七两九钱四分六厘，除原收数长使出银二两一钱九分三厘。会首陈君荣、吉成虎赔银一两九钱五分三厘，魏国正赔银二钱四分。

执事：陈君荣、吉成虎、魏国正、萧重兴仝勒石

濩泽蔡霑雨、关谷甫书丹

玉工：张可金镌

3. 金顶会碑记

（1）碑刻简介

此碑刊立于清康熙五十四年（1715），为记事碑，有碑首、碑座，现为立碑，保存完整。

（2）碑文

【碑阳】

碑额：金顶会碑记

碑名：无

西山院金顶圣会于康熙五十一年四月初三起，每月初三日一献，每一会一份，纳钱三十文，至五十四年三月初三日止。原随会五十三家，所纳之钱有长短不一者，止积会银钱合钱四十五千二百九十四文，收折会钱一千二百文，得人身利银二两六钱一分，收代教银一两零四分，四宗共收银钱合钱五十千零一百四十四文。

收出开除：五十一年四月初三日，祭神并买家伙使银一两八钱八分六厘。五十二年三月初二至初四日，本庙修醮使钱六千零八十四文。五十三年三月初二日至初四日，本庙修醮使钱六千零三十六文。五十四年正月初三日，住武当进香修醮起脚使钱一千四百三十七文；十五日，至灵官殿修醮使银一两八钱；十七日，静乐宫修醮使银三两；十八日，太子坡修醮使银二两；十九日，朝老爷金面报税过门收票使银五钱，太和宫修醮使银三两；二十日，回南岩宫修醮使银一两八钱，讽黄经布施使银三钱；二十一日，晋府庵修醮使银一两八钱，路费零星布施运香人工等费使银五两四钱九分一厘；二月初八日，回神使钱二百九十文；五十四年三月初二至初四日，本庙修醮使钱八千九百六十七文，立碑使银一两二钱二分，抬碑、砖、石灰、抹碑、筑碑、木匠工、并吃等费使钱一千四百一十七文，买桌二张使银一两，买衣架、系络台使一两，买棚杆四根使银五钱，以上共使银钱四十九两五钱二分八厘。原收会银钱五十两零一钱四分四厘，除使过余下银六钱一分六厘，买布做桌衣八条使讫。

随会题名：

陈五太宅、陈三宅、陈六宅、陈连科、陈显仁、陈宏、陈守已、卫栋、李林桂、刘志恩、王思义、徐宜远、宋福满、卫自宝、马金、郭进才、焦洪源、马正禄、梁顺、李福、刘名锡、常青奇、赵玉珍、赵连珠、陈才兴、王坤、郭锦隆、崔法龙、卫国清、芦洪仁、王洪、裴如善、李□、梁广、卫自强、张懋官、田惠、王元吉、李宝、陈福宝、陈有宝、萧千金、王奉义、延仕祥、张法□、霍忠美、陈门潘氏、陈门李氏、陈门张氏、苗金凤、谢和安、原正强、张一利。

执事会首：苗金凤、陈宏、赵玉珍、李福、王坤、谢和安仝立石

濩水王元吉、其旋氏书

王□、郭进才镌

康熙五十四年三月十五日

4. 金顶会碑记

（1）碑刻简介

此碑刊立于清乾隆十三年（1748），为记事碑，有碑首、碑座，现为立碑，保存完整。

（2）碑文

【碑阳】

碑额：金顶会碑记

碑名：无

午亭山村西山院之金顶会，积资三载，由华山而朝武当。考历存碑碣，盖悉遵昔日先赠相国祖倡会之始所定规制也，迄今近百年矣。后先奉行相率不坠者，咸沐神麻以获福。《易》曰："积善之家，必有余庆。"不其然欤！况

真武大帝，声灵赫濯，环宇瞻依，逮我朝隆礼尤盛，其钦崇攀跻者，无远弗届，宁仅吾一乡一曲之间□。余家居日久，每羡是会人心联属，众念虔诚，不惮晋、秦、楚、豫水陆数千里之程，三年一举，则先□公昔日定制，不犹然如昨乎？兹复事竣树石，假余言以彰神庇，故叙列于左，非徒追慕前徽，用勗后之向善者。

赐进士第原日讲官起居注翰林院侍读学士加三级陈壮履谨撰

随会社姓名列后：

甄成、司珮、陈之度、张玉楼、裴荣、江恺、秦荣发、赵玉、张义、裴良佑、陈衍嗣、卫海、张应喜、孟守印、常孝、张建业、王聚官、张思瑸、司淂明、侯荣

三年会中共纳钱三十千零三百文，人身揭本得利钱十四千零三十七文二共钱四十四千三百三十七文，武当华山各宫修醮布施共使银十四两二钱二分，作钱十千五百二十三文，进香起脚并买锣等物共使钱二千五百五十九文，回宫修醮共使钱十二千五百五十一文，十三人进香晚宿店费共用钱十一千八百七十八文，立碑一应使费共钱一千五百五十七文，以上共使出钱四十千零六十八文。

会首：陈之度、秦荣发、裴良佑仝立

住持：湛广

玉工：张德仁、梁登□、胡□刊

乾隆十三年岁在戊辰三月初三日

5. 西山院

（1）碑刻简介

此碑刊立于清乾隆四十二年（1777），为记事碑。考察未见，本碑刻集录自《皇城石刻文编》。

（2）碑文

碑额：不详

碑名：不详

金顶会相沿最久，每岁三月之初三日，居人联集，各出资数百文，三年一易。其所积之资或议修□庙宇，或设建道场，或斋戒薰沐，跋涉千里敬朝武当之山。费有所余，归来则尽其余以供神□。即同事中有未纳会者，亦必代醮于神，用昭公允。兹为期正满，镌记于石，冀垂永久云。

陶溪陈均书

会首：张霞、王聚印、樊能、赵有恒、许提、樊天雨、魏智、曹进美、陈金财、王思宽、杨美、陈士廉、释净禄、陈金宝、刘法、张有升、魏德信、崔注铭、陈永恒，以上十九家共纳钱五十四千三百八十六文。

代醮：刘捷四百，崔林钱四百，陈法枝八百

共钱五十五千九百八十六文。武当修醮钱七千三百六十文，路费钱十一千六百文，晚饭钱十千零九百四十六文，共使钱四十三千八百四十七文，除使现存钱十二千一百三十九文。献戏三台，祭品一切□神用迄。

玉工：宋兴旺镌

住持：进录、悟本

乾隆四十二年五月吉旦

6. 玄武圣会碑记

（1）碑刻简介

此碑刊立于清嘉庆二年（1797），为记事碑，现为壁碑，字迹漫漶。

（2）碑文

【碑阳】

碑额：无

碑名：玄武圣会碑记

金顶会历年有余，今苗得雨等各纳资财共银二十六两，亦备朝山进香。或而湖北作乱，合会公议，在本庙敬神，油食供□设在道场，献戏三台。一切祭品将□□之项一并□清，刻石为记。

随会姓名列后：

陈玉、刘法、陈荣、苗得雨、刘士法、□□、王昌泰、陈启恒、□□、崔聚全、王思□、□□、□□、樊海、王有□

彩画紫（缺）神像台堂（缺）

乾隆癸卯年三月（缺）樊（缺）西（缺）南至路，北至庙（缺）

嘉庆二年冬月吉日

玉工（缺）

主持（缺）

7. 施舍地亩房屋地基碑记

（1）碑刻简介

此碑刊立于清同治三年（1864），为捐资碑，无碑首，有碑座，现为立碑，保存完整。

（2）碑文

【碑阳】

碑额：无

碑名：施舍地亩房屋地基碑记

陈隽声于道光二十三年施到上河滩中地五亩。

樊旺庆、樊发庆于道光二十三年施到上场屋后中地八亩，东至牛姓，西至闫姓，又至社地，南至张姓，又至王姓碾道墙齐，北至陈姓。

陈永和、陈节和于道光二十三年施到兔坑园中地二亩，东至社地，西至陈姓埝根齐，南至社地，北至水沟。此地如有取土者，社不议罚，许施主追问。

张王氏同子张小来于同治元年六月施到窑尾沟地九亩四分，东至陈姓，西至水沟，南至水沟，北至水沟。大西沟地一亩二分，此系典业。又施到楼平房十三间，内有西房三间，典在王姓名下，典价钱十千文。饭厦两间，厕坑两个，大门道地基内外一应在内，东至社地，西至旧院院心，南至门外石堰垠，北至社地，当日受过，扦席钱七千文，同伊娘后王同一切交明。

张富魁施到上场房地基一处，东至院心，西至社地，又至王姓碾道堎根齐，南至石坡堎根齐，北至社地。同治元年十一月受过，扦席钱三千文，一草一木与张姓无干，永断葛籐，毫无异说。

大清同治二年十一月吉日阖社立

8. 金顶会修醮碑记

（1）碑刻简介

此碑刊立时间不详，为记事碑。考察未见，本碑刻集录自《皇城石刻文编》。

（2）碑文

【碑阳】

碑额：不详

碑名：不详

金顶圣会自康熙二十一年三月十五日新起，四月初三日为始，每月初三日一献，每一会一份，纳钱三十文。初纳会二十九份姓名开列于后：

陈超凡、陈辅宜、陈朴、陈君荣、王有祥、柴进福、魏国正、王有土、阎世美、陈思、贾燧、田自祥、郭长春、徐福功、吉琎、吉成虎、裴如凤、王洪奇、赵自玉、李成龙、司洪玉、萧崇兴、李自旺、张得洪、韩国旺、王宠锡、王琠、陈珣、陈门周氏

以上二十九家，二十一年四月初三至二十四年三月初三共纳三十七会，共钱三十二千一百九十文。陈君恩七月初三日入会，至二十四年三月共三十四会，共钱一千九零二十文；常佩玉、张俭九月初三日入会，至二十四年三月共三十一会，共钱一千九百二十文；吕顺二十二年正月入会，至二十三年七月共二十会，共钱六百文；陈泰府、张府、李满忠二十二年三月入会，二十四年三月二十六会，共钱二千二百四十文；裴润法二十二年入会，至二十四年三月共二十八会，共钱八百四十文；张冲入会三会，共钱九十文。以上纳会共三十八家，纳钱前后不齐，照各所纳之数，共纳钱三十九千整。王洪奇揭本钱八百四十文，四个月还得利钱九十六文，又揭本

钱三百文，五个月还得利钱四十五文；王有土揭本钱六百文。三个月还得利钱八十一文；张福田揭本钱七百文，二个月还得利银八钱八分；徐福功揭本银十两，十三个月还得利银三两九钱，除礼银二钱；吉成虎揭本银四两，十三个月还得利银一两五钱六分，除礼银八分；陈自保揭本银一两，八个月还得利银二钱四分，除礼银二分；陈朴揭本银二两六钱二分，四个月还得利银二钱三分五厘，除礼银五分；出平色银四钱五分五厘。以上十三宗共得利银并出平色银共银八两七钱三分，并原钱换银十九两八钱九分，净共该银二十八两六钱二分，共钱十八千五百三十三文。

计开使费于后：

买钱粮柜并市件锁使钱一百二十文。二十二年三月初三日，本庙修醮费钱三千一百八十八文。二十三年三月初三日，本庙修醮费钱三千八百九十九文，买香柜并市件使钱五百三十文；十二月二十四日，本庙修斋宿坛钱二百六十三文。二十四年正月初三日起脚修醮费钱十千七百零五文，金顶会香静乐宫修醮银二两五钱五分，晋府庵修醮银二两二钱，太子坡修醮银二两，金顶太和宫修醮银二两二钱，南岩宫修醮银二两二钱，周府庵修醮银二两二钱，老营宫修醮银二两二钱，零星布施并用香人钱等共费银四两二钱七分，钱三千五百文；二十一日，本庙谢神献供费钱三百五十二文；三月初三日，本庙修醮费银七两一钱零五厘，费钱五千三百一十一文，立碑费银一两五钱。以上共费银二十八两六钱二分半，共费钱十七千八百七十九文。除费过净余钱六百五十四文，交明下年会首收讫。

合会信士：陈泰府、张府、吉成虎、陈君荣、阎世美、郭长春、吉成虎、赵自玉、萧荣兴、张德洪、王㻞、张俭、陈君恩、陈思竹、魏国正、贾燧、徐福功、张如凤、吉成龙、吕顺、韩国旺、常玉、卫法信（女）、陈门周氏、陈珣、柴进福、王有土、田自祥、吉琠、王洪奇、司洪玉、李自旺、王宠锡、李满志、张冲

会首：陈林、陈超凡、陈辅宜、王有祥同立

玄门弟子王德准沐手谨书

（五）《皇城石刻文编》所录碑刻

此部分碑刻是我们在田野调查中未查到的碑刻，从《皇城石刻文编》中辑录。《皇城石刻文编》，栗守田编注，内部资料，1998年印刷。

1. 故曾叔祖处士忠斋公墓碑

（1）碑刻简介

此碑刊立于清康熙三年（1664），为墓碑。

（2）碑文

【碑阳】

碑额：不详

碑名：故曾叔祖处士忠斋公墓碑

此葬余曾叔祖忠斋公暨配孺人马氏、王氏、孙氏，副室张氏、郭氏之墓也。曾叔祖讳三益，行四，父讳修，余之高祖也，祖讳琪，曾祖讳秀，高祖讳林，林祖以上世系不可考，故余陈氏断自林祖始焉。曾叔祖幼读诗书，长事商贾，性质方正，顾善心计，客游燕豫间，负资累千余金，后卒于卫辉逆旅，皆零落不可问。无子，故累置侧室而皆不育焉。郭氏者长芦人，年十九岁，曾叔父遂弃世矣。后四十六年卒于家。生一女，适于邑人霍瑄，先郭卒。嗟乎！郭于余实有襁褓之力焉。余始生时，便怯弱异常儿，然才三四十日，便能认生熟人。乳姒赵氏，以一乳乳儿，其一乳病。儿食量小，即一尚有余。人有双乳者乳之，便号啼不可止。又时时认生人，或乳食卧处不如法，则啼。然见郭自门来唤儿声，儿啼便少止。自后郭旦则事纺绩，或自理其米盐醋酱箸匕女红，不自逸。暮则儿呱呱如寻郭声，郭来则不更啼。盖生两三岁，郭日日日暮来，儿无啼患。少长，长多疾痛，郭未常不扶持调护焉。儿时作乳母呼之，长，便不知为曾祖母孺人也。但呼曰"长芦祖母"云。余客京师数年，时时问长芦祖母健在。前年抵家见语笑如常时，顾悔不能稍遗愉安，以去年卒矣。寡居近五十年，霜帏星杵，无子女之亲，无婢仆之奉，茕茕孤屋中，一病垂二十年许，以此而终。天耶？命耶？独以拮据之力，积资十有余金，余与本支之亲且能干者，共为经理其殡葬，并曾叔祖之墓而亦为修葺之。余资数金入吾宗祖先会中，岁时首事若司其祭扫，毋得泯绝此支焉。以是垒此高家树以石碑，为表其墓，曰：中举也。虽余于曾叔祖义无口辞，然厥惟长芦曾叔祖母之功。曾叔祖生于嘉靖四十年五月二十七日巳时，卒于万历四十六年六月二十五日卯时，得年五十九岁。长芦曾叔祖母郭氏生于万历丁酉年八月二十一日巳时，卒于康熙二年三月四日亥时，得年六十七岁。余俱未及知其生卒之年岁。

赐进士第内秘书院检讨曾侄孙陈廷敬谨述并书

余于此石颇费经营，然逆知其玉工之无善手也，噫可叹已

大清康熙三年面三月初九日清明谷旦立

2. 皇清敕赠征仕郎行人司司副孝章陈公暨配郭、张、万孺人之墓

（1）碑刻简介

此碑刊立于清雍正七年（1729），为墓碑。

（2）碑文

【碑阳】

碑额：不详

碑名：皇清敕赠征仕郎行人司司副孝章陈公暨配郭、张、万孺人之墓

大行孝章陈公既葬之三十有一年，孤子咸受遵其祖光禄公治命，迁葬于德阡之阳，淑配郭孺人、张孺人暨咸受生母万孺人兆合焉。千里致书，丐余表其墓道石。先是大行公之葬也，副使张公道浞既为之铭其藏，追议改葬，哲兄大学士文正夫子预为文以纪。迟迟至今，始克襄事，又奉万孺人命也。余由令鹰考选，受之文正公，于大行公为通门子，又知其生平甚悉，故不敢

辞。公讳廷继，号绵斋，孝章其字也。陈为高都甲族，簪缨累叶，至本朝而愈文。文正公以词林起家，历官清要，入秉枢轴者垂十年。文章功业之盛，轶后超前，为我朝名宰辅。同怀诸弟，皆能奋起于功名，大至监司，小亦不下州县之宰，家门煊赫，事业彪炳。呜呼！可谓盛矣！公以贵介弟具英敏姿，退然修儒者之行，年十六，即补博士弟子员，顾六因棘闱，仅以壬子选拔，授永宁州学政，进京职。以光禄公春秋高，诸昆弟多翱翔仕途，膝下虚定省。乃拂袖旧养，不复出。假令公锐志于仕进，其功名正未可量，何难大展其生平之抱负，与诸昆季颉颃天衢？而终不以彼易此者，盖以文正公得君行政，义不忍以私废公，而公职在闲散，可朝夕承欢，俾文正公得以毕智尽忠，上报圣天子非常之遇，则公之禄不酬其德，位不称其才者，所全顾不大欤？公归里，恂恂儒者，不逞裘马之豪，和厚于乡里，一堂融泄友弟恭兄，敦睦姻任恤之谊，薄俗化之，駸駸乎返朴还醇矣。以云政事莫大乎是，而人犹惜公名位之不振，岂所谓知本者欤？公之本末及生平子姓详张公志中，不具载，独揭公孝友之大节，以归咸受，俾伐石以表于墓。咸受于公之葬也，才七岁。维时万孺人既悯其孤弱，又虑其无成，和熊画荻，不少姑息，以母道而兼师道。而咸受能体慈母训，勤苦罔逸，克自树立，今官平阳府灵石县教谕。为大吏荐于朝，可完公未竟之绪，三十年来日以妥其先人之体魄为汲汲，已足征其志矣。

赐进士出身光禄大夫经筵侍班文华殿大学士兼吏部尚书加四级年通家眷世侄田从典顿首拜撰

呜呼！此田相国文端公为先大人表也。乙巳冬，予以先慈大故，致书都门，乞表于公。公情殷远寄。囊缘山向未吉，延迟弗克襄事，而公于客岁已殁。追念挚谊，能不悲哉？今于是年初冬，迁葬先大人于德阡新茔，仍以公所为表者勒石，匪特先大人泉壤增辉，予小子感且不朽！

雍正七年九月二十四日

男咸受，孙汝枢祀立

3. 皇清例封修职郎灵石县教谕盟洲陈公衬王孺人合葬墓

（1）碑刻简介

此碑刊立于清乾隆五十年（1785），为墓碑。

（2）碑文

【碑阳】

碑额：不详

碑名：皇清例封修职郎灵石县教谕盟洲陈公衬王孺人合葬墓

公讳咸受，字若谷，号盟洲，行六，行人绵斋公子。十三岁入黉序，康熙甲午以明经膺特旨廷试一等。任灵石县教谕，俸满保荐，将束装赴部，适丁万太孺人艰，服阕后遂徜徉泉石，不复出山。乡里高其谊，比之毛义捧檄云。其生平事实载家乘及墓志，勿庸赘言。距公生于康熙癸亥正月初九日，卒于乾隆辛酉四月初十日，配王孺人，白巷里前明忠臣王公讳征俊曾孙女、监生讳复绘公女，生于康熙庚申四月二十二日，卒于乾隆甲戌九月二十日，合葬于德阡行人公茔之下。因题公冢碑，书其履历生卒于左。

丁酉科拔贡年家世再晚生王炳照顿首拜题

德阡前后左右赡地十二亩，东至樊姓，西至王姓，南至沟，北至土崖。

男汝枢，孙秉灼，曾孙原□立石

乾隆五十年岁次乙巳二月清明日

4. 陈秉照暨妻郭氏合葬之墓

（1）碑刻简介

此碑刊立于清乾隆五十年（1785），为墓碑。

（2）碑文

【碑阳】

碑额：《皇城石刻文编》中无碑额记载

碑名：陈秉照暨妻郭氏合葬之墓

秉照生而颖异，笑言不苟，读书崭然欲露头角。七岁时（缺）三月，忽语余甥侯中伯曰：我当死七月二十日，必葬我于马沟之后（缺）在圃。余抱卜氏之痛而深有感于童乌之不永年也。配妻郭氏。越二年（缺）砥其圹，棺浸水中，因迁于德阡之左，今为立石冢上，志之而已。

乾隆五十年清明日肃斋老人书

嗣男：原□颉（缺）

5. 陈公暨祖妣张太君、窦太君合葬墓

（1）碑刻简介

此碑刊立于清乾隆六十年（1795），为墓碑。原无题名，据文意而加。

（2）碑文

【碑阳】

碑额：不详

碑名：无

显祖考太学生肃斋陈公暨祖妣张太君、窦太君合葬墓

承重孙　原

男秉灼，孙原符、原集勒石

乾隆六十年岁次乙卯三月吉旦

6. 买到施业碑记

（1）碑刻简介

此碑刊立于民国五年（1916），为捐资碑。

（2）碑文

【碑阳】

碑额：不详

碑名：买到施业碑记

尝闻我村自洞阳之来脉，龙行发枝，维我地来龙去脉，兴隆事业。积善

之家，必有余庆。我社古有东岳庙，助一方风调雨顺，万民吉庆。诸公施有地基、坡场，此乃仁人君子，传之后世，永远久矣云尔。

各户施主到右：

赵永勤，施到南场路下松坡一处，东至路，西至崖下水心，南至分水岭，北到社坡。

樊小福，施到井沟荒地一处，带坡，各有四至，各照古迹。

赵祥元，施到岗则岭后地基一块，东至路，西至地头小路，南至社，北至陈姓埌埈根，不许取土。

赵士元，施到庙圪堆地基一块，东至赵姓，西至施主，南至社坡，北至施主（有界石）。

赵永法，施到南场地基一处，东至社，西至赵姓埈根，南至社坡，北至赵姓，各照古迹。

樊姓户，施到庙前场一面，东至赵姓，西至社，南至岩下，北至路。

买到樊姓北井头坡场一处，东至大河，西至沙岩，南至水心，北至水心；又买到北井头路松坡一处，东至陈姓，西至赵姓，南至路，北至陈姓（有界石）；又买到桥亭一个，槐树一株，四面皆五尺。

又村东首立有陈相国之撞脉牌楼，四面有风脉之树，不许伐。此乃五谷丰登，吉庆有余。前清嘉庆二十四年九月二十四日，天起西风，将牌楼吹歪，至十月初一日夜起东风立起。此古传，后人未见。前光绪二十七年二月十四日，天起西风，又将牌楼摧倒。合社虔诚焚香祈之，于十八日至夜，起东风不大，将牌楼立。此今人所见。真乃有神，立石传后世知，切慎之慎之。

玉工：李绍文

民国五年冬月阖社同立

7. 创修汤帝庙碑记

（1）碑刻简介

此碑刊立于民国十二年（1923），为记事碑。

（2）碑文

【碑阳】

碑额：不详

碑名：创修汤帝庙碑记

且天下非常之事，必待非常之人以理之，乃可告成。如我世德村古有西坡庙，为农人祈报之所。然地势卑狭，舞楼未建，每遇春秋祀典之际，不能演剧以酬神。神不享而民不安，斯为人心所不快。欲其别建舞楼，增修庙宇，而又苦无地址，又乏囊金，更无非常人以理之，虽有其志不得一伸也。不意可为陈君见人心如此，奋举遂发，其倡首之心，更有震河樊君、永保陈君、星义王君等赞襄其后，皆愿担劳重任，于是相阴阳揆地势，幸有昔年张姓施到地址，建筑合宜，遂专心创造。岂奈囊金尚空，仍无从以快其意。于是捐积村中，得金不附用。又于公中之树木可伐者伐之，公中之田产可售者售之。所积资斧大约可以适用。自此，鸠工庀材，凿基础、理墙垣、竖梁柱、覆瓦砾，上建汤帝殿三楹，东西两角殿四楹，舞楼、山门、周围墙垣一时俱备。自民国七年二月开工，不数月，而工已告竣矣。然工虽告竣而未经彩画，仍不足以壮观瞻。更招绘工，涂以彩色，雕梁画栋。未几而金碧辉煌，焕然改观矣。如此非常之事，非诸君劳心营度，何以及此？余与诸君原居同里，不忍没诸君之善念，聊书数语，勒其贞珉，以垂永远不朽云尔。

邑师范毕业生䄂秋栗佩兰撰并书

捐资姓氏列芳于后：（略）

入款列后：（略）

出款列后：（略）

经理执事人：

陈可为、陈永宝、陈震河、王星义、王德山、裴福元、陈士德、裴有余、樊景元、武鉴章

中华民国十二年岁次癸亥阴历十一月一十五日同立

8. 清故显祖考郭公海林暨配杨太孺人之墓

（1）碑刻简介

此碑刊立于民国二十六年（1937），为墓碑。

（2）碑文

【碑阳】

碑额：不详

碑名：清故显祖考郭公海林暨配杨太孺人之墓

公讳海林，世居阳城之润城镇，为于先曾祖振邦公之子。自振邦公由润城迁临郭谷之黄城村，遂定居焉。公业商，贸易江淮间，所至有声。加盖公性拘谨，行端正，勤于所业，业茂身裕，家赖以立。我郭氏移郭后所以能有今日者，实先曾祖及公开创之力也。公生于清道光十二年七月初八日，卒于同治十三年七月二十六日，春秋四十有二。德配杨孺人，事亲相夫，治内对外，无不尽孝尽礼，以俭以和。其生也为道光十二年正月十五日，其卒也为宣统元年三月十二日，享寿七十有七。生子男女各一，男名交相，字辅臣，女适润城张姓。孙等兹因两亲同归窀穸，立石于墓，追怀先曾祖振邦公及公开创之功，俾后世知所自来起见，谨略志梗概，以示不忘云尔。

二等教育褒状阳城县县立第五高级小学校校长乡愚晚陈鸿澍敬撰

清国子监太学生乡愚晚范永清敬书

男：交相

孙：书田、德田、发田、心田

曾孙：培仁、培义、培礼、培智、培信

同立石

民国二十六年夏历六月二十日谷旦

9. 民国故显考郭公辅臣德配原孺人之墓

（1）碑刻简介

此碑刊立于民国二十六年（1937），为墓碑。

（2）碑文

【碑阳】

碑额：不详

碑名：民国故显考郭公辅臣德配原孺人之墓

公讳交相，字辅臣，居郭谷黄城村。海林公之长子也。业商，性勤俭，待人以诚，人皆乐之。生于清同治五年八月十一日辰时，卒于民国九年二月初八日，享年五十有四。德配原孺人，相夫有则，克苦自持。及公殁，内外兼诸一身，晨昏未尝稍息。一生劳瘁，全家仰焉。生于光绪元年正月初六日，卒于民国二十六年夏五月二十日寅时，享寿六十有三。生子四，伯书田、仲德田、叔发田、季心田。女一，适上庄杨克明。孙五、女孙二：培义、白琴，书田出；培智、彩琴，德田出；培仁、培信，发田出；培理，心田出。呜呼！书田等荷？两亲鞠养深恩，俾得各自树立，生不能供甘旨，以终余年，死亦当体亲心，以资表扬。当兹窀穸，聊缀芜词，敬谨刻石志略，庶可永垂后世云尔。

二等教育褒状阳城县县立第五高级小学校校长乡愚陈鸿澍敬撰

清国子监太学生乡遇晚范永清敬书

男：书田、德田、发田、心田

孙：培仁、培义、培礼、培智、培信

同立石

民国二十六夏历六月二日谷旦

六、湘峪村

（一）村庄简介

湘峪村位于山西省沁水县郑村镇，县城东南58千米处。地处沁水、阳城、泽州三县的交汇之处。全村共460户1460人。有耕地1380亩，林地4000亩，全村总面积7.6平方千米。村中历史建筑区域南北宽约100—150米，总占地面积约32500平方米，总建筑面积达26800平方米。湘峪村东接下东山村，西连上半峪村，南隔大安头村，北靠南闵村。地势西高东低，西南处的舜王坪海拔最高，西南沁水一带海拔最低。湘峪村依山势而建，主要建在湘峪河谷北侧的山崖之上，靠山面水，以湘峪古堡为中心，形成一个以防御为主的堡寨村落。堡墙之外，湘峪河自东向西，最终汇入沁河。

湘峪村共有碑刻11通，其中田野调查获得7通，另外4通来源于《三晋石刻大全·晋城市沁水县卷》。

（二）东岳庙

东岳庙位于湘峪古堡西城门外，紧挨西城墙，向南紧挨土地山神庙，其地形呈阶梯状拔起，向北延伸，是湘峪古堡现存最重要的庙宇建筑。东岳庙整个院落据地势高差分为上、下、中三院，南北总长70米余，层层叠落，气势恢宏。

1. 金妆圣像并彩画舞楼碑记

（1）碑刻简介

此碑刊立于清道光八年（1828），为记事碑，碑刻规制为79cm×61cm，现为壁碑，保存完整。

（2）碑文

【碑阳】

碑额：无

碑名：金妆圣像并彩画舞楼碑记

关帝庙落成于道光丙戌年，村众欣然，谓诸神自兹得栖止之所矣。吾辈于春秋奉祀之吉，庶克免凋零之憾耳。顾业有创成之喜，复亏润色之资素焉，而无绘工。乌乎！可有钦锡樊君、冠军孙君者，笃信忠厚，有长者风。时适商于河北淇邑，募化得资若干，伐卖松树得资若干。甫觅工修饰，觉丹楹刻桷，绣户朱栏，非特巍然有成功而且焕乎？其有文章矣，是为序。

募化河北布施开后：

段福新施钱二千文，段福寿施钱二千文，永祥号施钱二千文，恒昌典施钱二千文，永足号、永盛坊、德盛号、福泰号、永丰号、永福坊、景恒号、通盛号、广盛堂、公盛号、赵勋普、靳金华、赵智林、张松茂、刘泽、王仲夏、王曰玘、王曰绍、梁庚、永寿堂，以上各施钱一千文，韩建功施钱八百文，永宁号、福元号、明盛号、义成号、祥泰号、陈尧、李敬修、太来号、武客乡、王德功、贾绍武、马德全、永恒号，以上各施钱五百文，孙绘、关绍兴、孙进武、崔得沧，以上各施钱二千文，樊子骥、孙富佺、王得柱、□铤、孙彤廷，以上各施钱一千文，□子骥、王吉清、孙际丰、孙忠义、关绍儒、严玉冰、孙珠玉、孙敦义，以上各施钱五百文，孙思敬手募化钱三千文，赵振基施钱二千三百文，孙行瑾施钱二千三百文。

共入布施钱五十八千九百文，入卖松树钱五十三千文，通共入钱一百一十一千九百文。油画等费使钱一百零八千一百一十四文，买碑石立碑工价做对板使钱三千八百文，通共使出钱一百一十一千九百一十四文。

大清道光戊子年十月吉旦

经理人：崔得沧、赵振基、孙行瑾

2. 补修东岳庙捐资碑记

（1）碑刻简介

此碑无刊立时间，为捐资碑，无碑首、碑座，碑刻规制为 60cm × 66cm × 16cm，现为躺地残碑，保存一般，较为漫漶。原无题名，据文意而加。

（2）碑文

【碑阳】

碑额：万善同归

碑名：无

补修东岳庙施财做工饭姓氏列后：

关树捐银一两二钱六分（犒），孙建统捐银三两五钱（犒），樊大用捐银一两八钱六分（犒），孙□品捐银九钱，樊入□捐银三两（犒），孙遂捐银七钱四分（犒），樊大慧捐银一两一钱一分（犒），孙建□捐银一两二钱（犒），孙建□捐银六两（犒），孙九功捐银六钱，孙秀瑞捐银二两四钱二分（犒），孙□瑞捐银一两五钱（犒），樊培基捐银一两七钱二分（犒），孙□垣捐银三两（犒），孙有恒捐银九钱，孙□潜捐银三钱，孙邦瑞捐银六钱，孙纶捐银六钱六分（犒），孙绅捐银三钱□分，樊培懿捐银六钱，常收春捐银九钱，孙维□捐银六钱（犒），王尧明捐银一两四钱（犒），孙桄捐银一两一钱二分，孙助□捐银一两五钱八分，郑兴□捐银六钱，□□□捐银一两一钱二分，□□□捐银七钱，孙润屋捐银三钱□分，孙万年捐银九钱，孙□年捐银一两二钱，孙梅□□□，孙维芳捐银三钱，孙格捐银六钱六分（犒），赵如松捐银七钱二分（犒），孙准捐银五钱八分，孙居□捐银六钱，孙树□捐银六钱，都万法捐银六钱六分（犒），孙梦桃捐银九钱，赵九三捐银九钱（犒），孙维炎捐银三钱，赵世荣捐银六钱，孙斯和捐银三钱，□□义捐银六钱，孙□李捐银三钱，崔□祥捐银三两九钱，孙德宪捐银九钱，胡□恺捐银六钱八分，王玉梦捐银一两八钱，郭□□捐银九钱，王聚先捐银六钱，王奇捐银一两二钱，王植捐银六钱，王汉中捐银九钱，原得明捐银六钱八分，孙□捐银六钱，孙光耀捐银七两三钱六分，崔九祥捐银九钱，崔荣祥捐银一两五钱，崔印捐银□钱□□（缺）崔镛捐银六钱，崔钊捐银六钱，张洪兴捐银六钱，牛进宝捐银一两二钱，吴德捐银一两二钱，牛兴捐银六钱，王锡捐银六钱，□月省捐银五钱二分，牛学周捐银六钱，侯天祥捐银一两二钱八分，马存仁捐银九钱，王栋捐银六钱，连奉奇捐银一两六分，李□捐银六钱，□天武捐银六钱，崔锦捐银六钱，崔□捐银一两八钱，杨□捐银六钱，孙□□捐银一两二钱，吴□□捐银六钱，王□捐银六钱，王祚□捐银六钱，王□□捐银六钱八分，李运捐银五钱□□，孙义捐银六□□（缺）孙□捐银九钱，□□捐银六钱，郭见宾捐银六钱，张锡捐银六钱二分，孙用捐银六钱，张两捐银四钱四分，牛成捐银三钱二分，黄明捐银六钱。

施工姓氏：

孙列施工一工，孙炯施工一工，孙□□施工二工，赵国英施银三钱，祁英施工四工，孙维平施工二工，张□生施工二工，王应兴施工□工，王万□施工二工，牛月施工二工，张兴施□□□，孙赵施□□□，孙存□□□□，王□□□□□（缺）

3. 明故孙公暨配韩氏合葬墓

（1）碑刻简介

此碑刊立于明万历二十五年（1597），为墓碑，无碑首、碑座，现为躺碑，存于湘峪村内官宅展厅。

（2）碑文

【碑阳】

碑额：无

碑名：明故孙公暨配韩氏合葬墓

公行四，讳才，子三，曰森、曰昂、曰旻。孙十一，曰甫，森子，曰梅、曰珊、曰璘、曰廷高、曰玹、曰瓒、曰珂、曰璲昂子，曰守乾、曰守坤，旻子。曾孙十八，曰庸、曰晃、曰雷、曰珞，甫子，曰子有，梅子，曰廉、曰侃，珊子曰田廷高子，曰仕、曰佗，玹子，曰良、曰宠，瓒子，曰价，珂子，曰信，璲子，曰□□、曰汝秩，守乾子，曰子絟、曰子绍，守坤子，曰（缺）子，曰子文，守乾义子，璘无嗣。玄孙二十五，继宗，庸子，曰继鲁、曰继德、曰继善、曰继先，晃子，曰继德、曰继恩，雷子，曰继宪、曰继芳，修子，曰朴、曰植、曰林、曰桧，田子，曰继明，仕子，曰杞，宦子，曰标、曰楷，宠子，曰显宗、曰光宗，汝济子，曰敬宗、曰梧、曰桐，汝秩子，曰应宗、曰耀宗，子经子，曰奉宗，子绍子，子有、俨信俱无嗣，□二子尚幼，六世而下各数未足，故不具。

嘉靖四十一年七月吉旦孙瓒修

万历二十五年二月清明吉旦，四世孙孙田同五世孙孙显宗、□官孙冕宗、庠生孙植、六世孙庠生孙自新、孙自修、孙养正、孙自强更此石碑，使公一门长幼名数不至湮灭无闻者，赖此石留之耶。谨志。

4. 薰宸

（1）碑刻简介

此碑刊立于明崇祯七年（1634），为南门额碑，无碑首、碑座、碑阴，现为壁碑。

（2）碑文

【碑阳】

碑额：无

碑名：无

薰宸

崇祯甲戌申月吉旦

5. 来爽

（1）碑刻简介

此碑刊立于明崇祯七年（1634），为西门额碑，无碑首、碑座、碑阴，现为立碑。

（2）碑文

【碑阳】

碑额：无

碑名：无

来爽

崇祯甲戌申月吉旦

6. 迎晖

（1）碑刻简介

此碑刊立于明崇祯七年（1634），为东门额碑，无碑首、碑座、碑阴，现为壁碑。

（2）碑文

【碑阳】

碑额：无

碑名：无

迎晖

崇祯甲戌申月吉旦

7. 恩荣四世

（1）碑刻简介

此碑刊立于明崇祯九年（1636），为门额碑，无碑首、碑座、碑阴，现为立碑。

（2）碑文

【碑阳】

碑额：无

碑名：无

恩荣四世

崇祯丙子仲夏之吉立

8. 明故孙公暨配李氏合葬墓志铭

（1）碑刻简介

此碑刊立于明万历二十五年（1597），为墓碑，无碑首、碑座、碑阴，碑刻规制为54cm×34cm。考察未见，本碑刻集收录自《三晋石刻大全·晋城市沁水县卷》。

（2）碑文

碑额：无

碑名：明故孙公暨配李氏合葬墓志铭

公玮旺，祖德辉，父仕岩，兄弟五人，公行五配李氏，生子二，曰兴、曰聪，孙辈而下名数见族谱，余忝公四世从孙，公无志莫考也。于是集砖石，鸠工役，为筑此台，俾后世有凭，庶知是祖幽宅。

万历二十五年二月清明吉旦

云州所致仕吏目奉敕封文林郎山东恩县知县四世从孙孙辰偕姪子与孙五世从孙□官尧相、进士居相、儒官可相、举人鼎相、廪生立相，二世从孙庠生一魁、省祭一贯、仪宾一登、童生一本、如琯等仝立。

□工：赵宗爱、赵汝庆筑

石工：韩嵩、韩魏镌

9. 明茂才私谥孝懿孙梦得季君墓志铭

（1）碑刻简介

此碑刊立于镌刻于明万历四十五年（1617），为墓碑，无碑首、碑座、碑阴，碑刻规制为100cm×61cm。考察未见，本碑刻集录自《三晋石刻大全·晋城市沁水县卷》。

（2）碑文

碑额：无

碑名：明茂才私谥孝懿孙梦得季君墓志铭

赐进士第文林郎原任曹县知县奉旨钦取暂拟工部主事眷弟张慎言顿首拜撰

赐进士第奉直大夫兵部职方清吏司员外郎眷弟李春茂顿首拜书

晋进士□眷弟杨时化顿首拜篆

今年三月之晦日，而孙季子梦得卒。卒日其两兄哭过恸，友人哭皆失声。盖梦得属纩时，予及二三友朋环视之。顷刻，而我梦得已若隔世矣。呜呼！哭无可奈何，则相与谥。梦得其伯兄侍御、叔兄稽勋君咸曰：吾季子于我两尊人，生死之际可谓无毫发遗憾矣。二三友朋亟是之，遂相谓曰：此于梦得可谓无间言，谥曰孝无疑者。予曰：端恪沉厚无以逾梦得。其曰：孝□可乎？友人杨孝廉、季雨曰：此甚当，但似非文学谥，诗曰：温温恭人，维德之基，梦得有焉，其谥曰孝懿。盖谥法温柔圣善，曰懿。遂相与向梦得哭而告之，永谥曰孝懿矣。已而，梦得之子如金等以其伯稽勋玉阳君所为状来属予志。予居平不喜谀墓，即名公诸所载志传表状谓皆当付煨烬，然予既不肯谀人，梦得亦不肯受人谀，唯不受谀是以可志。尝思夫子谓宗族称孝焉，乡党称弟焉，谓可为士，今世士大夫方谓此两言不足，阿私所好即喜自负者曰如斯而已？予谓此可举以称人，称之者无溢辞，为所称者无愧色。吁，是唯梦得矣，是唯梦得矣！故事有旷世相感，使千载之下闻者涕泗泛滥，亦有目睹之友不动容者，则精诚之至与不至也。予每见梦得侍其尊人封君龙岗公，辄泣数行下曰：梦得有父母翳，我独无，封公居平欢，然色喜，梦得辄踊跃不自胜，左右若孺子状，及封公病忧见于色，然侍侧则百求封翁色笑，得一破颜若欣然如有所获，诸周旋坐起视药饵，摩背俞涤中群厕，□逾几年如一日也。及大渐□侍御及稽勋君诸□钦以暨宊夅综理周至涕泣将之故。予知梦得事封公状最悉，尝谓友人曰孝称。到□庐墓易如孙季子难知者以予为荐论。裴孺人踵封公亦病，孺人无所出，独一女，在时方有封公艰，梦得擗踊之余又彊改容侍裴孺人，不肯向孺人所泣复欲得其欢，亟求起色者实向隅□泪淋漓襟袖矣。嗣病革梦得益毁瘠，甚不唯是后女弟以病殁，竭蹷奔号□奠逾涯敛葬，同视悲哀不自禁感动旁人。梦得曰：我母侍我严，惟独留此弱息，且先君子钟爱少女，先是得岁时问遗，以无忘先君子之爱，今已矣。言讫，复滂沱不能已。呼，此可谓终身之慕矣。梦得仲兄先封公卒时，侍御暨稽勋君咸奉简书，仲君之子光禄亦奉封公之白门。仲君病骤剧，梦得为亲尝汤药，奉匕箸已不果，起周身周衣罔有遗悔。不堪号踊，朝夕哭奠，儿秋方□，省试遂不能赴校，使者慎言归走吊，仲君见梦得良癯唁巳不觉感予，乃相向哭，在原之谊荐挚如此必诚必信，勿之有悔，其梦得之谓乎。两兄官辄南北，所在声籍甚时上下中外之间，断断如也。两兄既用直道而中外侧目矣。已得休沐辄谓曰容容多后福，我伯兄既精白行一意，何知其他直斯畏畏斯忌矣，若凤事颎印不□牙出乎，进贤绌不肖此冢宰及郎事者，顷为言者，持其短长辄顺视之所誉生羽毛所憎生疮痏，太宰覆亳无敢格言者，我叔兄以不用是道见忤时流何怪焉，两兄喜曰：吾季言是也，朝暮奉两兄权如事父，□殁两兄视梦得事如梦得视仲君，呜呼！梦得亦何憾之与有，光禄亦哭梦得哀且曰：我无忘我叔父之于我文也，是不唯见光禄益见梦得矣。梦得至性孝友，而泽于礼以故见者，既雅矜式数感动人，使人泣下。少不弄长不谑口不臧否人物而泾渭井然，言呐如不出诸口，未尝轻见喜怒馋片言确乎不可拔，凛然有难犯之色，沉毅狷直而一□于厚诸己责，周急睦族抚孤赴义如不及里有，潘某误□人法当抵，然良以误，故为捐金给□者家，又为居其间卒出其狱。复有张某误如潘，亦赖以脱于□。王某为仇者所中，主者欲深入为具颠末，力白其冤，遂得末减。潘某者有不腆之产乃蚤逝，其子未有折新之智，豪者方鱼肉之，乃以身府怨恤其孤，慷慨愤发实□然不欲。先人以故虽在诸生中德望为公私所寄。昔言两尊人既蚤背姊及不肖言形影相吊矣。梦得先大父大参公所自择婿，云时封公既以云州归侍御及稽勋君方偃塞诸生，梦得未舞象先大父田南公曰：我观云州真长者诸郎皆国士，长者必有后，遂以姊归梦得，及梦得为言家婿，行不流眄坐无媟谈大父极爱重之。每敕言师事，梦得云以是不肖言，未尝不思先大父远识，不知其子视其父更前辈，雅重长者，固如此言既钝先大父命言厕，梦得伯仲间谓是在麻之□，梦得博综今古，浏览既宏，结想殊秘每一构思经营惨淡落笔渊然，绝有重旨，时两兄喜谓无以逾。吾季年十九补学宫弟子，后用高等既廪，今汪大中丞静峰公，可受抚吾省志寰。陈公所学皆楚材有人伦鉴识，极器重梦得两试冠诸生己奏乡党辄不报，时士论殊沸曰：科第何须赖经史文章，无凭孙季子以梦得少时，高视渊想晋人士哲匠归之，乃默若诸生乎？然我家宅□盖有八士蒸蒸起矣，次者遂为前驱荐。壬子，乡书归梦得，谓尔制义虽韶令气候清雅然尚薄，遂得隽耶，乃梦得居平固自厚不得一当有司文章，果无凭也。诸郎□举玉映梦得无日不进而裁之不得有炉熏茗□之习，曰此是吴越娟□汝辈不得复尔诸郎亦□采下帷奉命唯谨即慎言□而□壮而迂诞虽谬通籍益复疏蠢。梦得不以为不可教，随事砭诲昔待罪曹立时异芍药家园移书责我曰：此河阳花耶，言愧悔殊甚。噫！今日安得此长者之言，而称之此可以观，梦得朋友之际矣。梦得讳立相，梦得其字，别号筑岩。其先不能详，有德辉者其七世祖，自高平徙居沁之相谷，遂隶籍焉。辉生□岩，岩生福，福生温，温生廷桢，桢生龙岗公，讳辰。以公长子侍御君居相封如其官已，又以叔子稽勋君鼎相晋封主事。母刘氏，赠孺人，晋安人。裴孺人盖其继母也。有仲子可相先卒，梦得乃其季，云是为先文林春吾公之婿，即田南大参公所自择也，吾姊生八子两女。长如金，廪生，娶廷评霍君惟准女；次如玉，举人，娶驾部李君春茂女，继娶儒官靳希勇女；次如□，增生，娶王太宰孙庠生于尹女；次如璇，庠生，娶儒官郭卫民女；次如琰，聘曹璁女；如璨，聘孝廉张君洪翼女；次如琛，未聘；次如玮，原以言女许聘，如玮今言女夭矣，痛哉！女一，适明经张君五服子铃,一字刘儒士源子天祺。孙女一,如金出,□不知其子视其父大父田南公既以封公长者故识。梦得今诸郎胜冠以上既沉毅果练余风气□上,不知其父视其子,后有以知梦得矣。诸子勉乎哉。梦得病□而祷者若而人比□而咨嗟涕泄郡人士以追识与不识者遍远近焉。吁!梦得其何道而能若是。梦得生于隆庆二年正月十五日,卒于万历四十五年三月廿九日,享年冕五十耳,哀哉!今以十月十二日葬于封公之右偏所,谓七星峰青龙之原者。言既志之,乃复为之铭。铭曰:与其贶尔,遇孰如遇尔德,尔德既迈,尔年惟艾艾,而弗禄子孙是谷迁子孙之谷矣,曰唯德之福矣。

10. 明茂才私谥孝懿孙梦得暨张太孺人合葬墓志铭

(1)碑文简介

此碑刊立于清顺治四年(1647),为墓碑,无碑首、碑座、碑阴,碑刻规制为112cm×45cm。考察未见,本碑刻集录自《三晋石刻大全·晋城市沁水县卷》。

(2)碑文

碑额:无

碑名:明茂才私谥孝懿孙梦得暨张太孺人合葬墓志铭

赐进士第礼科右给事中宪眷弟杨时化顿首拜撰

太孺人姓张氏,为明故参政田南公之女孙,故右都御史蒉山公之姊,故学者谥孝懿孙梦得先生之妻。孝懿公之伯兄为明故户部尚书拱阳公,叔兄为故巡抚玉阳公。母家夫家显奕炫赫,甲阳沁两邑,及叩其行实不殊布素太孺人诸子侄为先伯兄及门士。予少□兄读书孙氏武安别业,太孺人诸子侄长者与予为友,少者与予侄,壬午举人桂如为友,拱阳公又以予故戍潞州卫,予女归玉阳公之孙扬予于孝懿公在师友之间,予己卯中式之明年而孝懿公卒,今三十年矣。天地改革亲朋彫谢,追忆往昔涕泪滂沱,不能搁管,虽然唯予颇悉孙氏家世,不忍言亦何忍不言。太孺人生而聪慧英特,娴于女诫,当字孝懿公时,拱阳两公尚未第,伯叔季萧然寒士也。顾负气,下帷弟兄自相丽泽不与庸儿伍，以是田南公独物色焉。以太孺人许之，及归命之曰：毋以贫，故事□□□太孺人入门，即□诸姒后掺作而前井臼氾扫不辞，自为之忘其为深闺秀质也，奉尊嫜孝处诸姒和上下宜之，既而拱阳二公先后歌鹿鸣成进士入为御史，礼曹两姒冠帔俨然耀闾里时，田南公殁。藐山公为诸生俗目，又轩孙而轾，张太孺人视之前后若一，不以其故贬损，若曰：此吾夫吾弟吾子，异日所有也。孝懿公博雅能为古文词，里人有难，弟之目顾困于名场久不售，两公宦游仲氏不禄，独视家政，他人处斯者罔不自豪，□擅势鱼肉唯桑。而孝懿公恂恂似不能言微，独不为乡里所苦，一丝一粟无所私，座客恒满应酬，有隙即策蹇往武安别业，与藐山及予兄弟课文艺，若甚苦人事者后□□众不得已柝匕箸，既素无私蓄，田庐又取其敝硗以厚让两兄及仲氏之子，至两兄官箧一无所问。嗟呼！谁甘宴贫而室人不偏谪，我太孺人竟无一言，若曰："有吾夫吾弟吾子在，岂忧衣食哉？"太孺人有八子，伯仲最知名，于予同受知于督学，萧山王公三十里申皆喜，道之曰：此孙氏之元恺也。仲子弱冠，中壬子举人，孝懿公不第，赍志以殁其病也，居于别馆当易箦时，藐山公及余兄弟皆在旁，予意当有内人来看，余兄弟当屏。及属纩，竟无妇女一人至者，予甚讶之，既而闻太孺人云：男子不死于妇人之手。呜呼！此《礼》经所记，往谓徒虚语不近人情。今于太孺人见之，以孝懿学问人品不得于身者，当于其子，子又英多，乃先后相继夭折者五人，两女并夭，及太孺人之终，止五六及八在，目前□三人者皆有声庠序，当卒成父兄志，然而太孺人不及见矣。孝懿公家世生平有藐山公志铭在，不复赘。太孺人生于隆庆辛未五年三月初四日，卒于顺治乙酉二年十月十六者，享年七十有五岁。男八：长如金，恩贡，任仪封县知县，后补沈丘县知县，娶孝廉大理司评事霍君惟准女；二如玉，中壬子乡试，娶大京兆李君春茂女，继娶儒官靳希勇女；三如星，廪生，娶王太宰子庠生王于尹女；四如瓒，□生，娶儒官郭卫民女；五如琰，首贡，娶儒士马世宠女；六如璨，廪生，娶孝廉威县知县张君洪翼女；七如玮，庠生，娶孝廉良乡县知县杨君博女；八如琛，庠生，娶庠生王济女。女二：长适明经威县知县张君五服子儒士张钥；次适儒士刘源子庠生天祺。孙三：长□□，庠生，娶□县县丞曹纯善女；次汉锦，娶孝廉周君□骏女；次□而勿未□。孙女七：长适任县知县卢君时升子庠生允帏；次适□生张君孙嘉子儒士步武；三适庠生张君元初子赐进士翰林院庶吉士尔素；四适孝廉西安府府判于君秀子儒士于王经；五、六、七俱幼，未字。重孙一；溶，幼，未聘。兹迁莹于本村大平东南山，与拱阳、玉阳两公冢适东西相望，若鼎立焉。卜于顺治四年丁亥五月二十日，迎孝懿公柩而祔葬之时，化为之铭：

铭曰：绩学也不克要，青紫积德也不获昌，孙子天道渺茫孰测，所以贵贱富贫寿夭生死，孰得孰失孰悲孰喜，彼达人者固将一视之，畴云彼善于此，呜呼！赤胸黄巢汉唐崩圮，九鼎有迁遑论，三仕朝荣夕枯，祸福相倚，假使贵寿如彼，三公今复安在？寒烟冷风况有寇祸缙绅备脑向无官达祸，亦何从以此知彭殇可齐五蕴皆空。

顺治四年五月（缺）

11. 补修上佛堂山神庙大庙坡路碑记

（1）碑刻简介

此碑刊立于清嘉庆四年（1799），为记事碑，无碑首、碑座、碑阴，碑刻规制为100cm×56cm。考察未见，本碑刻集录自《三晋石刻大全·晋城市沁水县卷》。

（2）碑文

碑额：无

碑名：补修上佛堂山神庙大庙坡路碑记

吾村有上佛堂、山神庙其来久矣，但无碑记可考，访之故老皆以为创自明季居多焉。历年既久，渐致颓圮，若听其毁废，则神于何依，而民无所庇矣。若欲葺治之，而我绵力之社，势难兴举，因将松坡树砍伐辨价。于是鸠工庀材，卜日举事，不再月而缺者起废者修，虽我社之意，亦神之功，有以默运之也。除公费之外稍有剩余，将大庙坡路墁之以石，所以便行人也。兹工已告竣，勒之于石以为之志。

酣古壬林孙维翰沐手撰

一畦园王宽壮沐手敬书

砍伐松坡树（缺）做钱（缺）七钱五分，屡次□价不□□银共（缺）舞阳县庠生孙□成捐银（缺）二共收钱一百七十九千九（缺）

买木植共使钱二十二（缺），买瓦（缺）买铁□□把等（缺）典西沟（缺）买碑并抬□匠工使钱（缺）染匠工使钱（缺）小工使钱五（缺）伙食（缺）以上通共使出钱（缺）长使□钱三千四百（缺）

王德□捐钱三千四百八十文，孙门樊氏施石桌一张，上佛堂（缺）

总理：（缺）

孙宅社首：（缺）

大社维首：（缺）

木匠：张得仁

玉匠：孙秉礼

住持僧：因□

时大清嘉庆四年岁次己未仲秋谷旦

后　记

在沁河中游端氏镇到北留镇约30千米的范围内,"世界遗产视野中的太行古堡遗产价值研究"课题组(以下简称课题组)于2019年7月(端氏、窦庄、郭南、郭北、坪上、武安、长畛)、2020年11月(大阳、郭峪、海会寺、润城、上伏)、2021年4月(大箕、刘善、王村、刘庄、润城、上庄、湘峪)、2021年10月(北音、大夫街、大箕、大桥、王家庄、柏沟、沟西、皇城、李街、屯城、望川、西冯街、何庄、下伏、中庄、下庄)、2022年1月(复查、核对)进行了5次30余天调研,共计调查了35座行政村。受2020年突如其来的新冠肺炎疫情的影响,课题组减少了调研次数,导致最终的成果距离课题组最初的设想还有一点距离,幸好基本完成了调研、整理、核对任务。这离不开课题组成员刘树标、贺志栋、武慧敏、齐慧君、闫怡、樊璐、张顺、戴晖、郭子君、张悦的努力和付出,离不开调研村落的村干部和村民的支持与配合。

课题组每次田野调查的时间在7天左右。7天的调查工作,除了白天对碑刻(也会包括其他类型的民间文献,如家谱、契约等)进行拍照和记录之外,每天晚上还需要讨论当天的调查内容,整理当天的照片,撰写当天的调查简报和调查推送,将当天的调查表格电子化,了解第二天的调查对象。完成这些工作后,基本上也就到了深夜或者是凌晨,第二天一早还要开始新的调查工作。所以,7天的田野调查基本上是连轴转的"重复性"工作,比较辛苦,人的体能会有下降,会有疲劳感,其实更重要的不是体能上的疲劳,而是大脑的疲劳和双眼的疲劳。

田野调查很辛苦,但在辛苦之中,我们能够获得不一样的自然、人文与学术风景。村落、庙宇、碑刻三位一体，就是自然、人文与学术风景的融合，需要用我们的双脚去丈量，用我们的双手去记录，用我们的双眼去观察，用我们的大脑去思考。这一本碑刻集是课题组的集体成果，是建立在这一区域独特的自然与人文风景之上，又与二者融为一体的独特的学术风景。

本碑刻集对碑刻资料的收集与整理还是一种尝试。受疫情影响，课题组投入的时间和精力减少了不少，加之课题组能力有限，这本碑刻集尚不成熟，难免会有错误和疏漏。限于篇幅和体例，一些整理思想并未在本碑刻集中体现。但是它呈现了这几年课题组利用碑刻资料进行历史乡村聚落地理和传统村落研究的部分思考。希望本碑刻集能起到抛砖引玉的作用，得到更多的批评和指正，以更好地推动碑刻文献的收集、整理、研究、保护、传承、利用。

刘伟国
2022 年春节于山西大学主楼